詹万生在中央教育科学研究所

詹万生在办公室

詹万生主持“九五”国家重点课题组工作会议

詹万生在“九五”国家重点课题实验区负责人会议上作学术报告

詹万生在“九五”国家重点课题组成员工作会议上作学术报告

詹万生在时任四平市教育局局长赵青山（左一）陪同下参观实验学校

詹万生在河南开封县实验学校观摩德育活动

1997年首届全国德育科研年会暨"九五"国家重点课题开题会在北京举行，来自10个实验区100所实验学校的200名代表出席大会，图为时任教育部基础教育司德育处处长孙学策（前排左二）、课题组组长詹万生（前排左三）和课题组部分成员在主席台合影

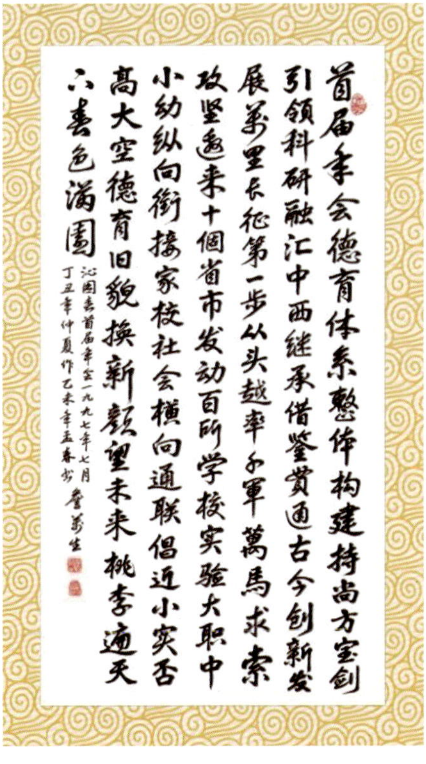

詹万生作开题报告

詹万生诗词书法作品《沁园春·首届年会》

沁园春·首届年会

（1997年7月12—14日）

首届年会，
德育体系，
整体构建。
持尚方宝剑，
引领科研。
融汇中西，
继承借鉴；
贯通古今，
创新发展。
万里长征第一步，
从头越，
率千军万马，
求索攻坚。
邀请十个省市，
发动百所学校实验。
大中小幼，
纵向衔接，
家校社会，
横向通联。
倡近小实，
否高大空，
德育旧貌换新颜。
望未来
桃李遍天下，
春色满园。

——沁园春·首届年会
一九九七年七月
丁丑年仲夏作

1998年第二届全国德育科研年会在深圳举行，图为大会主席台，课题组组长詹万生（右四）和课题组成员关鸿羽（右三）、王宝祥（右二）、深圳市教育局领导（右一）与来自全国各地的400多名代表出席大会

詹万生作主题报告

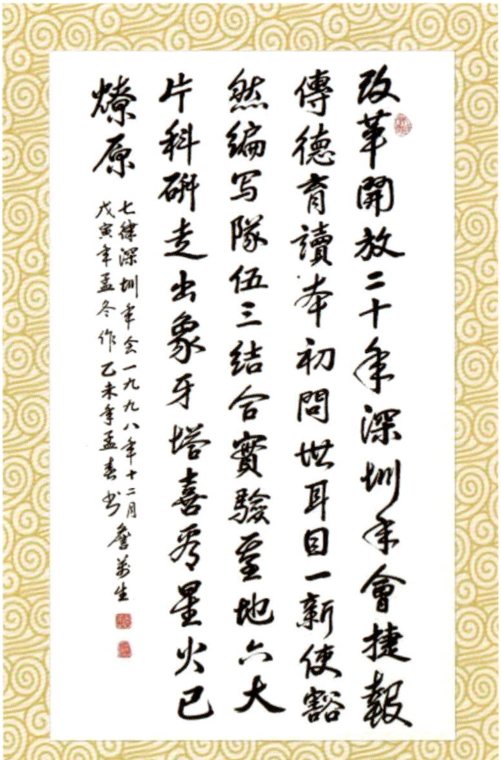

詹万生诗词书法作品《七律·深圳年会》

七律·深圳年会

（1998年12月20—23日）

改革开放二十年，
深圳年会捷报传，
德育读本初问世，
耳目一新使豁然。
编写队伍三结合，
实验基地六大片，
科研走出象牙塔，
喜看星火已燎原。

——七律·深圳年会
一九九八年
戊寅年孟冬作
乙未年孟春书

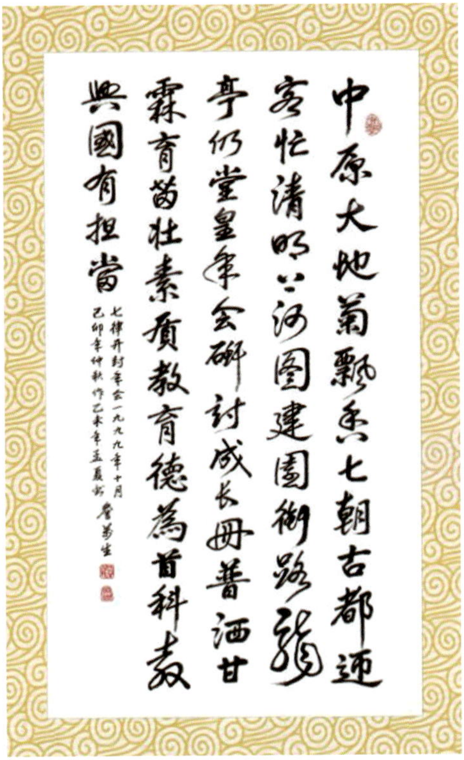

詹万生诗词书法作品《七律·开封年会》

詹万生作主题报告

七律·开封年会

（1999年10月25—28日）

中原大地菊飘香，
七朝古都迎客忙，
清明上河图建园，
御路龙亭仍堂皇。
年会研讨成长册，
普洒甘霖育苗壮，
素质教育德为首，
科教兴国有担当。

——七律·开封年会
一九九九年十月
己卯年仲秋作
乙未年孟夏书

1999年第三届全国德育科研年会在开封举行，图为大会主席台，时任教育部基础教育司司长王文湛、河南省教育厅和开封市开封县党政领导和来自全国各地的800多名代表出席大会

2000年第四届全国德育科研年会在重庆举行，图为大会主席台，时任教育部思想政治工作司司长顾海良、职成教司窦现金、北京市教育工委领导赵振东、朱全俊和重庆市教委、南岸区党政领导和来自全国各地的1000多名代表出席大会

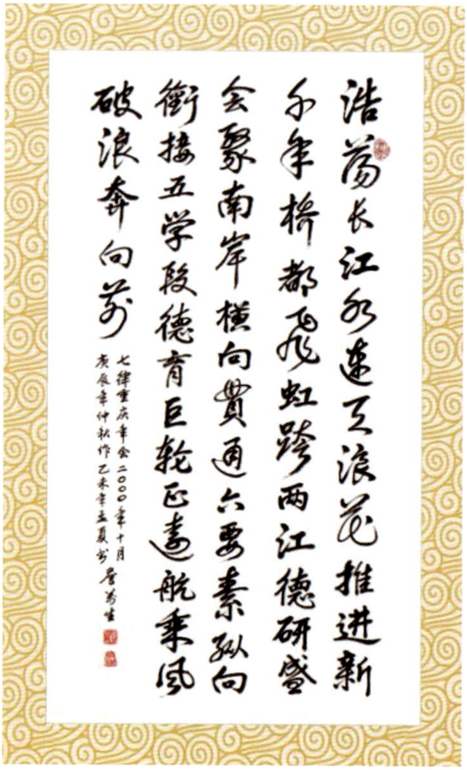

詹万生诗词书法作品《七律·重庆年会》

詹万生作主题报告

七律·重庆年会

（2000年10月23—25日）

浩荡长江水连天，
浪花推进新千年，
桥都飞虹跨两江，
德研盛会聚南岸。
横向贯通六要素，
纵向衔接五学段，
德育巨轮正远航，
乘风破浪奔向前。

——七律·重庆年会
二〇〇〇年十月
庚辰年仲秋作
乙未年孟夏书

詹万生在钓鱼台国宾馆参加公民道德建设座谈会

詹万生在团中央举办的道德教育研讨会上演讲

詹万生出席在哈尔滨举办的高校德育研讨会和时任黑龙江科技学院党委书记宋长生在一起

詹万生出席濮阳市“三省教育”现场会与贾建设校长在一起

詹万生在全国素质教育大会上作学术报告

詹万生为开封县教育局题词，左二是时任开封县教育局局长王家有

詹万生及其学术团队“九五”时期的部分研究成果

詹万生主编的《德育》和《成长册》系列实验教材

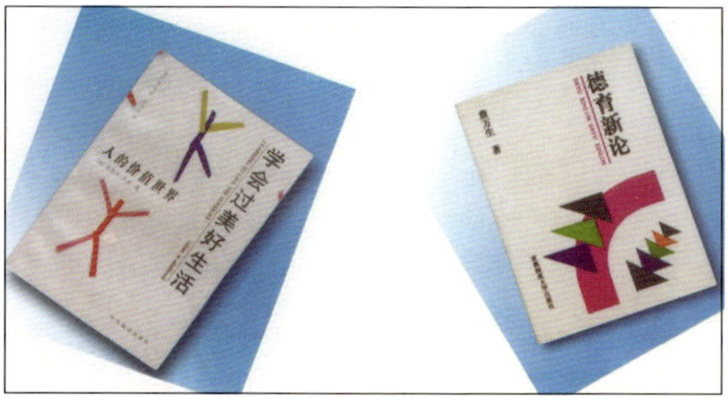

詹万生“九五”时期的译著和专著

詹万生主持的“九五”国家重点课题结题成果

詹万生和李书华主编的中等职业学校的德育教材和教参

詹万生德育文选

ZHANWANSHENG DEYU WENXUAN

第二卷

（1996—2000）

詹万生 著

首都师范大学出版社
CAPITAL NORMAL UNIVERSITY PRESS

图书在版编目(CIP)数据

詹万生德育文选：全5册/詹万生著.—北京：首都师范大学出版社，2018.9

ISBN 978-7-5656-4797-0

Ⅰ.①詹…　Ⅱ.①詹…　Ⅲ.①德育—文集　Ⅳ.①G41—53

中国版本图书馆CIP数据核字(2018)第192122号

ZHANWANSHENG DEYU WENXUAN

詹万生德育文选 第二卷(1996—2000)

詹万生　著

项目统筹：杨林玉　　责任编辑：王慕飞　韩乔治
责任设计：王征发　　责任印制：李春雷
责任校对：李佳艺

首都师范大学出版社出版发行
地　址　北京西三环北路105号
邮　编　100048
电　话　68418523(总编室)　68982468(发行部)
网　址　http://cnupn.cnu.edu.cn
印　刷　北京科彩印业有限公司
经　销　全国新华书店
版　次　2018年9月第1版
印　次　2018年9月第1次印刷
开　本　710mm×1000mm　1/16
印　张　37.75　　插　页　8
字　数　448千
定　价　498.00元(全5册)

目录

第一编　整体构建德育体系研究

建设中国特色社会主义德育体系的指导思想*

——学习《邓小平文选》第三卷的体会

邓小平同志建设有中国特色的社会主义理论全面、系统、深刻地阐明了什么是社会主义和如何建设社会主义的问题。在这一理论体系中，不仅包括社会主义物质文明建设理论，而且包括社会主义精神文明建设的理论。在社会主义精神文明建设的理论中，包括社会主义教育理论。邓小平同志一贯重视德育工作，他在不同的年代、不同的场合，从不同的角度反复多次科学地阐述了德育工作的地位和作用，明确地提出了德育的目标和内容，深刻地指出了德育的原则和方法。这些内容构成了邓小平德育思想的完整体系。邓小平德育思想，与一般教育家、思想家、政治家的德育思想相比，有共性，更有鲜明的特色：一是以坚

* 此文曾在1994年12月中央教育科学研究所举办的"学习邓小平教育思想学术研讨会"上宣读，1995年参加国家教委举办的"学习邓小平建设中国特色社会主义理论征文"，并获一等奖。后来收入作者个人文集《德育新论》，首都师范大学出版社1996年7月出版。

持政治路线为根本出发点的德育大思路；二是与重点转移后新形势相适应的德育新观念；三是求是务实，率先垂范的德育新风范。邓小平德育思想立意高远，内涵深邃，涵盖面广，具有鲜明的时代性、全面性、规范性和决策性，对于改进和加强学校德育工作，建设科学化、系统化、规范化的社会主义德育体系具有重要的指导意义。这里主要谈一谈学习《邓小平文选》第三卷的体会。

一、科学地阐述了德育工作的地位和作用

邓小平同志十分重视德育的地位和作用，他在这方面的论述很多，概括起来主要有以下三个方面。

1. 根据马克思主义关于经济基础决定上层建筑辩证关系的原理，科学地阐明了德育工作的客观地位。1984 年 10 月，邓小平同志指出："物质是基础，人民的物质生活好起来，文化水平提高了，精神面貌会有大变化。……当然我们总还要做教育工作，人的工作，那是永远不能少的。但经济发展是个基础，在这个基础上工作就好做了。"① 1990 年 3 月，他指出："加强思想政治工作，讲艰苦奋斗，都很必要，但只靠这些也还是不够。最根本的因素，还是经济增长速度，而且要体现在人民的生活逐步地好起来。"②这两段话讲的是物质与精神、经济工作与思想政治工作的辩证关系。笔者认为德育包括：政治教育、思想教育、道德教育、法纪教育和心理教育，因此，可以认为这两段话讲的是德育与经济工作的关系。德育的地位和作用有广狭之分，狭义是指教育内部诸因素的关系，即德育与智育、体育、美育和劳动教

① 《邓小平文选》第三卷，北京：人民出版社，1993 年版，第 89 页。

② 《邓小平文选》第三卷，北京：人民出版社，1993 年版，第 355 页。

育的关系；广义是讲德育与社会政治经济的关系问题。邓小平同志主要从广义上讲德育的地位和作用，这反映了总设计师的德育大思路的特点。他指出物质是基础，经济是最根本的因素；另一方面，思想政治工作又是“很必要”“永远不能少的”。这些论述既指出了经济基础的决定性作用，又指出了属于上层建筑范畴的德育工作的能动作用，闪烁着马克思主义辩证唯物主义光辉，为我们在实际工作中正确地把握德育工作的地位和作用，纠正德育工作“万能论”和“无用论”，防止“左”、右倾向，提供了强大的思想武器。在新时期德育工作的指导思想上，邓小平以“实事求是，解放思想”为武器，以极大的政治胆略和理论勇气，领导全党实现了“拨乱反正”，把德育为“以阶级斗争为纲”和“无产阶级专政下继续革命”服务转向为“以经济建设为中心”和为社会主义现代化建设服务，从而端正了新时期德育工作的根本指导思想，把德育工作引上科学化的发展道路。

2. 在总结改革和建设的经验教训中强调重视和加强德育工作。1986 年 3 月，邓小平同志指出：“实行开放政策必然会带来一些坏的东西，影响我们的人民。要说有风险，这是最大的风险。我们用法律和教育这两个手段来解决这个问题。”①1987 年 3 月，他指出：“在整个四个现代化的过程中都存在一个反对资产阶级自由化的问题。既然是长期的事，不可能搞运动，只能靠经常性的说服教育，必要时采取一些行政手段和法律手段。”②1989 年 3 月，他指出：“十年来我们最大的失误在教育方面，对青年的政治思想教育抓得不够，教育发展不够。”“我们最近十年的发展是很好的。我们最大的失误是在教育方面，

① 《邓小平文选》第三卷，北京：人民出版社，1993 年版，第 156 页。

② 《邓小平文选》第三卷，北京：人民出版社，1993 年版，第 208 页。

思想政治工作薄弱了，教育发展不够。我们经过冷静考虑，认为这方面的失误比通货膨胀等问题更大。……所以要加强对人民进行思想政治工作，提倡艰苦奋斗。这是中国从几十年的建设中得出的经验。”① 同年6月，他又说：“四个坚持本身没有错；如果说有错的话，就是坚持四项基本原则还不够一贯，没有把它作为基本思想来教育人民，教育学生，教育全体干部和党员。”②邓小平同志从正反两个方面总结德育的经验和教训，提出“文革”时期“左”的错误决不能重演，而80年代中后期轻视德育、忽视德育、削弱德育的失误带来的教训，应当永远记取。

3. 从党和国家的命运和前途、社会主义事业的兴衰成败的高度论述加强德育工作的重要性。1983年1月，他指出：“教育人民坚持四项基本原则，这就为我们事业的健康发展从根本上提供了保证。”③ 1983年10月，在论述加强思想理论建设，反对精神污染时，他指出：“不要以为有一点精神污染不算什么，值不得大惊小怪。……从长远看，这个问题关系到我们的事业由什么样一代人来接班，关系到党和国家的命运和前途。”④1992年年初，在视察南方时，他语重心长地说：“中国的事情能不能办好，社会主义事业和改革开放能不能坚持，经济能不能快一点发展起来，国家能不能长治久安，从一定意义上说，关键在人。”“帝国主义把和平演变寄托在我们以后的几代人身上。……我们这些老一辈的人在，有分量，敌对势力知道变不了。但我们这些老人呜呼哀哉之后，谁来保险？所以要把我们的军队教育好，把

① 《邓小平文选》第三卷，北京：人民出版社，1993年版，第290页。
② 《邓小平文选》第三卷，北京：人民出版社，1993年版，第305页。
③ 《邓小平文选》第三卷，北京：人民出版社，1993年版，第202页。
④ 《邓小平文选》第三卷，北京：人民出版社，1993年版，第45页。

我们的专政机构教育好，把共产党教育好，把人民和青年教育好。”①“十一届三中全会确定的这条中国发展的路线，是否能够坚持得住，要靠大家努力，特别是要教育后代。”②

总之，邓小平同志运用马克思主义基本原理，从改革开放和社会主义现代化建设的实际出发，从党的前途和命运、国家的长治久安、社会主义事业的兴衰成败的高度反复强调了德育的地位和作用，可谓语重心长。

当前，在建设社会主义市场经济体制的过程中，学校德育工作面临着许多新情况和新问题，例如：在经济体制发生重大变化，以公有制和按劳分配为主体，其他多种经济成分和分配方式并存的条件下，如何坚持社会主义意识形态的主导地位；在进一步扩大开放，学习外国先进科学技术和管理经济的条件下，如何教育学生正确认识我国国情，继承和发扬中华民族优秀文化传统和党的革命传统树立民族自尊、自信、自强、自立的精神；在旧体制转化过程中还存在各种矛盾，社会生活中还有需要克服的消极现象的情况下，如何引导学生逐步树立正确的人生观、世界观、价值观，培养良好的道德品质；在科学技术迅速发展、社会主义市场经济逐步建立的情况下，如何指导学生在观念、知识、能力、心理素质方面尽快适应新的要求；在人民生活水平有了较大改善和提高的情况下，如何培养学生具有自力更生、艰苦奋斗的精神和坚强的意志品质；等等。这些情况说明德育的任务是加重了，而不是减轻了；德育的难度是增大了，而不是减小了。要从理论上和实践上很好解决这些新课题，必须以邓小平关于德育的地

---

① 《邓小平文选》第三卷，北京：人民出版社，1993年版，第380页。
② 《邓小平文选》第三卷，北京：人民出版社，1993年版，第381页。

位和作用的思想为指导，更好地发挥德育工作对青少年学生健康成长和对学校工作的导向、动力和保证作用。

二、明确地提出了德育的目标和内容

在《邓小平文选》第三卷中，邓小平同志从改革开放和现代化建设的需要出发，多次提出要培养有理想、有道德、有文化、有纪律的社会主义新人，为我们明确了新时期德育的目标。在1985年3月之前，他多次指出，要教育人民“有理想、有道德、有文化、守纪律”。从1985年3月起，将“守纪律”改为“有纪律”，从此将“有理想、有道德、有文化、有纪律”简称为“四有”。1987年2月，他指出：“‘文化大革命’带坏了一代人。所以我们提出要教育人民成为‘四有’人民，教育干部成为‘四有’干部。‘四有’就是有理想、有道德、有文化、有纪律。”①1989年9月，他明确提出“我们的目标是‘四有’”。②

怎样才能实现培养“四有”新人的目标？从第三卷中可以看出，邓小平同志着重强调要加强以下几个方面的教育内容。

——理想和纪律教育。这是邓小平同志讲得最多的。他反复强调，在建设有中国特色的社会主义社会时，要教育人民有理想、有道德、有文化、有纪律。“这四条里面，理想和纪律特别重要”③“要特别教育我们的下一代下两代，一定要树立共产主义的远大理想。”④1986年11月，针对资产阶级自由化对青年的影响，他指出：“首先要向青年进行有理想有纪律的教育。没有理想和纪律，建设四化是不可

① 《邓小平文选》第三卷，北京：人民出版社，1993年版，第205页。
② 《邓小平文选》第三卷，北京：人民出版社，1993年版，第318页。
③ 《邓小平文选》第三卷，北京：人民出版社，1993年版，第110页。
④ 《邓小平文选》第三卷，北京：人民出版社，1993年版，第111页。

能的。”[①]1987 年 3 月，他又指出：“我们历来提倡有理想、有道德、有文化、有纪律，其中最重要的是有理想、有纪律。”[②]同年 6 月，他再次提出：“在强调发展民主的同时，要强调教育我们的人民特别是青年有理想、有纪律。”[③]

——坚持四项基本原则的教育。他多次强调要对人民特别是青年进行坚持四项基本原则，反对资产自由化的教育。例如，他在 1987 年 3 月提出：“反对资产阶级自由化是一个长期教育的问题，同四个现代化建设将是并行的。”[④]

——艰苦奋斗优良传统教育。他从拒腐防变的高度反复强调要加强艰苦奋斗的教育。1989 年 3 月，他在总结过去的经验教训时指出：“在经济得到可喜发展、人民生活水平得到改善的情况下，没有告诉人民，包括共产党员在内，应该保持艰苦奋斗的传统，才能抗住腐败现象，所以要加强对人民进行思想政治工作，提倡艰苦奋斗。”[⑤]

——爱国主义教育。1983 年 4 月，他在强调建设物质文明的同时还要建设社会主义精神文明时，指出：“国际主义、爱国主义都属于精神文明范畴。”1992 年年初，他在南方视察时，殷切希望知识分子“对我们国家要爱，要让我们的国家发达起来。”[⑥]

——社会主义法制教育。1986 年 6 月，他指出：“……加强法制重要的是要进行教育，根本问题是教育人。法制教育要从娃娃开始，

① 《邓小平文选》第三卷，北京：人民出版社，1993 年版，第 191 页。
② 《邓小平文选》第三卷，北京：人民出版社，1993 年版，第 209 页。
③ 《邓小平文选》第三卷，北京：人民出版社，1993 年版，第 245 页。
④ 《邓小平文选》第三卷，北京：人民出版社，1993 年版，第 208 页。
⑤ 《邓小平文选》第三卷，北京：人民出版社，1993 年版，第 290 页。
⑥ 《邓小平文选》第三卷，北京：人民出版社，1993 年版，第 378 页。

小学、中学都要进行这个教育，社会上也要进行这个教育。”①

以上几个方面，从总体上说，都是党的基本路线教育的内容。党的基本路线是由党在现阶段的奋斗目标、中心任务、基本原则、方针政策、领导力量和依靠对象构成的一个有机整体。邓小平同志强调的理想教育实际上就是党在现阶段的奋斗目标的教育，纪律、法制教育也是为了实现党的奋斗目标，正如他在谈到理想纪律教育时指出的：“理想就是社会主义现代化，要搞四个现代化，要使中国发展起来，就要有纪律、有秩序地进行建设。”②四项基本原则、艰苦奋斗都是基本路线的重要内容。而爱国主义则是凝聚全国人民建设富强、民主、文明的社会主义现代化国家的伟大动力。可见，在邓小平同志那里，培养“四有”新人的目标与坚持党的基本路线是有机地统一在一起的。这在他视察南方谈话中可以更清楚地看出来。他在谈到培养教育好“以后的几代人”“选拔德才兼备的人进班子”时指出：“我们说党的基本路线要管一百年，要长治久安，就要靠这一条。”③

总之，邓小平同志关于德育目标、德育内容的思想，是从党的基本路线的高度和一百年不动摇的战略出发的，是具有全局性、战略性的大思路，是高屋建瓴的、意义深远的。

三、深刻地指出了德育工作的原则和方法

邓小平同志指出：实事求是和群众路线是我们党一贯倡导的“最基本的思想方法、工作方法”“实事求是、一切从实际出发、理论与实

① 《邓小平文选》第三卷，北京：人民出版社，1993年版，第163页。
② 《邓小平文选》第三卷，北京：人民出版社，1993年版，第209页。
③ 《邓小平文选》第三卷，北京：人民出版社，1993年版，第380页。

践相结合”是马克思主义的根本观点、根本方法。他要求德育工作者必须做实事求是和调查研究的榜样，必须“做老实人、说老实话、办老实事”。

1985年9月，邓小平同志在中国共产党全国代表会议上的讲话中指出：“教育一定要联系实际。对一部分干部和群众中流行的影响社会风气的重要思想问题，要经过充分调查研究，由适当的人进行周到细致、有充分说服力的教育，简单片面武断的说法是不行的。群众关心的实际生活问题和时事政策问题，各级领导一定要经常据实讲解，告诉大家客观的情况以及党和政府所作的努力，并且对群众所反应的不合理现象及时纠正。群众从事实上感觉到党和社会主义好，这样，理想纪律教育，共产主义思想教育和爱国主义教育，才会有效。”① 1987年2月，在谈到坚持四项基本原则，反对资产阶级自由化教育时，他指出：“最终说服不相信社会主义的人要靠我们的发展。如果我们在本世纪内达到了小康水平，那就可以使他们清醒一点；到下世纪中叶我们建成中等发达的社会主义国家时，就会大进一步地说服他们，他们中的大多数人才会真正认识到自己错了。”②在同一次讲话中，他在回顾鸦片战争以来的中国近、现代史后指出：“这个历史告诉我们，中国走资本主义道路不行，中国除了走社会主义道路没有别的道路可走。一旦中国抛弃社会主义，就要回到半殖民地半封建社会，不要说实现‘小康’，就连温饱也没有保证。所以了解自己的历史很重要。青年人不了解这些历史，我们要用历史教育青年，教育人

① 《邓小平文选》第三卷，北京：人民出版社，1993年版，第144—145页。

② 《邓小平文选》第三卷，北京：人民出版社，1993年版，第204页。

民。”[①]在同年3月针对学生闹事的一次谈话中，他说：“这次闹事的学生多半是大学一二年级，20岁以下的青年，他们没有社会实践经验，今年放寒假回去后，几乎每个家庭都给学生上了课。他们看看左邻右舍，同时又跑了一些地方，这几年搞的事情对每个家庭都有好处。所以很多人回校后承认他们原来的认识和行动不对。”[②]

在上述这些讲话中，邓小平同志提出或者强调了新时期加强和改进德育工作的一些重要原则和方法：

1. 理论与实践相结合的原则。即德育一定要联系社会生活实际和学生的思想实际，要摆事实，讲道理，用事实说话。

2. 解决思想问题与解决实际问题相结合的原则，对群众反映的不合理现象要及时纠正，最终解决思想问题，要靠解决产生这些思想问题的实际问题。

3. 有效性原则。要运用各种适当的途径方法，使思想教育“有效”。反对弄虚作假和形式主义。

4. 周到细致、耐心说服的方法。防止“简单片面武断的说法”，做好深入细致的思想工作。

5. 历史教育的方法。历史是生动的教科书，要学会用历史教育青少年，使他们了解中国的历史和国情。

总之，邓小平同志关于德育原则和方法的思想，同对待其他一切工作一样，一贯坚持实事求是的思想路线和干实事、求实效的作风，反对本本主义和形式主义；一贯坚持以身作则、率先垂范，反对说一套，做一套。邓小平同志的这些思想特色是与他“三次被打倒、又三

① 《邓小平文选》第三卷，北京：人民出版社，1993年版，第206页。
② 《邓小平文选》第三卷，北京：人民出版社，1993年版，第208页。

次复出”的特殊经历分不开的。在这极不平凡的人生历程中，邓小平同志那忠贞不渝的革命信念、无私无畏的英雄气概、百折不挠的坚强意志、柔中有刚的政治气质、举重若轻的大将风度、能上能下的公仆本色，都非常集中地凸显出来了。他的言教和身教具有极大的精神感召力，他的德育思想和伟大人格都是我们应当永远学习的。

解放思想　更新观念　正确认识德育的十大关系*

邓小平同志的南方谈话，像和煦的春风吹遍了祖国大地。党的十四大再度奏响了建设有中国特色社会主义的时代交响乐。“一个中心、两个基本点”是这个交响乐的主旋律，“加快改革开放的步伐，集中精力把经济建设搞上去”是这个主旋律的最强音。所有关心国家前途的人，都在关心着改革开放；所有其他各项工作都在围绕着经济建设这个中心，服从并服务这个中心。那么学校德育工作怎样才能和上调子，跟上拍子，奏出雄浑壮阔、美妙动听的时代交响乐呢？如何适应加快改革步伐的新形势，更好地为经济建设服务呢？这个问题，是我最近思考较多的，也是我国广大德育管理干部、德育科研工作者和德育实际工作者所共同关心的问题。最近一个时期，常常听到德育界的同

* 此文是为学习贯彻邓小平同志南方谈话而作，1992年暑假先后在北京、湖南、安徽、黑龙江等地举办的德育研讨会上作过演讲。发表在詹万生主编的论文集《德育在改革大潮中》，黑龙江人民出版社1993年7月出版。后收入《德育新论》，首都师范大学出版社1996年7月出版。

行们的一些议论，例如：如何认识和处理以经济建设为中心与以德育为首位的关系？如何认识和处理以德育为首与以教学为主的关系？如何认识和处理集中精力搞经济建设与反和平演变的关系？如何认识坚持四项基本原则与坚持改革开放的关系？如何认识要警惕右与主要是防止“左”的关系？如何认识弘扬中华民族传统文化与学习西方先进文化的关系？等等。在这些问题中，有时反映出某种疑虑和担忧，怀疑德育为首的地位被削弱，担心再度出现“一手硬，一手软”，忧虑德育工作者的前途和出路。那么，如何正确认识和处理这些问题呢？我认为关键的问题是解放思想和更新观念。

什么是解放思想？所谓解放思想，就是冲破落后的传统观念的束缚，善于从实际出发，努力去开拓进取。1978 年，全国曾掀起了关于实践是检验真理的唯一标准的大讨论。它是一场有重大历史意义的解放思想的大讨论。那场讨论，冲破了长期以来个人迷信和“两个凡是”的思想束缚，重新恢复了调查研究，实事求是，一切从实际出发而不是从本本出发，在实践中不断纠正错误、发展真理的思想路线。这是思想路线的拨乱反正，它是政治路线拨乱反正的先导，是建设有中国特色的社会主义理论和“一个中心、两个基本点”基本路线的历史起点和逻辑起点。

时隔 14 年的今天，邓小平同志再次强调“思想再解放一点，胆子再大一点，步子再快一点”。我认为这是解放思想的再动员，基本路线的再教育，改革开放的再推进。而“思想再解放一点”，则是“胆子再大一点，步子再快一点”的前提和先导。我们的德育工作要能更好地为改革开放和经济建设服务，也必须进一步解放思想、更新观念。那么，我们需要更新哪些观念？我认为必须更新十个观念，正确认识和处理德育的十大关系。

(一)更新孤立地从政治和意识形态角度判断国际形势的观念，学会用经济观点分析国际形势，正确认识和处理集中精力搞经济建设与反和平演变的关系；

(二)更新认为四项基本原则与改革开放是主从关系的观念，坚持用辩证的观点看待两个基本点，正确认识和处理坚持四项基本原则与坚持改革开放的关系；

(三)更新“左比右好”“宁左勿右”的观念，清除“左”的思想影响，正确认识和处理警惕右与主要防止“左”的关系；

(四)更新从教育内部看德育的观念，把视野扩大到社会主义建设的全局来看德育，正确认识和处理以经济建设为中心与以德育为首位的关系；

(五)更新从德育自身看德育的观念，把眼界开放到教育改革的总体来看德育，正确认识和处理以德育为首与以教学为主的关系；

(六)更新把德育只看做上层建筑的观念，全面理解德育的本质和功能，正确认识和处理德育的上层建筑功能与生成力功能的关系；

(七)更新片面否定和抵制西方文化的观念，树立大胆向西方学习和借鉴有用东西的观念，正确认识和处理弘扬中华民族传统文化与学习借鉴西方先进文化的关系；

(八)更新德育成人化观念，根据学生不同年龄阶段的特点搞好大中小学德育衔接，正确认识和处理中小学德育与大学德育的关系；

(九)更新德育向社会单向求援的观念，树立双向服务、互相促进，面向经济主战场的观念，正确认识和处理学校德育与社区精神文明建设的关系；

(十)更新德育工作被动应付和消极防范的观念，抓住机遇建立有中国特色的社会主义德育体系，正确认识和处理德育的针对性、突击性与系统性、常规性的关系。[①]

一、更新从教育内部看德育的观念，把视野扩大到社会主义建设的全局来看德育，正确认识和处理以经济建设为中心与以德育为首位的关系

党的十三届四中全会以来，在党中央国务院的领导下，“把德育放在首位”的思想正在全党和社会逐步取得共识，各级各类学校德育工作薄弱的状况开始改变，广大师生的德育面貌发生了可喜的变化，并且呈现出继续向好的方向发展的势头。然而，事物的发展总是不平衡的，对于“把德育放在首位”的含义还有不同的理解和认识，在贯彻执行中还存在某种犹疑或偏激的现象。随着形势的发展和变化，邓小平同志在南方谈话中进一步强调以经济建设为中心，强调加快改革开放的步伐。这时，有的同志便对“德育首位”提出了质疑，德育工作者对此也感到困惑。那么，如何正确认识和处理以经济建设为中心与以德育为首的关系呢？

首先，以经济建设为中心是全局的，以德育为首位是局部的。局部必须服从全局，德育作为局部的首位必须服从于经济建设这个全局的中心。德育是教育的一部分，德育是教育教学的分支学科。德育为首位，是就教育内部诸因素之间关系而言的，讲的是德育在教育内部的地位和作用问题，不能把德育理解为广义的全党全社会的思想政治工作，以德育为首位并不意味着全国各行各业都要以思想政治工作为首位。

---

① 由于篇幅所限，这里只收入五大关系。

其次，以德育为首位与以经济建设为中心不是对立的，而是辩证统一的。教育必须为社会主义建设服务；社会主义建设必须依靠教育。人民教育人民办，办好教育为人民。这些提法，都适用于教育。那种把以德育为首位与以经济建设为中心对立起来的观点是错误的。

最后，以经济建设为中心，对德育的要求不是降低了，而是提高了。德育的任务不是减轻了，而是加重了；德育的难度不是减小了，而是增大了；德育不是可有可无，而是必须加强，当然不是在原有意义上的加强，而是在改革中加强，在为经济建设服务上加强。那种认为只有反自由化、反和平演变才重视德育(今日欢呼孙大圣，只因妖雾又重来)，而以经济建设为中心德育就可有可无的观点是完全错误的。

关于“把德育放在首位”的提法，目前有种种疑虑，概括起来不外乎以下三种：

其一，把德育放在首位是不是权宜之计?

纵观中外教育史，历代教育家对德育为首有着一致的认识。孔子讲学，开设了德行、语言、政事、文艺四门课程，置“德行”为首课。唐代韩愈说过：“师者，所以传道、授业、解惑也。”把“传道”视为教师三大任务之首。近代爱国主义教育家蔡元培说：“教育而至于公民道德，宜若可为最终之鹄的。”古希腊教育家苏格拉底十分重视德育，他提出了培养人生观和德育完善化的口号。16 世纪捷克教育家夸美纽斯认为：“教育的目的中最重要的是德行”。19 世纪俄国教育家乌申斯基认为德育应占首位，他说：“我们大胆地提出一个信念：道德的影响是教育的主要任务，这种任务比一般地发展儿童的智力和用知识去充实他们的头脑重要得多。”古今中外教育家对德育首位的共识，不是偶然的巧合，而是对教育客观实际的反映，是对教育规律的揭示。

可见，把德育放在首位，不仅是古今中外教育家的共识，而且是马克思主义教育学说中的一贯思想；不仅是对德育地位被削弱的反思而得出的正确结论，而且是对教育普遍规律的科学概括。因此，把德育放在首位绝不是权宜之计，而是关系到培养社会主义事业建设者和接班人的百年大计。

其二，把德育放在首位是不是科学？

教育的本质是教育者根据一定社会的要求，对受教育者身心发展有目的、有计划、有系统地施加影响，使受教育者形成一定的思想品德，掌握一定的知识技能，发展健康的体魄，从而成为一定社会所需要的人的一种社会活动。教育从它产生时起，就同人类的生产活动和社会生活密切联系，适应和反映现存的生产方式。生产力和生产关系的矛盾推动着教育的发展。这种内在的联系，决定了教育从一开始就担负着两种主要社会职能，即传授生产经验和社会经验，使受教育者适应现有的生产力，也适应现有的生产关系，以便使新一代人有可能进行物质生产和精神生产，使人类社会得以延续和发展。一方面，一定社会的教育，必须以生产力发展的需要和它所提供的物质条件为基础；另一方面，生产关系总和构成社会经济基础又直接决定着教育的方向、目的和性质。生产关系的变化，社会形态的更替，社会制度的变革，必然带来教育性质的变化。从我国西周奴隶社会的“学在官府”，到汉代以来历代封建王朝的“儒学独尊”；从隋唐以后实行的“科举取士”，到清代末年洋务运动的“中学为体”；任何一个社会，都是利用国家政治权利的力量、经济的力量和意识形态上的优势来控制和影响教育，从而牢牢地掌握教育的领导权。

教育的双重职能中传授社会生活经验的职能逐渐演变为维护和巩

固一定社会的政治经济制度，灌输一定社会的意识形态和各种社会规范。与教育职能的这种发展变化相联系，作为以政治教育、思想教育、道德教育、法纪教育、心理素质教育的德育，在整个教育中占有主导地位，因而被放在了教育诸要素的首位，这确乎成为教育的一条规律。

可见，把德育放在首位是教育科学中的应有之意。它反映了教育发展的客观规律，它的科学性是毋庸置疑的。

其三，把德育放在首位是不是“左”了？

把德育放在首位与极左路线下的“突出政治”是根本不同的两回事。这是需要加以认真研究和严格区分的。

从德育首位的内涵来看，我们所说的德育首位，是指德育在学校教育工作中居于首位，它在坚持学校的社会主义性质，保证人才培养的正确方向，促进学生全面发展中，起着导向、动力和保证作用。这绝不意味着学校在办学的人力、物力、财力和时间的分配上超过智育和体育，更不是只重视德育而轻视智育，或只要德育而不要智育。这与“文革”中极左路线下搞的那一套“白卷英雄”“零分光荣”“政治可以冲击业务”是根本不同的。

从德育内容来看。“文革”期间在极左路线的干扰下，德育的内容主要是“以阶级斗争为纲”“阶级斗争是一门主课”“造反有理”“灵魂深处爆发革命”“狠斗私字一闪念”等等，学习科学文化知识则成了副业。我们讲的德育包括政治教育(即政治立场、政治信念、政治态度的教育)、思想教育(即世界观、人生观、价值观教育)、道德教育(即道德规范、职业道德、行为规范教育)、法纪教育(法制观念、纪律观念、遵纪守法教育)和心理素质教育。德育正向着科学化、系统化、规范化的方向迈进。这与极左路线下的德育内容是根本不同的。

从德育的途径和方法来看。“文革”期间，知识分子被贬为“臭老九”，是改造的对象，德育是通过工宣队、军宣队进驻学校，“工农兵上、管、改”和“学工、学农、学军”的途径进行的，采取的方式是“停课闹革命”，正常的教育教学秩序得不到保证。现在，知识分子已经成为工人阶级的一部分，是学校教育的依靠力量。德育主要是通过马列主义理论课、思想教育课、广大教师的教书育人、党团工作和社会实践的途径来进行，并且纳入了正常的教学计划。

总之，在办学指导思想上我们已经有过正反两方面的经验与教训。当我们遵循着否定之否定的认识规律，重新摆正德育的地位的时候，要看到每一次否定，都是一次“扬弃”，舍弃了以前发展环节中消极的东西，保留和发扬了其中积极的成果；每一次否定，都不是对上一次否定之前的简单“回复”，而是都产生了新的东西，把事物推向了更高的发展水平。因此，那种担心把德育放在首位会回到“左”的老路上去的顾虑是没必要的，也是没有根据的。

二、更新“左比右好”“宁左勿右”的观念，清除“左”的思想影响，正确认识和处理要警惕右与主要是防止“左”的关系

正确开展反倾向斗争，是我们党的一条重要的历史经验，也是十一届三中全会以来邓小平同志十分关注的一个问题。这次南方谈话，小平同志指出，现在有右的东西影响我们，也有“左”的东西影响我们，但根深蒂固的还是“左”的东西。他明确指出：中国要警惕右，但主要是防止“左”。如何正确认识和处理要警惕右与主要是防止“左”的关系呢？

第一，要明确“左”和右的含义。我们所说的“左”和右，一般是指共产党内部偏离正确路线的倾向，是党内的概念。毛泽东同志在1955年召开的中国共产党全国代表会议上的讲话中说：“超过时代，超过当前的情况，在方针政策上、在行动上冒进，在斗争的问题上、在发生争论的问题上乱斗，这是‘左’，这个不好。落在时代的后面，落在当前情况的后面，缺乏斗争性，这是右，这个也不好”。根据这个界定，“左”和右有两层意思：第一层意思是，超越时代、超越历史发展阶段、超越群众觉悟程度和实际可能，去定目标，提要求，这是“左”，也就是通常所说的“左”倾冒进；落后于时代、落后于当前形势、落后于群众，目标太低，干劲不足，这是右，也就是通常所说的右倾保守。第二层意思是，在阶级斗争和各种政治活动中，混淆敌我，乱扣帽子，乱批乱斗，搞过火斗争，这就是“左”；在阶级斗争问题和政治问题上，惧怕敌人，缺乏应有的警惕和斗争性，不敢斗争，放弃原则，这就是右。

第二，要认清“左”和右的表现。邓小平同志对于“左”的表现着重指出了两点。这就是：把改革开放说成是引进和发展资本主义；认为和平演变的主要危险来自经济领域。现实生活表明，“左”的表现主要是停留在过去对马克思主义的某些原则、某些本本的教条式理解上，或者停留在过去对社会主义的一些不科学的甚至完全扭曲了的认识上，或者停留在改革开放前那些超越社会主义初级阶段的不正确的思想政策上，而不是用马克思主义的立场、观点、方法分析变化了的客观实际，因此不容易接受改革开放的正确政策，甚至怀疑和否定改革开放，认为搞改革开放会走向资本主义道路，仍用过去那种“阶级斗争为纲”的思想来影响以致冲击经济建设为中心。例如：在消灭私有制和消灭阶级的问题上，马克思和恩格斯在《共产党宣言》中说，可以用一句话概括他们的理论，就是“消灭私有制”。我们在社会主义改造中，照搬原理，从本本出发，忘记了在实际运用这一原理时要以当时的历史条件为转移，没有从我国尚处在社会主义初级阶段的实际情况出发，把个体经济、私营经济几乎百分之百地改造了。这就是“左”的表现。在改革开放的今天，有的同志仍然用“消灭私有制”的尺子去衡量引进外资、股份制、私营经济等改革开放的措施，并把这些说成是引进和发展资本主义，这同样是“左”的表现。再如：在商品经济价值规律上，马克思、恩格斯曾认为，在消灭了私有制以后，商品不存在了，价值规律也失去了作用。我们长期教条式地理解这一观点，没有从社会主义的实践经验和我国的实际情况出发，大力发展商品经济，充分发挥价值规律作用。今天，我们在大力发展商品经济的时候，有的同志仍然用传统观念束缚人们的思想，把商品经济与资本主义画等号，这又是一种“左”的表现。此外，在计划与市场、姓“社”与姓“资”等问题上都还存在着“左”的表现。

在当前条件下，右的表现主要是怀疑和否定四项基本原则，搞资产阶级自由化，甚至制造动乱，企图改变我们的社会主义制度和改革开放的正确方向。“左”和右都是背离党的基本路线的错误倾向，右可以葬送社会主义，“左”也可以葬送社会主义。我们要警惕右，但主要是防止“左”。

第三，为什么主要是防止“左”？概括起来主要有三条：一是因为“左”的错误在党的历史上泛滥时间最长，影响最深，危害最大。在新民主主义革命时期，我们党出现过三次“左”倾错误，特别是第三次“左”倾机会主义使南方根据地损失近乎100%，红军损失90%，几乎断送了革命。新中国成立后，从1957年到1978年这22年间，主要的错误倾向也是“左”，特别是“文化大革命”十年动乱，几乎葬送了社会主义。我们党历史上“左”的教训应当永远记取。二是因为改革开放的阻力主要来自“左”的方面，当前根深蒂固的还是“左”的东西。比如：在开办经济特区、兴办“三资”企业、实行股份制、开设金融市场、国有大中型企业自主经营等问题上，都曾遇到过来自“左”的干扰。三是因为“左”带有革命色彩，容易给人以迷惑作用，所以特别值得注意。为什么说“左”带有革命色彩？这要从国际共运史说起。国际共运史上曾出现过第二国际修正主义，在反对伯恩施坦、考茨基修正主义的斗争中，革命队伍分裂为左派和右派。当时所谓左派指坚持马克思主义、反对修正主义的革命派，而右派则指背离马克思主义的右倾机会主义，即投降派。这里的革命左派与我们今天讲的带引号的“左”是完全不同的，我们之所以把“左”倾错误的“左”加上引号，也就是为了区别共运史上的革命左派的左。然而在实际生活中，“左”倾错误往往打着革命左派的旗号，披着马克思主义的外衣而推行错误主张。因此说，“左”带有革命色彩，具有迷惑作用。

从1949年以后到十一届三中全会以前的30年间，“左”的错误使政治运动接连不断并且逐步升级。从1957年的反右斗争，到1964年的“四清”运动，再到长达十年之久的“文化大革命”运动，每一次运动都要整一批人，被整的人总是被戴上“右派”或“走资本主义”的帽子。于是，人们从运动中得出了经验——“趋左而避右”“宁左而勿右”，形成了一种“左”安全，右危险，“左”比右好的观念。对有些人来说，“左”是轻车熟路，一有机会，便习惯成自然。这似乎也是主要防止“左”的原因之一。

第四，德育工作如何防止“左”？从根本上来说，要有效地防止“左”，必须铲除“左”产生的根源。“左”和右产生的根源都是主观唯心主义，它们的特征都是主观与客观相分裂，认识和实践相脱离。所以，防止“左”的关键就是：实事求是，一切从实际出发，理论联系实际。实事求是是马克思主义的精髓，是我党一贯遵循的思想路线，也是邓小平同志提出建设有中国特色社会主义的理论出发点。德育工作要防止“左”的影响，也必须坚持实事求是。从德育的目标到德育的要求，从德育的内容到德育的方法，都应坚持实事求是的原则，不能脱离改革开放的实际、社会生活的实际和学生思想的实际。

德育目标不要“一刀切”，要有层次性。譬如理想教育，就分为最高理想（即共产主义理想）、共同理想（即实现社会主义现代化）和个人理想（包括个人生活理想、职业理想、道德理想、社会理想）三个层次。我们不能指望把所有学生培养成共产主义者，对大多数学生来说，只要他们树立了为实现社会主义现代化而努力奋斗的共同理想，就基本上达到了培养目标。同时还要鼓励学生把个人的人生追求与社会主义现代化建设联系起来，架起从现实到理想境界的桥梁。

德育要求不要“高大全”，要有可行性。常常听到学生这样说：“老师，您对我们的要求很正确，也很崇高，很伟大，很全面，可是社会上大多数人都不是这样的，我也做不到。照您的要求去做，我们就成了傻瓜，在社会上根本行不通。”学生的议论当然不完全正确，但是它反映出我们教育有严重脱离实际的倾向。在德育工作中，我们一般要求学生“应该如何”“必须如何”而很少讲社会生活的实际状况本来面目是什么，很少分析这种状况产生的原因和发展趋势，这就是所谓的“说教”。这种情况必须改变，既要讲“应然”，又要讲“实然”和“必然”，在老师指导下，让学生在比较鉴别中选择正确的东西。

德育内容必须更新，使之更好地为改革开放和经济建设服务。随着社会主义市场经济的建立和发展，人们的价值观念必然发生变化。面对这种情况，我们是因势利导，还是防范堵截？这是德育工作不可回避的问题。德育必须为市场经济和经济建设服务，必须更新内容，教育和引导学生树立适应市场经济的“六大意识”和“八大观念”，即改革意识、开放意识、民主意识、市场意识、环境意识、公关意识和信息观念、信誉观念、竞争观念、合作观念、时效观念、创新观念、求实观念、求知观念。

三、更新孤立地从政治和意识形态角度判断国际形势观念，学会用经济的眼光观察和分析国际形势，正确认识集中精力搞经济建设与反和平演变的关系

长期以来，我们总是习惯于孤立地从政治和意识形态的角度观察、分析、判断国际形势。第二次世界大战后，斯大林提出“两个阵营”理论，用这个理论观察国际社会，必然强调社会主义与资本主义矛盾的斗争性而忽视同一性，加上帝国主义对我国的武装干涉和经济封锁，我们不得不把国门关起来，主要与他们进行军事斗争和政治斗争，形成了用政治和意识形态的眼光观察和处理国际事务的习惯定势。20 世纪 70 年代苏联推行霸权主义，毛泽东同志提出了“三个世界”理论。这一理论在当时的历史条件下对于团结和利用“中间地带”，孤立苏美两霸具有重大的战略意义。但是，这一理论同样是以政治的眼光把国际社会分成敌、友、我三个营垒，同样是以政治斗争和军事斗争来应对苏美两霸。应该看到，军事斗争是政治斗争的特殊或最高的手段，意识形态上的斗争是政治斗争的重要形式，而政治则是经济的集中表现。意识形态斗争、军事斗争和政治斗争，都不过是为了达到经济目的的手段，军事斗争、政治斗争、意识形态斗争的背后深藏着经济根源。其实，用经济的观点分析形势是马克思主义一贯的主张

和做法。众所周知，马克思分析资本主义社会就是从解剖商品开始的，列宁在分析帝国主义时，是从分析垄断经济出发的，毛泽东在分析半封建、半殖民地的中国社会时，也是从分析各阶级、各阶层的经济地位入手的。然而，这一点我们恰恰忘记了，没有用经济的眼光观察和分析国际形势，没有集中精力发展经济和提高经济实力。不过，毛泽东晚年已看到了这一点，告诫人们警惕“被开除球籍”的危险。

党的十一届三中全会以来，邓小平同志以无产阶级革命家的胆略和气魄，果断地停止了“以阶级斗争为纲”的口号，把党的工作重心转移到社会主义经济建设上来，提出了一系列建设中国特色社会主义的理论、路线、方针和政策，制定了“一个中心、两个基本点”的基本路线。然而，要坚定不移地贯彻执行党的基本路线，必须排除各种干扰，其中包括摒弃孤立地从政治和意识形态角度判断国际形势的观念。1989 年之后，西方资本主义国家对我国实行“制裁”，接着东欧剧变、苏联解体。这些事件发生之后，我们又自觉不自觉地沿用过去的习惯，从政治和意识形态的角度分析、判断国际形势，不适当地强调了和平演变的现实危险。甚至提出：意识形态领域是反和平演变的主战场，高等学校是反和平演变的前沿阵地。如果按照这个思路去理解，大学德育不就成了前沿阵地上的“尖刀连”了吗？同志们可以回忆一下，当时是不是有那么一点紧张气氛？

邓小平同志在这个关键时刻，就许多关系到我们国家前途和命运的重大问题，又一次发表极为重要的谈话。要求我们思想再解放一点，胆子再大一点，步子再快一点，集中精力把经济搞上去。邓小平同志的讲话精神，是建立在对国际形势深刻洞察和科学分析的基础之上的。它不仅是建设有中国特色社会主义的根本指导思想，也是观察和分析国际形势的根本方法。

孤立地用政治和意识形态的眼光观察和分析国际形势，就得出了国际共产主义运动正处于低潮，我国面临着和平演变的现实危险的结论。用经济的眼光观察、分析形势，就得出了抓住有利时机，加快改革开放步伐，集中精力把经济建设搞上去的结论。两种不同的观念，两种不同的思路，得出两种根本不同的结论。德育，作为意识形态的一部分，德育工作者往往习惯于用意识形态的眼光观察分析形势，这种观念应当转变。成都武侯祠一副对联说得好："能攻心则反侧自消从古知兵非好战；不审势即宽严皆误后来治蜀要深思。"我们德育工作者必须解放思想，更新观念，审时度势。学会用经济的眼光观察、分析国际形势。

用经济的眼光观察国际形势，我们就会发现当今世界有这样几个特点：

第一，美国经济形势相对衰弱。从经济上看，美国具有两重性：一方面，至少在21世纪初以前，仍不失为世界上经济规模最大、综合国力最强的国家，另一方面，它现已沦为世界上债务最大(1990年总债务达12.8万亿美元，其中外债达600亿美元)、寅吃卯粮、走向衰弱的国家。像人们熟知的，美国在海湾战争中花费的近600亿美元，是靠日本、德国、沙特和科威特资助的。德国事后要查账，怀疑美国贪污战争捐款，发了战争财；日本说没有它的资金与技术美国就打不赢海湾这一仗；国际舆论曾广为评述美国第一次当了"雇佣兵"(别人出钱他出兵)。可见美国虽然想一家主宰世界，希望出现"一极世界""一家独霸""一手遮天"，但却已力不从心了。

第二，苏联解体以后，经济生活混乱，生产大幅度下跌。1991年，俄罗斯国民生产总值下降15%，工业生产下降9%，粮食减产5000多万吨，通货膨胀率超过300%，人民生活水平明显下降。解体后的一些原加盟共和国先后实行放开物价和私有化“改革”，造成商品供求矛盾空前尖锐，经济秩序更加混乱。虽然，俄罗斯的工业基础和综合国力仍然不能忽视，但它作为超级大国的一极已经不复存在。

第三，德国经济迅速崛起。苏联东欧动荡解体，德国受益最大。统一的德国拥有 8000 万人口，国民生产总值相当于英法两国总和。如今，它崛起速度加快，外交上也锋芒渐露，一改以前的“低姿态”，积极向“独联体”与东欧渗透，以图重建其势力范围。它正在争取世界大国地位，争当联合国安理会常任理事国。西方舆论已经提到，到底是“欧洲的德国”，还是“德国的欧洲”？德国作为多极世界的一极不仅初具规模，而且已令他的欧洲伙伴“一觉醒来感到有些吃惊与颤抖”了。

第四，欧共体经济增长缓慢。1991 年欧共体经济增长 1.3%，低于上年的 2.8%，为 1982 年以来的最低水平。各成员国开工率普遍下降，通常只有 80%，失业率由 1990 年的 8.4%升至 1991 年 10 月份的 9.3%。各国投资额出现 80 年代以来首次下降，私人消费增幅为 1984 年以来最低水平。

第五，亚洲“四小龙”经济高速稳步增长，亚太地区经济合作趋势加强。东亚一些发展中国家和地区战后相当长时期保持高速增长。中国香港、新加坡、韩国和中国台湾已发展成为新兴工业化国家和地区。东盟紧跟其后，迅速崛起，正在努力成为第二批工业化地区。1990 年香港和新加坡人均总产值超过 12000 美元。1991 年 11 月亚太经济合作部长会议（APEC）第三届年会在汉城（今首尔）召开，会议通过《汉城宣言》，接纳中华人民共和国（以主权国家身份）、中国台北和香港（以地区名义）为正式会员。外电评论称汉城会议是亚太经济合作的里程碑，是在世界这一地区建立合作新阶段的开始。他将逐步成为亚太地区重要的政府间协商机构，亚太经济合作开始向有组织的实施阶段过渡。

第六，拉美和非洲发展中国家经济有所增长，但仍困难重重。总的来看，1991年发展中国家经济增长情况稍好于上年。拉美平均增长率超过2%，部分国家超过4%，开始走出低谷。但有些国家通货膨胀和外债负担仍很严重。巴西、秘鲁通货膨胀率分别高达366.5%和143.6%，巴西仍然是发展中国家中最大债务国。非洲经济增长率为3.2%，与人口增长几乎持平，人均收入没有增加。

从上述世界经济形势来看，我们可以得出两条结论：一是世界旧格局已经终结，新格局正在形成过程中，世界向多极化发展进程加速。作为旧格局(即两极格局)之一的苏联彻底解体了，赫赫的超级大国分裂成15个“独立国家”，破镜不能重圆。作为另一极的美国则相对衰弱，它欲独霸世界，想对我国推行和平演变战略，但力不从心。二是在世界加速向多极化发展进程中，我国面临的经济环境是：希望与困难同在，机遇与挑战并存；希望大于困难，机遇多于挑战。国际社会的竞争，归根结底是经济实力和以经济实力为基础的综合国力的竞争与较量。经济实力决定在国际社会中的政治地位，能不能抓住有利时机，加快改革开放，集中精力把经济搞上去，不仅是重大的经济问题，也是重大的政治问题。

学会了用经济观点观察和分析国际形势，那么集中精力搞好经济建设与反和平演变的关系就不难理解了。在这样的国际形势下，我们必须抓住有利时机，迎接新的挑战，必须坚持以经济建设为中心。关于反和平演变问题，我认为只要世界上还存在着资本主义和社会主义两种制度，并且社会主义国家的经济实力尚未超过资本主义国家之前，这种演变与反演变的斗争就会客观存在。但是，在当前的形势下，它不是主要矛盾，我们不能片面夸大和平演变的现实危险性。在反和平演变的宣传和教育上必须服从于经济建设这个中心，要坚持内外有别、上下有别、分层次、有重点地进行，坚持正面教育的原则，只要我们党和国家掌握在马克思主义者手里，中国就不会变，只要我们把经济建设搞上去了，中国就变不了。只有把经济搞上去，提高综合国力，改善人民的物质和文化生活，才能赢得人心，赢得稳定，赢得国际地位，赢得反和平演变的最终胜利，社会主义制度才能立于不败之地。

四、更新片面地否定和抵制西方文化观念，树立大胆向西方学习和借鉴有用东西的观念，正确处理弘扬中华民族传统文化与学习借鉴西方文化的关系

在对待西方文化的问题上，我们具有正反两方面的经验和教训。过去我国长期处于封闭状态，过分强调社会主义与资本主义两种意识形态的对立和斗争，往往把西方文化视为洪水猛兽，采取一概否定、排斥的立场和态度。

改革开放以来，特别是80年代中期以来，社会上翻译出版和介绍西方哲学和社会科学的著作大量涌现，萨特的《存在与虚无》、弗洛伊德的《梦的解析》、卡西尔的《人论》、科恩的《自我论》、瓦西列夫的《情爱论》、卡耐基的《人性的弱点》等西方著作到处流传，几乎成为大学生课外的必读物。大学校园里出现了“西方哲学热”和“中西文化比较热”，资产阶级自由化思潮借机推波助澜，打出了“全盘西化”的旗号。这股思潮对大学生产生了强烈的影响。1987年北京航天航空大学学生刘勇杀人后自杀的恶性事件就是一个受西方思潮毒害的典型。

他推崇萨特存在主义“以自我为中心”的观点，欣赏尼采“超人哲学”中“我即太阳”的思想，形成了一套“自我万岁”的人生哲学，最终醉心自我，走向了自我毁灭。这个反面典型虽然是极个别的，但当时不同程度地受西方思潮影响的大学生却不是少数。当时大学德育工作者都十分关注这个问题，开始研究西方哲学对大学生的影响及我们的对策，在思想教育课程《人生哲学》中增加了西方人生哲学批判的内容。教育、引导学生认清西方哲学本质，对西方哲学进行分析、鉴别、批判。应该说，这种教育在一定范围内起到了对西方思潮在大学生中泛滥的遏制作用。

然而，我们对西方文化的认识往往偏激。1989 年之后，对西方文化出现了片面否定和抵制的做法。出版界不敢再出西方哲学和社会科学译著，理论界对西方哲学也不敢再问津，“文化比较热”也已大幅度降温，德育界论及西方哲学时也大都持批判态度。

邓小平同志南方谈话指出思想再解放一点，胆子再大一点，步子再快一点。江泽民同志 6 月 9 日在中央党校的讲话中说，加快改革开放步伐，应包括大胆学习、吸收、借鉴和利用人类社会创造的一切优秀文明成果，吸收和借鉴当今世界包括资本主义发达国家的先进经营方式和管理方法。这个提法是空前的，可见中央对改革开放的决心。

在对待西方文化问题上，我们有过正反两方面的经验，现在可以清醒地认识到，采取闭关自守、全盘否定或崇洋媚外、全盘西化这两种极端的观点都是错误的。正确的态度应该是分析、鉴别、学习、吸收、利用。那么，如何学习、吸收、鉴别、利用呢？我认为对西方文化要分层次，区别对待。

第一个层次，是科学技术，它是先进的生产力。科学无国界，无阶级性，完全可以学习和利用。

第二个层次，是管理经验，它是组织社会化大生产的手段和方法，不管是X、Y、Z理论，都可以学习和借鉴。

第三个层次，是文化艺术，它的形式可以学习、借鉴，洋为中用；内容可以改造、利用。

第四个层次，是思想道德，它是意识形态的重要组成部分。我们要转变在意识形态上社会主义和资本主义全然对立的认识。树立既对立又统一的观念。对共同性的东西，如共同人性、共同心理、共同美感、共同道德等要大胆学习和借鉴；对商品经济条件下产生的思想道德观念，也要学习和吸收。至于反映资本主义意识形态本质的个人主义，则不能学习、吸收，但也不能把它看作洪水猛兽，大加批判。不要只看到个人主义与集体主义的对立一面，还要看到二者辩证统一的一面。借鉴它的合理成分，丰富和发展集体主义思想体系。

第五个层次，是政治制度。其中反映资本主义本质的“三权分立”“多党制”，当然不能学习、吸收。至于某些政治管理制度则可以借鉴、改造、利用的，如公务员制度。

我们如何对待中国传统文化呢?

中国是一个具有悠久历史和优秀文化传统的国家，素以文明古国和礼仪之邦而著称于世。在对待中华民族传统文化的问题上，五四运动以来就有着不同的态度和主张。中国的马克思主义者主张批判继承，这是唯一正确的主张，在社会主义现代化建设的今天，我们研究中国传统文化必须坚持这一主张，反对两种错误的态度：一种是毫无批判的兼收并蓄，食古不化；另一种是全盘否定的历史虚无主义，鼓吹“全盘西化”。

弘扬民族文化的优秀传统，并不是要搞复古主义。中国传统文化是一定时代的产物，同任何事物一样，它具有两重性，既有进步性，又有局限性；既有精华，又有糟粕。建立在小农生产基础和封建等级制度之上的中国传统文化，必然有狭隘性和保守性的一面，诸如鄙视劳动、宗法观念、家长作风、忠君思想、因循守旧、封建迷信、男尊女卑等等，这些消极的东西曾是导致我国长期发展停滞的思想根源之一。因此，对待中国传统文化绝不应不分良莠，兼收并蓄，而应当批判地继承，吸收其精华，剔除其糟粕。

在“四书五经”等古代典籍中，具有积极意义和真理性的东西，被当作格言、成语流传下来的有千百条，其中最能鼓舞人、激发人而为后世所传诵的，仅《论语》一书中就有近百条。例如：属于意志情操的有“杀身成仁”“任重道远”“匹夫不可夺志”“知者不惑”“仁者无忧”“勇者不惧”等；属于思想品德修养的有“己欲立而立人，己欲达而达人”“己所不欲勿施于人”“人而无信，不知其可”“择善而从”“成人之美”“以直报怨”“以德报德”等；属于求知好学的有“学而不厌”“诲人不倦”“不耻下问”“发愤忘食”“三人行必有我师”等。此外在待人处事、正己修身、交友之道等方面也有许多至理名言，这方面的例子是不胜枚举的。

在中国悠久的文明史中，传统文化经过千年的积淀，有些光辉的思想已构成了我们民族之魂。例如：我们民族历来强调那种刚健有为、自强不息、为民族献身的精神；那种“富贵不能淫、贫贱不能移、威武不能屈”的浩然正气；那种“先天下之忧而忧，后天下之乐而乐”的先人后己精神；那种“国家兴亡，匹夫有责”的以天下利益为己任的爱国主义精神；那种“杀身成仁，舍生取义”为正义而献身的高风亮节；那种“横眉冷对千夫指，俯首甘为孺子牛”的爱憎分明精神；那种勤劳俭朴、自力更生、诚实守信的求实精神等。这些格言都曾哺育了中华民族亿万优秀儿女的健康成长，都曾激励过无数志士仁人、英雄豪杰为民族的兴旺发达，为祖国的繁荣富强而写下了人生的壮丽篇章。

中国传统文化中的积极因素，也曾被我党老一辈无产阶级革命家毛泽东、刘少奇、周恩来等所批判吸收，应用于党内教育和指导党的事业的著作中。刘少奇同志在讲到共产党员应该为党、为阶级、为民族解放、为最大多数人民利益而牺牲的时候，就曾经引用中国传统文化中的人生格言来教育共产党员。他说："'杀身成仁''舍生取义'，在必要的时候，对大多数共产党员来说，是被视为当然的事情。"在毛泽东同志的著作中引用孔子的话就有十多处，他在强调全党同志都应该努力学习的时候，引用孔子的话说："对自己'学而不厌'，对人家'诲人不倦'，我们应取这种态度。"可见，中国传统文化已经成为一种民族精神，深深地积淀在中国人民的生活意识里，至今仍在一定程度上影响着中国人民的人生观和道德观。

对于中国传统文化，如果我们摒弃其封建主义的阶级内容，剥去其唯心主义的外衣，就可以发现它合理内核，看到它的进步性和积极意义。

第一，中国传统文化体现的是一种整体和谐思想，它对于国家统一、民族团结、社会和谐是有进步意义的。

中国传统文化的哲学大家把建立和谐统一的社会作为自己的责任，儒家的宗旨是"兼善天下"，是"济世利他"。"仁者爱人"的人生理想与"天下为公"的社会理想是一致的。《礼记》以孔子的名义说："大道之行也，天下为公，选贤与能，讲信修睦。故人不独亲其亲，不独子其子；使老有所终，壮有所用，幼有所长，鳏寡孤独废疾者皆有所养。男有分，女有归。货恶其弃于地也，不必藏于己。力恶其不出于身也，不必为己。是故谋闭而不兴，盗窃乱贼而不作，故外户而不闭。是谓大同。”(《礼记·礼运》)“仁者爱人”的人生理想所要求的人与人之间互相爱护、互相关心、互相尊重与“天下为公”的社会理想所描绘的蓝图是一致的，二者互为条件，互为目的。儒家提出“修身、齐家、治国、平天下”把社会看成是一个整体，认为个人总是生活在群体之中，或为家族或为国家或为天下的一员，群体受到损坏，个人的生活也就失去了保障。因此，儒家总是置国家、民族的利益于第一位，要求个人服从整体，强调人际关系和谐、国家统一、社会太平。自秦汉以来，中国就形成了统一的多民族国家，尽管历史上也曾出现过暂时的分裂局面，但很快又获得了统一，这与儒家思想的影响是分不开的。在历史上还多次出现过少数民族执政的情况，然而每一次少数民族执政都进一步促进了民族融合，这与儒家思想的影响也是分不开的。可见，儒家学说所体现的整体主义思想对于国家统一、民族融合与社会和谐是有积极意义的。

第二，中国传统文化蕴含着一定的辩证法思想，它对于缓和阶级矛盾、维护社会稳定，是有积极意义的。

儒家追求“仁爱”，崇尚道德，但并不否定刑罚；主张“德政”，但并不否定法制。然而，二者相比，儒家认为道德具有更根本、更重要的意义。这里边蕴含着辩证法的因素。孔子说：“道之以政，齐之以刑，民免而无耻；道之以德，齐之以礼，有耻且格”(《论语·为政》)意思是说，统治者如果用政治的手段，施加刑罚，最多只能使老百姓不敢犯罪，但不能使他们感到羞耻；如果能用道德来教育和感化他们，用礼仪规范来约束他们，老百姓不会犯罪，还会感到犯罪是可耻的事。汉代贾谊在《过秦论》中也指出，法令“可以诛恶，非所以劝善”，“礼者，禁于将然前；而法者，禁于已然之后。”(《过秦论》)历代统治者都运用“德威并重”“宽猛相济”的统治术来治理国家，这与儒家思想的影响是分不开的。从历史上看，什么时候仁爱思想比较昌明，什么时候社会风气就相对好转；什么时候实行“仁政”，什么时候社会就比较稳定。这说明仁爱思想与“仁政说”对于缓和阶级矛盾，促进社会稳定是有积极意义的。

儒家还特别注重个人道德修养在人际关系中的调节作用。正己修身的人生修养也具有辩证法的合理因素，这主要体现在它的修养方法上。儒家提出的修养方法是“推己及人”“能近取譬”“设身处地”和将心比心。儒家思想之所以在中国有如此精微、广泛的发展，与这一方法论原则有主要关系。所谓“能近取譬”，就是能以自己作比，推及别人的意思。“推己及人”的方法，就是从自己的亲身需要、愿望和追求出发，推想到别人的需要、愿望和追求，从而体察和理解他人，自觉调节人我关系。这就是孔子说的“己欲立而立人，己欲达而达人”，“己所不欲，勿施于人”。这种修养方法对调节人际关系和谐，促进社会稳定和谐具有十分重要的意义。

第三，中国传统文化强调的是一种高尚的精神境界，它对于精神文明建设和理想人格的塑造，是有进步意义的。

儒家的价值取向，就是重视精神境界，认为人的精神需要高于物质需要。这一思想充分体现于人生理想、人生态度和人生修养之中。孔子说：“民之于仁也，甚于水火，水火吾见蹈而死者矣，未见蹈仁而死者也。”(《论语·卫灵公》)人在社会中必须依赖水火等物质条件而生活，但是水火有时还给人们带来危害。然而，作为精神境界的“仁”，却只能给人们带来利益，而不会有任何伤害。孔子说：“志士仁人，无求生以害仁有杀身而成仁”。(《论语·卫灵公》)孟子也说过：“生吾所欲也，义亦吾所欲也，二者不可得兼，舍生取义者也。”(《孟子·滕文公》)物质需要和精神需要，是人类生活中不可缺少的，当二者不可得兼的时候，就只有牺牲自己的物质需要，去追求崇高的精神需要。儒家这种重视精神境界的思想，在“义利观”上表现得更为突出。儒家认为义重于利，强调要“见利思义”“义以为质”“义然后取”“先义后利”，认为“放于利而行，多怨”“见小利则大事不成”。儒家还十分推崇重视精神境界的理想人格，孟子说：“居天下之广居，立天下之正位，行天下之大道。得志，与民由之；不得志，独行其道。富贵不能淫，贫贱不能移，威武不能屈，此之谓大丈夫。”(《孟子·滕文公》)历代爱国志士和民族英雄层出不穷，这与儒家思想的影响是有直接关系的。可见，儒家这种重精神境界，对于塑造“志士仁人”“大丈夫”这样的理想人格，对于陶冶民族性格和建设精神文明，在历史上曾经起过巨大的进步作用。

当前，我国正在建设有中国特色的社会主义，不但要建设有中国特色的社会主义经济和政治，而且要建设中国特色社会主义文化。建设中国特色社会主义新文化，一定要根植于中华民族文化的深厚土壤之中，深入地研究中国的历史文化，弘扬中华民族的优秀传统。应该看到，文化遗产具有相对的稳定性，它的许多方面并不是为某一个阶级、某一个时代所独有的，也不只是为某一个阶级、某一个时代所利用的。我们既要看到中国传统文化的阶级性和时代性，又要重视它的继承性和借鉴性。中国传统文化，为我们留下了大量可资借鉴的宝贵经验，许多警句格言至今仍然闪烁着哲理的光辉，其中有些东西一旦赋予新义，便可成为社会主义精神文明建设的组成部分，便可以成为建立中国特色社会主义德育体系的思想材料。对于中国传统文化的合理成分和积极因素，我们要以马克思主义为指导，进行革命变革和改造利用，使之赋予新的内容和新的含义，在继承的基础上有所发展和创新。

总之，我们要在马克思主义指导下，大胆学习、借鉴、利用和吸收西方优秀文明成果，批判、继承、弘扬和光大我国优秀传统文化，并使二者有机地结合起来，实现“山与海的拥抱”，创造出中国特色社会主义德育体系。

五、更新从德育自身看德育的观念，把眼界开放到教育改革的总体来看德育，正确认识和处理德育与智育、体育、美育的关系

党的十一届三中全会以后，党的工作重心转移到社会主义经济建设上来。与此相联系，教育界在拨乱反正过程中，提出了“以教学为主”和“以教学为中心”的口号。这对于建立正常而稳定的教学秩序，提高教育质量起到了积极的作用。然而，事情往往矫枉过正，一种倾向掩盖了另一种倾向。20 世纪 80 年代末期，我们又出现了忽视或轻视思想政治教育的倾向，自由化思潮愈演愈烈，而教育则软弱无力，被动应付。针对这种情况，邓小平同志指出“最大失误是教育”，主要是指思想政治教育，江泽民同志代表党中央提出了“把德育放在首位”的要求。现在，我国政局稳定，社会稳定，经济稳步发展，有的同志又提出了“德育为首”与“教学为主”谁是谁非的问题。这种把德育与教学割裂开来，对立起来的认识是形而上学的观点。如果这样下去，总是“左”右摇摆，德育与智育“两张皮”的问题就永远得不到解决。我认为必须历史地、辩证地看待这个问题，从事教务和教学工作的同志要跳出智育的圈子，从事德育工作同志要跳出德育的圈子，把眼界开放到教育改革的总体来看德育，只有这样才能正确认识和处理德育与智育、体育、美育的关系。

社会主义教育是德育、智育、体育、美育等诸方面教育因素的统一，德、智、体、美诸方面各有其独特的地位和作用。它们共同统一在同一个培养目标上，互相依存、互相渗透、互相制约、互为条件，形成不可分割的教育整体。

一方面，德育是智育、体育、美育的方向、动力和保证。

“把德育放在首位”，是指德育在学校教育工作中居于首要地位，它对坚持学校的社会主义性质，保证人才培养的正确政治方向，促进学生全面发展，起着方向、动力和保证的作用。具体来说有以下三点：

首先，德育是体现学校教育社会主义性质的根本标志。学校教育的性质最终决定因素是领导权和办学指导思想，就德育和智育比较而言，体现学校教育性质的是德育，而不是智育。作为现代生产力所要求的智育，在社会主义和资本主义两种不同性质的学校中，教学的内容、方法和规律等方面有着明显的共同性，它可以为社会主义服务，也可以为资本主义服务。因此，智育不能成为区别两种教育性质的标志。而作为培养一定的政治观、世界观、人生观、价值观、道德观和个性心理品质的德育，在教育领域中则能更直接、更明显地为一定的经济基础和政治制度服务，具有鲜明的方向性。我们各级各类学校的德育是对学生进行以坚持党的基本路线为核心的政治观教育、以辩证唯物主义和历史唯物主义为内容的世界观教育、以为人民服务为宗旨的人生观教育、以集体主义为原则的道德观教育。这充分体现了社会主义教育的性质。

其次，德育是保证人才培养的正确政治方向。教育的根本目的是提高全民族的素质，培养社会主义事业的建设者和接班人。建设者和接班人不但要有较高的专业技术素质，而且还应具备优良的思想道德素质。毛泽东同志曾经指出："不论知识分子，还是青年学生，都应该努力学习，除了学习专业之外，在思想上要有所进步，政治上也要有所进步，这就需要学习马列主义、学习时事政治，没有正确的政治观点，就等于没有灵魂。"1949 年以来，许多优秀知识分子的成长道路，都说明了正确的政治方向在人才培养中起决定作用。《中共中央关于教育体制改革的决定》指出，新时代所需要的人才，"都应该有理想，有道德，有文化，有纪律，热爱社会主义祖国和社会主义事业，具有为国家富强和人民富裕而艰苦奋斗的献身精神；都应该不断追求新知，具有实事求是、独立思考、勇于创造的科学精神"。这种新型人才的标准，体现了教育要面向现代化、面向世界、面向未来的方向。

再次，德育在学校全面发展教育诸因素中起着动力和保证作用。德育的本质，就是要把反映社会主义生产关系、政治关系和其他社会关系的立场观点、思想意识、行为规范等社会意识形态的东西，传授到后代身上去，以保证社会主义的生产关系、政治关系和其他社会关系得以巩固和发展。德育本质决定了它的巨大的社会作用：一方面，在学生身上形成社会主义社会所需要的政治观念、思想观点、道德品质和行为习惯，从而调节他们的行为，维护社会主义的政治、经济和社会生活的秩序；另一方面，德育在学生身上所造就的思想品德，能够成为一种精神力量和学习动力，推动智育和体育诸方面的发展。

强调把德育放在首位，绝不能忽视或轻视智育和体育，相反，在落实德育首位的同时，必须重视和加强智育、体育工作。因为智育、体育是德育的条件、途径和手段。

从智育对德育的作用来看。学生的主要任务是学习，包括学习自然科学和社会科学知识。学生获取了大量的科学文化知识，为他们形成科学的世界观奠定了良好的基础。正如列宁所说的“只有用人类创造的全部知识财富丰富自己的头脑，才能成为共产主义者”。因此，德育要寓于智育之中，把智育作为德育实施的重要渠道、途径和手段。然而，德育和智育是各不相同的教育过程，两者互相渗透，互相促进，但不能互相代替。用“政治冲击一切”的“左”倾错误不能重演，用智育代替德育的教训也应当永远记取。

关于体育与德育的关系，毛泽东同志早就深刻地说过：“体育一道，配德育与智育，而德智皆寄于体，无体是无德智也。……体者，为知识之载而为道德之寓者也，其载知识也，如车；其寓道德也，如舍”。1954年，中共中央《关于加强人民体育运动》的指示中提出“体育是培养人民勇敢、坚毅、集体主义精神，向劳动人民进行共产主义教育的重要手段”。可见，体育既有德育的内容，又是德育的手段。

总之，德育、智育、体育是学校教育的三个基本要素，它们相辅相成，缺一不可，三者相分离就各有所损，三者相配合则相得益彰。重视智育和体育而轻视德育，或重视德育而忽视智育和体育，都是片面的。我们的提法是：德育为首，全面发展。

建设中国特色社会主义德育体系的行动纲领*

中国共产党第十五次全国代表大会的主题是：高举邓小平理论伟大旗帜，把建设有中国特色社会主义事业全面推向21世纪。报告的第七部分：有中国特色社会主义的文化建设中多次讲到德育问题，对德育的地位和作用、目标和内容、原则和方法等方面都有十分精辟的阐述，可以说十五大报告是建设有中国特色社会主义德育体系的伟大纲领。

一、科学地阐述了德育的地位和作用

德育的地位和作用有广狭之分，狭义是指教育内部诸因素的关系，即德育与智育、体育、美育、劳动教育的关系；广义是讲德育与经济、政治、文化的关系问题。狭义

* 本文是作者在中央教科所德育研究中心学习十五大报告座谈会上的发言稿，曾发表在《中国德育》杂志，后来收入到《整体构建德育体系引论》，教育科学出版社2001年4月出版。

的德育地位和作用问题，江泽民同志在 1989 年新中国成立 40 周年大会上的讲话中就已经有过明确的表述，他指出："各级各类学校不仅要建立完备的文化知识传授体系，而且要把德育放在首位，确立正确的政治方向。"这次在十五大报告中当然不可能具体讲教育内部德育的地位和作用问题，而是从宏观角度、高屋建瓴地从广义上讲德育的地位和作用问题。这里包括德育与经济、政治，德育与文化两个方面。

首先，从德育与经济、政治的关系上讲德育的地位和作用。十五大报告指出："有中国特色社会主义的文化，是凝聚和激励全国各族人民的重要力量，是综合国力的重要标志。""它反映我国社会主义经济和政治的基本特征，又对经济和政治的发展起巨大促进作用。"这里的第一句话指出了文化其中包括教育以及教育中的德育在有中国特色社会主义事业中的地位，既是凝聚和激励全国各族人民的"重要力量"，又是综合国力的"重要标志"。这个提法在党的文献中尚属首次，反映了中央对包括德育在内的文化的高度重视。这里的第二句话揭示了文化包括德育与经济、政治的辩证关系，既指出了德育是对社会主义经济和政治的反映，又指出了作为上层建筑领域文化范畴中的德育对经济、政治的能动作用，即"巨大促进作用"。这里闪烁着马克思主义辩证唯物主义的光辉，为我们在实际工作中正确地理解和把握德育的地位和作用指明了方向。

其次，从德育与文化建设的关系上讲德育的地位和作用。十五大报告中指出："在全社会形成共同理想和精神支柱，是有中国特色社会主义文化建设的根本。"有中国特色社会主义的文化，就其主要内容来说，同改革开放以来我们一贯倡导的社会主义精神文明是一致的。文化相对于经济、政治而言，精神文明相对于物质文明而言。社会主义精神文明或者说社会主义文化历来包括两个方面：一是思想道德建设；二是科学文化建设。思想道德建设是精神动力，科学文化建设是智力支持，这两个方面相互作用，辩证统一。就二者关系而论，思想道德是解决方向、动力问题，因此思想道德建设在社会主义精神文明或者中国特色社会主义文化中是最为“根本”的东西。在教育内部，德育承担着思想道德教育的任务，是解决学校和学生的方向和动力问题，因此德育在教育内部同样具有“根本”的或“首要”的地位。面向21世纪，中国的基础教育向何处去？这是世纪之交中国教育改革和发展的一个重大问题。《中华人民共和国经济和社会发展“九五”计划和2010年远景目标纲要》指出要“改革人才培养模式，由‘应试教育’向全面素质教育转变”。素质教育要求面向全体学生，全面提高学生的素质，包括思想道德素质、科学文化素质、身体心理素质、审美艺术素质和劳动技术素质。其中的思想道德素质在全面素质结构中占有首要地位。青少年学生只有树立了远大的理想，学习才会有强大而持久的动力；只有树立了正确的世界观、人生观、价值观，科学文化素质才能沿着正确的方向发展；只有具备良好的道德品质，正确处理好各种人际关系，才能在生活和工作中顺利前进；只有具备较强的法纪观念，才能在人生的道路上不失足；只有热爱祖国、热爱人民、热爱社会主义，才能更好地发挥聪明才智，在社会主义现代化建设中做出更大贡献。因此，十五大报告强调指出：“青少年是祖国的未来，民族的希望，要十分重视青少年思想道德建设。”

二、明确地指出了德育的目标和内容

十五大报告明确指出：“建设有中国特色社会主义，必须着力提高全民族的思想道德素质和科学文化素质，为经济发展和社会全面进步提供强大的精神动力和智力支持，培育适应社会主义现代化要求的一代又一代有理想、有道德、有文化、有纪律的公民。”报告中指出：“培养同现代化要求相适应的数以亿计高素质的劳动者和数以千万计的专门人才，发挥我国巨大人力资源的优势，关系到21世纪社会主义事业的全局。”“认真贯彻党的教育方针，重视受教育者素质的提高，培养德、智、体等全面发展的社会主义事业的建设者和接班人。”这三句话层层深入地提出了教育的根本任务和培养目标，其中也包含了德育的目标，这就是“四有”公民、高素质的劳动者和专门人才、社会主义事业的建设者和接班人。

德育目标是党和国家对青少年儿童在“德”的方面的规格要求，是各级各类学校德育工作的出发点和归宿点。党的十五大提出的德育目标以邓小平理论为指导，坚持面向现代化、面向世界、面向未来，并且从建设有中国特色社会主义的实际出发，遵循儿童青少年品德形成和发展的规律。这个目标既体现出各级各类学校德育目标的一致性和连续性，又反映出各个教育阶段德育目标的层次性和渐进性，为我们在实际工作中进一步明确和坚持德育目标指明了方向。

十五大报告不仅指明了德育目标，而且还提出了一系列德育内容：

——“始终不渝地用邓小平理论教育干部和群众。”十五大把邓小平理论确立为党的指导思想，这是把建设有中国特色社会主义事业全面推向21世纪的根本保证。要用邓小平理论教育全党全国的干部和群众，这其中也包括青少年学生。把邓小平理论教育作为学校德育的最重要的根本内容，这是学校坚持有中国特色社会主义办学方向的根本标志，是坚持十一届三中全会以来的路线不动摇，高举邓小平理论不动摇的根本保证。

——“深入持久地开展以为人民服务为核心、集体主义为原则的社会主义道德教育。”这是学校德育的基本内容，其中包括社会主义道德原则和规范的教育、文明礼貌和行为规范养成教育、中华民族传统美德教育和社会公德、职业道德、家庭美德和环境道德教育。

——“加强民主法制教育和纪律教育。”这是学校德育的又一个基本内容。十五大报告指出：“我们要在坚持四项基本原则的前提下，继续推进政治体制改革，进一步扩大社会主义民主、健全社会主义法制，依法治国，建设社会主义法治国家。”要实现这个目标，必须从青少年儿童抓起，培养他们具有正确的法律观念、民主观念、自由观念、人权观念、纪律观念和自觉遵纪守法的品质，以及用法律的武器保护自身合法权益的意识。

——“引导人们树立正确的世界观、人生观、价值观。”这是学校德育内容较为深层次的思想理论教育。青少年时期是世界观、人生观、价值观形成的重要阶段，在改革开放和建立社会主义市场经济体制的过程中，在国内外各种思潮的冲击下，教育和引导学生树立辩证唯物主义和历史唯物主义的世界观、为人民服务的人生观和集体主义价值观，树立共同理想和精神支柱，这是学校德育的重要内容，也是德育的热点和难点问题。

——“大力弘扬爱国主义、集体主义、社会主义和艰苦创业精神。”这是学校德育的主要内容。主旋律要大力弘扬、常抓不懈，使青少年学生确立为建设有中国特色社会主义而奋斗的政治方向。

上述德育内容是为实现德育目标而确定和提出的，各级各类学校都必须贯彻执行。然而这些德育内容的实施是由各个教育阶段彼此衔接共同完成的。学生健康的心理素质，文明的行为习惯，良好的道德品质，科学的世界观、人生观、价值观，崇高的理想信念，坚定正确的政治方向，是通过小学、中学、大学等各个阶段的教育逐步形成的。各个教育阶段具体德育内容的深浅和侧重点，要针对学生不同年龄阶段的身心特点，知识水平和品德形成发展规律，由浅入深，由低到高，由近及远，由感性到理性，由具体到抽象，螺旋式上升，以保证各阶段德育内容的层次性和渐进性。同时，每个教育阶段都必须保证德育内容的序列性和完整性，为完成德育任务，实现德育目标而共同努力。

三、深刻地指出了德育的原则和方法

德育的原则和方法也有广狭之分，狭义的德育原则和方法是指依据德育过程的规律而制定的施教原则和方法，或根据德育实践经验而总结概括出的具体原则和方法。广义的德育原则和方法是指在更长的时间、更大的空间范围内德育发展战略和宏观指导上的原则和方法。十五大报告是就现实与未来、国内与国外的关系上，高瞻远瞩地从更大的时空范围提出的广义的、宏观的德育原则和方法，因此对德育实践具有更广泛、更长远的指导意义。

首先，从现实和未来的关系上，提出了把先进性要求和广泛性要求结合起来的原则和方法。十五大报告指出："提倡共产主义思想道德，同时把先进性要求和广泛性要求结合起来，鼓励一切有利于国家统一、民族团结、经济发展、社会进步的思想道德。"党的最终目标是实现共产主义的社会制度，德育是上层建筑中意识形态的一部分，必须体现共产主义的方向性先进性，提倡共产主义思想道德。当前我国正处于社会主义初级阶段，德育工作必须从我国的国情出发，针对社会生活实际和学生的思想实际，具有社会主义初级阶段的现实性和广泛性，鼓励一切有利于国家统一、民族团结、经济发展、社会进步的思想道德。这种把先进性要求和广泛性要求相结合的原则和方法，体现了马克思主义普遍性和特殊性相统一的原理。根据这个原则，在德育实践中德育的内容和方法不要“一刀切”，要分层次。不要“高、大、空”要“近、小、实”，不要从概念和理论出发，要从实际出发，尽可能贴近生活，贴近实际，距离学生近一点，问题提出小一点，回答问题实一点，不要只讲“应然”，要把应然与实然、必然结合起来。

其次，从国内与国外的关系上，提出了要坚持以我为主、为我所用的原则和方法。十五大报告指出：“我国文化的发展。不能离开人类文明的共同成果。要坚持以我为主、为我所用的原则，开展多种形式的对外交流，博采各国文化之长，向世界展示中国文化建设的成就。坚决抵制各种腐朽思想文化的侵蚀。”当代中国教育改革和发展的指导思想是：面向现代化，面向世界，面向未来。德育作为整个教育的重要组成部分，同样要以“三个面向”为指针，贯通古今，融汇中西，以我为主，为我所用，继承借鉴，发展创新。这是 21 世纪中国德育的大趋势。

中国文化有着辉煌的历史，在中国文化中传统美德占有十分重要的地位。中国历代政治家、思想家、教育家对德育的思考和论述源远流长，博大精深，只要我们正确地坚持批判继承、去糟取精、古为今用、发展创新的原则，就能汲取它的合理内核，使其成为构建有中国特色社会主义道德体系的思想材料。在中国悠久的文明史中，传统道德经过千百年的积淀，有些光辉的思想已构成了我们的民族之魂。例如：“天下兴亡，匹夫有责”的爱国主义精神；“天下为公”“修齐治平”的整体主义精神；“刚健有为、自强不息”的积极进取精神；“见利思义、先义后利”的价值取向；“先天下之忧而忧，后天下之乐而乐”的先人后己精神；“勤劳俭朴、诚实守信”的求实精神；“仁者爱人”“成人之美”的友爱思想；“孝敬父母”“尊老爱幼”的道德品质等等。这些民族之魂曾经哺育了中华亿万儿女的健康成长。毫无疑问，这些中华民族的优良道德传统，在今天仍然值得继承和发扬光大。在对待西方文化的问题上，我们曾有过正反两方面的经验。现在已经清醒地认识到，采取闭关自守、全盘否定，或崇洋媚外、全盘西化这两种极端的观点都是错误的。正确的态度应当是分析、鉴别、学习、借鉴、吸收和利用。对于那些腐朽的思想文化必须加以抵制。对于那些适用于市场经济的道德观念，如公平竞争观念、效率观念、互利互惠观念、公关信息观念、文明消费观念、照章纳税观念、保护环境观念、质量和服务观念等，我们应当吸收利用，使其与社会主义道德相融合，做到以我为主、为我所用。

中国特色的社会主义德育体系的初步构想*

《中共中央关于进一步加强和改进学校德育工作若干意见》指出："要整体规划学校的德育体系。要遵循青少年学生思想品德形成的规律和社会发展的要求，根据德育工作的总体目标，科学地规划各教育阶段的具体内容、实施途径和方法。"为贯彻落实这一中央文件精神，建立科学化、系统化、规范化的中国特色社会主义德育体系，我们提出了构建有中国特色的社会主义德育体系的初步想法。这个初步构想包括：正确地提出构建德育体系的基本思路，科学地界定"德"和"德育"的概念，正确认识德育在教育中的地位，整体规划德育目标，系统安排德育内容，正确运用德育途径和方法，建立健全德育管理体制。

---

* 此文是为学习、贯彻、落实《中共中央关于进一步加强和改进学校德育工作的若干意见》的第五条"整体规划学校德育体系"而作。曾在北京、北戴河等地举办的德育研讨会上做过演讲。基本思路和框架由詹万生提出并撰写一、二、六节，三、四、五节分别由胡筠岩、于天龙、齐炘撰写，最后由詹万生统一修改定稿。收入本书时题目做了修改，内容有所删改。

一、构建学校德育体系的基本思路

构建学校的德育体系的目的，是为了搞好大、中、小学的德育衔接，建立科学化、系统化、规范化的中国特色社会主义德育体系，更好地发挥德育对青少年学生健康成长和对学校工作的导向、动力和保证作用，努力培养有理想、有道德、有文化、有纪律的中国特色社会主义事业的建设者和接班人。

当前，国际风云变幻，世界新格局正在形成，和平发展已成为国际局势的主流。在国内，各条战线正在抓住机遇，深化改革，扩大开放，促进发展，保持稳定，努力实现党的基本路线一百年不动摇。教育战线在全国教育工作会议精神的指引下，也出现了一派生机勃勃的大好形势。这些都为整体规划学校德育体系提供了前所未有的基础和条件。在加快改革开放和现代化建设步伐，建立社会主义市场经济体制的新形势下，学校德育工作面临着许多新情况和新问题，德育工作必须以改革为动力，在稳定中求发展。整体规划学校德育体系已成为教育改革和发展的必然趋势。

构建中国特色社会主义德育体系要以马克思主义、毛泽东思想特别是邓小平同志建设有中国特色的社会主义理论和党在社会主义现代化建设时期的基本路线为指导，坚持唯物辩证法的系统论原则，运用中国文化的整体和谐思想，把学校德育作为一个系统加以整体规划。从静态来看，学校德育是由德育目标、德育内容、德育途径、德育管理等子系统构成的一个统一的整体；从动态来看，学校德育是由小学德育、中学德育(含中等职业学校德育)、大学德育等子系统组成的一个统一整体。德育体系的基本框架就是以静态系统为纬，以动态系统为经构建而成的。

德，是指一定社会的政治准则、思想观点、法纪规范、道德规范和心理要求，表现在个人思想言行中稳固的政治品质、思想品质、法纪品质、道德品质和心理品质的总和。德育，是指教育者按照一定社会的要求，有目的、有计划、有组织地对受教育者进行系统的影响，把一定的政治准则、思想观点、法纪规范、道德规范和心理要求，转化为受教育者个体的政治品质、思想品质、法纪品质、道德品质和心理品质的教育。德育作为一个系统，由德育目标、德育内容、德育途径、德育管理等子系统构成。德育目标是学校德育工作的出发点和归宿点，是整个德育系统的核心部分；德育内容是德育目标的具体体现，德育内容的确定要服从和服务于德育目标的实现；德育途径是德育工作的实施系统，各种德育途径都要贯穿德育内容，并互相配合，协调一致，形成全方位教育合力；德育管理是整个德育工作的保证系统，它保证德育途径的通畅、德育内容的实施和德育目标的实现。

学校德育是一个整体的动态的过程，学生健康的心理素质，文明的行为习惯，良好的道德品质，严格的法纪观念，科学的世界观、人生观、价值观，崇高的理想信念，坚定正确的政治方向，是通过小学、中学、大学等各个阶段的教育逐步形成的。学校德育的总体目标要统一制定，一以贯之，以保证在整个德育过程中品德结构的完整性和连续性。各教育阶段的具体目标的高低，德育内容的深浅和侧重点，德育途径和方法的选择，德育管理方式的运用，要针对学生不同年龄阶段的身心特点和理解接受能力的不同，由浅入深，由低到高，由感性到理性，由认识到实践，再由实践到认识，逐步提高，螺旋式上升，以保证各个教育阶段德育工作的层次性和渐进性。各个阶段都应有德育整体意识，总揽全局，加强相邻阶段的和谐衔接，防止简单重复或脱节，不断提高德育的整体效果。

二、"德"和"德育"概念的界定

"德"的本字书写为"悳"。"悳"字上面一半的"直"，不是我们现今所指的曲直的直，而是"得"的假借字。汉代许慎在《说文解字》中说"悳，外得于人，内得于己。从'心'，'直'声"。清代段玉裁的《说文解字注》说："内得于己，身心自得也；外得于人，谓惠泽使人得之也"。可见，"德"的本意包含着身和心、人和己、内与外等两个方面。用今天的话说，德就是内在的认识、情感和外在的行为(包括意志)等方面的统一，就是对内修养自己，对外恩泽他人的统一。那么，什么是德的内容呢？我国古代思想家、教育家有过多种的定义。例如：《管子·心术》说："化育万物谓之德"；《庄子·天地》说："通于天地者，德也"；《易·爻辞》说："阴阳交通谓之德"；《左襄二十四年传》说："爱民无私曰德"；《礼记·礼运》说："德，谓孝悌也"；《韩非子·解老》说："精神不乱之谓德也"；等等。其中对"德"字讲得最多的要算孔子，《论语》中"德"出现了39次，涉及16篇31章。他对德的解释是："中庸之为德也"(《论语·雍也》)并且强调："道之以德""为政以德"(《论语·为政》)。上述可见，在我国古代传统文化中，教育、伦理与政治是融为一体的。对德的内涵的理解主要是政治品质、思想品质、道德品质。同时，有的思想家认为德还包括心理品质，如韩非子。

新中国成立以来，党和政府十分重视德育，并且对德育的内容做过明确的规定。早在1953年，当时的政务院在《关于改进和发展中学教育工作的指示》中对德育提出了三个方面的要求：(1)树立社会主义的政治方向；(2)培养辩证唯物论世界观的基础；(3)具有共产主义的道德品质。这里实际上是对德的内涵包括政治品质、思想品质、道德品质三个方面的高度概括，后来，随着国际国内政治经济形势的变化，党和国家对德育的目标和内容作过一定的调整、充实、丰富和发展，但总的来看仍然没有超过这三个方面。

党的十一届三中全会以后，教育进行了全面的拨乱反正，德育也回到正确的轨道上来，并且在新的形势下得到改进和加强。在邓小平同志“三个面向”和“四有”新人要求的指导下，《中共中央关于教育体制改革的决定》指出新时代所需要的人才，“都应该有理想、有道德、有文化、有纪律，热爱社会主义祖国和社会主义事业，具有为国家富强和人民富裕而艰苦奋斗的献身精神；都应该不断追求新知，具有实事求是、独立思考、勇于创造的科学精神”。这里提出的“两个应该”“两个具有”，反映了新时期党和国家对青少年学生品德的要求。在今年召开的全国教育工作会议上，江泽民同志的重要讲话、李鹏同志的主题报告和李岚清同志的总结讲话，都分别强调了德育工作，并且对德的内涵做了明确的规定，概括起来说是“四个进行”“两个树立”“一个培养”。“四个进行”是进行马列主义、毛泽东思想特别是邓小平建设有中国特色社会主义理论教育；进行爱国主义、集体主义、社会主义思想教育；进行中国历史特别是近代史、现代史和国情教育；进行中华民族传统美德、革命传统和法制教育。“两个树立”是树立为建设有中国特色的社会主义而奋斗的政治方向；树立科学的世界观、正确的人生观和高尚的道德情操，以及民族自尊、自信、自强的精神。“一个培养”是培养进取精神，创造精神和适应社会需要的良好心理素质。《中共中央关于进一步加强和改进学校德育工作的若干意见》则明确规定：“大力加强法制教育特别是宪法的教育”“要积极开展青春期卫生教育，通过多种方式对不同年龄层次的学生进行心理健康教育和指导，帮助学生提高心理素质，健全人格，增强承受挫折、适应环境的能力”。此时对德的内涵的认识产生了一个飞跃，即从传统的“三要素”发展为“五要素”，不仅包括了政治品质、思想品质、道德品质，而且还包括了遵纪守法和心理健康品质。

总之，从中国德育思想史的历史渊源到中国特色社会主义德育理论，可以清楚地说明德的概念。德是指一定社会的政治准则、思想观点、法纪规范、道德规范和心理要求，表现在个人思想言行中稳固的政治品质、思想品质、法纪品质、道德品质和心理品质的总和。

“德”的概念明确了，“德育”的概念就不难理解了。德育是教育学的分支科学，一般来说，“德育”是指教育者按照一定的社会要求，有目的、有计划、有组织地对受教育者进行系统的影响，把一定的社会政治准则、思想观点、法纪规范、道德规范和心理要求，转化为受教育者个体的政治品质、思想品质、法纪品质、道德品质和心理品质的教育。它包括政治教育(即政治立场、政治信念、政治态度、政治方向的教育)、思想教育(即世界观和方法论、人生观、价值观的教育)、法纪教育(法制观念、纪律观念、遵纪守法观念的教育)、道德教育(即道德认识、道德情感、道德意志和道德行为习惯的教育)、心理教育(即健康的性格、气质、兴趣和能力的教育)。

中国特色社会主义教育在德育方面的任务，就是把党和国家对年青一代政治、思想、法纪、道德和心理等方面的规范或要求，转化为学生个体的品德，使他们成为“有理想、有道德、有文化、有纪律”的社会主义公民，成为社会主义事业的建设者和接班人。其中的政治教育，就是爱国主义教育、社会主义教育和党的路线、方针、政策教育，使他们确立为建设有中国特色社会主义而奋斗的政治方向。思想教育，就是对学生进行辩证唯物主义和历史唯物主义世界观和方法论的教育、为人民服务的人生观教育、集体主义的价值观教育，培养他们具有正确的思想观点。道德教育，就是对学生进行社会公德教育、中华民族传统美德教育、社会主义道德原则和道德规范的教育，培养他们具有正确的道德认识、高尚的道德情感、坚强的道德意志和良好的道德行为习惯。法纪教育，就是对学生进行社会主义法制和纪律教育，培养他们具有法律观念、纪律观念和遵纪守法的品质。心理教育，就是对学生进行健康的、积极向上的性格、气质、兴趣和能力的教育，培养他们具有适应改革开放和社会主义市场经济需要的心理素质。

政治教育、思想教育、法纪教育、道德教育和心理教育，各有自己的特定内涵，但又互相联系，互相渗透，互为条件，互相制约，构成了德育统一体。其中政治教育是根本，思想教育、道德教育是核心，法纪教育、心理教育是基础。这五者不可割裂，更不能互相取代。如果在理论上仅仅把德育视为“政治思想教育的同义语”或“道德教育的简称”。那么在德育实践上就会失之偏颇。“文革”期间，由于“突出政治”代替了一切，道德教育、法纪教育和心理教育被忽视，乃至被取消，造成了一代人道德水准下降以至整个社会风气败坏。20世纪80年代中后期，由于“淡化政治”，政治思想教育薄弱，致使资产阶级自由化思潮乘虚而入，泛滥成灾。这两方面的教训都是极其深刻的，必须永远记取。

三、德育目标体系的确定

德育目标是党和国家对青少年学生在政治品质、思想品质、法纪品质、道德品质、心理品质方面所要达到的规格要求，是我们德育工作的出发点和归宿点。

德育目标确定的依据，是从建设有中国特色社会主义的实际出发，坚持面向现代化、面向世界、面向未来的方向；是根据党和国家对青少年一代在“德”的方面的要求，遵循青少年学生品德形成和发展的规律。

学校德育的总体目标和各个阶段的具体目标包括政治品质、思想品质、法纪品质、道德品质、心理品质等方面，以保证德育过程品德结构的完整性和连续性；在各个教育阶段的具体要求上，则依据学生各个年龄阶段的身心特点和接受能力，由浅入深，由低到高，以保证各个教育阶段德育目标的层次性和渐进性。

我国各级各类学校德育的总体目标是：把全体学生培养成热爱祖国、具有社会公德、文明行为习惯、遵纪守法的好公民。在这个基础上，引导他们逐步树立科学的人生观、价值观、世界观，并不断提高社会主义思想觉悟，成为有理想、有道德、有文化、有纪律的社会主义现代化事业的建设者和接班人，并使他们中的优秀者成长为具有共产主义觉悟的先进分子。

(一)小学德育目标

小学德育目标以具有良好的品德行为和文明习惯，具有“五爱”情感和生活自理能力为重点。具体要求有以下几点：

1. 了解家乡、热爱家乡。爱国旗、国徽、会唱国歌并懂得他们的含义。具有一定的民族自尊心、自豪感。

2. 具有初步的集体意识、关心热爱集体。懂得劳动光荣、懒惰可耻。知道学习是自己的主要任务并努力学习。相信科学，不迷信。

3. 尊重他人、乐于帮助别人、对人讲文明礼貌，初步掌握自己在家庭、学校、社会上待人接物的礼节规范。有基本的公德心。初步了解中华民族传统美德。

4. 遵守校规校纪和小学生行为规范，有初步的纪律观念。

5. 具有活泼开朗的性格，有同情心，不任性，逐步具有生活自理能力。

(二)初中德育目标

初中德育目标以具有良好的道德品质、遵纪守法和辨别是非能力为重点。具体要求有以下几点：

1. 热爱祖国，初步了解祖国的历史和现状，具有较强的民族自尊心、自信心，初步树立国家观念，初步了解党在社会主义初级阶段的基本路线。

2. 有为建设祖国而读书的理想志向。有一定的集体主义思想感情、甘于为集体服务，具有勤劳致富光荣的观念。

3. 具有良好的道德品质、劳动习惯和文明行为习惯，有公德心，做事有责任感，了解中华民族传统美德。

4. 初步树立法制观念，遵纪守法，并懂得用法律保护自己。

5. 自尊、自爱，具有青春期青少年健康心理与情趣，有一定的分辨是非能力和自我约束、自我管理能力。

(三)高中德育目标

高中德育目标以初步树立正确的人生观、价值观、世界观和社会主义理想信念以及道德上的自律能力为重点。具体要求是：

1. 热爱祖国，拥护党在社会主义初级阶段的基本路线。树立国家利益高于一切、个人利益服从国家利益的观念。

2. 初步树立正确的人生观、价值观、世界观，有为建设祖国而奋斗的理想志向和较强的社会责任感。

3. 自觉遵守传统美德和社会主义道德，养成良好的劳动习惯和文明行为习惯。中等职业技术学校的学生要具有良好的职业道德。

4. 自觉遵守宪法和有关法律，具有较强的遵纪守法观念。

5. 具有自立自强、开拓进取、坚强勇敢等心理品质和一定的承受挫折与自我教育能力。

(四)大学德育目标

大学德育目标以树立正确的政治方向和正确的人生观、价值观、世界观及具有较强的心理适应能力为重点。具体要求是：

1. 热爱祖国，有强烈的民族自尊心和自信心，自觉维护祖国的荣誉、独立和统一，具有报效祖国的志向，拥护共产党的领导，正确理解和维护党在社会主义初级阶段的基本路线。

2. 努力学习中国特色社会主义理论，树立辩证唯物主义和历史唯物主义世界观，树立集体主义价值观和为人民服务的人生观。自觉抵制拜金主义、极端个人主义等思想的影响。

3. 继承和发扬中华民族传统美德，具有社会主义道德品质，自觉养成健康文明的生活方式。

4. 具有社会主义民主法制观念，自觉遵守宪法和有关法律，正确行使法律所赋予的权利和义务。

5. 具有良好的个性心理品质和健全人格，具有开拓进取、勇于创新的精神，具有较强的辨别是非美丑的能力和适应环境的能力。

四、德育内容序列的安排

德育内容是为完成特定的德育任务，实现德育目标而确定和安排的特定教育内容。德育内容的性质和构成由德育目标决定；德育内容的深度和广度为受教育者思想品德发展水平所制约；德育内容的针对性从学生思想品德存在的问题和现实社会的迫切要求出发。

各级各类学校都要对学生进行政治教育、思想教育、道德教育、法纪教育和心理教育。同时，政治教育、思想教育、道德教育、法纪教育、心理教育都有一个由浅入深，由低到高，由感性到理性，由认识到实践，再由实践到认识的过程。这个过程是由各个教育阶段彼此衔接共同完成的。每一个教育阶段都必须保证德育内容结构的序列性和完整性，同时又应该做到德育内容的渐进性和层次性。

(一)小学德育内容

小学德育以文明生活习惯和良好品德行为习惯的养成教育及五爱情感教育为重点内容。特别要重点进行文明行为习惯的养成教育。所有内容的教育都重在启蒙和奠基。

1. 热爱祖国的教育：进行国家标志——国旗、国徽及国歌的教育；热爱家乡的自然、历史、文化的教育；爱祖国、爱家乡的思想感情的培养和教育。

2. 热爱人民的教育：孝敬父母，尊敬师长，尊老爱幼，友爱同学的教育；同情心和助人为乐精神的教育；热爱人民的思想感情的培养和教育。

3. 热爱劳动的教育：劳动光荣的教育；简单的劳动技能和基本的劳动习惯的培养和训练；珍惜劳动成果，爱护公物，勤俭节约的教育。

4. 热爱科学的教育：科学的重要性和相信科学的教育；学习兴趣的培养和良好学习习惯的训练。

5. 理想教育：好好学习，天天向上的教育；树立学习榜样的教育；长大成为对祖国有用人才的教育。

6. 热爱集体的教育：初步的集体意识的教育；集体荣誉感和为集体争光的教育；热爱和参加集体活动的培养与训练。

7. 基本道德教育：尊重、关心和爱护他人的教育；文明礼貌教育，待人接物的礼节规范教育；基本的社会公德教育、中华民族传统美德教育及初步的环境道德教育；良好的生活习惯和道德行为习惯的培养与训练。

8. 纪律教育：遵守学校纪律的教育；遵守公共秩序的教育；《小学生日常行为规范》的教育与训练。

9. 心理健康教育：初步的同情心、不说谎、不任性的教育；广泛的兴趣爱好和生活自理能力的培养和训练。

(二)初中德育内容

初中德育重点进行系统的道德教育、遵纪守法教育、爱国主义教育、理想教育和良好个性心理品质教育。

1. 爱国主义教育：了解并热爱祖国的河山、语言文字、灿烂文化和民族英雄、爱国志士、革命先驱、文化名人的教育；中国近代史、现代历史和社会主义新中国伟大成就的教育；初步的国家观念——尊重国家标志，维护国家尊严和荣誉的教育；初步的民族团结、祖国统一及“一国两制”的教育。

2. 集体主义教育：尊重、关心他人，集体成员之间团结友爱的教育；爱班级、爱学校、关心集体、维护集体荣誉的教育；正确处理个人与集体、自由与纪律关系的教育。

3. 社会主义教育：初步的社会主义现代化建设常识和社会主义初级阶段党的基本路线的教育；初步的社会发展常识教育。

4. 理想教育：学习目的教育；树立远大理想和立志成才教育；初步社会主义共同理想教育。

5. 道德教育：中华民族传统美德教育；社会公德教育和环境道德教育；分辨是非能力的培养；《中学生日常行为规范》的教育与训练。

6. 劳动教育：热爱劳动，勤劳致富的教育；以校内生产劳动和社会公益劳动为主的劳动实践和劳动习惯的培养。

7. 法制教育：公民基本权利与义务的教育；有关宪法、刑法、未成年人保护法等法律常识的教育；遵守法律和运用法律自我保护的教育；遵守学校纪律和规章制度的教育。

8. 心理教育：自尊自爱、积极进取教育；青春期男女同学正常交往教育；健康的生活情趣和发展个性特长教育；坚强意志品格和自我约束能力的培养训练。

(三)高中德育内容

高中德育以进一步的道德教育、人生观、价值观和世界观教育为重点。

1. 爱国主义教育：继承发扬爱国主义光荣传统的教育；社会主义现代化建设和报效祖国的教育；进一步的国家观念、民族团结、祖国统一和“一国两制”的教育；热爱祖国、建设祖国、保卫祖国的教育。

2. 集体主义教育：正确处理个人利益与集体利益、国家利益关系的教育；以集体主义为导向的人生价值观教育。

3. 中国特色的社会主义理论教育：社会主义建设经济常识、政治常识的教育；初步的辩证唯物主义和历史唯物主义世界观和方法论教育。

4. 理想教育：勤奋学习、立志成才的教育；职业理想教育和升学就业指导；社会主义共同理想和共产主义崇高理想的教育。

5. 道德教育：中华民族传统美德教育；自觉遵守社会公德的教育和道德评价能力的培养；进一步的职业道德教育和现代交往礼仪的教育与训练。

6. 劳动和社会实践教育：艰苦奋斗、勤劳致富、用诚实劳动争取美好生活的教育；质量、效益观念的培养教育；社会公益劳动和志愿者服务为主的劳动实践教育。

7. 民主法制和遵纪守法教育：我国社会主义民主政治制度和公民权利与义务的教育；遵守法律，抵制违法乱纪行为的教育；自觉遵守学校纪律和规章制度的教育。

8. 个性心理品质教育：自尊自爱、自立自强教育；健康生活情趣和健全人格的培养教育；青春期心理健康教育；坚强意志品格和承受挫折能力的培养训练。

(四)大学德育内容

大学德育以思想政治教育、进一步的人生观、价值观和世界观教育为重点。

1. 中国特色社会主义理论教育：马克思主义基本原理教育；中国革命和社会主义现代化建设的理论与实践教育。

2. 爱国主义教育：中华民族爱国主义传统教育；中国近、现代史教育；中国国情教育；维护国家主权，发展国际友好合作关系的教育。

3. 形势政策教育：党的基本路线教育；国内外形势与政策教育；确立为建设有中国特色社会主义而奋斗的政治方向教育。

4. 民主法制教育：社会主义民主法制教育；社会主义人权观教育；遵守宪法、法律和学校规章制度的教育。

5. 世界观、人生观、价值观教育：辩证唯物主义和历史唯物主义的世界观教育；为人民服务的人生观教育；集体主义的价值观教育；自觉抵制拜金主义、极端个人主义以及各种错误思潮影响的教育。

6. 道德教育：中华民族传统美德教育；社会公德、职业道德、家庭美德教育；道德自律能力的培养。

7. 心理健康教育：适应现代社会需要的良好心理素质的教育；文明健康生活方式的教育。

五、德育途径方法的运用

德育途径是对学生实施德育影响的渠道，是实现学校德育目标、落实德育内容的组织形式。

德育途径体系是以完成德育任务，提高德育实效为目的，以我国的国情、各级学校的特点为出发点而提出的。学校德育途径主要包括：思想品德课、思想政治课、其他各科教学、班主任工作、党团队和学生会工作、劳动与社会实践、课外活动、校外教育、校园文化建设、心理咨询和职业指导、家庭与社会教育等。上述诸条途径在大、中、小学德育工作的运用应根据各年龄阶段学生身心发展的水平有不同的侧重点。同时，上述诸条途径均应发挥各自的独特功能，协调配合，密切联系，以求发挥德育途径的整体效益，提高学校德育的整体效果。

(一)小学德育途径

1. 思想品德课：思想品德课是向学生直接地进行比较系统的思想品德教育的一门重要课程。它着重培养学生初步的道德认识和道德情感，以指导他们的行为。任课教师要以品德课教学大纲和教材为依据，联系学生实际，在讲清道理的基础上，对学生提出适当的行为要求，并进行基本文明行为的训练。

2. 其他各科教学：其他各科教学对培养学生良好的思想品德素质具有重要作用。任课老师要从各学科特点出发，挖掘教材中的德育因素，自觉地有意识地在教学中渗透思想品德教育。

3. 班主任工作：班主任工作是小学德育工作的重要途径。班主任应根据《德育纲要》的内容要求，积极组织开展适应小学生年龄特点的活动，寓德育于丰富多彩的班级活动和日常班级工作之中。

4. 少先队工作：少先队工作是小学德育的重要组成部分。要运用其特有的教育手段，充分发挥少先队组织的作用和少先队员的积极性、主动性和创造性，密切配合学校教育。

5. 家庭教育：家庭教育是学校思想品德教育的重要补充和扩展。学校要指导家庭教育，帮助家长提高家庭教育水平，促进家庭教育与学校教育协调一致。

6. 校外教育：学校要积极主动与校外教育机构建立联系，开辟教育活动场所，组织学生参加各种活动，在活动中接受教育。

(二)中学德育途径

1. 思想政治课：思想政治课在诸途径中居特别重要地位。它对帮助学生树立正确的政治方向，培养良好的思想品德起着奠基作用。思想政治课的教学方法要适合学生的年龄和心理特点，紧密联系学生实际和社会实际，避免空洞说教。

2. 其他各科教学：各科教学是教师向学生传授知识的载体，同时也是德育的最常用的途径。它对提高学生的政治思想道德素质具有重要作用。各科教师要结合本学科特点，教书育人，认真落实本学科德育任务和要求，寓德育于各科教学内容和教学过程之中。

3. 班主任工作：班主任工作是进行日常政治思想品德教育和指导学生健康成长的重要途径。班主任应根据《德育纲要》的内容要求，结合本班学生的实际，有计划地开展多种形式的主题班会教育活动。

4. 共青团、少先队、学生会工作：团、队、学生会是中学生自我教育的重要组织形式。团、队、学生会应根据各自的任务和工作特点，充分发挥组织作用，通过活动，把广大青少年吸引到自己周围，落实《德育纲要》的各项任务。

5. 劳动与社会实践：劳动与社会实践是德育的重要实践环节。在劳动与社会实践中，把理论与实际结合起来，有助于培养学生的实践能力。学校要精心策划，周密组织，落实实践点和德育基地。

6. 课外活动与校外教育：课外活动是促进学生身心健康发展的重要途径，校外教育是培养健康文明生活方式的重要阵地。学校要因地制宜，因材施教，创造条件，积极开展形式多样、内容丰富的教育活动，使学生在活动中获得全面发展。

7. 校园文化建设：校园环境是形成整体性教育氛围的不可缺少的条件，学校要重视和加强校园环境建设，充分利用学校一切文化及建筑设施，创造良好的教育环境，使学生随时随地受到良好的熏陶和影响。

8. 心理咨询和职业指导：心理咨询和职业指导是培养学生健康心理品质、指导升学就业的有效途径。应通过多种形式开展心理健康咨询和职业指导工作，以对学生进行有针对性的帮助和教育。

9. 家庭教育与社会教育：家庭对学生道德品质的形成有重要的潜移默化的作用，家庭教育是实施德育的重要渠道；社会教育对学生品德成长具有重要意义。学校要密切与家庭的联系，正确指导家庭教育；要充分依靠和积极争取社会各方面力量的支持，建立学校与社会相互协作，综合育人的教育网络，共同关心和保证下一代的健康成长。

（三）大学德育途径

1. 马克思主义理论课和思想政治教育课：马克思主义理论课和思想政治教育课是大学实施德育的主渠道。马克思主义理论课要有针对性地对学生进行马列主义、毛泽东思想、邓小平建设有中国特色的社会主义理论教育。要不断改革“两课”的教学内容和方法，努力提高实效。

2. 教书育人、管理育人、服务育人：教师队伍是实施德育的主力军，教书育人在“三育人”中居于主体地位。学校各项管理工作和服务工作同样具有德育功能，学校的教职员工应做到言传身教，为人师表，共同提高“三育人”的积极性和自觉性。

3. 班主任和辅导员工作：班主任和辅导员是日常思想政治教育的直接组织者。要了解学生思想、生活和学习的实际，采取行之有效的方式，有针对性地做好深入细致的思想工作、心理健康教育和学习成才等方面的咨询指导工作。

4. 党团工作和学生会工作：党团活动是对学生进行社会主义理想教育和共产主义信仰教育的有效形式。要加强大学生中的党团建设，充分发挥学生党团组织在思想政治教育中的作用，办好业余党校、团校，认真组织大学生中的先进分子学习和掌握马克思主义理论和党的基本知识。要充分发挥学生会和团组织的自我教育、管理、服务的作用。

5. 社会实践：社会实践是促进大学生理论联系实际的重要途径，是他们接触社会、联系实际、健康成长的必由之路。学校要有计划、有组织地开展社会实践活动，在活动中加强对学生的思想政治教育。要努力争取和借助社会各种教育力量，与社会企事业、部队、农村、机关共建社会实践基地。

6. 校园文化建设：校园文化建设是环境育人功能的集中体现，要加强校风、教风、学风建设，开展各种健康向上的文化、体育和科技活动；加强广播、影视、报栏、专刊、网站等宣传舆论阵地的建设，丰富学生的精神生活；充分利用和借助社会文化设施及大众传播媒体对德育的积极作用。

六、德育管理体制的建立

德育管理是整个德育工作的保证系统。没有科学的管理，再好的德育内容也难以实施，再好的德育目标也难以实现。德育管理包括领导体制、队伍建设、政策制度、经费投入、督导检查和德育考评等项内容。

(一)理顺和健全德育领导体制

各级各类学校党组织都要加强对学校德育工作的领导。不管学校实行何种领导体制，校长都要对学生的德智体全面发展负责；在党委(总支、支部)的统一部署下，学校要建立和完善校长及行政系统为主实施的德育管理体制。

中小学要建立校长负责德育，党总支(支部)发挥政治核心作用的德育领导体制，形成分管德育的校长—德育主任—年级主任—班主任四级管理体制。

大学要建立在党委领导下的校长分工负责德育的领导体制，形成分管德育的校长—教务长(学生处长)—系主任—年级(班)主任四级德育管理体制。规模较大的学校要成立学校德育领导小组，或由分管副书记、校长负责组织协调学生工作处、马列教研部(社科部)、德育教研室、团委的工作。

(二)稳定和提高德育教师队伍

必须改变德育教师队伍流失严重，后继乏人的状况，采取有力措施稳定和提高这支队伍。

1. 提高待遇，适当增加中小学班主任和大学班主任辅导员津贴。

2. 重奖有突出贡献的德育教师、模范班主任和优秀辅导员，真正使其成为令人羡慕的职业。

3. 各级各类学校都要建立德育教师职称系列，德育教师评定职称至少不晚于同届毕业的文化课教师。

4. 配齐德育教师的定编人数，优化德育教师的年龄结构、职称结构。

5. 加强德育教师专业化建设，重视在职德育教师培训，经常开展德育课教学研讨、观摩活动，定期组织参观考察，全面提高这支队伍的素质。

6. 扩大思想政治教育专科生、本科生、研究生的招生规模，使各级各类学校的德育教师在学历上不低于文化课教师，并且要培养一批德育专家、教授、特级教师。

(三)建立和健全德育规章制度

各级教育行政部门和各级各类学校要依据国家教委有关规定，结合当地或学校的实际建立和健全德育规章制度。这些规章制度包括：

1. 大、中、小学德育大纲及其实施细则。

2. 各级各类学校德育工作条例。

3. 德育教师的培训制度、职务评聘办法、业绩考评和奖励制度。

4. 主管德育的校长、德育主任、系主任、年级主任、班主任的岗位职责及业绩考评和奖励制度。

5. 教书育人、管理育人、服务育人制度。

6. 中小学先进校、大学进入“211 工程”在德育方面的具体标准。

7. 学生中考升学和高考升学在品德方面的具体标准。

(四)设立和增加德育专项经费

各级各类学校都必须设立德育工作专项经费，学校德育经费的使用范围，包括德育课(大学的马列理论课和思想教育课、中学的思想政治课、小学的思想品德课)教学，对学生日常思想教育与管理、军训、社会实践、参观考察、大型德育活动，德育教师的培训、进修、社会考察与调研、德育科研、图书音像资料，以及用于学生和德育教师的奖励等。

学校要把建设适应学生德智体全面发展的现代化德育设施、设备和活动场所纳入总体建设规划，并从基本建设费和设备费中划拨适当金额给予保证。

(五)制定和完善德育督导和考评制度

德育工作的质量是评价学校办学水平重要指标之一。各级教育行政部门都要建立和完善德育督导和考评制度，定期对各级各类学校的德育工作进行督促、检查、考核、评估。要制定一系列科学的督导和考评的标准、措施和方法，并把考评的结果与评价校长的业绩及奖励挂钩，与学校的评优及奖励挂钩。

对学生的品德考评，是全面了解和衡量学生的政治品质、思想品质、道德品质、心理品质发展水平的必要措施，也是实现德育目标的重要保证。各级各类学校都要建立和完善学生品德考评制度，依据德育目标和内容研究制定科学的品德考评指标体系，按照政治品质、思想品质、道德品质和心理品质的分项内容及其标准进行考评。每学年都要对学生写操行评语和评定操行等级。操行评语在学生个人小结、小组评议的基础上，由班主任写出。评语中要指出优点、缺点、努力方向，以表扬为主。对受过校级以上的奖励或处分的要如实写在评语中。操行等级可分为优秀、良好、及格、不及格四个等级。

品德考评要坚持实事求是、公平合理、民主评定的原则，采用科学的手段、技术和方法。要做到静态考评与动态考评相结合，定性考评与定量考评相结合，全面考评与重点考评相结合。在考评过程中要贯穿教育，注意实效。要激发学生参与考评的积极性，提高学生自我评价、自我教育的能力。

品德考评是一项十分严肃而细致的工作，学校党政领导要高度重视，精心组织。要把考评结果与执行有关奖惩制度挂钩，并且成为学生升学、就业的重要考察依据。

坚持“三个面向”，开创人才培养的新局面*

江泽民同志在庆祝北京大学建校一百周年大会上的重要讲话，高举邓小平理论的伟大旗帜，站在世纪之交和中华民族前途命运的高度，号召我们要“继续解放思想，深化改革，面向现代化，面向世界，面向未来，在教育和科研战线上努力开创人才培养、知识创新的生机勃勃的新局面。”这个讲话进一步丰富和发展了邓小平教育理论中关于“三个面向”的思想，为跨世纪的教育改革和发展指明了战略目标和发展方向。

一、教育要面向现代化，为社会主义现代化建设提供各类人才支持和知识贡献

江泽民同志指出：“教育应与经济社会发展紧密结合，为现代化建设提供各类人才支持和知识贡献。”这句话揭示

---

* 本文是作者在中央教科所德育研究中心学术研讨会上的演讲稿，曾发表在《中国德育》杂志，后来收入到《整体构建德育体系引论》，教育科学出版社 2001 年 4 月出版。

了教育与社会主义现代化建设的关系，指明了面向21世纪教育改革和发展的方向，提出了教育战线的根本任务。

当前，社会主义现代化建设正处在世纪之交、承前启后、继往开来的重要历史时期。从现在起到21世纪的前10年，是我国实现第二步战略目标向第三步战略目标迈进的关键时期。这一时期现代化建设的根本任务是积极推进经济体制由计划经济向市场经济转变，经济增长方式由粗放式经营向集约化经营转变，实现“九五”计划和2010年远景目标，为下世纪中叶基本实现现代化打下坚实基础。实现“两个根本转变”的关键是实施科教兴国战略。科学技术是第一生产力，科技进步是经济发展的决定性因素。要充分估量未来科学技术特别是高科技发展对综合国力、社会经济结构和人民生活的巨大影响，把加速科技进步放在经济社会发展的关键地位，使经济建设真正转到依靠科技进步和提高劳动者素质的轨道上来。

教育必须适应新形势下跨世纪社会主义现代化建设的新的需要，与“九五”计划和2010年远景目标所指出的经济社会发展规划紧密结合，承担起科教兴国的历史重任，为提高整个国民素质，培养社会主义事业建设者和接班人做出贡献。教育是培养人的社会活动。教育为社会主义现代化建设服务，主要是通过提高全体劳动者的素质，培养大批合格的各级各类的专门人才来实现的。培养同现代化要求相适应的数以亿计高素质的劳动者和数以千万计的专门人才，发挥我国巨大人力资源的优势，关系21世纪社会主义事业的全局。

提高国民素质，培养各类人才，是各级各类教育的共同任务。我们要大力普及九年义务教育，扫除青壮年文盲，深化基础教育改革，为提高国民素质奠定基础。目前，“基本普及九年义务教育、基本扫除青壮年文盲”的阶段目标得到较好完成，基础教育取得长足发展。

实现“两基”是科教兴国战略的奠基工程，是20世纪末教育工作的一项重要历史任务。面向21世纪基础教育改革的根本任务是“改革人才培养模式由‘应试教育’向全面素质教育转变”。素质教育的要义有二：一是面向全体学生，而不是只偏爱少数升学有望的学生；二是全面提高学生的素质，其中包括思想道德素质、科学文化素质、身体心理素质、审美艺术素质和劳动技术素质，而不是只重视考试和分数，片面追求升学率。中小学要通过加强薄弱校建设、加强改进德育工作、改革课程教材体系、改革升学考试制度和教育评价制度等全面推进素质教育的实施。只有认真贯彻党的教育方针，全面实施素质教育，才能真正担起提高国民素质、培养社会主义事业建设者和接班人的重任。

要积极发展各种形式的职业教育和成人教育，充分体现职业教育、成人教育与经济建设联系最密切的特点，更直接、更现实地为现代化建设服务。随着教育体制改革的深入，职业教育有了较大的发展。截至1997年年底，全国已有中等职业学校17180所，在校生近1090万人，占高中阶段的56.02%，基本扭转了过去中等职业教育与普通高中教育结构不合理的状况。今后要根据产业结构调整和区域经济发展的需要，不断推进教育体制和教育结构的改革，积极发展中等职业教育和高等职业教育。成人教育是为现代化建设服务更直接更现实的教育领域，改革开放以来，成人教育得到迅速发展，到1997年，各级各类成人学校共62万所，在校学生人数达1400万人。今后成人教育的改革和发展要向着下岗职工再就业培训、岗位培训、继续教育和终身教育的方向迈进，不断提高城市职工和干部的整体素质。要加大力度继续实施农村基础教育、职业教育和成人教育“三教统筹”，继续推进“燎原计划百千万工程”(即在全国上千个乡、上万个村推广百项农业新技术)，继续深入开展教育、文化、科技三下乡活动，不断提高广大农民的科学文化素质。社会力量举办的各级各类教育机构约5万所，在校生约1066万人。社会力量办学是对国家办学的有益补充。今后应采取更加灵活多样的形式为社会主义现代化建设服务。

要稳步发展高等教育，充分发挥大学作为科教兴国强大生力军的作用，推动高新技术产业的发展。江泽民同志指出："为了实现现代化，我们要有若干所具有世界先进水平的一流大学。这样的大学，应该是培养和造就高素质的创造性人才的摇篮，应该是认识未知世界、探求客观真理、为人类解决面临的重大课题提供科学依据的前沿，应该是知识创新、推动科学技术成果向现实生产力转化的重要力量，应该是民族优秀文化与世界先进文明成果交流借鉴的桥梁。"改革开放以来，高等教育得到稳步健康发展，高等教育管理体制改革和招生并轨改革取得了突破性进展，教育质量和办学效益有了提高。全国现有普通高校本专科学生317万人，研究生18万人，成人高校本专科生273万人，三者相加，全国高等教育在校生总数为608万人。这是一个巨大的人力资源，应当为现代化建设做出巨大贡献。我国高等院校在为现代化建设服务方面已经取得了一些可喜的成绩，全国普通高校凝聚了科技人员60万人，建立各类国家级科研基地130多个，承担各级各类科研课题年均万余项，取得了各级各类科研成果年均数千项，推广转化了一批有明显经济社会效益的科技成果，自主发展了一批高技术产业，如北大方正、清华同方、东大阿尔派、上交大昂立等。我们要继续解放思想，深化改革，集中力量，合理布局，优化资源配置，以更崭新的观念，更宽阔的视野，更深入的思考，更长远的规划、更积极的姿态，认真研究和解决高校在科教兴国中如何适应"两个根本转变"问题。要主动深入经济建设主战场，深入企业，深入生产实际，围绕经济建设的中心任务，根据国家和区域经济发展需求，以市场为导向，把科技链与产业链结合起来，多层次、多规模开展产学研联合体，共同进行技术开发，共同孵化科技成果，共建校企联合体。要大胆支持和鼓励高等院校以不同的形式进入企业，或同企业合作，或自己创办高新技术企业，走产学研结合的道路，促进科技成果转化，支持企业的结构调整和传统产业的改造，促进高技术产业的形成和发展，为现代化建设做出更大贡献。

二、教育要面向世界，为迎接国际竞争的挑战，努力培养善于进行国际竞争的人才

教育要面向世界是坚持对外开放，加强国际往来与交流的一个重要组成部分，是社会主义现代化建设的客观需要。教育要面向世界，也是教育顺乎时代潮流立足本国，放眼世界的明智之举。

教育要面向世界，首先要对世界局势有一个清醒的、正确的认识。从政治上看，当前国际形势总体上继续趋向缓和，和平与发展是当今时代的主题。多极化趋势在全球或地区范围内都有新的发展。多极化趋势的发展有利于世界和平、稳定和繁荣。但是，冷战思维依然存在，霸权主义和强权政治仍然是威胁世界和平与稳定的主要根源。从经济上看，各种区域性、洲际性的合作组织空前活跃。欧洲共同体、北美自由贸易区、亚太经济合作圈等国际合作组织的合作日趋频繁，竞争日益激烈。从科技上看，当今世界，科学技术突飞猛进，知识经济已见端倪，国力竞争日趋激烈。总之，挑战和机遇并存，压力与动力同在。我们要抓住机遇，深化改革，扩大开放，面向世界，迎接挑战，积极参与国际竞争。

教育要面向世界，就必须为社会主义现代化建设培养具有开放意

识，熟悉世界各国情况，能够参与国际事务，在政治、经济、文化、外交、国防，尤其是科学技术方面敢于并善于进行国际竞争的各种专门人才。当今世界是一个充满激烈竞争的世界。经济竞争、综合国力的竞争，实质上是科学技术和民族素质的竞争，集中到一点，就是人才的竞争。教育改革的根本任务是提高全民族素质，多出人才，出好人才。尤其要注重培养具有世界一流水平的科学技术专家。只有这样，我们才能立于世界民族之林的前列，在国际竞争中立于不败之地。教育要为现代化建设提供各类人才支持和知识贡献，关键在于自身要有一支高素质的教育、科研和开发的队伍。高等学校除了要有一支精干高效的基础性研究和高技术研究队伍外，特别要组织好一支面向和深入经济建设主战场的科技开发和科技创新队伍。要充分调动科技人才的积极性和创造性，充分发挥他们的聪明才智和创造力，使人尽其才。要制定一个能吸引、稳定高级人才的计划，建立科研基金，重奖有突出贡献的科技人员。要制定相应的政策，允许他们在创造的经济效益中获得应有的个人利益。要在一些关键岗位，包括教学、科研领域培养一批学术带头人。

教育要面向世界，必须坚持“以我为主，为我所用”的原则。一方面要从我国国情出发，博采各国之长，大胆地学习、借鉴、吸收和利用人类所创造的一切文明成果，尤其是对我国现代化建设有益的先进科学技术、经营管理知识和教育经验；另一方面，要向世界展示中国改革开放吸引人才、技术和资金的优惠政策、伟大成就和成功经验，让世界了解中国，让中国走向世界。教育面向世界，必须防止两种倾向：一种是闭目塞听，盲目排外；另一种是妄自菲薄，盲目崇外。改革开放以来，前一种倾向虽然得到了极大的克服，但由于传统的力量根深蒂固和对国外教育了解甚少的缘故，我们的教育在学习、借鉴外国经验方面仍显得步履蹒跚。例如，中小学往往津津乐道于我们学生的基础知识如何扎实，应试成绩如何比外国的好，但对外国中小学生的个性发展、创造性思维和动手能力方面的长处，我们研究、学习、借鉴得还很不够。大学教师往往习惯于艰苦笔耕，发表论文，著书立说，但对自己的研究成果(包括哲学、社会科学和自然科学的成果)如何被社会采用，如何转化为现实的生产力则关心不够或无能为力。后一种倾向则表现为觉得外国似乎什么都好，对外国的哲学社会思潮、价值观念、教育思想、教育制度等不加鉴别，不分良莠，无视国情，盲目引进，盲目介绍，盲目宣传。这两种倾向必须得到防止和克服。正确的态度应当是：贯通古今，融汇中西，以我为主，为我所用，继承借鉴，发展创新。

教育要面向世界，就是要求我们办教育必须打破封闭性、保守性，立足本国，放眼世界，加强教育方面的国际交流与合作。在这方面，当务之急是要做好以下几方面的工作：一是加强外语教学与训练，大量培养外语教师，为小学开设英语课创造条件，要改革外语教学方法，从应试外语变为应用外语；二是加快因特网的建设，所有的大学和有条件的中学都应加入国际互联网，以便在信息高速公路上获取国际教育和科技方面的最新信息；三是吸收和借鉴世界各国优秀教育科研成果，以及与教育密切相关的其他学科的优秀科研成果，丰富我们的教育理论和教学内涵；四是吸收和借鉴外国在教育管理、教学内容和教学方法改革方面的成功经验，以推动我国教育改革的深化；五是了解外国教育现代化的进程，以及教育应用现代科学技术的情况，作为提高我国教育现代化水平的借鉴；六是采取各种积极有效的措施加强国际交流与合作，如互派留学生和访问学者，举办教育热点问题国际研讨会，共同进行教育科学研究和联合办学等。教育特别是高等教育应该是民族优秀文化与世界先进文明成果交流借鉴的桥梁。只有这样我们才能培养出能够参与国际竞争的外向型、国际型的人才。

三、教育要面向未来，为迎接知识经济时代的到来，积极开展知识创新和科技创新

教育要面向未来，这也是社会主义现代化建设的客观需要。因为现代化建设是一个不断向前运行和发展的过程。教育要面向未来，也是教育自身特色和规律的客观反映。因为教育从本质上说是面向未来的事业。这就是所谓"十年树木，百年树人""今天的教育，明天的人才"的道理。

教育要面向未来，首先必须对未来社会的发展有一个科学的预测和充分的估计。江泽民同志在讲话中审时度势、高瞻远瞩地指出：当今世界，科学技术突飞猛进，知识经济已见端倪，国力竞争日趋激烈。伴随着世界经济的发展和科学技术的飞跃，未来将出现一个知识经济时代和信息化社会。在知识经济时代，知识的重要性将日益突出，知识将成为最主要的经济资源，知识创新、科技创新将成为最主要的经济增长点，知识资本将成为比金融资本还要重要的第一大资本，知识密集型产业将成为最重要的支柱产业。在信息化社会，计算机多媒体和网络技术等现代化通信手段将打破时间和地域的限制，信息高速公路将把世界各国连接成为一个"地球村"。未来总是和目标与期望联系在一起的。党和政府已经为我们规划出"九五"计划和2010年远景目标，在20世纪末和21世纪中叶要实现经济发展战略的第二步和第三步目标。现在我们正处在世纪之交的关键时期，为迎接知识

经济时代的到来，为实现跨世纪的宏伟目标，我们的教育必须高度重视和积极开展知识创新和科技创新。

创新是一个民族的灵魂，是国家兴旺发达的不竭动力。教育特别是高等教育，应该是认识未知世界、探求客观真理、为人类解决面临的重大课题提供科学依据的前沿，应该是知识创新、推动科学技术成果向现实生产力转化的重要力量。高等院校要以未来知识经济时代和信息化社会为目标，以市场和社会需求为导向，开展知识创新和科技创新。只有创新，科学技术才有不竭的动力源泉，也只有创新，才能提高科学技术对经济社会的贡献。创新包括观念创新、管理创新和机制创新。所谓观念创新就是要改变科研工作思路。以往的科研工作往往是从文献中寻找题目，然后再寻找市场，走了许多弯路。我们一定要转变观念，以市场为导向，以开发为后盾，使科研更具有针对性，直接转化为现实生产力。所谓管理创新就是要采取切实有效措施，拓宽视野，广开渠道，建立创新体系，营造一个创新意识浓厚，便于人才脱颖而出的良好环境，鼓励开展具有创造性素质的教育，努力培养创新人才和发展高技术产业，使科教兴国真正落到实处，使高校真正成为企业的成果之源、效益之源、创新之源。所谓机制创新就是加大改革力度，深化科技体制改革，建立有效的竞争和激励机制，使科技人员能够在为经济建设和社会服务中实现自身的价值。还要建立好人才培养与使用机制，培养一支能攻坚、善“打仗”的科技队伍。

要清醒地认识知识经济初见端倪的形势，积极迎接知识经济的挑战。我国是处于社会主义初级阶段的发展中国家，面对当今世界潮流，我们要抓住机遇，要用比较短的时间走完发达国家很长时间走的路。要在某些领域、某些方面处于和发达国家同时起步的阶段。要有重点、有计划地挑选一批特殊项目，在条件许可的高校，直接将其转化，实现产业化。国有大中型企业的改革要经历一个过程，对高新技术的需求也要有一个过程。在与企业结合方面，高校不能等，要自己主动搞一些高技术的知识密集型企业。要注重知识和生产要素结合、与金融资本结合，走在知识经济形成和发展的前列。据统计 1997 年高校科技企业当年经营在亿元以上的有 11 个，总经营额为 69.23 亿元。这说明高校在向知识经济进军方面大有实力、大有潜力。要进一步解放思想，深刻地认识高等学校，特别是一些重点院校的使命，它们应该是高级专门人才培养的基地，知识探索、知识创新的基地，高科技创新与发展的基地，精神文明建设的基地，还应该是高科技产业化的重要方面军，应该是经济社会发展的重要力量。高等学校还有一批人文科学、社会科学的高级人才，应该把这支力量组织起来，研究知识经济时代的特点，研究人文社会科学各个领域、各个学科的发展问题。有条件的高校应设立研究院所，形成面向未来的资料库、思想库和人才库。我们不仅要重视高校与企业的合作，还应该进行校院之间的合作，发挥高校联合攻关的整体优势。不久前，清华大学、北京大学、上海交通大学、西安交通大学、复旦大学、南京大学和浙江大学发起建立科技协作网活动，至今网员已发展到 30 所高校。这是迎接知识经济到来的一个有远见的举措。我们要树雄心，立壮志，为我国高新技术产业做出更大贡献，为迎接知识经济时代的到来做出更大贡献。

教育要面向未来，集中地体现在人才培养的超前性、预见性和发展性上。正如邓小平同志所指出的，我们培养专门人才和劳动后备军，不但要看到近期的需要，而且必须预见到远期的需要；不但要依据生产建设发展的要求，而且必须充分估计到现代科学技术的发展趋势。教育要面向未来，必须培养知识经济时代所需要的人才。在这方面，除了高等学校外其他各级各类学校也是可以大有作为的。从现在起必须做好以下几方面的工作：一是进行知识经济发展的预测，了解知识经济对教育的要求。不仅了解对教育规模、结构、布局等方面的要求，更要了解对所需人才的知识结构、人才数量和质量的要求，并根据这些要求来实施教育。二是广泛了解现代科学技术的最新成果及发展趋势，充分估计未来社会的发展情况，设立适应未来知识经济和信息社会需要的新专业、新课程，教给学生适应未来社会生活的知识和本领。如计算机要从娃娃抓起，小学应普遍开设计算机课程。三是在学习方法上要让学生学会自学，注重培养学生的自学习惯和研究精神，以便在未来社会能独立获取知识，探求新知识，进行发明创造。四是要注重因材施教和发展个性，使学生能够适应未来社会多方面、多层次的人才需求。五是要全面提高学生的素质，克服“应试教育”片面追求升学率，加重学生课业负担的做法，让学生生动活泼主动地发展，为培养高素质与创造性人才打好基础。

“三个面向”是邓小平同志在我国社会主义现代化建设新的历史时期，对教育改革和发展作出的精辟论断和纲领性指示。它是邓小平教育思想的精髓，也是深化教育改革，推动教育发展的指导方针。我们要完整准确地理解“三个面向”的精神实质，在邓小平理论的指导下，抓住机遇，深化改革，开拓进取，真抓实干，坚持“三个面向”，开创人才培养和知识创新的新局面，把一个充满生机与活力的有中国特色的社会主义教育事业带入 21 世纪。

构建价值观教育的系统工程*

在深化改革、扩大开放的形势下，大学生面对的是一个“全天候”“多媒体”“多渠道”的信息场。经济、政治、文化领域的各种信息，国际、国内、社会、家庭的各种信息，都在这个信息场里汇集、传播和扩散。这种复杂多元的现象反映在校园生活中，大学生的思想行为、价值取向呈现出复杂性和多元性的特点。在这种情况下，如何加强和改进学校的德育工作，坚持社会主义价值观的一元导向呢？笔者认为必须构建价值观教育的系统工程。这个系统工程应当包括价值观教育的理论系统和价值观教育的操作系统。

一、价值观教育的理论系统

价值观教育是一个深层次的思想理论问题。解决这个问题，必须坚持以邓小平建设有中国特色的社会主义理论为指导，构建有中国特色的社会主义价值观的理论系统。这个理论系统应当包括：价值主体的确立、价值目标的选

---

* 本文发表在《教育研究》1996 年第 11 期。

择、价值评价的标准、价值创造的途径等一系列范畴体系。

(一)价值主体的确立——应以人民群众为最高价值主体，实现人民主体与个人主体相统一

人民群众是社会的主人，是历史的创造者，是社会发展的动力。没有人民的价值主体地位，就没有社会主义。有中国特色的社会主义价值观继承和发展了毛泽东“为人民服务”的价值思想。以人民作为最高的价值主体，以人民的利益作为最高的评价标准。建设有中国特色的社会主义目的就是要实现全国人民的共同富裕，就是要为全体人民的物质利益而奋斗。这充分体现了人民群众的价值主体地位。人民，是一个集合概念，在我国它是由亿万拥护和参加社会主义现代化建设事业的个人所组成的巨大的社会群体。人民的利益与每一个成员的个人利益从根本上讲是一致的。因此人民的价值主体地位就包含了人民中每个人的价值主体地位；人民价值的实现从根本上说也就包含了每个人价值的实现。当然，水滴不等于大海，细胞不等于整个机体，个人价值毕竟不能等同于人民价值。人民主体与个人主体从根本上是一致的，并不排除他们在一定条件下可能发生对立和冲突。要把握人民主体与个人主体的统一，关键在于弄清不同层次上的主体及其价值关系，具体问题具体分析。这就是人民价值主体与个人价值主体相统一，价值多元性与一元导向相统一的理论基础。

(二)价值目标的选择——应以实现“四化”，共同富裕作为共同价值目标，实现个人理想与共同理想的统一

人民的价值主体地位决定了有中国特色的社会主义价值观在价值目标上，只能是实现我国人民的最大利益，也就是人民的共同理想——实现社会主义现代化，达到全体人民共同富裕，把我国建设成富强、民主、文明的社会主义现代化国家。这是一个全面体现人民的物质追求、政治追求和精神追求的综合的价值目标。“社会主义的本质是解放生产力、发展生产力，消灭剥削，消除两极分化，最终达到共同富裕”。这是当代中国人民的最大的价值选择，也是每一个社会成员的最大的价值选择。当然，每一个社会成员除了应该树立全社会的共同理论之外，还可以有自己的个人追求和个人理想。在价值目标的选择上，有中国特色的社会主义价值观既坚持共同理想的一元导向，又允许个人理想的多元存在。价值目标的一元导向，不仅不淹没个人的价值目标，而且为个人价值目标的确立和实现奠定了基础，指明了方向。它要求全国人民在实现共同富裕的价值目标的指引下，正确选择个人价值目标的准确方位、具体内容和特殊形式，在实现共同价值目标的奋斗中实现个人价值目标。

(三)价值评价的标准——应以“三个有利于”和“三大主题”作为根本的评价标准，实现个人需要与社会需要的统一

有中国特色的社会主义价值观以反映人民根本利益的共同理想为价值目标，从而它所定位的价值评价标准就是：“是否有利于发展社会主义社会的生产力，是否有利于增强社会主义国家的综合国力，是否有利于提高人民的生活水平”。“三个有利于”是唯物史观与人民价值观相统一的根本标准。社会主义的本质是解放生产力，发展生产力。发展生产力，可以增强综合国力，最终目的是满足人民日益增长的物质文化需要，提高人民的生活水平。实行和坚持“三个有利于”的评价标准，还涉及当今中国的“三大主题”，即改革、发展和稳定。改革是动力，发展是目的，稳定是条件。“三个有利于”和“三大主题”是评价政治、经济、文化、道德等各个领域的价值标准，是贯穿和渗透在各行业、各部门、各单位乃至每个人价值评价的标准之中。它体现了中国人民和社会的最大利益和最大需要，是有中国特色的社会主义价值观在价值评价标准上的一元导向。当然，在社会生活中，每个人还有自己的具体需要和特殊需要，“三个有利于”和“三大主题”不但不否定个人的具体需要和特殊需要，而且为个人的具体需要和特殊需要提供了前提和条件。试想，如果没有生产力的发展，没有综合国力的增强，没有全体人民生活水平的提高，没有改革开放政策，没有社会发展，没有政治稳定和社会稳定，每个人的需要又将如何实现呢?

(四)价值实现的途径——应以“64 字创业精神”为根本实现途径，实现艰苦创业与安居乐业的统一

有中国特色的社会主义价值观，不主张单纯地享受价值，而是强调创造价值和享受价值的统一。在市场经济条件下，经营主体追求的直接价值目标是利润、效益和作为一般等价物的金钱。这是一个客观事实，问题在于追逐的方式和手段。那种投机取巧、弄虚作假，甚至坑蒙拐骗的手段是必须反对的。通过勤奋劳动、发明创造、合法经营的正当途径追求和获取是值得提倡和鼓励的。中国特色的社会主义是一个相当长的历史阶段，要实现它的目标需要几代人为之奋斗。有中国特色的社会主义价值观在价值实现途径上应当提倡邓小平同志一再强调的艰苦奋斗精神和江泽民同志提出的“64 字创业精神”，即“解放思想、实事求是、积极探索、勇于创新，艰苦奋斗、知难而进、学习外国、自强不息，谦虚谨慎、不骄不躁、同心同德、顾全大局，勤俭节约、清正廉洁、励精图强、无私奉献”。提倡艰苦奋斗的价值创造精神，并不反对安居乐业和价值享受。社会主义价值目标是共同富裕，这就包含了人民安居乐业、享受价值之意。但享受价值必须创造价值，而创造价值必须靠艰苦奋斗。在现实生活中存在的那种不顾国家贫困和人民疾苦，依靠巧取豪夺、一掷千金、花天酒地、穷奢极欲的享乐主义是必须反对的。

总之，有中国特色的社会主义价值观是一个完整的理论体系，它是全党、全国人民树立正确的价值观的一元导向，对大学生进行价值观教育必须坚持这个一元导向。

二、价值观教育的操作系统

价值观教育不仅是一个深层的理论问题，而且是一个复杂的实践问题。在教育实践中，如何用科学的理论武装人，还必须解决“桥”或“船”的问题。因此，在构建价值观教育的理论系统之后，还必须构建价值观教育的操作系统。这个操作系统包括：决策指挥系统、执行指挥系统、参谋咨询系统、督导检查系统、主要实施系统、协调配合系统、社会实践系统和环境影响系统等八个子系统(如图所示)。

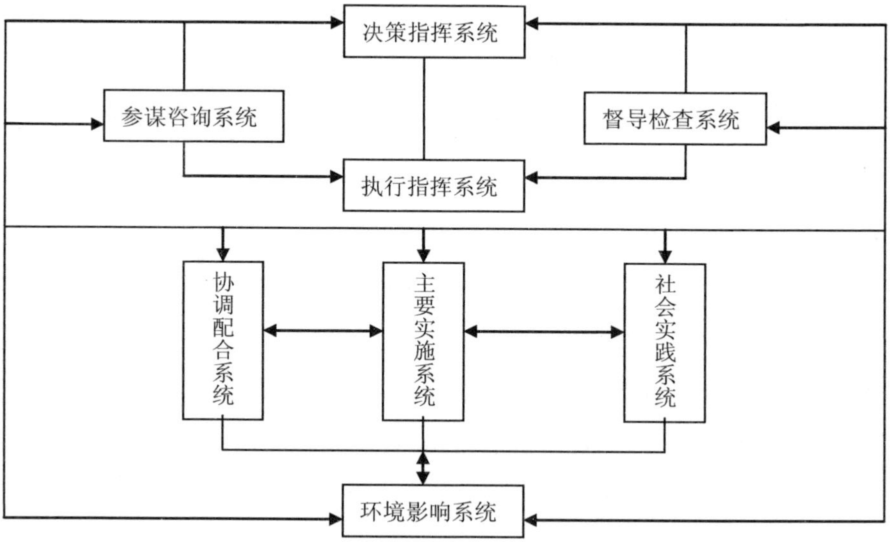

决策指挥系统，是指主管高校德育工作的上级教育行政部门。对全国来讲就是国家教委思想政治工作司，就北京市而言就是北京市教委政教处(或德育处)。目前，北京市的实际决策指挥系统是市委教育工委。决策指挥系统应当在督导检查系统提供的督导检查报告和参谋咨询系统提供的调研报告和决策建议的基础上，科学地制定出大学生价值观教育指导方针。应当像重视爱国主义教育那样，同样重视大学生的价值观教育；应当像制定《爱国主义教育实施纲要》那样，制定出一个《价值观教育实施纲要》。决策指挥系统直接指挥的是执行指挥系统。

执行指挥系统，是指高校德育工作的第一线指挥系统。各高校应当成立以主管校长或书记为首的有学生工作部(处)、团委、马列教研部、德育教研室和各系主管德育工作的副系主任或党总支副书记参加的德育工作领导小组。这个领导小组就是第一线的执行指挥系统。这个执行指挥系统应当根据决策指挥系统制定的《价值观教育实施纲要》，结合本校实际制定出《价值观教育实施细则》，并认真抓好贯彻落实。目前，北京各高校的执行指挥系统比较健全，大部分学校也有德育工作大纲，但价值观教育的内容和要求一般较粗，急需制定价值观教育的实施细则。在贯彻落实中要重点抓好主要实施系统和协调配合系统、社会实践系统。

主要实施系统，是指直接进行价值观教育的马列主义理论课和思想政治教育课。“两课”是高校德育的主阵地和主渠道，对价值观教育来讲尤其是这样。价值观教育是深层次的思想理论问题，只靠日常德育工作是远远不够的，必须进行科学性、理论性和系统性的教育。“两课”正是承担了这样一种任务，因此是主要实施系统。然而，目前“两课”在价值观教育方面，无论是从容量上还是从力度上都是不够的。建议在马克思主义原理课中增加价值论的内容，在思想教育课中增加价值观教育的内容，特别是应当把有中国特色的社会主义价值观引入“两课”，作为大学生必修的内容。

协调配合系统，是指“两课”以外的其他德育实施渠道，如党团工作、班主任辅导员工作、学生会和社团工作、“三育人”工作等。这些工作都是德育工作的一个方面军，都在各自的领域以各自的特点承担着德育某一方面的重要任务。但就价值观教育而言，并不能承担主要责任，而是发挥着对“两课”的协调配合作用。然而，在实际工作中这种协调配合作用在多数情况下发挥得不很理想。党团工作主要是在政治层面上开展活动，班主任、辅导员是在日常管理上开展工作，学生会、社团工作是在活动层面上开展工作。而这些工作很少也很难涉及深层次的价值观问题。在价值观教育上，如何坚持教育影响的一致性原则，形成统一的教育合力呢？一方面，“两课”要主动争取协调配合系统的支持和配合；另一方面，协调配合系统要主动了解、支持、协调、配合“两课”的教育内容。如共同开展价值观研讨会、演讲会、辩论会等。这样可以使各渠道的教育活动融入价值观，具有思想性；同时“两课”教学也会更加生动活泼。而要做到这一点，学校的执行指挥系统的统一指挥则是关键。

社会实践系统，是指学校有计划、有组织的教育实践活动，如军训、社会调查、社会服务等。“两课”主要实施系统所传授的价值观理论，必须在社会实践中，也只有在社会实践中得到内化和外化。内化，即把外在的价值观理论转化为大学生主观世界的价值观念；外化，即大学生的价值观转化为改造客观世界的实践。只有在社会实践中，大学生才能亲身感受到社会主义现代化建设的伟大成就，才能体察到工人、农民、知识分子、解放军官兵的思想感情，才能理解有中国特色社会主义理论的实际意义，从而才能真正树立有中国特色的社会主义价值观，并且以这样的价值观指导自己的行动。几年来，各高校在组织学生社会实践方面，取得了许多成功的经验。随着形势的发展，社会实践又遇到了一些新的问题，如社会实践基地建设问题，社会实践经费问题，社会支持和接纳大学生社会实践问题等。这些都是需要向社会呼吁，必须引起全社会重视的问题。

环境影响系统，是指影响大学生价值观的环境因素，其中包括学校环境、家庭环境和社会环境。学校本身就是育人的环境，各高校普遍重视校园环境建设，其中包括校风、学风等软环境，也包括校舍、校园等硬环境，努力建设文明校园使学校真正成为精神文明建设的阵地。现在的问题是如何优化校园环境，在绿化、美化的基础上，进一步增加思想文化内涵，建设良好的育人环境。与学校环境相比，家庭环境和社会环境存在的问题较多。由于市场经济的双重效应，必然导致家庭环境尤其是社会环境对学校德育其中包括价值观教育造成正负两方面的影响。学校德育的正面教育与社会环境的负面影响之间存在着“反差”，容易使学生对学校教育产生“逆反”，这种“抵消”使学校教育的效果达不到预期的目的。因此，必须加强全社会的精神文明建设，特别是大众传播媒介和公共场所的精神文建设。在加强道德建设的同时，必须加强法制建设，严厉打击和清除社会环境的污染源。要加大力度净化、美化、优化社会环境，使环境影响系统与其他系统协调一致，形成价值观教育的良性循环。

督导检查系统，是指在国家权力机关专门设置的德育督导检查的组织或部门。各级人大常委会的教育委员会应该设立德育督导机关，它负责督导检查学校对国家制定的《德育大纲》和《价值观教育实施纲要》的贯彻落实情况和社会环境对教育影响的情况，并把督导检查的结果通知决策指挥系统，以便尽快解决学校教育和社会影响中存在的问题。

参谋咨询系统，是指专门为决策系统和实施系统提供教育咨询服务的组织。它包括各级教育科学研究机构和教育科学研究群众团体，如中央教科所和各级地方教科所、全国教育学会和各级地方教育学会等。各级教育科研所和教育学会都应设立德育科研部门或团体。它的职责是专门进行德育基础理论研究和应用理论研究，为各级教育行政部门的德育决策提供理论依据，为各级各类学校德育工作提供理论指导。科学技术是第一生产力，教育科研是教育改革和发展的第一生产力。教育科研要为教育改革和发展服务，教育改革和发展要依靠教育科研。国家和各级教育行政部门应当积极组织、支持和鼓励教育科研事业，其中包括德育科研事业，并且认真听取他们的教育对策建议，以保证决策的科学性和正确性。

建立大学生价值观教育的系统工程，是一项长期而艰巨的任务。只要我们坚持不懈地努力，一定会使大学生价值观教育迈上一个新台阶，呈现一个新局面，为21世纪培养出一代社会主义事业的建设者和接班人做出贡献。

贯通古今　融汇中西　继承借鉴　发展创新*

——21世纪中国道德教育的大趋势

当代中国教育改革和发展的指导思想是：面向现代化，面向世界，面向未来。道德教育，作为整个教育的重要组成部分，同样要以“三个面向”为指针。贯通古今，融汇中西，继承借鉴，发展创新，这是21世纪中国道德教育的大趋势。

本文拟从近百年来古今中西之争、当今世界道德复兴与互补、当代中国改革开放的客观需要等几方面对这一问题加以分析。

一、近百年来古今中西之争的反思

100年前，也就是19世纪的最后10年，中国近代的思想家、教育家、政治家们就力图设计中国的思想文化战略和道德教育模式。康有为的《孔子改制考》和《新学伪经考》

---

* 本文是作者1996年出席在美国召开的价值观与道德教育国际学术研讨会提交的论文并发表演讲，发表在《教育研究》1997年第12期。后来被人大报刊复印资料和南京师大《道德教育论丛》转载。

先后于1887年和1891年问世，这两部书成为变法维新的理论参照。1889年7月，梁启超按光绪旨意，参照日本和西方学制，起草了《京师大学堂章程》，规定其办学方针是："中学为体，西学为用，中西并用，观其会通。"同年，张之洞发表《劝学篇》，主张："新旧兼学，旧学为体，新学为用。"1898年6月，光绪皇帝下诏变法："……以圣贤义理之学，植其根本，又须博采西学之切于实务者，实力讲求，以救空疏迂谬之弊。"表明了中西结合的态度。康有为在《大同书》中明确提出："合经子之奥言，操儒佛之微旨，参中西之新理。"可见他意欲通达古今，兼纳中西，再造中国文化之良苦用心。虽然这一"中学为体，西学为用，新旧并存，中西杂糅"的思想文化战略和道德教育模式，在百日维新失败之后未能付诸实施，但是，它毕竟引起了国人的思考，并引出了此后一系列有关古今中西文化比较的论战。

在古今中西文化比较论战中，有两种截然不同、根本对立的态度和主张。一种是以胡适为代表的"西化派"，认为我们自己"百事不如人"，主张"死心塌地去学习人家。……不要怕丧失我们自己的民族文化"。① 随着中华民族解放运动的发展与胜利，这种民族虚无主义和历史虚无主义的"全盘西化"论丧失了它赖以存在的社会基础，不得不偃旗息鼓。另一种是以梁漱溟为代表的"保守派"，他们站在维护民族文化的立场上，坚决反对"全盘西化"论，呼吁国人怀着"同情"和"敬意"去体悟传统文化，主张"尊孔读经"，维护儒学尊严，倡导儒学复兴。②

以毛泽东为代表的中国马克思主义者反对上述两种极端的态度，

① 胡适：《胡适论学近著》，北京：商务印书馆，1935年版，第640页。

② 梁漱溟：《东西方文化及其哲学》，北京：商务印书馆，1921年版。

主张对传统文化批判继承，去糟取精，古为今用，推陈出新。遗憾的是，在过去相当长一个时期内，这一对待中国传统文化的正确方针并未得到认真和全面的贯彻。

回顾20世纪的发展，正是跨世纪的一代人对21世纪的思想、道德以至政治、社会发展起了极大的影响。影响着中国20世纪发展的几大思潮，包括新儒家思潮、“全盘西化”思潮以及马克思主义思潮，都形成于20世纪初期，而这几大思潮的第一批倡导者和代表人物，正是一批生于19世纪末、跨世纪的人物。

他们出生于旧的专制社会的末期，是在传统文化的熏陶下，接受传统教育成长的。在传统文化的知识修养方面，他们都有深厚的基础。在此基础上，有感于社会进步之需要，进而学习西方近代思想，寻求救国之道，提出自己的学说、主张。尽管他们对待传统文化的态度有着很大不同，但他们在对传统文化的了解方面都有深厚基础这一点是共同的。而今天的跨世纪一代则不同，他们成长于传统文化经历了十年大批判之后，又处于市场经济发展的大潮中，他们的长处是对现代科技知识和世界的了解更多，突出的弱点则是对传统文化知之甚少。这种状况与我们的期望之间，显然有很大的差距。这种差距，呼唤着21世纪道德教育新思路的提出。

历史，尤其是近百年的历史已经证明：固守旧有传统，不吸收和借鉴外来的先进文化与文明成果，即使是最优秀的文化传统也难以继承和发扬光大；同样，吸收外来文化，如果不与中华民族传统文化相融合，即使是最先进的文化思想，也难以被国人所接受。因此，我们在文化建设和道德教育中，要在“三个面向”的思想指导下，贯通古今，融汇中西，继承借鉴，发展创新。

二、当今世界道德复兴与互补的启示

和平与发展是当今世界局势的主流，发展经济渐渐变成国际关系的主要内容，各国经济之间存在的互补性，必然带来跨国界、跨洲界以至跨文化的世界经济关系网络，如“欧洲共同体”“北美自由贸易区”“亚太地区经济合作圈”等。道德现象是经济关系的集中反映。各国之间经济利益互相补偿的需要，必然呼吁有一些被世界公认的符合时代特征的共同道德规范的产生。20世纪末，国际间在政治、经济、文化、教育上的交流日益频繁。在国际交流与合作中，道德教育出现了世界性复兴和国际间互补的现象。

随着中国改革开放的深入发展，在中国的北京和曲阜等地已经多次举办过“孔子学术研讨会”。中国传统道德的核心——儒家伦理，已经跨越国界成为世界文化宝库中一颗璀璨的明珠。作为一种文化现象，它已经成为全人类的共同财富。特别是现代以来，日本、韩国、新加坡等一些国家和我国的香港、澳门和台湾等地区为代表的“亚洲伦理工业区”的发展，为儒家伦理与西方先进的科技和管理相结合提供了成功的经验。在新加坡，中学三、四年级开设“儒家伦理”课(现在名称虽改为“好公民”，但其中儒家伦理精神并未改变)。现代新儒学第四代代表人物之一的杜维明教授认为：“把儒学思想引入学校课程，可以为学生提供一个机会，让他们理解他们和他们父母所遵循的适当的生活方式的内在逻辑”，并且可以“把他们自己培养成有道德的人，在复杂的现代世界处理很难的价值问题。”①他把儒家伦理的教育

① [美]杜维明：《新加坡的挑战》，北京：生活·读书·知识三联书店，1989年版，第267页。

过程与个人成长过程结合起来，设计出一个“同心圆”式的教育模式，并解释说：“自我扩展到家庭、邻里、社区、国家、世界和宇宙。这个扩充过程是作为一个开放体系的自我充分开发其内在资源，把自己培养成为一个关心他人、有责任感、目光远大的人的过程。”①杜先生所设计的儒家伦理教育体系，把“修身、齐家、治国、平天下”这一儒家伦理精髓通俗化、具体化、现代化了，是对传统儒家“内圣”“外王”理论的现代诠释和发展创新。同时，这一教育体系也符合现代社会学关于人的社会化过程的一般理论，因此它是中西文化融合的典型之例。

日本学者井上靖先生在他的专著《孔子》一书中说：“孔子的确是永恒的人类导师”。另一位日本学者池田大作在中国社会科学院的演讲《21世纪与东亚文明》中指出，东亚地区的文化特征是“共生性道德气质”，具体表现为“取调和而舍对立，取结合而舍分裂，取大我而舍小我，人与人之间、人与自然之间共同生存，互相支撑，一道繁荣。”他认为：“东亚这种气质的重要源头之一是儒教。”他预言：“当21世纪宣告黎明之时，东亚不仅在经济层面，甚至深入至精神领域，定会为世人瞩目，成为引导人类历史的动力。”②

在“孔子思想与21世纪”国际学术讨论会上，韩国高丽大学教授金忠烈先生指出：“21世纪是东方的时代”，他认为东方传统文化与西方文化不同，即在于它“包容一切，而不排斥他异；普遍开放，而不偏执独占”。他认为，“尤其在中国，其历史命运之‘长久之道’，不

---

① ［美］杜维明：《新加坡的挑战》，北京，生活·读书·知识三联书店，1989年版，第267页。

② ［日］池田大作：《21世纪与东亚文明》，载《中国社会科学》，1993年第1期。

在民族国家之不替，而维系文化传统之继开”。①

在欧美，孔子的思想同样受到专家学者尊崇。在纪念孔子诞辰2500周年的时候，法国出版发行了关于孔子的著作《圣人的四书》，以此来纪念这位伟大的思想家。几年前，美国出版了《人民年鉴手册》，列举了世界十大思想家，孔子被列为首位。由此可见，中国传统的儒家伦理越来越多地被世界人民所接受，并将与西方的现代文明相结合。

中国学者在继承和弘扬中华民族优良道德传统的同时，十分关注东南亚和西方道德教育的发展，注意借鉴和吸收人类所创造的一切优秀文明成果和道德教育的先进经验。

近年来中国出版了几部翻译和介绍西方道德教育的著作，主要的有戚万学博士的《冲突与整合——20世纪西方道德教育理论》(山东教育出版社1995年版)、袁桂林博士的《当代西方道德教育理论》(福建教育出版社1995年版)、魏贤超博士的《道德心理学与道德教育学——柯尔伯格研究》(浙江大学出版社1995年版)。这些著作系统地介绍了20世纪西方道德教育理论的各个流派，如柯尔伯格道德教育的认知——发展理论，价值澄清学派的道德教育理论，人本主义的道德教育理论，行为主义的道德教育理论，威尔逊理性功利主义的道德教育理论，贝克的反省道德教育理论等。另外，我本人主编的《中国德育全书》也比较系统地介绍了美国、英国、法国、德国、日本、新加坡等国家的道德教育的理论与实践。

当代西方道德教育理论有许多可资借鉴之处。首先，在思维方式

---

① ［韩］金忠烈：《21世纪与东方文化》，1994年“孔子思想与21世纪”国际讨论会发材料。

上，西方学者注重归纳和实证，沿着从具体到抽象的思维逻辑，从道德现象、具体事例、个案分析入手总结归纳各自的教育理论，实用性、可操作性强；中国学者则注重演绎，沿着从抽象到具体的思维逻辑，从概念出发，说明或指导实际。这两种思维方式恰好可以互相借鉴，互相补充。其次，在教育方法上，西方学者主张尊重学生的人格和个性，鼓励学生自由选择，师生平等对话；而我们则强调教师的主导作用、理论讲授和教育导向。这方面同样可以互相借鉴，互相补充。再次，在教育内容上，适应市场经济需要的守法、守信、责任、公平竞争、文明消费、照章纳税、平等互利等道德观念，也是中国在建立社会主义市场经济体制过程中，需要向西方学习和借鉴的东西。

总之，20 世纪末的道德教育出现了世界性复兴和东西方互补的态势。21 世纪中国道德教育“贯通古今，融汇中西，继承借鉴，发展创新”的大趋势初见端倪。

三、当代中国改革开放的客观要求

改革开放以来，特别是建立社会主义市场经济体制以来，中国的经济形式是一种多元存在，既有国有大中型企业和乡镇集体企业，又有中外合资、外国独资和私营工商企业。经济形式的多元存在，必然带来价值观念和道德观念的变化。市场经济体制的建立对社会发展和道德教育具有双重效应，既有积极的、起推动作用的正效应，又有消极的、起制约作用的负效应。在这种新形势下，道德教育面临着许多新情况和新问题。解决这些新问题的根本出路是：在邓小平理论指导下，一方面继承和弘扬中华民族的优良道德传统，另一方面借鉴和吸收西方现代文明的有益成果，并使二者有机地结合起来，创造出有中国特色的社会主义的新的道德教育体系。

中国是一个具有悠久历史和优秀文化传统的国家，素以“礼仪之邦”著称于世。在中国传统文化中，传统道德占有十分重要的地位。中国历代哲学家、思想家、教育家对道德教育的思想和论述源远流长，博大精深，影响广远。虽然，中华民族的传统道德是在小农生产和封建宗法制度的基础上建立起来的，不可避免地带有保守性和局限性的一面，但是，只要我们正确地坚持批判继承，古为今用，发展创新的原则，就能取其精华，去其糟粕，使其成为构建新的道德体系的思想材料。

在中国悠久的文明史中，传统道德经过千百年的积淀，其中光辉的思想已构成了我们的民族之魂。例如“天下兴亡，匹夫有责”的爱国主义精神；“天下为公”“修齐治平”的集体主义精神；“刚健有为、自强不息”的积极进取精神；“先天下之忧而忧，后天下之乐而乐”的先人后己精神；“见利思义”“先义后利”的价值取向；“富贵不能淫、贫贱不能移、威武不能屈”的浩然正气；“杀身成仁”“舍生取义”的高风亮节；“勤劳简朴、诚实守信”的求实精神；“仁者爱人”“成人之美”的友爱思想；“孝敬父母”“尊老爱幼”的道德品质，等等。这些民族之魂曾经哺育了中华民族亿万儿女，曾经激励过无数志士仁人、英雄豪杰为民族的兴旺发达，为祖国的繁荣富强而写下了人生的壮丽篇章。毫无疑问，这些中华民族传统道德的精华，在社会主义现代化建设的今天也是值得继承和发扬光大的。

在对待西方文化的问题上，我们有过正反两方面的经验。现在可以清醒地认识到，采取闭关自守、全盘否定，或崇洋媚外、全盘西化这两种极端的态度都是错误的。正确的态度应当是分析、鉴别、学习、借鉴、吸收、利用。对先进的科学技术和管理经验，要大胆地学习和引进；对文学艺术，它的形式可以学习、借鉴，内容可以改造、利用；对思想道德，属于人类共同心理、共同美感、共同道德方面的成果，也要大胆地学习和借鉴。特别是那些适用于市场经济的价值观念，如改革开放观念、民主法制观念、权利义务观念、公平竞争观念、效率效益观念、互利互惠观念、公关信息观念、商品市场观念、文明消费观念、照章纳税观念等，更需要借鉴和吸收，使其与中国传统美德相融合。江泽民同志在党的十五大报告中指出："我国文化的发展，不能离开人类文明的共同成果。要坚持以我为主、为我所用的原则，开展多种形式的对外文化交流，博采各国文化之长，向世界展示中国文化建设的成就。坚决抵制各种腐朽思想文化的侵蚀。"我们要在这个精神指导下，继承、弘扬、光大我国优良道德传统，同时还要学习、借鉴、吸收、利用西方优秀文明成果，并使二者有机结合起来，创造出有中国特色的社会主义道德教育体系。

试论青少年思想政治教育*

把青少年思想政治教育工作作为一门科学来研究，是教育理论工作者和大学教师面临的一项十分紧迫而重要的任务。本文选择青少年思想政治教育的重要地位、内容特点和教育原则三个问题作尝试性讨论，以增益于这个领域研究与实践的深入发展。

一、青少年思想政治教育的重要地位

与思想政治教育最邻近的概念是思想政治工作，这个概念最早是刘少奇于 1951 年在第一次全国宣传工作会议上提出来的。1957 年毛泽东在《正确处理人民内部矛盾的问题》中使用并阐述了这一概念。从中国共产党成立到现在，思想政治教育概念的形成，大致经历了政治工作—思想工作—政治思想工作—思想政治工作—思想政治教育这样几个阶段。

由政治工作和思想工作的分提到将两者合并为政治思

---

* 本文曾发表在《中国青年政治学院学报》2000 年第 4 期。

想工作，表现出政治工作的深化，但在实际使用中也显示出不完善之处，这是因为把政治和思想按前后顺序组构成一个新的词组后，其含义变为比政治和思想更狭窄的政治思想工作；因为政治思想工作只表示政治工作中的思想工作，不能表示政治工作之中的非思想工作，更不能表示政治工作之外的思想工作。后来逐步使用的思想政治的提法，将词序变换了一下，由政治思想这种意思偏向一个方面的词组，变成了一个包含两个内容相对独立又相互联系的词组，由此，思想政治工作被作为一个科学的概念确定下来。思想政治教育概念的形成，体现出在理论认识上的深化和实践操作上的深入。思想政治工作是党的工作系统，表明它与党的各项工作的关系，而思想政治教育的概念更侧重和突出的是学科体系和科学理论的建设方面。①

面对即将进入 21 世纪的国际国内经济、政治、文化发展的深刻背景，青少年的思想政治教育已经处在关系国家和民族前途命运的地位上。从国际上看，一方面，科学技术突飞猛进，知识经济已见端倪，国力竞争日趋激烈；另一方面，国际反社会主义势力对我国青少年一代进行分化和西化的图谋一天也没有放弃，西方个人主义思潮、价值观念和生活方式在扩大着传播和影响。国家综合实力的持续发展和社会主义事业的胜利越来越体现在青年一代的整体素质上。从国内看，随着改革开放和市场经济的深入发展，社会各层面出现了许多新情况、新问题。突出的问题是市场经济负效应带来的急功近利、唯利是图、见利忘义等拜金主义和极端个人主义对青少年的消极影响。社会政治生活中的消极腐败现象，商品生产中的假冒伪劣现象，经济生

① 许启贤：《中国共产党思想政治教育史》，北京：中国人民大学出版社，1999 年版。

活中的坑蒙拐骗现象，文化生活中黄赌毒泛滥等现象，严重冲击着青少年的心灵。相当一部分人对马克思主义和共产主义理想的信仰，对建设有中国特色社会主义的信念，对改革开放和国家现代化建设的信心发生动摇。事实十分严峻地把人们的焦点集中到青少年的整体素质，特别是思想政治素质上。

如何培养具有坚定的民族品格和创新能力，面向21世纪的国际竞争性人才，使我们民族永远立于不败之地，其根本途径在于全面推进素质教育。德育在素质教育中发挥着导向、动力和保证作用，德育是素质教育的首要任务。德育的内容包括政治教育、思想教育、道德教育、法纪教育、心理教育五大要素，其中思想政治教育是学校德育的核心和灵魂。江泽民同志指出："思想政治教育，在各级各类学校都要摆在重要地位，任何时候都不能放松和削弱。要说素质，思想政治素质是最重要的素质。不断增强学生和群众的爱国主义、集体主义、社会主义思想，是素质教育的灵魂。""如果轻视思想政治教育、历史知识教育和人格培养，那就会产生很大的片面性，而这种片面性往往会影响人的一生的轨迹。"①

在国家和民族的发展中，思想政治教育是民族精神、民族凝聚力的根基。民族凝聚力"来自中华民族的优良传统，来自我们共产党人的崇高理想和社会主义制度的优越性，来自爱国主义、集体主义、社会主义和马克思主义教育。正确的世界观、人生观、价值观的确立，民族优良传统的发扬，共同理想和精神支柱的形成与巩固，科学文化水平的提高，都离不开教育工作，而这些都是我们民族凝聚力的重要

① 教育部:《深化教育改革 全面推进素质教育》，北京：高等教育出版社，1999年版。

基础和内容。”①

思想政治教育包括思想教育和政治教育两个方面。思想教育，就是对青少年进行辩证唯物主义和历史唯物主义的世界观和方法论教育，为人民服务的人生观、集体主义的价值观教育；政治教育主要是进行爱国主义、集体主义、社会主义教育和党的基本理论、基本路线和方针政策教育，以及时事政治教育。思想政治教育的结果，是培养青年一代正确认识世界、认识社会、认识人生，坚定对马克思主义的信仰，树立建设有中国特色社会主义，为把我国建设成为富强、民主、文明的社会主义现代化国家，为实现共产主义而奋斗的理想和信念。理想信念教育是思想政治教育的核心内容。科学有效的思想政治教育赋予个体的素质，是崇高的思想境界和完善的人格，是人生的动力源泉和精神支柱，这种素质扩充到一个国家、一个民族，则凝聚为伟大的民族精神和强盛的综合国力。

思想政治教育是我们党的优良传统和政治优势。从历史唯物主义和社会学、文化学、伦理学、教育学的视界中看，思想政治教育的科学价值在于：对在世界上构建一种先进的社会意识形态，促进经济基础和生产力的和谐发展，对优化人的社会化机制，对民族文化的继承借鉴与发展创新，对建立新型社会道德体系，塑造高尚人格，促进人的全面发展诸方面都具有深远的意义。

二、青少年思想政治教育的内容特点

理想信念教育是思想政治教育的核心内容，认识思想政治教育的

① 教育部：《深化教育改革 全面推进素质教育》，北京：高等教育出版社，1999年版。

内容特点，要从理想信念与思想政治教育的关系中认识。二者关系概括起来说就是，理想信念是思想政治教育的结果，思想政治教育是理想信念形成的条件和基础。

第一，我们一般所讲的“理想信念教育”，并非只是理想和信念两项教育内容，而应合乎逻辑地包含信仰教育。没有信仰教育的思想政治教育，可以说是没有灵魂的教育。第二，信念、信仰、理想都是人成长发展的精神动力，对于青少年来说，最现实、最切近的精神动力是理想，因为理想既包含着信念、信仰，又是形象化、个性化的思想形式，最容易引起学生的动机、兴趣、愿望等心理活动。理想是个体成长的精神需求，理想以其稳定性和持久性指向人生的终极价值。

理想信念既是教育的内容，又是教育的结果。作为教育结果，其心理发生与形成机制并不是信念、信仰、理想的并列或简单相加，而是一种实现了三者高度融合、互为映现的精神状态。

说思想政治教育是理想信念形成的条件和基础，主要是指思想教育和政治教育的内容，在教育过程中从不同方面和谐地“内化”到人的思想意识中，形成信念、信仰、理想的思想形式和心理意象。

以政治教育中的爱国主义、社会主义教育为例。学生通过爱国主义教育，祖国的壮丽山河，勤劳勇敢的中华民族世代创造的物质文明和精神文明成果，以及我们民族反对民族和国家分裂，维护民族团结和祖国统一的不屈不挠的斗争精神等内容，就会以物质实体和心理表象等形式内化到学生的认知和情感世界，产生民族的自豪感、自尊心和自信心。我们民族在近代进行的前赴后继的反帝反封建斗争和经历的民族屈辱史，会激发学生热爱祖国、振兴民族的责任感和使命感。社会主义教育，在当代中国，爱国主义和社会主义，在本质上是统一的。社会主义制度为我国人民到达理想境界开辟了广阔道路。新中国成立50年来，我国社会主义建设取得了伟大成就。近百年来无数爱国志士振兴中华的爱国理想，正在社会主义制度下成为现实。爱国主义和社会主义教育的内容纵贯历史和未来，真实、生动、具体、丰富，对学生爱国之情和报国之志的形成，并将报国之志化为报国之行确定了奋斗的内容和方向。

思想教育的内容特点，是从整体上提升人的精神境界。辩证唯物主义和历史唯物主义科学地揭示了宇宙、社会、人及其思维的本质和发展规律，是指导无产阶级和劳动人民改造自然、改造社会，完善自身，解放全人类，最终实现共产主义的理论体系，是科学的、系统的世界观。人生观是人们对人生目的、人生理想、人生意义的根本观点和认识。在科学的世界观指导下的人生观，是科学的最有意义的人生观。价值观是人们对各种价值现象比较系统的、稳定的、深层的观点或看法，价值观是包括价值关系的整合、价值评价的标准、价值取向选择在内的观念系统。除人生价值观外，一般还有政治价值观、经济价值观、道德价值观和职业价值观等。信念、信仰、理想都属价值观，理想集中体现了人生价值观。信念、信仰、理想是人的生命活动的精神支柱和动力源泉。

如果说政治教育为理想确立了人生奋斗的内容和方向，那么思想教育则通过科学的世界观、人生观和价值观牢固地确立了人生的信念和信仰，以科学的根据和强烈的意向支持了理想的内容，或者说，思想教育以其科学的思想理论，解释、支撑、强化和巩固了信念、信仰和理想。

明确了理想信念与思想政治教育的关系，还应该明确理想信念教育是一种“知行合一”的教育。完整的理想信念教育或思想政治教育还应统摄道德、法律、纪律和心理素质方面的教育。我们在“九五”规划国家级重点课题“整体构建学校德育体系”的研究与实验中，确定了由思想教育、政治教育、道德教育、法纪教育和心理教育这五要素构成的学校德育内容体系，就是在德育内容的完整性、规范性、系统性和科学性方面进行的探索。

围绕理想信念这个教育核心，来看德育内容五要素的特点及相互之间的关系，政治教育重点解决理想信念的内容方向问题，思想教育为政治教育提供理念支撑。思想教育和政治教育虽然各自都包含知、情、意、信、行的因素，但在总体特征上教育的重心在“信”。道德教育以培养自律的道德行为方式为重点，是实践理想信念的常态活动。法纪教育以“法”和“纪”的形式，通过他律保证思想、政治、道德教育内容的贯彻实施。道德、法纪教育各自都包含着知、情、意、信、行的要素，但在总体特征上重点在“行”。心理素质贯穿于思想、政治、道德、法纪教育各环节之中，起着调节、维持和统合的作用。德育内容的五项要素互相联系、互为基础，是一个知行协调统一的整体。

三、青少年思想政治教育的基本原则

思想政治教育的原则属于在一般教育原则指导下的学科教育原则。思想政治教育原则的确定，是建立在两个层面的基础之上的。第一个层面是德育实践经验。德育经验是对德育实践活动的条理化、概括化总结，经验一般都包含着理性认识，是理论与实践相结合的思维结果。经验对实践活动具有一定的指导意义。第二个层面是德育规律。德育规律是在德育经验基础上的进一步抽象概括，是对德育过程中的客观的、必然的、稳定的联系和现象的揭示，是对德育活动的一种本质性的认识，因此，德育规律对德育活动具有普遍的指导意义。为了引导教师遵循和掌握德育规律，提高教育质量，实现教育目标，根据学科特点，德育理论对思想政治教育活动提出不同方面的要求，即思想政治教育原则或教学原则。教育原则的内容是客观的，其表达形式是主观的。思想政治教育原则对思想政治教育活动具有直接的指导意义。根据我们对本课题的研究与实践情况，这里归纳总结出五条青少年思想政治教育的基本原则。

(一)正面教育与自我修养相结合原则

正面教育是思想政治教育的基础和前提，其基本含义是通过建立科学、系统的思想政治教育的目标内容体系，以学校德育课程为主导，以校内外其他教育渠道相配合，持续地对学生进行思想政治教育。其重点是解决学生对思想政治教育内容的认知。载负着国家意志的德育内容，只有通过自觉地、持续地“灌输”，才能从无到有，逐步印记在学生头脑中，成为培养思想道德素质的必要基础。“灌输”是一种教育意识，并非“填鸭式”的教育方式和空洞的政治说教。世界各国为强化本国意识形态，培育民族精神，无不重视国家思想观念的灌输。以科学的理论武装人，以正确的舆论引导人，以高尚的精神塑造人，以优秀的作品鼓舞人的主要特点，就是坚持正面教育。正面教育既是历史经验的总结，也蕴含着德育规律。《钢铁是怎样炼成的》对人有超越时空的塑造和激励作用，中国革命战争时期的斗争与牺牲精神，伟大的两弹精神和抗洪精神的形成，都是正面教育的结果。榜样教育是正面教育的重要方法。其心理基础是道德思想和人格精神的现实化、情境化，因而最有助于移情和模仿心理的发生。榜样的类型主要有历史人物、先进典型和身边人物，教师榜样属身边人物。教师榜样的教育作用，取决于教师身教与言教的统一程度。

自我修养是正面教育的目的和自然结果。通过正面教育，德育内容内化为学生的道德意识。在这个环节中，教育的重点是引导学生将德育内容转化为自觉意识和自觉行为，以促进学生道德主体性的形成。传统德育方法中的“内省”“慎独”所强调的就是德性的自我修养，是德育的至高境界。我们所说的自我修养，是个人在现实生活中知、情、意、行高度统一的自律能力。坚持正面教育与自我修养相结合原则，应体现授之以知、动之以情、晓之以理与导之以行相结合，统一要求与因材施教相结合。

(二)理论与实践相结合原则

这一原则是上一原则的细化。理论与实践相结合，强调处理好思想政治教育中理论学习与实践锻炼的关系，这一原则也称为理论联系实际的原则。理论联系实际包含几个不同的层面。一是理论与理论创立之初作为理论形成源泉的实际(如剩余价值理论与马克思选用的社会资料)，在这个层面上，理论与实际的联系是不可分割的，具有规律性。与此相联系的是在学习理论时，仍需联系当时的实际，否则理论就难以被理解。二是学习理论时的当前实际，包括个人思想与生活实际，社会政治、经济、文化生活实际，国家民族发展实际，世界政治、经济、科技、文化发展实际。思想政治教育和道德、法纪、心理教育都要密切联系实际，才能在理论与实际之间，必然、实然、应然之间，理想与现实之间建立起意义联系，从而深化道德认知，强化信念、信仰，增强教育效果。理论与实践相结合的原则最终体现为“四个统一”，即“学习科学文化知识与加强思想修养的统一”“坚持学习书本知识与投身社会实践的统一”“坚持实现自身价值与服务祖国人民的统一”“坚持树立远大理想与进行艰苦奋斗的统一”。

(三)继承与创新相结合原则

我国学校德育的内容，可以说是对人类社会最先进、最科学的思想体系的精选和浓缩。作为一种社会意识，其形成、存在、发展有其自身的规律。第一，社会意识发展变化与社会存在的不完全同步性。社会意识对社会存在的反映并不是完全一致的，有时落后于社会存在，有时又超前于社会存在，预见到社会未来发展趋势，如马列主义、毛泽东思想、邓小平理论。有些社会意识作为一种文化现象则可以超越历史和阶级的局限而成为人类永恒的意识现象，如中国传统道德中处理人与人、人与社会、人与自然关系中的和谐思想。第二，社会意识发展具有历史继承性。每一历史时期的社会意识形态，都与前代人的思维成果有着继承关系。这种继承是在“源”和“流”的不断结合中进行的。从内容上说，社会存在是社会意识的“源”，同时，社会意识形态都保留着历史上流传下来的反映过去社会存在的意识材料，这就是社会意识的“流”。只有源和流有机结合在一起，社会意识的内容才能发展。社会意识的表现形态也是在源和流的结合中延续发展的。根据社会意识存在与发展规律，一方面，我们要珍视“厚德载物”“自强不息”的传统道德和民族精神，经过科学整理和继承，构建新世纪思想道德和民族精神教育的内容方法体系；另一方面，面向世界，海纳百川，吸收借鉴，发展创新，实现“源”与“流”在新的历史阶段的和谐结合。这种在继承基础上的创新主要体现在三个方面：第一是观念创新，青少年的思想政治教育，既是一种规范教育，又是一种创新教育。创新教育即在思想政治教育中建立起培养学生创新精神和创新能力的教育活动内容，使创新成为理想信念的有机成分。第二是内容创新，思想政治教育内容要吸收人类创造的一切优秀文明成果，经过继承借鉴，创构出一个新的德育内容体系。第三是方法创新，青少年思想政治教育既要运用传统的行之有效的德育方法，又要注意使用现代信息技术，创作多媒体课程等现代化教育手段，使教育方法和教育过程律动着时代气息，富有新意。

(四)循序渐进原则

循序渐进原则根源于事物存在与发展的阶段性、层次性和整体联系的规律，是我国传统教育原则之一。循序渐进原则要求，根据青少年年龄和心理不同阶段发展特点、合理设计思想政治教育的内容和方法，体现出一个由浅入深、由低到高、由感性到理性、由具体到抽象的层次性。如爱国主义教育的内容可以分为三大实体：(1) 祖国的自然实体；(2) 祖国的人文实体；(3) 国家的经济与政治实体。这三大实体中每一个实体又可分为三个层次，根据这三个层次的特点，可以分别作为小学、中学、大学的教育内容。以祖国自然实体包含的三个层次为例：第一个层次是个体的出生地，是儿童最早产生依赖和眷恋的处所，因此，小学生的爱国主义要从热爱家乡、热爱自己居住的村、镇和城市的教育入手。第二个层次是祖国的自然环境和国土资源，可以结合中学开设的地理课进行热爱祖国河山教育。第三个层次是个人与祖国自然实体的关系。这一层次的特点是对祖国自然实体的理性认识，可以结合大学生学习特点，对大学生进行保护、开发、利用祖国自然资源的责任意识教育。在爱国主义教育的方法上，要选择使用与不同阶段学生心理和教育内容相适应的方法，在各学段各年级形成科学有效的教育方法的层次序列。在理想信念教育中，将先进性要求与广泛性要求相结合，是循序渐进原则的一种体现。

循序渐进教育原则在我国传统教育理论中已有详细的阐述，而我国 1949 年以后学校德育的一个突出误区，就在于忽略甚至无视这一原则。在构建学校德育目标内容和途径方法体系中，循序渐进是体系科学化、规范化的重要依据和衡量尺度，因此，我们要进一步开展对这个问题的研究与实验。

(五)形式多样化原则

科学、丰富的思想政治教育内容，需要有丰富多样的教育形式为之服务。根据辩证唯物主义内容与形式辩证统一规律，青少年思想政治教育要努力研究教育形式问题。思想政治教育形式多样化包括：(1) 教育内容载体多样化，如德育教材、各科教材、多媒体教材、图书资料、校园文化等，还包括每种载体在设计与表达方式上的多样化；(2) 教育渠道多样化，如课堂教学、活动课、社会活动、家庭教育等；(3) 教育方法多样化，如常用的讲授法、情感陶冶法、榜样示范法、说理疏导法、行为实践法、自我教育法、讨论法、谈话法、表演法等。形式多样化原则追求有利于内容表达与理解的各种完美形式，但又不搞形式主义；提倡教师掌握、认识、创造多种教育模式，又不搞模式化。只有这样，青少年思想政治教育才能充满生机，不断发展。

21 世纪中国德育课程体系之建构*

在改革开放和建立社会主义市场经济体制的过程中，学校德育还有许多不适应的地方，还存在不少亟待解决的问题。如德育还没有形成一套科学化、系统化、规范化、相对稳定的传授体系；德育内容没有完全纳入大中小学的课程体系；大中小学的德育内容不同程度地存在着脱离学生实际，脱离社会生活实际的现象。

笔者认为，欲达到加强和改进学校德育工作、增强德育实效、提高德育水平之目的，必须整体建构现代德育课程体系，这是 21 世纪中国德育的大趋势。

一、理论的奠基

整体建构现代德育课程体系，必须建立在科学的理论基础之上。

（一）人的主体性理论

人的主体性是人与自然、社会、自我关系中所具有的

* 本文曾发表在《教育研究》2000 年第 12 期。

主体地位和作用的哲学概括，是人在与客体的相互作用中得到发展的人的自觉能动性。具体表现在以下三个方面：（1）自为性。表现在主体对自己的存在和与客体的关系有明晰的意识，因而主体的活动具有明确的目的和方向。（2）自主性。表现在主体从自己的目的和愿望出发，主动地与客体发生关系和相互作用，通过支配和改造客体，使客体朝着有利于主体需要的方向发展。（3）能动性。表现在主体对活动方式和手段的自由选择，对活动条件的自觉认识和积极创造，对活动价值的多重追求和利用等。① 人与自然的关系是人的主体性展开的最原始、最基本的方面。自然科学的发展是人对自然界这一客体认识、利用和改造的结晶。人与人的关系是一种特殊的主客体关系。无论是社会、集体或他人，都是人的一种存在形态或组织形式，都有其内在需要和合目的性的活动，因而都有主体和客体的两重属性，都是主客体的统一。人文社会科学特别是教育科学，是以人或社会为研究对象的科学，教育者和受教育者都具有主体和客体的双重属性，都是主客体的统一。教师是教育主体，学生是受教育主体，教师和学生应当互相尊重对方的主体地位。

在德育目标的确定上，不仅要考虑社会的要求，更要重视学生自身成长的需要。在德育内容的安排上，不仅要依据社会规范，更要遵循学生的年龄特征和品德形成发展规律。在德育途径和方法的运用上，不仅要发挥教师的主导作用，更要强调学生的主体参与。总之，在德育课程体系的建构上，要充分体现学生的主体性，一切为了学生，为了一切学生，为了学生一切。要改变传统德育课程的以教师为中心，以教材为中心，以课堂为中心的“旧三中心”，建构以学生为中

① 吴灿华、詹万生：《人生哲理》，北京：北京教育出版社，1998年版。

心，以活动为中心，以体验为中心的现代德育“新三中心”。人与自己的关系是主体性表现的一个更为特殊的方面。在这里，一个人集主体和客体于一身，对象性活动的内容是对自己的认识、改造和发展。这一点对于发展学生的主体意识更为重要，是学生自为性、自主性、能动性的集中表现。现代德育课程应当充分发挥学生的主体性，教育和激励学生自尊、自爱、自信、自立、自强，引导和培养学生自定成长目标，自析成长环境，自寻成长动力，自开成长渠道，自研成长方法和自评成长效果，使他们成为自身全面发展的主人。

（二）人的社会化理论

人是社会的人，社会是人的社会。人的本质是一切社会关系的总和。① 人与社会的互相联系，构成了一个辩证统一的整体，社会影响、制约、决定着人；人适应、利用、改造着社会。在社会中，人与人之间是以一定的社会关系为纽带联系起来的。人的社会关系可分为家庭关系、地缘关系、业缘关系、生产关系、政治关系、法律关系、道德关系、民族关系、阶级关系等。这些社会关系纵横交错构成了一个复杂的社会关系网，而每一个人就是这个无形的、庞大的社会关系网上的一个“纽结”。正是在这些社会关系的长期影响、陶冶和制约下，才使一个自然人转变为能够掌握一定的社会文化，学会参与社会生活，履行某种社会角色行为的社会人。这个过程就是人的社会化过程。人生，从自然角度看，是人的生命活动的历程；从社会角度看，是人的社会化的过程；从人的主体意识和自身发展来看，是人对自然与社会的认识、适应、利用、改造的过程，也是一个人在立身处世中

① 马克思、恩格斯：《马克思恩格斯选集》第一卷，北京：人民出版社，1972年版。

自我认识和自我完善的过程。[1] 而教育特别是其中的德育在人的社会化过程中发挥着十分重要的作用。

在人的一生中，青少年时期是人的社会化最关键的时期。因此，小学、中学、大学阶段教育学生学会做人、学会待人接物和立身处世是十分重要的，是能够使人受益一生的。做人，相对于求知、健体而言是德育的概念。做什么样的人，根据社会对一代青少年的要求和学生成长的需要，我们确定了德育的目标和内容，概括起来说应当教育学生做一个文明礼貌、道德高尚的人；做一个知法懂法、守法用法的人；做一个不怕挫折、心理健康的人；做一个勇于进取、思想向上的人；做一个热爱祖国、有益社会的人。

（三）唯物辩证法的系统论理论

一般来说，系统论的基本理论原则有三个：其一，整体性原则，系统论始终把研究对象作为一个整体来对待，认为世界上的各种事物、过程都不是彼此孤立的杂乱无章的偶然堆积。整体的性质和规律只存在于各组成要素的相互联系、相互作用之中，而各组成部分孤立的特征和活动不能反映整体的特征和活动方式。这一理论原则用通俗的语言来表达就是：整体大于组成它的各部分之和。其二，有序性原则，系统论认为各种系统都是按严格的等级组织起来的，系统是分层次的，组成要素的排列是有规则的，每一个要素都处于一定的层次，都有一定的地位和作用。系统有序性表现着要素之间的相互联系是有机联系，而不是偶然堆积。其三，动态性原则，系统论认为任何系统都不是凝固不变的，而是运动变化的。系统正是在不断运动变化之中

---

① 詹万生主编：《待人处世的艺术》，北京：北京师范学院出版社，1989年版。

调整自己的要素和层次，使它们从无序到有序，以保证系统整体功能的实现。①

学校德育也是一个系统。从整体性原则来看，学校德育是由德育目标、德育内容、德育途径、德育方法、德育管理、德育评价等子要素系统构成的一个统一的整体。从有序性原则来看，学校德育是由小学德育、中学德育(含中等专业学校德育)、大学德育等子层次系统组成的一个统一整体。德育系统的整体就是以要素系统为纬，以层次系统为经有序排列、有机组成。从动态性原则来看，学生健康的心理素质，文明的行为习惯，良好的道德品质，科学的世界观、人生观、价值观，崇高的理想信念，坚定正确的政治方向，是通过小学、中学、大学等各个阶段的教育逐步形成的。总之，根据唯物辩证法的系统论原则，我们必须整体建构学校德育体系，德育的总体目标要统一制定，一以贯之，以保证在整个德育过程中要素结构的完整性和连续性。各教育阶段的具体目标的高低，德育内容的深浅和侧重点，德育途径和方法的选择，德育管理方式的运用，要针对学生不同年龄阶段的身心特点和理解接受能力的不同，由浅入深，由低到高，由感性到理性，由具体到抽象，逐步提高，螺旋式上升，以保证各个教育阶段德育工作的层次性和渐进性。各个阶段都应有德育整体意识，总揽全局，加强相邻阶段的衔接，防止简单重复或脱节，以便发挥德育系统的整体功能，不断提高德育的整体效果。

① 谢龙主编：《现代哲学观念》，北京：北京大学出版社，1990年版。

二、建构的原则

（一）德育目标一以贯之，德育内容循序渐进

德育目标是国家对青少年儿童在政治素质、思想素质、道德素质、法纪素质、心理素质等方面所应达到的规格要求，是德育工作的出发点和归宿点。德育目标确定的依据，是从社会生活的实际出发，坚持面向现代化，面向世界，面向未来的方向；是根据国家对青少年儿童一代“德”的方面的要求，遵循青少年儿童自身成长的需要和品德形成发展的规律。

我国各级各类学校德育的总目标是：把全体学生培养成热爱祖国，具有社会公德、文明行为习惯，遵纪守法的好公民。在这个基础上，引导他们逐步树立科学的世界观、人生观、价值观，不断提高思想觉悟，成为“有理想、有道德、有文化、有纪律”的社会主义现代化事业的建设者和接班人。所谓“德育目标一以贯之”，就是指各级各类学校都要始终如一地坚持德育的总目标。

德育内容是为实现德育目标而确定和安排的特定的教育内容。德育内容的性质和构成由德育目标决定；德育内容的深度和广度为受教育者思想品德发展水平所制约；德育内容的针对性从学生思想品德存在的问题和现实社会的迫切要求出发。每个教育阶段都必须保证德育内容结构的序列性和完整性，同时又应该做到德育内容的渐进性和层次性。这就是“德育内容循序渐进”的要求。

小学德育课的内容以良好品德行为习惯的养成教育和“五爱”教育为重点。良好的品德行为习惯养成教育包括“自己的事情自己做”的个人生活习惯的培养、自己动手动脑的学习习惯的培养和小学生日常行为规范的训练。“五爱”教育要从爱父母、爱老师、爱同学逐步上升到

爱人民，从爱家乡、爱街道、爱国旗国歌上升到爱祖国，从爱学习上升到爱科学，从自己的事情自己做上升到爱劳动，从爱护文具爱护桌椅上升到爱护环境、爱护公共财物。

初中德育课的内容以良好的心理品质教育、道德品质教育、遵纪守法教育为主。心理品质教育包括自尊自爱、诚实正直、勇敢进取和青春期心理健康等内容；道德品质教育要在小学“五爱”教育的基础上进一步进行爱祖国、爱人民、爱劳动、爱科学、爱环境的教育，中华民族传统美德教育，青春期性道德教育；遵纪守法教育，包括有关宪法、刑法、未成年人保护法等法律常识的教育，知法守法和运用法律武器保护自己合法权益的教育，遵守学校和公共场所的纪律和规章制度的教育。

高中(职高和中专）德育课的内容以人生观教育、理想教育和职业道德教育为主。人生观教育包括人生目的、人生态度、人生价值的教育，引导学生立志成才，报效祖国；理想教育要进行共同理想和最高理想教育，同时进行道德理想和成才理想、职业理想教育；普通高中要结合高考志愿进行升学指导教育，职业高中和中专技校要结合专业进行就业指导教育。

大学的德育课程除了要改革和加强马克思主义理论课和邓小平理论课之外，还要开设一系列人文社会科学的必修课和选修课。这些课程应包括政治学、法学、伦理学、心理学、人生学。这些学科不应是原来专业意义上的纯理论学科，而应是德育意义上的应用学科，它旨在教育学生正确地认识社会，正确地认识人生，树立正确的法律意识、道德观念，树立科学的人生观、世界观、价值观，确立正确的政治方向。

（二）贯通古今，融汇中西，继承借鉴，发展创新

当代中国教育改革和发展的指导思想是：面向现代化，面向世界，面向未来。德育作为整个教育的重要组成部分，同样要以“三个面向”为指针，贯通古今，融汇中西，继承借鉴，发展创新。

中国是一个具有悠久历史和优秀文化传统的国家，素以“礼仪之邦”著称于世。在中国传统文化中，传统道德占有十分重要的地位。中国历代哲学家、思想家、教育家对道德教育的思考和论述源远流长，博大精深。虽然中华民族传统道德是在小农生产和封建宗法制度的基础上建立起来的，不可避免地带有保守性和局限性的一面。但是，只要我们坚持批判继承，取其精华，弃其糟粕，古为今用，发展创新的原则，就能剥去它的封建性的外衣，发现它的合理内核，使其成为建构新的德育体系的思想材料。

在中国悠久的文明史中，传统道德经过千百年的积淀，有些光辉的思想已构成了我们的民族之魂。例如“天下兴亡，匹夫有责”的爱国主义精神；“天下为公”“修齐治平”的整体主义精神；“刚健有为、自强不息”的积极进取精神；“见利思义”“先义后利”的价值取向；“富贵不能淫、贫贱不能移、威武不能屈”的浩然正气；“杀身成仁、舍生取义”的高风亮节；“勤劳简朴、诚实守信”的求实精神；“仁者爱人”“成人之美”的友爱思想；“孝敬父母”“尊老爱幼”的道德品质等。这些民族之魂曾经哺育了中华民族亿万儿女的健康成长，曾经激励过无数志士仁人、英雄豪杰为民族的兴旺发达，为祖国的繁荣富强而写下了人生的壮丽篇章。毫无疑问，这些中华民族传统道德的精华，在社会主义现代化建设的今天也是值得继承和发扬光大的。在对待西方文化的问题上，我们有过正反两方面的经验。现在可以清醒地认识到，采取闭关自守、全盘否定，或崇洋媚外、全盘西化这两种极端的观点都是

错误的。正确的态度应当是分析、鉴别、学习、借鉴、吸收、利用。对先进的科学技术和管理经验，要大胆地学习和引进；对文化艺术，它的形式可以学习、借鉴，内容可以改造、利用；对思想道德，属于人类共同心理、共同美感、共同道德方面的成果，也要大胆地学习和借鉴。特别是那些适用于市场经济的价值观念，如改革开放观念、民主法制观念、权利义务观念、公平竞争观念、效率效益观念、互利互惠观念、公关信息观念、商品市场观念、文明消费观念、照章纳税观念、服务质量观念等，更需要借鉴和吸收，使其与中国传统美德相融合。做到以我为主，博采众长，为我所用。总之，我们要批判、继承、弘扬、光大我国优良道德传统，同时还要学习、借鉴、吸收、利用西方优秀文明成果，并使二者有机地结合起来，实现“山与海的拥抱”，创造出有中国特色的社会主义德育体系。

（三）贴近生活，联系实际，启发引导，主体参与

我们的社会制度决定了学校德育工作必须坚持爱国主义、集体主义、社会主义主旋律的教育。在经济形式（主要指所有制形式）多元存在的情况下，如何支持社会主义意识形态的一元导向呢？这是摆在学校德育工作面前一个重点和难点问题。解决这个问题，必须转变教育思想和教育方法，不要“一刀切”，要分层次；不要讲“高、大、空”，要讲“近、小、实”；不要只讲“应然”，要讲“实然、应然、必然”的统一。

比如，在处理个人与他人、个人与集体、个人与社会的关系上，我们主张集体主义，这是一元导向。但在实际生活中人们处理这种关系的时候却表现出各种态度和做法，概括起来至少有四个层次。第一层次是大公无私、公而忘私、舍己为人；第二层次是公私兼顾，先公后私、先人后己；第三层次是主观为自己，客观为别人；第四层次是损公肥私、损人利己。第一层次是高尚的，值得提倡的，是一元导向；第二层次是现行的道德原则和规范；第三层次是合理利己主义，在现实生活中普遍存在，我们不能简单地批判它，但需要引导向高层次发展；第四层次是极端利己主义，必须坚决反对。

在教育学生正确处理个人与集体与社会的关系时，不能“一刀切”，不能“高、大、空”，不能只讲“应然”，否则不符合社会生活实际，也不符合学生思想实际，容易使学生产生逆反心理，达不到预期的教育效果。德育工作不要从概念和理论出发，要从实际出发，尽可能贴近生活、贴近实际，离学生近一点，提出问题小一点，回答问题实一点。不但要讲“应然”，要求学生应当怎样，而且还要讲“实然”，告诉学生社会生活的实际情况怎样，让学生自己选择正确的答案。在教育思想上，我们主张“双主体”论，教师是教育主体，学生是受教育的主体。应该发挥两个主体的积极性，让学生主动参与，而不是被动接受。当然，我们并不主张完全放任地让学生自由选择，老师的引导是很重要的。因此不仅讲“实然”，而且还要讲“必然”，告诉学生事物发展的必然规律是什么，引导学生按照社会生活的规律做事。

（四）授之以知，动之以情，晓之以理，导之以行

德育过程是知、情、意、行诸环节形成和发展的过程。只有知识传授系统，而无情感陶冶、意志磨炼、行为训练系统，不是完整的德育。因此，德育课程必须体现知、情、意、行诸环节，而不能单纯传授知识。

1. 授之以知。德育教材必须有明确的知识点，要求学生对政治、思想、道德、法纪、心理的概念要认知、理解、掌握。同时要培养对社会现象是非善恶的评价和判断的能力。

2. 动之以情。情感是人们对客体事物是非、善恶、美丑、荣辱作出判断时引起的内心体验，是人们对事物的好恶、爱憎、亲疏的态度。学生只有对政治、思想、道德、法纪、心理方面的知识有了充分的认识，同时又怀有炽热的情感，如热爱、崇敬、赞美、亲近、向往等情感时，才会产生信念和意志，随之转化为相应的行为习惯。青少年时期，心理发育还不成熟，情绪容易变化，情感极不稳定。因此，德育必须在动之以情上下功夫，培养学生积极、健康、丰富、深刻而又稳定的情感。

3. 晓之以理。意志是人们使自己的动机、目的付诸行为而自觉努力的心理状态。意志是一种内在的精神力量，具有果断性、坚韧性、自控性的特点。一个意志坚强的人，能经受住挫折和失败的考验，坚持正确方向去实现自己的目标；而意志薄弱者，则在困难和挫折面前畏缩不前。坚强的道德意志来源于对道德目标的理性认识，理念和信念对意志的形成和发展具有重要的作用。因此，在德育过程中要晓之以理，以理服人，使学生对政治原则、思想观念、道德规范、法律规范形成理念和信念，认识到自觉实践之是正义的行动，是一种责任和义务。

4. 导之以行。道德行为是德育过程的最后环节，也是德育的最终目的。这里所说的行为是指人们在一定的政治思想道德的认识、情感、意志的支配下有目的的自觉的行为。习惯则是在道德行为的反复实践中形成的自然而然的行为。道德行为习惯不仅需要认识、情感、意志的支配，更需要训练和引导。因此，导之以行是德育过程不可缺少的重要环节。

总之，在由知到行的转化过程中，认识、情感、意志和行为习惯各个环节都具有一定的地位和作用。它们既有一定的发展顺序，又在操作过程中具有“多端性”。在德育实际中必须根据不同的德育内容，寻找不同的切入点，有的可以从动之以情入手，有的可以从导之以行开始。

整体构建学校德育体系研究报告*

一、整体构建学校德育体系研究与实验的指导思想

本实验力求以马列主义、毛泽东思想、邓小平理论和党的十五大报告为指导，坚持解放思想、实事求是的思想路线，坚持唯物辩证法的系统原则，把小学德育、中学德育、中等职业学校德育、大学德育作为一个系统加以统筹规划，整体构建学校德育体系。这一德育体系，应当是面向 21 世纪有中国特色的德育体系，应当是代表先进文化前进方向的德育体系，应当是适应全面推进素质教育的德育体系。

（一）构建 21 世纪有中国特色的德育体系，必须坚持解放思想、实事求是的思想路线，坚持从市场经济建设的实际出发，坚持“三个面向”的发展方向

市场经济对学校德育工作具有双重效应：市场经济自

* 本文是全国教育科学“九五”规划国家重点课题“整体构建学校德育体系的研究与实验”结题报告的一部分。曾发表在《教育研究》2001 年第 10 期。

主经营的原则激发了人的主体意识生成，同时诱发个人主义倾向；市场经济所有制形式的多元化促进了生产力的发展，同时利益群体的多样化必然导致价值取向的多元性；市场经济的效益原则增强了效益观念和求实精神，同时诱发了拜金主义和重利轻义倾向。尤其是在我国社会主义初级阶段，在生产力尚不发达，法制尚不够健全，市场经济体系有待进一步完善的情况下，学校德育工作希望与困难同在，机遇与挑战并存。

面对这种情况，整体构建学校德育体系应当处理好德育的适应性与超越性的关系，教师主体性与学生主体性的关系，德育导向的一元化与道德实践的多元性的关系。

(二)构建代表先进文化前进方向的德育体系，必须坚持以马克思主义为指导，继承弘扬中华民族优秀传统文化，借鉴吸收国外优秀文明成果

德育体系作为一种综合性的道德文化，它的民族特色源于其母体传统文化的民族特性。中国古代哲学是本体论、认识论、道德论的统一，以伦理道德、人生价值的探究为中心，是一种伦理型的哲学体系。通观中国传统道德文化，我们可以总结归纳出最为典型的五个方面：(1)注重整体精神，强调为社会、为民族、为国家的爱国主义思想；(2)推崇仁爱原则，强调“自强不息”“厚德载物”及人际和谐；(3)提倡人伦价值，强调个人在人伦关系中的权利和义务；(4)追求精神境界，向往理想人格；(5)重视修养践履，强调道德主体的能动作用。

西方社会在漫长的历史演变过程中，形成了区别于其他文化的主导精神和价值取向，这就是个性精神、科学精神、民主精神、法治精神、功利精神。这五种精神凝聚着西方文化的精华。

当代中国的先进文化就是以马列主义为指导，以培育有理想、有道德、有文化、有纪律的公民为目标，面向现代化、面向世界、面向未来的，具有鲜明民族特色和时代特点的社会主义文化。这种文化包括先进的思想道德和先进的科学文化两个基本组成部分，两者相辅相成。其中先进的思想道德作为社会主义意识形态，决定着整个文化的性质，支配着整个文化的前进方向。整体构建学校德育体系就是根据中国先进文化建设的整体内涵，继承弘扬中华民族优秀传统文化和革命道德传统，借鉴吸收国外优秀文明成果，做到“贯通古今，融汇中西，继承借鉴，发展创新”，构建适应我国先进思想道德建设的体现21世纪中国先进文化内容特点和前进方向的学校德育体系。

(三)构建适应全面推进素质教育的德育体系，就要以中央关于素质教育的精神为指导，突出提高国民素质的根本宗旨，致力于培养学生的创新精神和实践能力

素质教育要求全面提高学生的整体素质，包括思想道德素质、科学文化素质、身体心理素质、审美艺术素质和劳动技能素质等方面。德育肩负着培养思想道德素质的重要任务，在素质教育中居于首要的地位，对全面实施素质教育发挥着导向、动力和保证作用。加强和改进学校德育工作，增强德育工作的科学性和实效性，是实施素质教育的一个重要标志。整体构建学校德育体系，一是按照儿童和青少年的年龄特征，分别研究小学德育、中学德育、大学德育，以及各级各类学校德育的衔接；二是将广义的德育分解为道德教育、政治教育、思想教育、法制纪律教育、心理教育等五个方面，分别研究各自的特点、规律、内在机制以及它们之间的相互关系，从而为全面提高学生的思想道德素质提供理论参照和实践操作的模式，为提高国民素质，培养学生的创新精神和实践能力奠定基础。

二、整体构建学校德育体系的理论基础

(一)德性论、德育论是整体构建学校德育体系的本体论基础

1. 德育的目的是培养和发展人的德性，人的德性具有整体性、主体性、实践性的特点

德性的整体性不仅表现在德性的整体性与生活的整体性的全面关联，还表现在德性的形式结构与内容结构、德性的理性维度与情感维度的辩证统一。德性的形式结构是个体德性借以存在的形式。一般将德性的形式结构的诸多要素分解为认识、情感、意志和行为。德性的内容结构指在个体意识中所形成的具有一定内容的道德规范体系，是个体对社会道德规范体系的内化。德性的内容结构就其纵向来看是由思想道德信念、原则和规范构成的；就其横向来看则是政治品质、思想品质、道德品质、法纪品质、心理品质等构成的。德性的形式和内容是不可分的，一定的内容总是寓于一定的形式之中，而一定的形式总是具体表现为具有某种内容的形式。

德性的主体性，从哲学意义上讲，主体是人，客体是实践对象。作为道德的载体，教师和学生都应是道德主体。道德主体主要是个体以认识、肯定、发展和完善自己为己任的。德性的形成与发展是道德主体的一种实践活动过程，其实质是学生主体在教师主体帮助下，消化、吸收、实践德育内容的过程。在此过程中，学生处在一定社会和自身成长的发展阶段，受社会环境和自身道德发展规律的制约。然而，道德认识的发展，道德情感的提升，道德行为习惯的养成都由学生自主完成，具有不可替代性。

德性的实践性主要表现在知与行的关系中。关于知与行的关系，中国古代哲学尤其是道德哲学对此有十分深入的思考与论述。总的说

来，知行统一的主张是一个基本的取向。

2. 德性的整体性、主体性和实践性，内在地规定了德育的整体性、主体性和实践性

德育的整体性首先表现为德育内容的整体性，德育内容是一个集合概念，它是政治教育、思想教育、道德教育、法纪教育、心理教育相互联系，互相渗透，互为条件，互相制约构成的统一体。其次表现为德育过程的整体性，德育过程是以形成受教育者一定思想品德为目标，由教育者与受教育者共同参与的教育活动过程。德育过程不同于智育过程，一是体现在教育者的组织、教育、引导与受教育者能动地认识、体验和践行的双向互动关系；二是体现在授之以知、动之以情、晓之以理、导之以行的全过程。只有知识传授，而无情感陶冶和行为引导不是完整的德育过程；三是表现为德育管理的整体性，学校德育管理是由管理者与被管理者、德育目标与内容、德育途径与方法、德育督导与评价等要素组成的整体。德育工作者要树立整体性德育观，着眼于德育系统的整体功能。

德育活动中存在着教育主体和受教育主体，所以德育的主体是双主体。教师的主体性体现在对德育目标、内容的正确把握和对德育途径、方法的正确运用上；学生的主体性体现在对德性的形成和发展的自觉意识和对德育活动的主动参与上。在德育过程中，教师主体和学生主体双向互动，共同实现德育目标。

德育的本质是实践的，实践的观点是德育首要的基本的观点。德育的实践性首先体现在德育目标在本质上是实践的，德育目标包括认知目标、情感目标和行为目标，归根结底要落实到学生的德行上，只有学生践行、践言了，德育目标才算最终实现了。其次，德育过程本身是实践活动。德育活动有多种形式，既有课堂德育活动，又有课外

德育活动；既有校内德育活动，又有校外德育活动。这些德育活动是学生品德形成和发展的有效途径。再次，德育实践活动及学生在活动中形成的道德实践能力是学生品德评价的根本标准。

(二)系统科学是整体构建学校德育体系的方法论基础

1. 系统科学的基本理论原则

系统科学的思想原则和方法主要体现在整体性、有序性、动态性、开放性和最优化等几个方面。整体性是指认识主体始终把研究对象视作一个整体对待，认为世界上的各种事物、过程都不是彼此孤立的、杂乱无章的偶然堆积，而是一个合乎规律的、由各要素组成的有机整体。系统整体的性质和规律只存在于各要素的有机联系和相互作用之中，各要素的孤立活动的特征不能反映系统整体的功能和特征，整体大于组成它的各部分之和。

系统的有序性、和谐性是指系统内部要素组织结构的层次性、等级性及其相互联系、相互作用的和谐性。所有的系统都由要素构成，系统和要素的区分是相对的，一个系统只有相对于构成它的要素而言才是系统，而相对于由其他事物构成的较大系统而言，它又是一个要素，也可称为一个子系统或分系统，因此，系统具有层次性和等级性，系统中要素的组织结构方式相互联系、相互作用的和谐程度，决定着系统的功能。

系统的动态性和开放性是相互联系的，任何系统都不是凝固不变、孤立存在的，系统总是在同外部环境的相互作用中调整着自己的要素和结构，系统是在从无序到有序、低序向高序和从有序又向无序的反复过程中，以整体性的运动方式得以形成、演化和发展的。最优化是用系统科学方法研究问题的最终目标。

总括起来说，系统科学研究方法始终立足于从要素、结构、功能与所处环境的相互联系和制约的关系中，分析系统中各要素的结构功能，有意识、有目的地使系统内各要素达到最佳建构和配置，以求系统形成结构最优和功能最优的整体效应。

2. 学校德育系统的层级结构

根据德育系统的性质和特点，参考系统科学关于系统分类的研究方法，我们按照“子系统”和“分系统”这样两种方式来划分学校德育系统的层级结构。子系统主要反映系统的等级性，即系统的每一等级包含有相对独立的多个子系统，系统可以视为在这些子系统的相互联系中产生的整体。我们可以把大、中、小三个学段的德育工作作为三个相对独立的子系统，三者的集合构成学校德育系统。三个学段是学校德育系统的第一级子系统，在每个学段中，各年级德育工作是学段德育系统的子系统，即第二级子系统。第三级子系统是班级德育工作。

所谓分系统，是指系统的各级子系统在某些方面具有意义关系或实体联系，由这些意义联系的方面或有贯通性质的要素以一定秩序组织起来的系统构成所属系统的分系统。就学校德育系统的构成要素来看，无论哪个学段的德育工作，都可以分成德育目标、内容、途径、方法、管理、评价六个方面，当我们把这六个方面作为各级子系统中的共有因素进行贯通性研究时，就形成学校德育系统的六个分系统。子系统与分系统的关系可以通俗地称为“块”与“条”的关系。

3. 学校德育体系的整体构建

整体构建学校德育体系就是以德性论、德育论、系统论为理论基础，以德育的目标、内容、途径、方法、管理、评价六个分系统为纬，以大、中、小学德育工作三个子系统为经，横向贯通、纵向衔接、横纵交织，进而构成一个时间上具有全程性，空间上具有全面性，能够产生更大整体效应的德育系统——学校德育体系。这是一项较大规模的系统工程。

为便于对这个体系整体构架的观念把握，这里用模型法图示如下：

	德育目标	德育内容	德育途径	德育方法	德育管理	德育评价
大学德育						
中学德育						
小学德育						

三、整体构建学校德育体系的研究内容和方法

整体构建学校德育体系的研究内容，是根据本课题研究的指导思想和德性论、德育论、系统论的原理，研究德育目标、德育内容、德育途径、德育方法、德育管理、教育评价六个子体系的纵横两个方向的整体构建。

(一)德育目标体系的构建

1. 确定德育目标的依据

德育目标是党和国家对青少年儿童在政治素质、思想素质、道德素质、法纪素质、心理素质等方面所应达到的规格要求，是德育工作

的出发点和归宿点。德育目标确定的依据，是从建设有中国特色社会主义的实际出发，坚持面向现代化、面向世界、面向未来的方向；是根据党和国家对青少年儿童在“德”的方面的要求，遵循青少年和儿童品德形成和发展的规律。德育目标要力求达到方向性与现实性的统一，党和国家的要求与青少年成长自身需要的统一。

我国各级各类学校德育的总目标是：把全体学生培养成热爱祖国、具有社会公德和文明行为习惯、遵纪守法的好公民。在这个基础上，引导他们逐步树立科学的世界观、人生观、价值观，不断提高社会主义思想觉悟，成为有理想、有道德、有文化、有纪律的社会主义现代化事业的建设者和接班人，并为使他们中的优秀者在将来成长为具有共产主义觉悟的先进分子奠定基础。

2. 构建德育目标体系的要求

(1)总体目标，一以贯之；(2)学段目标，各有侧重；(3)年级目标，具体明确；(4)情意兼顾，知行统一。

(二)德育内容体系的构建

1. 确定德育内容的依据

德育内容是为实现德育目标而确定和安排的特定的教育内容。德育内容的性质和构成由德育目标所决定；德育内容的深度和广度为受教育者年龄特征和思想品德发展水平所制约；德育内容的针对性从学生成长的需要和现实社会的迫切要求出发。

2. 构建德育内容体系的要求

(1)德育内容，循序渐进；(2)德目规范，形成序列；(3)要素完整，层次清楚；(4)注意衔接，螺旋上升。

(三)德育途径体系的构建

1. 德育途径的含义

德育途径是对学生实施德育影响的渠道，是实现学校德育目标，落实德育内容的组织形式。德育途径体系是以完成德育任务、提高德育实效为目的，以我国的国情和各级学校德育工作的实际情况为依据而提出的。学校德育主要途径包括：思想品德和思想政治课、其他各科教学、三育人(教书育人、管理育人、服务育人)、班主任工作、党团队和学生会工作、劳动与社会实践、课外活动、校外教育、校园文化建设、心理咨询和职业指导、家庭与社会教育等。

2. 构建德育途径体系的要求

(1)德育途径，对应内容；(2)一项内容，多条途径；(3)有主有辅，协调配合；(4)分工合作，形成合力。

(四)德育方法体系的构建

1. 德育方法的含义

德育方法是完成德育任务的手段。

在课题研究与实验中，德育工作者总结和创造出丰富多样的德育方法，概括起来分为四类十八法：(1)以语言说理形式为主的方法，包括谈话法、讲授法、讨论法、辩论法、演讲法等；(2)以形象感染形式为主的方法，如典型示范法、情感陶冶法、影视音像法、小品表演法等；(3)以实际训练形式为主的方法，如社会实践法、调查访问法、参观考察法、常规训练法、大型活动法等；(4)以品德评价形式为主的方法，如奖惩激励法、表扬鼓励法、评比选优法、操行评定法等。

2. 构建德育方法体系的要求

(1)根据内容，对应途径；(2)多种方法，优选组合；(3)辩证思维，法无定法；(4)留有余地，鼓励创新。

(五)德育管理体系的构建

1. 德育管理的含义

德育管理是协调实施德育的组织之间、组织与德育工作者之间的关系，以保证增强德育实效，完成德育任务，实现德育目标。它是整个德育工作的指挥和保证系统，具有协调、组织、实施和评价的功能。

德育管理体系的构建，包括领导体制、法规政策、规章制度、队伍建设、督导检查、考核测评等内容。

2. 构建德育管理体系的要求

(1)理顺健全领导体制；(2)稳定提高教师队伍；(3)建立健全规章制度；(4)形成学校、家庭、社会德育网络。

(六)德育评价体系的构建

1. 德育评价的含义

德育评价是根据国家对于学校德育的政策、法规、文件、德育大纲等要求对学校德育工作的条件、过程和绩效进行的价值判断。德育评价对德育工作起着重要的导向作用。

德育评价体系的构建，包括教育行政部门对学校德育工作的评价、校长对班级德育工作和任课教师教书育人的评价、班主任及教师集体对学生个体的品德评价三部分内容。

2. 构建德育评价体系的要求

(1)三级评价，体系健全；(2)指标体系，科学简明；(3)认真研究评价原则；(4)正确掌握评价方法。

德育评价的难点是量化的指标体系，指标体系一般包括一级指标、二级指标、三级指标(具体标准)、权重、评价方法等项内容。既要具有科学性和系统性，又要具体、简明，具有可行性和可操作性。

四、整体构建学校德育体系的研究结论

(一)广义理解德育概念，提出了德育内容的“五要素说”

我们对德育概念的界定是：德育是指教育者按照一定社会的要

求，有目的、有计划、有组织地对受教育者进行系统的影响，通过教育者和受教育者双主体在实践活动中的互动，把一定社会的政治准则、思想观点、道德规范、法纪规范和心理要求，内化为受教育者个体的政治素质、思想素质、道德素质、法纪素质和心理素质的教育。德育内容包括“五大要素”，即政治教育、思想教育、道德教育、法纪教育和心理教育。这“五大要素”各有自己的特定内涵，但又互相联系，互相渗透，互为条件，互相制约，构成了德育内容的统一体。

(二)系统研究德育体系，提出了“整体构建德育体系”的理论

根据系统论，我们认为学校德育也是一个系统。整体构建学校德育体系，就是要使德育目标、德育内容、德育途径、德育方法、德育管理、德育评价等要素系统横向贯通，环环相扣，形成合力，以保证在整个德育过程中要素结构的完整性和连续性。同时，使小学德育、中学德育(中职德育)、大学德育等层次系统纵向衔接，分层递进，螺旋上升，以保证各个教育阶段德育工作的层次性和渐进性。各个教育阶段都应有德育整体意识，总揽全局，加强相邻阶段的衔接，防止简单重复或脱节，以发挥德育系统的整体功能，提高德育工作的整体效果。

(三)主张德育文化融合，提出“贯通古今，融汇中西，继承借鉴，发展创新”的思想

中国思想文化的发展战略是：以马克思主义为指导，以中华民族优秀传统文化为根基，吸收和借鉴世界各国一切有价值的文明成果，整合出代表先进文化前进方向的有中国特色的社会主义新文化。德育文化作为中国文化的一部分，我们主张通过中西文化的融合，构建“贯通古今，融汇中西，继承借鉴，发展创新”的21世纪有中国特色的社会主义学校德育体系。

(四)重视德育实践环节，提出建立“德育活动课”的观点

德育的本质是实践的。实践的观点是德育首要的、基本的观点。德育不仅要解决知不知、会不会的问题，而且更要解决信不信、行不行的问题，即不但要授之以知、晓之以理，而且还要动之以情、导之以行。德育过程是知、情、意(信)、行诸环节构成的，只有知识传授，而无情感陶冶、意志磨炼和道德践行是不完整的德育。德育活动有多种形式，既有课堂德育活动，又有课外德育活动；既有校内德育活动，又有校外德育活动。其中主题班会、主题团队会是最直接、最经常、最普遍的德育活动。它主题明确，针对性强，内容丰富多彩，形式生动活泼，是对学生进行思想品德教育的有效途径。主题班会、主题团队会应当形成制度，列入课程表，作为德育活动课的基本形式。

(五)尊重学生的主体地位，提出德育“新三中心论”

现代德育主张“双主体论”，即教师是教育主体，学生是受教育主体，教师和学生应当互相尊重对方的主体地位。在德育目标的确定上，不仅要考虑社会的要求，更要重视学生自身成长的需要。在德育内容的安排上，不仅要依据社会规范，更要遵循学生的年龄特征和品德形成发展规律。在德育途径和方法的运用上，不仅要发挥教师的主导地位，更要强调学生的主体参与。在德育管理和评价上，要激励学生自尊、自爱、自信、自立、自强，引导和培养学生自定成长目标，自析成长环境，自寻成长动力，自开成长渠道，自研成长方法，自评成长效果，使他们成为自己全面发展的主人。在德育过程中要改变传统的以教师为中心，以教材为中心，以课堂为中心的“旧三中心论”，建构以学生为中心，以情境为中心，以活动为中心的“新三中心论”。这一点对于发展学生的主体意识更为重要，是学生自为性、自主性、能动性的集中表现。

第二编　“九五”时期德育年会主题报告

1997年首届北京德育年会主题报告

“九五”规划国家级重点课题“整体构建学校德育体系的研究与实验”，已于1997年1月2日由全国教育科学规划领导小组正式批准。经过5个月的筹备工作，今天正式开题了。我代表总课题组向课题组全体成员和实验区、实验校的代表作开题报告，请大家研究讨论。

一、本课题的提出及其重要意义

全国教育科学“八五”规划期间，中央教科所德育研究中心承担了国家教委重点课题“我国各级各类学校德育现状调查研究”。这项调查研究既包括大、中、小学校德育工作现状，又包括大、中、小学生政治、思想、道德素质现状。调查样本涉及23个省(直辖市、自治区)，225所学校，12500名学生。这是首次全国性、系统性、全方位的大型德育现状调查研究。在工作方法上，把大面积问卷调查与典型调查结合起来，把定量分析与定性分析结合起来，撰写出45份分门别类的调查报告。在此基础上，撰写了总体研究报告，总报告对加强和改进学校德育工作提出六条建议，其中包括制定大、中、小学一体化德育大纲，制定大、中、小学德育课程系列教学大纲，整体构建大、中、小学德育体系，建立科学化、系统化、规范化的，相对稳定的，有中国特色的社会主义德育体系。这个建议初稿刊登在中央教科所编写的、供教委领导决策参考的内部刊物《科研与决策》1994 年第 4 期上。李岚清副总理看到这个材料之后，于 5 月 14 日作了明确批示：“教委，调查中的有些建议，可以纳入‘加强和改善德育工作’讨论稿。”国家教委有关领导也作了批示，要求“组织文件起草小组的同志仔细商量一下，与全教会主报告、中央常委讨论意见一并吸收有关精神，写入文件稿”。这里所说的“文件稿”，就是后来(1994 年 8 月 31 日)颁布的《中共中央关于进一步加强和改进学校德育工作的若干意见》，这个文件的第 5 条明确规定要“整体规划学校的德育体系。”①

为了贯彻落实中央文件关于“整体规划学校的德育体系”的精神，教育部(原国家教委)分管德育的领导把这个任务交给了德育研究中心。我们在对《小学德育纲要》《中学德育大纲》和《高校德育大纲》进行认真研究的基础上写出了涵盖大、中、小学的、系统的、一体化的《有中国特色的社会主义德育体系的初步构想》。② 与此同时，还出版了《中国德育全书》，为本课题的提出奠定了良好的基础。

1995 年下半年，全国教育科学规划领导小组组织专家制定“九五”规划课题指南，经过专家们的论证和领导小组的批准，“整体构建学校德育体系的研究与实验”这个选题列入了“九五”课题指南的国家

---

① 《中共中央关于进一步加强和改进学校德育工作的若干意见》，转引自《中国教育报》，1994 年 8 月 31 日。

② 詹万生：《德育新论》，北京：首都师范大学出版社，1996 年版，第 58、67 页。

级重点课题。在提出、论证和申报课题的过程中，我曾经多次在全国各地讲学或研讨会上谈到整体构建学校德育体系的设想，都得到了基层同志特别是一线德育工作者的积极反馈和热情支持。

总之，整体构建学校德育体系的研究与实验课题是在深入进行调查研究的基础上，经过科研工作者系统论证，得到了中央和教育部领导同志的肯定，得到了基层和一线广大德育工作者的支持而提出的。认真完成这个课题的重要意义主要有以下几个方面。

(一)社会主义精神文明建设的需要

1996 年 10 月 10 日，党的十四届六中全会作出了《关于加强社会主义精神文明建设若干重要问题的决议》。《决议》中对社会主义思想道德建设的地位、作用、任务和要求作了明确规定，“社会主义思想道德集中体现着精神文明建设的性质和方向，对社会主义政治经济的发展具有巨大的能动作用。在改革开放和现代化建设的整个过程中，思想道德建设的基本任务是：坚持爱国主义、集体主义、社会主义教育，加强社会公德、职业道德、家庭美德建设，引导人们树立建设有中国特色社会主义的共同理想和正确的世界观、人生观、价值观。”“社会主义道德建设要以为人民服务为核心，以集体主义为原则，以爱祖国、爱人民、爱劳动、爱科学、爱社会主义为基本要求”。① 上述关于社会主义思想道德建设的基本任务和基本要求可以概括为：坚持“三个”主义，加强“三德”建设，引导树立“三观”，进行“五爱”教育。

《决议》还指出：“加强青少年思想道德教育，是关系国家命运的

① 《中共中央关于加强社会主义精神文明建设若干重要问题的决议》第 11、13、14 页。

大事。要帮助青少年树立远大理想，培育优良品德。各级各类学校都要全面贯彻党的教育方针，坚持社会主义办学方向，加强德育工作，努力培养德智体诸方面全面发展的社会主义建设者和接班人。”学校德育工作是全社会思想道德建设的奠基工程，是社会主义精神文明建设的重要组成部分。青少年学生是祖国的未来与希望，他们的思想道德素质如何，关系到国家的前途和命运。青少年学生正处在思想品德形成发展的过程中，比成人具有更大的可塑性，是进行思想道德教育的最佳时期。学校是有领导、有组织、有计划、有教师、有教材、有良好教育氛围的教育场所，比起社会上的思想道德教育更能得到保证，更易于操作，效益也会更好。因此，加强和改进学校德育工作对于社会主义精神文明建设具有十分重要的意义。

(二)全面实施素质教育的需要

面向 21 世纪，中国的基础教育向何处去？这是世纪之交中国教育改革和发展的一个重大问题。从这一重大问题的提出到“全面素质教育”思想的确立大体经过了 10 年左右的时间。1985 年，《中共中央关于教育体制改革的决定》首次提出“教育改革的根本任务是提高国民素质，多出人才，出好人才”。1993 年，《中国教育改革和发展纲要》提出“中小学要由‘应试教育’转向全面提高国民素质的轨道”。1996 年，《中华人民共和国国民经济和社会发展“九五”规划和 2010 年远景目标纲要》十分明确地提出了要“改革人才培养模式，由‘应试教育’向全面素质教育转变”从中共中央的决定到国家法律性文件的规定，确立了素质教育的地位。对于中小学教育改革和发展来说，如果讲大事，这是头等大事；如果讲重要，这是重中之重；如果讲紧迫性，这是当务之急。然而，在教育实践中如何实施素质教育确实还有许多问题需要解决，这里既有政策和制度的问题，也有认识上的问题，既有总体构建素质教育模式的问题，又有具体教育要素之间关系的问题。特别是对德育在素质教育中的地位和作用的认识很不一致。那么，德育在实施素质教育中的地位和作用是什么呢?

第一，德育是素质教育的首要任务。素质教育要求全面提高学生的素质，包括思想道德素质、科学文化素质、身体心理素质、审美艺术素质和劳动技术素质等方面。其中的思想道德素质在全面素质结构中占有首要地位。教育界的人士常说：我们培养的学生如果科学文化素质不合格就是次品，如果身体心理素质不合格就是残品，如果思想道德素质不合格就是危险品。这个比喻说明了思想道德素质在人的整体素质中的重要性。少年儿童时期是一个人成长的重要时期，基础教育阶段不仅要教会他们求知、办事、健体，更要教会他们做人，教会学生学会做人是素质教育的首要任务。“素质教育的要求从大的方向可以用两句话来概括：一是以德育人，二是因材施教。以德育人是大根本，因材施教是总法则。”①

第二，德育在素质教育中发挥着导向、动力和保证作用。只有树立了远大的理想，学习才会有强大而持久的动力；只有树立了正确的人生观、价值观、世界观，科学文化素质和身体心理素质才能沿着正确的方向发展；只有具备良好的道德品质，正确处理好各种人际关系，才能在学习、生活、工作中顺利前进；只有具备较强的法纪观念，才能在生活的道路上不失足；只有热爱祖国、热爱人民、热爱社会主义，才能更好地发挥聪明才智，在社会主义现代化建设中做出更大贡献。就一所学校而言，只有搞好了德育工作，端正办学思想，形

① 柳斌：在小学思想品德课和初中思想政治课教材编写工作会议上的讲话，转引自《课程·教材·教法》，1997年第2期第1页。

成良好的校风和学风，教学工作和其他各方面工作才能顺利开展。

第三，德育到位是实施素质教育的重要标志。江泽民同志在建国40周年庆祝大会上的讲话指出：各级各类学校要把德育放在首位。几年来各级教育行政部门和各级各类学校为此做了大量的工作，但在有些学校德育并没有真正到位，尤其是大、中、小学德育的结合部，德育工作甚至还很薄弱。究其原因除了社会环境发生变化的外部原因之外，根本的原因就是“应试教育”，片面追求升学率严重冲击着德育工作。中考和高考录取以分数为唯一标准，升学率的高低事实上成为驱动学校、校长、教师和学生的指挥棒。结果智育是硬任务、硬指标，德育成了软任务、软指标。要使德育由软变硬，由虚变实，必须变“应试教育”为素质教育。德育工作能否到位，能否落实是衡量“应试教育”和素质教育的一个重要标志。

第四，素质教育对德育提出了更高的要求。素质教育要求全面提高学生的素质，作为素质教育重要组成部分的德育同样应当全面提高学生的思想道德素质。思想道德素质应当包括政治素质、思想素质、道德素质、法纪素质、心理素质。因此，作为实施思想道德教育的德育就应当包括政治教育、思想教育、道德教育、法纪教育和心理教育。这些构成了德育内容的类型，而每一个类型还包括了许多具体内容，每一项具体内容还可以划分出不同的层次。要全面提高学生的思想道德素质，就必须把德育的类型结构和层次结构划分出来，根据不同年龄阶段学生的身心特点和知识水平确定具体的教育内容。因此需要整体构建学校德育体系。

(三)加强和改进学校德育工作的需要

在改革开放和建立社会主义市场经济体制的过程中，学校德育面临着许多新情况和新问题。例如：在经济体制转轨、经济形式多元存在的情况下如何坚持社会主义意识形态的一元导向？在扩大对外开放，吸收外国先进经验的情况下，如何振奋民族精神，树立民族自信心和自豪感？在社会生活中存在着“一切向钱看”的思想影响下，如何树立正确的人生观、价值观？在社会生活中出现“黄毒赌”“假冒伪劣”“坑蒙拐骗”等消极影响的情况下，如何教育学生增强遵纪守法观念？在升学考试、职业选择竞争日益激烈的情况下，如何教育学生具有承受挫折、适应环境、积极进取的健康的心理素质？面对这些问题，德育工作者做了大量工作和坚持不懈的努力。但是从总体上来看，学校德育还有许多不适应的地方，还存在不少亟待解决的问题。

第一，德育还没有像智育那样形成一套科学化、系统化、规范化、相对稳定的传授体系。学校教育是以课堂教学为基本组织形式的。然而，长期以来德育内容没有完全纳入大、中、小学的课程体系。虽然，小学有思想品德课、中学有思想政治课、大学有马列理论课和思想政治教育课，但是这些课程并不能涵盖德育的全部内容。如：“两史一情教育”“中华民族传统美德教育”“爱国主义教育”“国防教育”“民族教育”“环境教育”“法制教育”“人口教育”“心理健康教育”等，尽管我们可以把这些德育内容放在学校的党团队工作、班主任工作、“三育人”、课外活动、社会实践中来实施，但是这些德育实施途径毕竟不像课程那样有科学的教学大纲和教材，有固定的教室和课时，有专门的教师，有一套检查评价的手段，因此在时间、空间、人力、物力上得不到保证，而成为“软”任务，容易落空或流于形式。

第二，大、中、小学校的德育内容不同程度地存在着“倒挂”“脱节”“简单重复”“过频变动”脱离学生身心特点和知识水平的实际，脱离社会生活实际的不和谐现象。有人说：“小学讲共产主义，中学讲爱国主义，大学讲文明礼貌”，这种说法虽然是极而言之，但不能不承认实际工作中存在着类似的问题。有的学生反映:"老师讲的都正确、很崇高、很伟大,但在实际生活中我用不上。"虽然这种意见不无片面性,但不能不说在德育实践中一定程度上存在着类似的问题。看过中学政治课复习题和考试卷的人恐怕都有同感。本来是一门思想教育课,却变成了单纯传授知识、片面追求升学率、推行"应试教育"的砝码。总之,学校德育不能很好地遵循学生不同年龄阶段的身心特点、思想品德形成和发展的规律,不能很好地贴近生活、贴近实际,回答学生所关心的实际问题,不能对学生思想品德的发展有直接的帮助,因此实效性较差。

针对这些问题,我们提出整体构建学校德育体系,这正是加强和改进学校德育工作的需要。

二、指导思想和主要依据

本课题的指导思想是:以马列主义、毛泽东思想、邓小平理论和党的十五大报告为指导,坚持解放思想,实事求是的思想路线,坚持唯物辩证法的系统论原则,把小、中、大学德育作为一个系统加以统一规划,整体构建学校德育体系。

本课题研究以国家的法律、党的决议、有关教育政策法规和有关理论为依据。

(一)法律依据

法律依据是《中华人民共和国宪法》和《义务教育法》。《宪法》第二十四条规定:"国家通过普及理想教育、道德教育、文化教育、纪律和法制教育,通过在城乡不同范围的群众中制定和执行各种守则、公约,加强社会主义精神文明建设。国家提倡爱祖国、爱人民、爱劳动、爱科学、爱社会主义的公德,在人民中进行爱国主义、集体主义和国际主义、共产主义的教育，进行辩证唯物主义和历史唯物主义的教育，反对资本主义的、封建主义的和其他的腐朽思想。”

《宪法》第四十六条规定：“中华人民共和国公民有受教育的权利和义务。国家培养青年、少年、儿童在品德、智力、体质等方面全面发展。”

《义务教育法》第三条规定：“义务教育必须贯彻国家的教育方针，努力提高教育质量，使儿童、少年在品德、智力、体质等方面全面发展，为提高全民族的素质，培养有理想、有道德、有文化、有纪律的社会主义建设人才奠定基础。”

(二)党的决议和意见的依据

党的决议和意见的依据是《中共中央关于加强社会主义精神文明建设若干重要问题的决议》和《中共中央关于进一步加强和改进学校德育工作的若干意见》。

十四届六中全会《决议》第7条指出，“社会主义思想道德集中体现着精神文明建设的性质和方向，对社会政治经济的发展具有巨大的能动作用。在改革开放和现代化建设的整个过程中，思想道德建设的基本任务是：坚持爱国主义、集体主义、社会主义教育，加强社会公德、职业道德、家庭美德建设，引导人们树立建设有中国特色社会主义的共同理想和正确的世界观、人生观、价值观。我们现在建设和发展有中国特色的社会主义、共产主义思想道德，同时要把先进性要求同广泛性要求结合起来，鼓励支持一切有利于解放和发展社会主义社会生产力的思想道德，一切有利于国家统一、民族团结、社会进步的思想道德，一切有利于追求真善美、抵制假恶丑、弘扬正气的思想道德，一切有利于履行公民权利与义务、用诚实劳动争取美好生活的思想道德，团结和引导亿万人民积极向上，不断提高全民族的思想道德水平。”

第 11 条规定：“社会主义道德建设要以为人民服务为核心，集体主义为原则，以爱祖国、爱人民、爱劳动、爱科学、爱社会主义为基本要求，开展社会公德、职业道德、家庭美德教育，在全社会形成团结互助、平等互爱、共同前进的人际关系。”

第 12 条指出：“加强青少年思想道德教育，是关系国家命运的大事。要帮助青少年树立远大理想，培养优良品德。各级各类学校都要全面贯彻党的教育方针，坚持社会主义办学方向，加强德育工作，努力培养德智体等方面全面发展的社会主义建设者和接班人。根据大、中、小学的不同特点，切实加强和改进思想品德课程、政治理论课程，把传授知识同陶冶情操、养成良好的行为习惯结合起来，把个人成才同国家前途、社会需要结合起来，形成爱党爱国、关心集体、尊敬师长、勤奋好学、团结互助、遵纪守法的风气。”

(三)德育大纲的依据

教育部(原国家教委)颁布的现行德育大纲有三个。

《小学德育纲要》于 1988 年试行，1993 年正式颁布。《中学德育大纲》1988 年试行，1996 年正式颁布。《高校德育大纲》也于“八五”规划期间研究制定出来。这三个大纲分别是小学、中学、大学德育工作的指导性文件。它是学校实施德育的依据，是家庭和社会配合学校对学生进行德育的依据，是各级教育行政部门对学校德育进行督导和评价的依据，同时也是本课题整体构建学校德育体系的依据。但是，本课题的研究要依据的是这三个大纲的基本精神，而不是拘泥于它们的具体内容。这是因为：第一，这三个大纲是针对小学、中学、大学的情况分别制定的，对大、中、小学德育的衔接没有给予充分的考虑，难免有脱节或重复的问题。而我们是整体构建大、中、小学的德育体系，必须从宏观上进行综合研究，既要考虑大、中、小学德育的特殊性，注意各个教育阶段的层次性和渐进性；又要考虑学校德育目标的统一性，注意各个教育阶段德育内容结构的完整性和连续性。第二，这三个大纲都是“八五”规划及其以前制定的，随着时间的推移和形势的发展，它们也需要不断地发展和完善。而我们的研究是面向21世纪的，科学研究本身就应具有超前性，不仅要依据现行德育大纲的要求，而且还要考虑到未来21世纪教育改革和发展的需要。第三，科学研究必须解放思想，实事求是。邓小平同志指出：“解放思想，开动脑筋，实事求是，团结一致向前看，首先是解放思想。”①我们讲解放思想，是指在马克思主义指导下打破习惯势力主观偏见的束缚，研究新情况，解决新问题。解放思想，就是使思想和实际相符合，使主观和客观相符合，就是实事求是。只有解放思想，才能达到实事求是；只有实事求是，才是真正的解放思想。解放思想，实事求是，必须与唯心论和机械唯物论划清界限，唯心论和机械唯物论，右的和“左”的错误思想，都是以主观和客观相分裂，以认识和实践相分离为特征的。必须坚持解放思想和实事求是的统一，注意克服主观主义、盲目性、片面性和绝对化，掌握唯物辩证法，按客观规律办事。作为德育科研工作者，必须坚持解放思想，实事求是的思想路线，善于深入实际调查研究，发现问题并提出解决问题的对策建议，为各级教育行政部门的德育决策服务，为各级各类学校改进和加强德育工作的实践服务。

(四)理论依据

整体建构现代德育体系，必须建立在科学的理论基础之上。这些

① 《邓小平文选》，北京：人民出版社，1993年版，第131页。

理论是建立在马克思主义哲学基础之上的人的主体性理论、人的社会化理论和系统论理论。

第一，人的主体性理论。人的主体性是人与自然、社会、自我关系中所具有的主体地位和作用的哲学概括，是人在与客体的相互作用中得到发展的人的自觉能动性。具体表现在以下三个方面：一是自为性。表现在主体对自己的存在和与客体的关系有着明晰的意识，因而主体的活动就具有明确的目的和方向。二是自主性。表现在主体从自己的目的和愿望出发，主动地与客体发生关系和相互作用，通过支配和改造客体，使客体朝着有利于主体需要的方向发展。三是能动性。表现在主体对活动方式和手段的自由选择，对活动条件的自觉认识和积极创造，对活动价值的多重追求和利用等。①

人与自然的关系是人的主体性展开的最原始、最基本的方面。自然科学的发展是人对自然界这一客体认识、利用和改造的结晶。人与人的关系是一种特殊的主客体关系，无论是社会、集体或他人，都是人的一种存在形态或组织形式，都有其内在需要和含目的性的活动，因而都有主体和客体的两重属性，都是主客体的统一。人文社会科学特别是教育科学，是以人或社会为研究对象的科学，教育者和受教育者具有主体和客体的双重属性，都是主客体的统一。我主张德育“双主体论”，即教师是教育主体，学生是学习主体，教师和学生应当互相尊重对方的主体地位。在德育目标的确定上，不仅要考虑社会的要求，更要重视学生自身成长的需要。在德育内容的安排上，不仅要依据社会规范，更要遵循学生的年龄特征和品德形成发展规律。在德育途径和方法的运用上，不仅要发挥教师的主导作用，更要强调学生的

① 詹万生：《人生哲理》，北京：北京教育出版社，1998 年版，第 33 页。

主体参与。总之，在德育课程体系的建构上，要充分体现学生的主体性，“一切为了学生，为了一切学生，为了学生一切”。要改变传统德育课程的以教师为中心，以教材为中心，以课堂为中心的“旧三中心”，建构以学生为中心，以活动为中心，以体验为中心的现代德育“新三中心”。人与自己的关系是主体性表现的一个更为特殊的方面。在这里一个人集主体和客体于一身。对象性活动的内容是对自己的认识、改造和发展。这一点对于发展学生的主体意识更为重要，是学生自为性、自主性、能动性的集中表现。现代德育课程应当充分发挥学生的主体性，教育和激励学生自尊、自爱、自信、自立、自强，引导和培养学生自定成长目标，自析成长环境，自寻成长动力，自开成长渠道，自研成长方法和自评成长效果，使他们成为自身全面发展的主人。

第二，人的社会化理论。马克思主义认为，人是社会的人，社会是人的社会。人的本质是一切社会关系的总和。① 人与社会互相联系，构成了一个辩证统一的整体。社会影响、制约、决定着人；人适应、利用、改造着社会。在社会中，人与人之间是由一定的社会关系为纽带联系起来的。人的社会关系可分为家庭关系、地缘关系、业缘关系、生产关系、政治关系、法律关系、道德关系、民族关系、阶级关系等。这些社会关系纵横交错构成了一个复杂的社会关系网，而每一个人就是这个无形的、庞大的社会关系网上的一个“纽结”。正是在这些社会关系的长期影响、陶冶和制约下，才使一个自然人转变为能够掌握一定的社会文化，学会参与社会生活，履行某种社会角色行为

① 马克思、恩格斯：《马克思恩格斯选集》第一卷，北京：人民出版社，1972年版，第18页。

的社会人。这个过程就是人的社会化过程。人生，从自然角度看，是人的生命活动的历程；从社会角度看，是人的社会化的过程；从人的主体意识和自身发展来看，是人对自然与社会的认识、适应、利用、改造的过程，也是一个人在立身处世中自我认识和自我完善的过程。① 而教育特别是其中的德育在人的社会化过程中发挥着十分重要的作用。

人，从一诞生就开始了人生的旅途，直到告别人世，这期间要经历几十年，甚至上百年。按照不同时期的身心特点，人们把人的生命历程划分为婴儿期、幼儿期、童年期、少年期、青年期、中年期、老年期。婴幼儿时期，开始牙牙学语，认识身边的人和物，接触的社会关系是简单的家庭关系。童年期，童蒙初开，上学读书，从家庭走向学校，原来的家庭关系扩大到师生关系、同学关系。从少年期到青年期，求知欲强、兴趣广泛、精力充沛、自信好动，自我意识、参与意识和社会责任感逐渐增强，对未来充满憧憬和幻想；另一方面，他们还涉世不深，对如何做人，如何待人接物、立身处世还处在启蒙和探索阶段。中老年时期，一般社会阅历比较丰富了，世态炎凉、人情冷暖都尝过了，社会角色也基本定型了，不会有更多的选择和变迁。虽然老年也有待人处世的问题，但毕竟不像青少年那样迫切和突出。由此可见，在人的一生中，青少年时期是人的社会化最关键的时期。因此，小学、中学、大学阶段教育学生学会做人、学会待人接物和立身处世是十分重要的，是能够使人受益一生的。做人，相对于求知、健体而言是德育的概念。做什么样的人，根据党和国家对新一代青少年

---

① 詹万生：《待人处世的艺术》，北京：北京师范学院出版社，1989年版，第2页。

的要求和学生成长的需要，我们确定了德育的目标和内容，概括起来说应当教育学生做一个文明礼貌、道德高尚的人；做一个忠于职守、遵纪守法的人；做一个不怕挫折、心理健康的人；做一个勇于进取、思想向上的人；做一个热爱祖国、政治合格的人。

第三，唯物辩证法的系统论理论。一般来说，系统论的基本理论原则有四个：其一，整体性原则。系统论始终把研究对象作为一个整体来对待，认为世界上的各种事物、过程都不是彼此孤立的杂乱无章的偶然堆积，而是一个合乎规律的、由各要素组成的有机整体。整体的性质和规律只存在于组成其各要素的相互联系、相互作用之中，而各组成部分孤立的特征和活动的总和不能反映整体的特征和活动方式。这一理论原则用通俗的语言来表达就是：整体大于组成它的各部分之和。其二，有序性原则。系统论认为各种系统都是按严格的等级组织起来的，系统是分层次的，组成要素的排列是有规则的，每一个要素都处于一定的层次，都有一定的地位和作用。系统有序性表现着要素之间的相互联系是有机联系，而不是偶然堆积。其三，和谐性原则。系统论与中国传统文化中的和谐思想有一个共同点，这就是系统内部各要素之间相互协调、相互配合，发挥事物的整体功能。如果和谐性被破坏了，事物的整体功能就会削弱以致完全丧失。其四，动态性原则。系统论认为任何系统都不是凝固不变的，而是运动变化的。而系统正是在不断运动变化之中调整自己的要素和层次，使它们从无序到有序，以保证系统整体功能的实现。如果运动停止了，有序性被打破了，作为整体的系统也就不复存在了。①

根据系统论的理论，我认为学校德育也是一个系统。从整体性原

① 谢龙：《现代哲学观念》，北京：北京大学出版社，1990年版，第320页。

则来看，学校德育是由德育目标、德育内容、德育途径、德育管理、德育评价等子要素系统构成的一个统一的整体；从有序性原则来看，学校德育是由小学德育、中学德育(含中等专业技术学校德育)、大学德育等子层次系统组成的一个统一的整体。德育系统的整体就是以要素系统为纬，以层次系统为经，有序排列且有机组合而成的。从和谐性原则来看，学校德育应当师生双主体和谐互动，在教育过程中要做到知、情、意、信、行诸环节和谐衔接，在德育途径上应注重学校、家庭、社会和谐配合。从动态性原则来看，学生健康的心理素质，文明的行为习惯，良好的道德品质，科学的世界观、人生观、价值观，崇高的理想信念，坚定正确的政治方向，是通过小学、中学、大学等各个阶段的教育逐步形成的。总之，根据唯物辩证法的系统论原则，我们必须整体构建学校德育体系，德育的总体目标要统一制定，一以贯之，以保证在整个德育过程中要素结构的完整性和连续性。各教育阶段的具体目标的高低，德育内容的深浅和侧重点，德育途径和方法的选择，德育管理方式的运用，要针对学生不同年龄阶段的身心特点和理解接受能力的不同，由浅入深，由低到高，由感性到理性，由具体到抽象，逐步提高，螺旋式上升，以保证各个教育阶段德育工作的层次性和渐进性。各个阶段都应有德育整体意识，总揽全局，加强相邻阶段的和谐衔接，防止简单重复或脱节，以便发挥德育系统的整体功能，不断提高德育的整体效果。

三、主要内容和基本方法

(一)本课题研究的主要内容

1. 德育目标和内容体系的构建；

2. 德育途径和方法体系的构建；

3. 德育管理和评价体系的构建。

(二)本课题研究的基本方法(略)

1. 调查研究和理论联系实际的方法;

2. 科研工作者、行政领导和第一线德育教师三结合的方法;

3. 唯物辩证法的系统论方法;

4. 实验研究方法。

(三)第一阶段研究的主要任务

本课题第一阶段(1997.6—1998.6)的主要任务是德育目标和内容体系的构建。在这里我重点讲德育概念的界定、德育内容构成等几个理论问题。

1. 关于德育概念的界定问题

德育目标和内容体系的构建,首先遇到的一个问题就是德育概念的界定问题。我国德育理论界对这个问题的认识是不一致的,至少有以下五种观点。

第一种观点是“一要素说”。认为德育就是道德教育,或者说是“德育是道德教育的简称”。① 这种观点对德育的界定失之过窄。德育是学校性质和办学方向的体现,学校德育必须按照党和国家的要求,坚持以马列主义、毛泽东思想和邓小平建设有中国特色的社会主义理论为指导,坚持社会主义意识形态的一元导向,坚持正确的政治方向。因此,只有道德教育而没有思想政治教育的德育不是完整的社会主义德育。有的同志认为道德教育可以与国际接轨,我认为这种观点是不正确的。诚然,德育应当而且必须坚持“三个面向”,但不能简单地谈“接轨”。因为西方的道德教育往往与宗教相联系,难道我们能与

① 王逢贤:《德育原理纲要》,东北师大教育系编,1983年6月,第1页。

宗教"接轨"吗？德育在国际交流中，必须坚持求同存异的原则，在共同道德、社会公德、职业道德、环境道德等方面应当借鉴西方的有益成果，但在整个德育工作中必须坚持我们的社会主义意识形态，这一点是不能动摇的。

第二种观点是"二要素说"。认为德育就是"思想政治教育的同义语"。[①] 这种观点对德育的界定也不全面。德育是教育学的分支科学，不能等同于党在各行各业的思想政治工作。把德育只理解为思想政治教育，容易忽略道德教育，这方面的教训是极其深刻的。"文革"期间搞突出政治，用政治代替一切、冲击一切，使道德教育被忽视甚至被取消，造成一代人道德水准下降以致整个社会风气滑坡。在理论上对德育内涵缺乏完整的理解，在德育实践中就会出现偏差，影响人才全面素质的提高，受到历史的惩罚。

第三种观点是"三要素说"。认为德育就是思想政治教育和道德品质教育，或者说是"政治教育、思想教育、道德教育"。政治教育是解决立场、方向、道路问题；思想教育是解决世界观、人生观、价值观等思想观念问题；道德教育是解决处理各种社会关系、人际关系的基本道德品质问题。有的学者把前者称为"大德"或"公德"，把后者称为"小德"或"私德"。这两方面的结合才是德育的完整内涵。这种观点在大多数学者中和德育实践中已得到认同。

第四种观点是"四要素说"。有的同志认为在政治教育、思想教育、道德教育之后还应加一项法纪教育。主要依据是邓小平同志提出"四有"新人，其中一条是"有纪律"。我们要建立民主法制的社会主义国家，应当对青少年一代加强法制纪律教育。在现实生活中青少年犯

---

① 王逢贤：《德育原理纲要》，东北师大教育系编，1983年6月，第1页。

罪呈上升趋势，实践的发展也需要法纪教育。有的同志不同意把法纪教育纳入德育范畴，理由是法学是学科分类中独立的一大类，不好纳入德育学科。这种意见，我不敢赞同。因为德育是综合性的应用学科，它应当而且必须借助于各门基础理论学科的理论丰富和完善自己，这些学科有教育学、心理学、伦理学、法学、美学、社会学等。实际上，道德教育与法纪教育如车之两轮、鸟之双翼，是辩证统一的。古人曾说过：礼者禁于将然之前，法者禁于已然之后。两者对育人都有不可替代的作用，它们都应成为德育的内容。

第五种观点是“五要素说”。有的学者主张在上述四要素之后还应加上心理健康教育。这是因为随着改革开放和市场经济的发展，青少年学生在升学、择业和人际关系方面出现一些新的困惑，他们的心理承受能力和适应能力不足，往往出现悲观、失望、沮丧、怅惘、忧郁、自卑等不良心理状态，造成神经衰弱、精神分裂，甚至出现自杀现象。这些问题不是政治教育、思想教育、道德教育、法纪教育可以奏效的，因此有必要在德育中增加心理教育。有的同志不同意把心理教育纳入德育之中，理由是智育、体育也有心理问题。我认为智育、体育当然有心理问题，但德育也确有心理问题，我们把心理健康教育纳入德育范畴是指德育中的心理问题。这一点应是无可非议的。

我主张“五要素说”，不仅依据上述关于德育概念五种观点理论分析，同时还依据德育实践和中央文件的精神。在 1994 年全国教育工作会议上，江泽民同志的重要讲话、李鹏同志的主题报告和李岚清同志的总结讲话，都分别强调了德育工作。并且对德育的内容做了明确的规定，概括起来说是“四个进行”“两个树立”“一个培养”。“四个进行”是进行马列主义、毛泽东思想特别是邓小平建设有中国特色的社会主义理论教育；进行爱国主义、集体主义、社会主义思想教育；进行中国历史特别是近代史、现代史和国情教育；进行中华民族传统美德、革命传统和法制教育。“两个树立”是树立为建设有中国特色的社会主义而奋斗的政治方向，树立科学的世界观、正确的人生观和高尚的道德情操，以及民族自尊、自信、自强的精神。“一个培养”是培养进取精神，创造精神和适应社会需要的良好心理素质。《中共中央关于进一步加强和改进学校德育工作的若干意见》明确规定：“大力加强法制教育特别是宪法的教育”，“要积极开展青春期卫生教育，通过多种方式对不同年龄层次的学生进行心理健康教育和指导，帮助学生提高心理素质，健全人格，增强承受挫折、适应环境的能力”。① 上述德育内容明确指出了德育应当包括政治教育、思想教育、道德教育、法纪教育和心理教育五个方面。

总之，“德育”是指教育者按照一定社会的要求，有目的、有计划、有组织地对受教育者进行系统的影响，通过教育者和受教育者双主体在实践活动中的互动，把一定社会的政治准则、思想观点、道德规范、法纪规范和心理需求，转化为受教育者个体的政治素质、思想素质、道德素质、法纪素质和心理素质的教育。

政治教育、思想教育、道德教育、法纪教育和心理教育，各有自己的特定内涵，但又互相联系，互相渗透，互为条件，互相制约，构成了德育统一体。其中政治教育是根本，思想教育和道德教育是核心，法纪教育、心理教育是基础。这五者不可割裂，更不能互相取代。如果在理论上仅仅把德育视为“政治思想教育的同义语”或“道德教育的简称”，那么在德育实践上就会失之偏颇。“文革”期间，由于

---

① 詹万生：《中国德育全书》，哈尔滨：黑龙江人民出版社，1996 年版，第 993 页。

“突出政治”代替了一切，道德教育被忽视乃至被取消，造成了一代人道德水准下降以致整个社会风气败坏。20世纪80年代中后期，由于“淡化政治”，政治思想教育薄弱，致使自由化思潮乘虚而入，泛滥成灾，最终酿成动乱。这两方面的教训是极其深刻的，必须永远记取。

2. 关于德育内容的要素结构

根据唯物辩证法的系统论原则，整体构建学校德育内容体系，就是把德育内容的要素结构和层次结构划分出来，以五大要素(即政治教育、思想教育、道德教育、法纪教育、心理教育)为纬，以各项要素的不同层次为经，按照整体性、有序性、和谐性、动态性的原则，把它们有机的组合起来，依据学生不同年龄阶段的身心特点和知识水平，由浅入深，由低到高，由近及远，由具体到抽象，由感性到理性，螺旋式上升，构建从小学一年级到大学毕业每个年级的德育内容，形成科学化、系统化、规范化、整体和谐的德育内容体系。

中国特色社会主义教育在德育方面的任务，就是把党和国家对年青一代政治、思想、道德、法纪和心理等方面的规范要求，转化为学生个体的品德，使他们成为“有理想、有道德、有文化、有纪律”的社会主义公民，成为社会主义事业的建设者和接班人。其中的政治教育，就是对学生进行爱国主义教育、社会主义教育和党的路线、方针、政策教育，使他们确立为建设有中国特色的社会主义而奋斗的政治方向。思想教育，就是对学生进行辩证唯物主义和历史唯物主义的世界观和方法论的教育、为人民服务的人生观教育、集体主义的价值观教育及“五爱”教育，培养他们具有正确的思想观念。道德教育，就是对学生进行社会主义道德原则和道德规范的教育，进行传统美德、社会公德、家庭美德、职业道德、环境道德教育，培养他们具有正确的道德认识、高尚的道德情感、坚强的道德意志和良好的道德行为习惯。法纪教育就是对学生进行社会主义法制和纪律教育，培养他们具有法律观念和遵纪守法的品质，知法、懂法、守法，并且学会用法律武器保护自己的合法权益。心理教育，就是对学生进行健康的和积极向上的性格、气质、兴趣和能力的教育，培养他们具有适应改革开放和社会主义市场经济需要的心理素质。

(三)德育内容的层次结构

德育内容的五大要素，每一项要素都包含若干具体的教育内容，而每一个具体的教育内容都可以划分出不同的层次，我们把不同层次的教育内容适当分布到小学、中学、大学的各个年级里，并做到和谐衔接。下面以爱国主义教育为例，进一步说明德育内容的层次结构问题。

爱国主义教育内容十分丰富，从历史到现实，从自然风光到物质资源，从物质文明到精神文明，社会生活的各个领域都蕴藏着爱国主义教育资源。《爱国主义教育实施纲要》中就指出了八方面的教育内容，这八方面的教育内容从指向实体来划分，大体可分为三大实体：(1)祖国的自然实体；(2)祖国的人文实体；(3)国家的经济与政治实体。这三大实体中每一个实体又可分为三个层次，而这三个层次，恰好分别作为小学、中学、大学的教育内容。

首先，从祖国的自然实体来看。第一层次是个体的出生地、居住地。人的童年时代直接接触到和感受到的是生我养我的这块土地，是家乡的山水和物产，自然对乡土有一种依赖和眷恋之情。因此，对小学生的爱国主义教育要从热爱家乡的教育做起。第二层次是祖国广阔的自然环境和国土资源。中学已经开设了中国地理课，结合地理课进行热爱祖国大好河山的教育应是中学爱国主义教育的主要内容之一。第三层次是个人与祖国自然实体的关系。这一层次的特点是对祖国自然实体的理性认识，其中包括对自然资源优劣的分析、物质资源与人民生存发展的关系，以及保护、开发、利用资源的责任等。大学生已经有自己学习的特定专业，特别是学自然科学的大学生应该具有保护、开发、利用祖国自然资源造福人民的责任意识。因此，大学应该对学生进行这一层次的爱国主义教育。

其次，从祖国的人文实体来看。第一层次是人际关系。小学生直接接触的人际关系主要是亲子关系和师生关系。小学应进行爱父母、爱老师、爱同学的教育，以此作为爱祖国、爱人民教育的基础和出发点。第二层次是祖国的传统文化。中学生已学过了历史课，对祖国的历史传统、文化艺术、科学技术、语言文学、道德风尚有了一定的了解，中学的爱国主义教育要通过中国历史、特别是近代史、现代史教育来进行。第三层次是祖国发展中的现代文明。要教育学生正确认识传统文化与现代文明、现代文明与西方文明的关系；既反对食古不化的国粹主义，又反对历史虚无主义和“全盘西化”；对中国传统文化要坚持批判继承、发展创新的原则，对西方文化采取借鉴、改造、利用的态度。对祖国现代文明作历史的和国际的辩证思考，这显然应成为对大学生进行爱国主义教育的内容。

再次，从国家经济和政治实体来看。第一层次是国家标志物，主要是国旗、国歌、国徽等，这一层次的教育应在小学里进行。第二层次是国家的经济制度和人民的经济生活，这一层次的教育应在中学里进行。第三层次是国家政治制度和政治生活。要教育学生正确认识和理解我国的国体、政体、民主、自由、人权；正确认识社会主义民主、自由、人权与资本主义民主、自由、人权的本质区别；正确认识“和平统一，一国两制”的方针；正确履行公民的权利和义务，自觉维护政治稳定、社会安定、民族团结和祖国统一。这一层次的教育内容显然应在大学里进行。

爱国主义教育内容层次性的主要依据是遵循青少年心理需要的规律，适合青少年心理发展水平。

从青少年心理需要的层次性来看。管理心理学认为，人的需要分为物质性需要和精神性需要两大类，仅就精神需要亦称心理需要来看，又可分为三个层次：归属需要、自尊需要、成就需要。这三种需要在个体身上表现的先后、强弱虽然有一定的差异性，但就一般规律而言，童年时代侧重于归属需要为主，少年时代偏重于自尊需要为主，青年时代倾向于成就需要为主。与心理需要的层次性相联系，各年龄阶段的学生的爱国情感体验的形式就有所不同。小学生与归属需要相联系则主要表现为对祖国的亲切依恋感。因此，小学的爱国主义教育方法应侧重启发小学生对祖国的自然、人文和国家标志物的喜欢、亲近和眷恋的情感。中学生与自尊需要相联系则主要表现为对祖国的自豪感。因此中学的爱国主义教育方法着重于激发中学生对祖国的地理、历史、发展现状及国际地位的尊重、关注并引以为光荣和骄傲的情感。大学生与成就需要相联系则主要表现为对祖国的责任感和使命感。因此，大学的爱国主义教育方法应强调激励大学生对祖国的前途和命运、国家的利益和国际地位的关心，对祖国的建设事业的积极主动的参与意识和认真负责的态度，以及与祖国命运休戚相关的情感。

从青少年心理发展水平来看。普通心理学认为，随着年龄的增长，个体的认识机能特别是大脑机能逐渐发育成熟，个体的认识能力和思维能力在不同的年龄阶段表现为不同的发展水平。小学生的认知能力一般处于感性认识水平，思维能力处于形象思维水平，因此，小学的爱国主义教育方法要特别强调具体、直观、形象、生动。中学生的认知能力处于感性认识向理性认识的过渡水平，思维能力处于形象思维向抽象思维发展的水平，因此，中学的爱国主义教育方法可采取对史地知识、英雄事迹、建设成就的演讲会、知识竞赛和参观访问等方法，使学生受到感染产生共鸣。大学生的认知能力已发展到理性认知水平，思维能力已发展到抽象思维水平，一般表现为不满足于对事物现象的描述，而追求对事物本质的探究；不停留在对事物的感性体验，而期望对事物的理性思考。因此，大学的爱国主义教育方法应采用专题报告、辩论比赛、社会调查等方法，使大学生在主动参与中进行自我教育。

四、成果形式和基本要求

构建德育目标和内容体系研究的成果形式是编写出版一套德育实验教材或读本。下面仅就第一阶段的任务——编写一套德育实验教材提几点要求。

(一)实验教材的名称

实验教材的名称，大、中、小学统称“德育”，副标题注明：小学一年级实验用书、初中一年级实验用书等以此类推。课程的内容，则必须依据各年龄阶段学生的身心特点和知识水平，本着系统性、连续性、层次性的原则，由浅入深、由低到高、由感性到理性，进行科学的规划和设计。这如同体育课、美育课、语文课、数学课一样，课程的名称是不变的，但课程的内容则随着年级的升高而不断扩充、提高和深化。我不同意用“公民课”“社会课”“做人课”“好少年”一类名称，因为它们都不能涵盖德育的内容。“德育”的名称不能回避，也不应该回避，它是党和国家教育方针的体现，有利于强化教师和学生的德育意识，有利于涵盖不同年级德育内容，有利于建设科学化、系统化、规范化的德育体系。

(二)编写原则和要求

1. 德育目标，一以贯之；德育内容，循序渐进

德育目标是党和国家对青少年儿童在政治素质、思想素质、道德素质、法纪素质、心理素质等方面所应达到的规格要求，是德育工作的出发点和归宿点。德育目标确定的依据，是从建设有中国特色社会主义的实际出发，坚持面向现代化、面向世界、面向未来的方向；是根据党和国家对青少年儿童一代在“德”的方面的要求，遵循青少年和儿童品德形成和发展的规律。

我国各级各类学校德育的总目标是：把全体学生培养成热爱祖国、具有社会公德、文明行为习惯、遵纪守法的好公民。在这个基础上，引导他们逐步树立科学的世界观、人生观、价值观，不断提高社会主义思想觉悟，成为有理想、有道德、有文化、有纪律的社会主义现代化事业的建设者和接班人，并使他们中的优秀者成长为具有共产主义觉悟的先进分子。

所谓“德育目标，一以贯之”，就是指各级各类学校都要始终如一地坚持德育的总目标。各个阶段的具体目标都应包括政治素质、思想素质、道德素质、法纪素质和心理素质等方面的要求，以保证德育要素在各个教育阶段的完整性和连续性。

德育内容是为实现德育目标而确定和安排的特定的教育内容。德育内容的性质和构成由德育目标决定；德育内容的深度和广度为受教育者思想品德发展水平所制约；德育内容的针对性从学生思想品德存在的问题和现实社会的迫切要求出发。

各级各类学校都要对学生进行政治教育、思想教育、道德教育、法纪教育、心理教育。同时，政治教育、思想教育、道德教育、法纪

教育、心理教育都有一个由浅入深、由低到高、由感性到理性、由具体到抽象的过程。这个过程是由各个教育阶段彼此和谐衔接共同完成的。每个教育阶段都必须保证德育内容结构的序列性和完整性，同时又应该做到德育内容的渐进性和层次性。这就是“德育内容，循序渐进”的要求。

小学德育课的内容以良好的品德行为习惯养成教育和“五爱”教育为重点。良好的品德行为习惯养成教育包括：自己的事情自己做的个人生活习惯的培养、文明礼貌用语和正确待人接物习惯的培养、自己动手动脑的学习习惯的培养和小学生日常行为规范的训练。“五爱”教育要从爱父母、爱老师、爱同学逐步上升到爱人民，从爱家乡、爱街道、爱国旗国歌上升到爱祖国，从爱学习上升到爱科学，从自己的事情自己做上升到爱劳动，从爱护文具爱护桌椅上升到爱护环境、爱护公共财物。教材要文字简洁(可用三字歌的形式)、图文并茂。教学方法要生动活泼，注重行为训练。

初中德育课的内容以良好的心理品质教育、道德品质教育、遵纪守法教育为主。心理品质教育包括自尊自爱、诚实正直、勇敢进取和青春期心理健康等内容；道德品质教育要在小学“五爱”教育的基础上进一步进行爱祖国、爱人民、爱劳动、爱科学、爱环境的教育，中华民族传统美德教育，青春期性道德教育。遵纪守法教育包括有关宪法、刑法、未成年人保护法等法律常识的教育，知法守法和运用法律武器自我保护的教育，遵守学校和公共场所的纪律和规章制度的教育。教材文字要优美(可用诗歌、散文、故事等形式)，选材要精当。教育方法要用启发式，注重情感陶冶和行为指导。

高中(职高和中专)德育课的内容以人生观教育、理想教育和职业道德教育为主。人生观教育包括人生目的、人生态度、人生价值的教育，引导学生立志成才，报效祖国；理想教育要进行社会主义共同理想和共产主义最高理想教育，普通高中要结合高考志愿进行升学指导教育，职业高中和中专技校要结合专业进行职业道德和就业指导教育。教材要有一定的理论深度，教法要注重理论联系实际。

大学的德育课程(这里暂不包括马克思主义理论课)要向学科化的方向发展，开设一系列人文社会科学的必修课和选修课。这些课程包括政治学、法学、伦理学、心理学、人生学。这些学科不应是原来专业意义上的纯理论学科，而应是德育意义上的应用学科。它旨在教育学生正确地认识社会，正确地认识人生，树立正确的法律意识、道德观念，树立科学的人生观、世界观、价值观，确立正确的政治方向。教材应由有关学科的专家、教授和德育专家、教授共同组成编写队伍，理论要少而精，联系实际要密切。教法要注重讨论式，调动学生的学习积极性。

2. 贯通古今，融汇中西；继承借鉴，发展创新

当代中国教育改革和发展的指导思想是：面向现代化，面向世界，面向未来。德育作为整个教育的重要组成部分，同样要以“三个面向”为指针，贯通古今，融汇中西，继承借鉴，发展创新。这是21世纪中国道德教育的大趋势，也是编写德育实验教材的一个原则。

中国是一个具有悠久历史和优秀文化传统的国家，素以“礼仪之邦”著称于世。在中国传统文化中，传统道德占有十分重要的地位。中国历代哲学家、思想家、教育家对道德教育的思考和论述源远流长，博大精深。虽然，中华民族的传统道德是在小农生产和封建宗法制度的基础上建立起来的，不可避免地带有保守性和局限性的一面。但是，只要我们正确地坚持批判继承，取其精华，去其糟粕，古为今用，发展创新的原则，就能够剥去它的封建性的外衣，发现它的合理

内核，使其成为构建新的道德体系的思想材料。

在中国悠久的文明史中，传统道德经过千百年的积淀，有些光辉的思想已构成了我们的民族之魂。例如：“天下兴亡，匹夫有责”的爱国主义精神；“天下为公”“修齐治平”的集体主义精神；“刚健有为、自强不息”的积极进取精神；“先天下之忧而忧，后天下之乐而乐”的先人后己的精神；“见利思义”“先义后利”的价值取向；“富贵不能淫、贫贱不能移、威武不能屈”的浩然正气；“杀身成仁”“舍生取义”的高风亮节；“勤劳简朴、诚实守信”的求实精神；“仁者爱人”“成人之美”的友爱思想；“孝敬父母”“尊老爱幼”的道德品质，等等。这些民族之魂曾经哺育了中华民族亿万儿女的健康成长，曾经激励过无数志士仁人、英雄豪杰为民族的兴旺发达，为祖国的繁荣富强写下了人生的壮丽篇章。毫无疑问，这些中华民族传统道德的精华，在社会主义现代化建设的今天也是值得继承和发扬光大的。

在对待西方文化的问题上，我们有过正反两方面的经验。现在可以清醒地认识到，采取闭关自守、全盘否定，或崇洋媚外、全盘西化这两种极端的观点都是错误的。正确的态度应当是分析、鉴别、学习、借鉴、吸收、利用。对先进的科学技术和管理经验，要大胆地学习和引进；对文化艺术，它的形式可以学习、借鉴，内容可以改造、利用；对思想道德，属于人类共同心理、共同美感、共同道德方面的东西，也要大胆地学习和借鉴。特别是那些适用于市场经济的价值观念，如改革开放观念、民主法制观念、权利义务观念、公平竞争观念、效率效益观念、互利互惠观念、公关信息观念、商品市场观念、文明消费观念、照章纳税观念等，更要借鉴和吸收，做到洋为中用。

总之，我们要在马克思主义指导下，批判、继承、弘扬、光大我国优良道德传统，同时还要学习、借鉴、吸收、利用西方优秀文明成果，并使二者有机结合起来，实现“山与海的拥抱”，创造出有中国特色的社会主义道德教育体系。

3. 贴近生活，联系实际；主体参与，避免说教

在建立社会主义市场经济体制的过程中，经济形式(主要指所有制形式)是多元存在的，其中有国营的大中型企业，有集体经营的乡镇企业，有中外合资企业和外国资本独资企业，还有私营工商企业等。社会存在决定人们的社会意识，有多少经济形式就会有多少种意识形态。而这些形形色色的意识形态必然通过家庭和社会的各种渠道渗透到学校来，影响学生的思想品德。然而，我们的社会制度决定了学校德育工作必须坚持爱国主义、集体主义、社会主义主旋律的教育。那么在经济形式多元存在的情况下，如何坚持社会主义意识形态的一元导向呢？这是摆在学校德育工作面前的一个重点和难点问题。

我认为解决这个问题，必须转变我们的教育思想和教育方法，不要“一刀切”，要分层次；不要讲“高、大、空”，要讲“近、小、实”；不要只讲“应然”，要讲实然、应然、必然。

比如，在处理个人与他人、个人与集体、个人与社会的关系上，我们主张集体主义，这是一元导向。但在实际生活中，人们处理这种关系的时候却表现为各种态度和做法，概括起来至少有四个层次。第一层次是大公无私、公而忘私、舍己为人、全心全意为人民服务；第二层次是公私兼顾，先公后私、先人后己；第三层次是主观为自己，客观为别人，也称为利己不损人；第四层次是损公肥私、损人利己。第一层次是共产主义的集体主义精神，是高尚的，值得提倡的，是一元导向；第二层次是社会主义的集体主义，是现行的原则和规范；第三层次是合理利己主义，在现实生活中普遍存在，我们不能简单地批判它，但需要引导向高层次发展；第四层次是极端利己主义，必须坚

决反对。

在教育学生正确处理个人与集体与社会的关系时，不能“一刀切”，不能“高、大、空”，不能只讲“应然”，否则不符合社会生活实际，也不符合学生思想实际，容易出现“假、大、空”，使学生产生逆反心理，达不到预期的教育效果。在中小学讲集体主义原则的时候，不要从概念和理论出发，要从实际出发，尽可能贴近生活，贴近实际，距离学生近一点，问题提出小一点，回答问题实一点。不但要讲“应然”，要求学生应当怎样，而且还要讲“实然”，告诉学生社会生活的实际情况怎样，让学生自己选择正确的答案。在教育思想上，我们主张“双主体”论，即教师是教育主体，学生是受教育主体。要发挥两个主体的积极性，让学生主动参与，而不是被动接受。老师可以指出多种解决问题的办法，让学生进行道德价值判断，从而选择自己认为是正确的切实可行的方案。当然，我们并不主张完全放任地让学生自由选择，老师的引导是很重要的。因此不仅讲“实然”，而且还要讲“必然”，告诉学生事物发展的必然规律是什么，引导学生按照社会生活的规律做事。

4. 授之以知，动之以情；晓之以理，导之以行

德育过程与智育过程是完全不同的教育过程。智育过程主要是传授知识，兼培养能力。而德育过程是由知到行的转化过程。语文教学讲究识字、修辞、阅读、作文，英语教学讲究听、说、读、写，而德育过程则是知、情、意、行四个环节形成和发展的过程。因此，德育教材必须体现知、情、意、行四个环节，而不能单纯传授知识。

(1)授之以知。德育教材必须有明确的知识点，要求学生对政治、思想、道德、法纪、心理的概念要认知、理解、掌握。同时要培养对社会现象是非善恶的评价和判断的能力。

(2)动之以情。情感是人们对客观事物是非善恶、美丑荣辱作出判断而引起的内心体验，是人们对事物的好恶、爱憎、亲疏的态度。学生只有对政治、思想、道德、法纪、心理方面的知识有了充分的认识，同时又怀有炽热的情感，如热爱、崇敬、赞美、亲近、向往等情感时，才会产生信念和意志，随之转化为相应的行为习惯。青少年时期，心理发育还不成熟，情绪容易变化，情感极不稳定。因此，德育教材必须在动之以情上下功夫，培养学生积极、健康、丰富、深刻而又稳定的情感。

(3)晓之以理。意志是人们使自己的动机、目的付诸行为而自觉努力的心理状态。意志是一种内在的精神力量，具有果断性、坚韧性、自控性的特点。一个意志坚强的人，能经受住挫折和失败的考验，坚持正确方向去实现自己的目标；而意志薄弱者，则在困难和挫折面前畏缩不前。坚强的道德意志来源于对道德目标的理性认识，理念和信念对意志的形成和发展具有重要的作用。因此，在德育过程中要晓之以理，使学生对政治原则、思想观念、道德规范、法律规范形成理念和信念。

(4)导之以行。道德行为是德育过程的最后环节，也是德育的最终目的。这里所说的行为是指人们在一定的政治思想道德的认识、情感、意志的支配下有目的的自觉的行为。习惯则是在道德行为的反复实践中形成的自然而然的行为。道德行为习惯的养成不仅需要认识、情感、意志的支配，更需要训练和引导。因此，导之以行是德育过程不可缺少的重要环节。德育教材必须体现这一环节，设计出行为训练具体方案。

总之，在由知到行的转化过程中，认识、情感、意志和行为习惯各个环节都具有一定的地位和作用。它们既有一定发展顺序，又是相互联系、相互制约，相互促进的。在德育教材和德育实践中必须认真把握这四个环节。

5. 精练优美，喜闻乐读；图文并茂，生动活泼

德育教材的文字一定要精练优美，使学生喜闻乐读。小学可采用三字歌、四字歌、寓言、故事等形式。中学可采用诗歌、散文、名言、警句等形式。大学也要讲究文字和语言的艺术，突出知识性、哲理性、可读性。

关于图文并茂，小学每一课都要有精美的彩色大幅插图，字号要大些、字体要求楷体。中学要有适量的彩色插页和漫画插页，要适当地运用图表，字体、字号要有变化，排版要有艺术性。大、中、小学均采用16开本，统一封面设计。

关于生动活泼，德育教材不能只是通篇阅读，满堂讲授，必须形式多样，生动活泼，体现授之以知，晓之以理，动之以情，导之以行四个环节。

1998年第二届深圳德育年会主题报告

我代表总课题组向大会作主题报告。报告共分两大部分：一、1998年工作总结；二、1999年研究任务。

一、1998年工作总结

自1997年7月开题会暨首届年会以来，至今整整一年半的时间，在课题组和实验区、实验校全体同志的共同努力下，取得了丰硕的成果。概括起来说，我们做了两件大事：一是《德育》系列实验读本的编写；二是德育实验基地的建设。

（一）《德育》系列实验读本的编写

1. 确立了正确的指导思想

编写《德育》系列实验读本的指导思想是：以邓小平理论和党的十五大报告为指导，贯彻落实《中共中央关于进一步加强和改进学校德育工作的若干意见》，坚持解放思想，实事求是的思想路线和唯物辩证法的系统论原则，整体构建小学、中学（中等职业学校）、大学的德育内容体系。德育内容体系的构建，就是把德育内容的要素结构和层次结构划分出来，以五大要素(即政治教育、思想教育、道德教育、法纪教育、心理教育)为纬，以各项要素的不同层次为经，按照整体性、有序性、动态性的原则，把它们有机地结合起来，依据学生不同年龄阶段的身心特点，知识水平和品德形成发展规律，由浅入深，由低到高，由近及远，由具体到抽象，由感性到理性，螺旋式上升，构建从小学一年级到大学毕业每个年级的德育内容，全面提高学生的思想道德素质，克服小学、中学、大学德育内容的倒挂、脱节、过频变动和不必要的重复，形成科学化、系统化、规范化、相对稳定的德育内容体系。《德育》系列实验读本就是德育内容体系在各级各类学校贯彻实施的一个载体。

2. 明确了编写目的

经过反复研究，这套读本定位在供德育活动课使用，是对思想品德课和思想政治课的有益补充。在小学、中学和中等职业学校主要是利用班会、团队会活动课进行实验，目的是使班主任、团队工作从经验型转向理论型，从随意性转向计划性，从盲目性转向科学性，从零散性转向系统性，以提高德育水平，增强德育实效。

当前基础教育的紧迫任务，是实现由“应试教育”向“素质教育”转轨。德育不仅是素质教育的重要组成部分，也是推动素质教育的重要措施。这套《德育》系列读本不但是落实德育内容体系的一个载体，而且是实施素质教育的一个渠道。《德育》系列读本的编写目的，从根本上说就是为建立 21 世纪素质教育的课程体系探索一条德育课程的路子，为培养新世纪的社会主义事业的建设者和接班人做出贡献。

3. 制定了科学的编写原则

《德育》系列读本力求编出特色，编出精品。为此贯彻了以下几条原则：

(1)德育目标，一以贯之；德育内容，循序渐进。

(2)贯通古今，融会中西；继承借鉴，发展创新。

(3)贴近生活，联系实际；启发引导，主体参与。

(4)授之以知，动之以情；晓之以理，导之以行。

(5)图文并茂，生动活泼；精练优美，喜闻乐读。

4. 组织了三结合的编写队伍

参加《德育》系列读本编写的人员有德育科研人员、德育行政领导和第一线的德育教师共100多人，形成了“三结合”的编写队伍。在编写队伍的组织管理上，形成了总编委会、学段编委会、分册编委会三级管理体制。分册主编在学段主编指导下开展编写工作并向学段主编负责，学段主编在总主编的指导下开展编写工作并向主编负责，形成了分级管理，层层负责，层层把关的编写程序，保证了编写指导思想和编写原则的贯彻，从而保证了书稿的质量。

5. 全力抓好编写过程

让我们回顾一下一年多的编写工作进程：1997年3月总课题组即总编委会成立，对德育目标和内容体系进行了认真的研究。在此基础上成立了小学组、初中组、高中组、中职组、大学组等五个子课题组，即五个学段编委会。各学段编委会按照总编委会提出的指导思想和编写原则，起草了各册读本的编写提纲，经过总编委会的反复研讨，打印提交开题会讨论。7月总课题组在北京召开了开题会议暨首届研讨会。与会100多名代表对开题报告和编写提纲进行了讨论，并进行了分工。8～10月各册主编在学段主编的指导下组织编写人员撰写初稿。11月总编委会在北京召开第一次审稿会，各学段主编组织各册主编通读书稿，并提出修改意见。经过两个月的修改，总编委会于今年1月下旬在北京昌平师范学校召开第二次审稿会，对书稿再次提出修改意见。又经过两个多月的修改，今年4月，总课题组在北京借国际研讨会之机召开了第三次审稿会，会上要求学段主编亲自编改、把关，于5月初将书稿交总编委会。总编委会在认真审阅的基础上多次召开不同层次座谈会。一是征求教育行政领导其中包括国家教育部有关司局和各省教委德育处长的意见；二是征求第一线校长和教师的意见；三是征求德育专家、学者的意见。这期间各学段主编反复修改，数易其稿，到8月份，《德育》系列读本陆续出版问世。

6. 认真组织专家鉴定

《德育》系列实验读本一经出版，我们就分别寄送给课题组顾问，请他们指导、评审和鉴定。11月20日，总课题组在北京召开了专家评审鉴定会。专家们对读本的优点、特色和成功之处，给予高度评价和充分肯定。例如，全国教育科学规划领导小组德育学科组顾问、东北师大博士生导师王逢贤教授说："《德育》读本是确有特色的精品。能分享此项成果是本人对德育实体化研究的期望之一，至感欣慰。"全国教育科学规划领导小组德育学科组组长、南京师大博士生导师鲁洁教授的评价是："它的最大优点是贴近学生生活，体现时代精神。应当感谢他们所付出的劳动。"全国教育科学规划领导小组德育学科组副组长、北京青年政治学院硕士生导师王殿卿教授说："《德育》读本对21世纪德育教材是一个很重要的参考和依据。应当成为思想政治课'一纲多本'中的一本。"全国伦理学会副会长、北京大学博士生导师魏英敏教授说："《德育》系列读本是当前德育工作的创举，具有深远意义，是对青少年健康成长做出的巨大贡献，可谓'功在当代，利在千秋'。"全国伦理学会副会长、中国人民大学博士生导师许启贤教授说："这是一部在体系上、内容上、方法上、操作上都有特色、有创新的《德育》系列读本。"全国中学德育研究会理事长、北京市人大常委会副主任陶西平同志说："这是一次有理论意义和实践意义的突破，相信会对德育的加强和改进起促进作用。"国家教育部副总督学王文湛同志说："这套书贯彻了中央关于加强和改进学校德育工作的精神，符合教育部关于全面实施素质教育的要求，对于增强德育实效，培养'四有'新人具有现实意义。"国家教育部基础教育司领导金学方同志说："德育读本体现了基础性、实践性、融和性、主体性、发展性五个原则。教育部基础教育司支持这项国家级课题的研究。"当然，各位专家还对《德育》读本的修改完善提出不少很好的建设性意见。我想在下一个问题里再讲。专家们的高度评价和充分肯定，教育部基教司领导的热情鼓励和大力支持，使我们增强了信心，明确了方向。

7. 来自实验校的反馈意见

当《德育》实验读本在实验校进行一段时间的实验之后，我们陆续收到了各地来信、来电对德育读本的反馈意见。这里摘录几份读给大家。沈阳市91中学老师认为："《德育》读本给班主任老师和全体学生带来一个意想不到的惊喜。不必说这套教材在内容上贴近学生实际，更不必说一改政治课教材严肃的说教形式，单就它丰富多彩的活动设计和一幅幅精美插图，就足以使老师和学生们爱不释手，有的甚至一口气读完。"山西通宝育杰学校小学部五年级一位班主任老师说："看到《德育》读本，给人耳目一新的感觉。少理论式说教，注重从学生实际出发，贴近学生，形式多样，生动活泼，使学生喜闻乐见，吸引了学生主动参与，成为学习的主人。"成都市鼓楼小学三(3)班一位同学的家长说："德育读本内容丰富，形式多样，浅显易懂，对学生的思想品德教育是非常重要的，对学生树立自理、自立、自强精神，学会生存，学会做人是很有帮助的。"重庆市巴县中学高二班一位班主任老师说："《德育》读本最大的成功是使我国的德育终于科学化、序列化、规范化起来，走上宏观构建，微观操作，程式化管理的轨道。”该校高一一位学生说：“读本对于我们这些刚步入高中学习生活的新生，无疑是一座醒目的路标。如我在学完‘迈好高中第一步’后，才真正明白它的重要性，使自己真正在思想上跨入了高中的大门。”北京市大兴县教科所一位老师说：“我拿到《德育》读本，有一种豁然开朗的感觉。当我开始组织实验校的时候，有三个没想到，一是没想到我们局长这么支持我们搞实验；二是没想到那么多学校都踊跃报名参加实验；三是没想到实验仅仅进行了两个月，教师们的反映竟那么好。”

总之，《德育》系列实验读本的编写和出版，得到了专家们的肯定和实验学校老师、家长、学生的欢迎。这些成绩的取得是在总课题组的指导下，经过 100 多名编写者历时一年半殚精竭虑、艰苦劳动的成果，是总编委员会、学段编委会和各分册编委会团结协作、倾力奉献的结果，是北京全品文化教育中心、人民出版社和专家顾问良好合作大力支持的结果。

(二)德育实验基地的建设

本课题作为决策性和应用性研究的课题，必须建立实验基地，根据课题研究的需要，总课题组计划在全国建立 10 个实验区 100 所实验校，总称实验基地。

关于德育实验基地的建设，我们坚持了 5 句话 20 字方针：“严格审批、合理布局、加强管理、认真指导、多出成果。”

1. 严格审批

申请加入中央教科所“九五”国家级重点课题“整体构建学校德育体系”实验基地的基层教委或学校，必须具备三个条件并履行申报审批手续。这三个条件是：(1)教委(局)或学校应重视教育科研工作，具有“科研领先，科研兴校，科研治教”的办学思想；(2)具有一支较强的德育教师队伍和德育科研力量；(3)申请一项子课题并承担《德育》读本的实验任务。目前的实验基地有两种情况：一种是挂牌的，由中央教科所严格审批，除具备上述三个条件外，还必须执行中央教科所关于审批实验基地的有关规定。另一种是不挂牌的，由中央教科所德育研究中心总课题组批准，但必须具备上述三个条件。

2. 合理布局

为了增强实验的信度、效度、推广的价值和范围，实验基地的布局是从两方面考虑的。首先考虑全国的覆盖面，目前的实验区和实验校分布在东北、华北、华东、中南、西南、西北六大区域，包括北京、天津、河北、内蒙古、山西、黑龙江、吉林、辽宁、山东、江苏、上海、浙江、广东、广西、河南、湖北、湖南、重庆、四川、甘肃等20个省、直辖市、自治区(西北地区还比较薄弱)。其次考虑大城市、小城镇和农村的代表性，比如北京市实验基地就有一个城区即东城区，一个近郊区即朝阳区，两个远郊县即大兴县和密云县。目前其他省份一般是大城市实验区校较多，而农村较少。应当推广北京的经验。

3. 加强管理

1997年3月，当课题刚刚启动之时，我们就制定了《中央教育科学研究所德育研究中心“九五”国家级重点课题德育实验基地管理细则》，《细则》的第2条规定：根据本课题参加人员多，涉及范围广的特点，本课题的管理实行总课题组组长领导下的分级管理制度，总课题组下分二级子课题组、三级子课题组。总课题组分为小学组、初中组、高中组、中职组、大学组。实验区成立二级课题组，二级子课题指导组负责本实验区承担的子课题实验研究工作的管理和指导，如北京市东城区、天津市和平区及河西区、重庆市、内蒙古赤峰市等都成立了二级子课题指导组。实验校成立三级子课题组，由二级子课题组进行管理和指导，天津市和平区、包头市东河区对所属实验校加强管理，建立了严格、详细的档案。北京市大兴县、内蒙古赤峰市、天津和平区及河西区、南开区，河南开封县等对实验教师进行了培训。少数直属实验校承担的子课题可直接由总课题组管理。

4. 认真指导

总课题组要求实验区和实验校把自己承担的已批准立项的子课题的开题报告、研究计划、研究成果和《德育》读本的实验方案、实验报告、实验成果及时报德育中心总课题组。总课题组建立实验区校的业务档案，以便及时了解情况，以利指导。一年来，总课题组先后到十几个实验区校进行巡回考察、指导，到目前为止，总课题组直接挂牌、考察指导的实验区校已占正式批准挂牌的实验区校的95%以上。只有少数独立、偏远的实验校，总课题组尚未直接到校指导。希望在一省一地独立的实验校能成为一颗种子，在本地区生根开花，由一枝独秀，引来百花齐放。希望你们积极争取当地教育行政部门领导的支持，并在当地发展成一个实验区，扩大实验校，形成实验规模，同时也便于总课题组指导。关于课题的理论指导、研究动态、阶段成果和实验经验，总课题组通过《德育信息》杂志发表文章进行指导，请大家注意接收这方面的意见。比如：我在《德育信息》第4期发表的《运用活动课对德育系列读本进行实验的理论与方法》一文，就是对实验的总的指导意见。许多实验区、实验校都认真地研读并进行积极的反馈。

5. 多出成果

课题研究与实验的目的是多出成果，多出人才，全面推动全国学校德育工作迈上一个新的台阶。本课题的实验目标是：(1)全面提高学生的思想道德素质，教育学生学会做人，做一个文明礼貌、道德高尚的人；做一个知法懂法，守法用法的人；做一个不怕挫折、心理健康的人；做一个勇于进取、思想向上的人；做一个热爱祖国、政治合格的人。(2)形成一套科学化、系统化、规范化的社会主义德育内容体系。它的载体是科学的、实用的一套德育教材，它的教学形式是学生主体参与的，贯彻知情意行诸环节的德育课程。(3)培养锻炼一支优秀的德育教师队伍，使班主任工作从经验型转向理论型，从随意性转向计划性，从盲目性转向科学性，从零散性转向系统性。而这一切都需要出成果，德育读本实验的成果包括实验报告、教案教参、活动方案、观察日记、修改意见等五个方面。总课题组已向各实验区、实验校广泛征集上述五项成果并进行评审，优秀成果将受到表彰和汇集出版《实验研究文集》。应当说总课题组向全体实验教师提供了广阔的研究领域和施展才华的机会。在这方面，许多实验区的领导和实验校的教师已经积极行动起来了。这次年会，总课题组组织专家对收到的各项参评成果进行评审，希望有更多的优秀成果受到表彰。应当承认，由于实验的时间还短，送审的只是初步成果。我们将征集成果的时间放宽到明年10月下届年会之前。各实验区可以组织实验校有计划有分工地进行，并且经过实验区领导小组筛选初评后报到总课题组。让我们共同努力，去迎接明年硕果累累的金秋时节。

二、1999年研究任务

1999年是本课题研究的关键一年。主要有两大任务：一是《德育》系列实验读本的修订与实验；二是学校德育体系的研究与构建。

(一)《德育》系列实验读本的修订与实验

《德育》系列读本得到了专家和领导的充分肯定和高度评价，也受到了实验校教师和学生的热情欢迎和积极反馈。我们要看到成绩，坚定信心，同时必须找出差距，深入研究，继续修订，不断前进。我认真研究了专家们的评审鉴定意见，发现他们提出了许多(共28条)修改意见。我相信在本届研讨会上，来自实验区、校的领导和教师们也一定会提出很多中肯的、有价值的修改意见。下面我对《德育》系列读本的修订提出10条意见，供同志们研究讨论。

1. 定位的准确性和正确性

目前，这套读本的定位是班会、团队会德育活动课使用的教材，是对小学思想品德课和中学思政课的有益补充。南京师大鲁洁教授指出："这套读本是供活动课使用的，它如何与思想品德与思政课相衔接，据我所知，目前上述两课的改革似还不尽如人意，仅用补充读物，增加某些内容的办法，而没有统一安排，不能从根本上解决问题。"王殿卿教授说："思想政治课不要一纲一本，而应一纲多本。教育部应当支持这项国家级课题使这套读本成为一纲多本中的一本。"陶西平同志、教育部基教司的领导以及有关省教委德育处的领导也都提出了这方面的建议。在读本的实验过程中，肯定也会遇到这样的问题。如小学教思想品德课的老师一般都是班主任，而我们的读本与思想品德课在内容上不可避免地存在着交叉重复的问题。根据专家和领导的意见和实验区校的反馈，《德育》读本修订时，必须从实际出发，准确、正确地把握定位问题。为此我们认为小学读本的修订要以思想品德课课程标准为依据，以整体构建的思想为指导，保持特色，变辅为主，走入课堂。目前中学思想政治课课程标准基本上还是学科化的，这与我们整体构建的思想是两种不同的逻辑体系。中学的《德育》读本很难与之并轨，况且还有中考、高考问题。因此中学德育读本的定位问题暂不改变。

2. 德目的规范性和序列性

所谓德目，就是德育具体化的规范化的要求。如：热爱祖国、孝敬父母、遵纪守法、文明礼貌、助人为乐、团结友爱、关心集体、勤劳节俭、诚实守信、勇敢坚毅、热爱科学等。

目前德育读本每一课的标题不是以“德目”的形式出现的，而是“德目”进一步的具体化、形象化、生动化的表述。比如“热爱祖国”：小一是“国旗、国旗、我爱你”，小二是“我是中国人”，小三是“我爱祖国山和水”，小四是“祖国是个大家庭”，小五是“不忘国耻”，小六是“我是祖国小公民”。再如“孝敬父母”：小一是“我爱爸爸妈妈”，小二是“家里的事帮着做”，小三是“关心父母”。又如“文明礼貌”：小一是“学会礼貌用语”，小二是“坐立行走要规范”，小三是“举止大方”，小四是“讲究礼节”，小五是“对外礼节”。……我们这样做是经过认真研究，反复讨论的，体现了“近、小、实、亲”的原则，避免了“高、大、空、远”；体现了“循序渐进，螺旋上升”的原则，避免了“一刀切”和“成人化”；体现了“学生主体参与”的原则，避免了“板起面孔说教”。应当说这是《德育》读本的特色，也是它受到师生欢迎的地方。然而，作为教材，专家们提出了“德目的规范性”问题。那么，我们如何做到德目的规范性，又能坚持我们的特色呢？这就需要认真地研究。我认为，首先应当提出一套德目体系，并具有规范性和序列性。其次，把这些德目分布到小学、初中、高中各个学段，要体现“循序渐进和螺旋上升”，有的部分交叉，但不是简单重复。再次，这些德目在各学段、各年级的教材中如何立题、如何表述，还要坚持我们的特色。

3. 概念的科学性和准确性

《德育》系列读本不是从概念、理论和学科体系出发，而是从德育工作的实际和学生品德形成和发展的规律出发。因此，基本上没有解释概念或给概念下定义的问题。有的专家提出："基本概念要不要解释？基本理论要不要讲？"我认为小学基本上没有概念、理论问题，也没有必要给小学生解释诸如"道德、法律、心理、政治"等基本概念。在初中，特别是在高中如遇到基本概念和基本理论问题，还是应当解释清楚，讲述明白的。到底有哪些概念和理论需要解释和讲解，我们要认真研究。放在哪里解释和讲解，也需要认真研究。我认为：首先不能一开始就讲概念、讲理论。这种演绎法是中国学者做学问的传统，但在德育这种应用学科不宜采用演绎法，而应采取归纳法。其次，概念的解释在教材中可作为"小资料""小辞典"或"小博士"等栏目出现，供学生学习参考和深入理解之用，而不能要求学生死记硬背。再次，有些概念的解释可在教师用的教参中出现，以备学生深入思考时提问，教师掌握就可以了。当然无论是教材、资料、教参，对概念的解释必须科学、准确。

4. 内容的广泛性和层次性

《德育》读本是在大德育观和整体构建的思路下编写的。改革开放以来，随着形势的发展，党和国家对学校德育提出了许多新的内容和要求，如："两史一情"教育、爱国主义教育、中华民族传统美德教育、心理健康教育、国防教育、人口教育、环境教育、预防艾滋病教育和禁毒教育等。这些教育不可能每一种教育内容都编一本书，那样中小学生的负担实在太重。《德育》读本具有内容上的广泛性，涵盖了五大要素，同时把这些内容都编排进来，分布到适合的学段和年级，体现出层次性。关于层次性有三种含义：其一，五大要素本身就具有层次性，心理教育是基础，道德教育和法纪教育是中小学的重点，思想教育和政治教育是方向。其二，每一项德育内容在深浅程度上具有层次性，从小学到初中再到高中要体现由浅入深的层次性。其三，每一项德育内容在境界要求上有层次性，从普遍性要求到学生个体品德发展水平的不同要求上也有层次性。

5. 观念的时代性和继承性

《德育》读本必须体现时代观念。首先要坚持面向现代化，面向世界，面向未来。在当前应当树立知识经济、信息社会和全球一体化的观念，培养学生具有国际意识。其次，要树立适应市场经济需要的现代观念，如：改革开放观念、权利义务观念、公平竞争观念、效率效益观念、互利互惠观念、公关信息观念、服务质量观念、文明消费观念、照章纳税观念等。在体现时代观念的同时，还应当重视民族文化和中国德育的历史继承性。《德育》读本在第一版已经贯彻了“贯通古今，融汇中西，继承借鉴，发展创新”的原则，在修订中还要进一步贯彻时代性和继承性的要求。

6. 方法的多样性和灵活性

《德育》读本的编写已经努力贯彻了“图文并茂、生动活泼”的原则，增强了可读性。比如：小学本设有“说一说”“练一练”“比一比”“学一学”“评一评”“做一做”“请记住”等小栏目；中学本设计了“供你参考”“自我测试”“下马观花”“读书悟道”“豁然开朗”“名言警句”“各抒己见”“说干就干”等栏目。在修订时，这些特色和优点要继续保持下去，同时要进一步开动脑筋，设计出更加丰富多彩的、灵活多样的、可操作性强的活动方案。

7. 过程的完整性和多端性

德育过程与智育过程是完全不同的教育过程。智育过程主要是传授知识兼培养能力。而德育过程是由知到行的转化过程，它包括知、情、意(信)、行诸环节。只有认知系统而无情感陶冶和行为训练系统的德育，不是完整的德育。《德育》读本努力贯彻了“授之以知，动之以情，晓之以理，导之以行”的原则，但还有许多需要加强和改进的地方。首先，认知环节要简明精当，避免长篇大论；其次，情感陶冶或情感体验环节，意志和信念环节还应加强；再次，行为引导，行为训练环节应当在学生主体参与的活动中进行，活动方案的设计就特别重要；最后，德育过程的多端性问题，要深入研究每一课的切入点，有的应从情感陶冶入手，有的可从行为引导开始。切不可千篇一律，从传授知识做起。

8. 选材的鲜活性和典型性（略）

9. 文字的规范性和准确性（略）

10. 插图的生动性和趣味性（略）

上述 10 条意见，供与会各位代表讨论，同时供各学段编委会修订时参考。希望各实验区和实验校的领导和教师对《德育》读本的修订多提宝贵意见。

（二）《德育》读本修订的程序和进度

1. 征求实验教师的修订意见阶段（1999.1.15～3.15）

请各实验区组织实验校参与实验的教师，依据本届年会的主题报告的精神和实验中的体会，对《德育》读本提出修订意见。其中包括：（1）各册读本每一课题目的增加、删除、修改和排列顺序。（2）各册读本的正文、小标题、小栏目、选材、事例等的修改或补充。（3）各册读本的排版格式、字体、字号、插图等的修改意见。（4）打印出完整的修订样章。请各实验区的领导集中各实验教师的意见，并经领导小组研究筛选，于 3 月 15 日以前择优报到德育研究中心总课题组。与此同时各册编委会分别研讨修订问题。

2. 学段编委修订阶段(3.16～4.15)

各学段编委分别召开修订会议，研讨各实验区报来的修订意见，拿出修订方案，并进行修订工作。各学段编委会、各分册编委会名单原则上不变，但在征求意见和修订过程中要注意发现人才、培养人才，本着“有为才能有位”的原则，适当调整各级编委会和主编、副主编人选。

3. 总编委会审稿统稿阶段(4.16～5.15)

4. 出版社编审与出版阶段(5.16～6.30)

5. 各实验区、校征订发运阶段(7.1～8.30)

6. 各实验区、校开始第二轮实验(9.1～　)

(三)学校德育体系的研究与构建

1. 德育目标体系的构建

第一，确定德育目标的依据。德育目标是党和国家对青少年儿童在政治素质、思想素质、道德素质、法纪素质、心理素质等方面所应达到的规格要求，是德育工作的出发点和归宿点。德育目标确定的依据，是从建设有中国特色社会主义的实际出发，坚持面向现代化、面向世界、面向未来的方向；是根据党和国家对青少年儿童一代在“德”的方面的要求，遵循青少年和儿童品德形成和发展的规律。这里包括四句话，并构成两对矛盾，我们要力求达到方向性与现实性的统一，党和国家的要求与青少年成长自身需要的统一。过去我们较多地强调方向性和党和国家的要求，因为方向总具有理想性和长远性的特点，要求总是原则性、高标准的，所以目标的确定往往是笼而统之、大而化之、“一刀切”、“齐步走”的。我们要把目标定得实事求是、切合实际，经过努力可以达到，就应当注意目标确定的现实性和可能性，充分考虑学生成长的自身需要，遵循品德形成发展的规律。

第二，构建目标体系的要求。构建目标体系的要求是：总体目标，一以贯之；学段目标，各有侧重；年级目标，具体明确；情意兼顾，知行统一。

我国各级各类学校德育的总目标是：把全体学生培养成热爱祖国、具有社会公德、文明行为习惯、遵纪守法的好公民。在这个基础上，引导他们逐步树立科学的世界观、人生观、价值观，不断提高社会主义思想觉悟，成为有理想、有道德、有文化、守纪律的社会主义现代化事业的建设者和接班人，并使他们中的优秀者成长为具有共产主义觉悟的先进分子。

所谓“总体目标，一以贯之”，就是指各级各类学校都要始终如一地坚持德育的总目标。各个阶段的具体目标都应包括政治素质、思想素质、道德素质、法纪素质和心理素质等方面的要求，以保证德育要素在各个教育阶段的完整性和连续性。小学、初中、高中各学段的德育目标，要根据学生的年龄特点、知识水平和成长规律有所侧重，不可求全。年级的德育目标，在小学两个年级合为一段，初中、高中则应每个年级分别制定，表述要具体明确。目标的要求应体现知、情、意(信)、行，必须有认知和行为方面的要求，也要适当考虑情感、意志和信念方面的规定。

2. 德育内容体系的构建

第一，确定德育内容的依据。德育内容是为实现德育目标而确定和安排的特定的教育内容。德育内容的性质和构成由德育目标决定；德育内容的深度和广度为受教育者年龄特征和思想品德发展水平所制约；德育内容的针对性从学生成长的需要和现实社会的迫切要求出发。

第二，构建内容体系的要求。德构建内容体系的要求是：德育内容，循序渐进；德目规范，形成序列；要素完整，层次清楚；注意衔接，螺旋上升。

各级各类学校都要对学生进行政治教育、思想教育、道德教育、法纪教育和心理教育。同时，政治教育、思想教育、道德教育、法纪教育、心理教育都有一个由浅入深、由低到高、由感性到理性、由具体到抽象的过程。这个过程是由各个教育阶段彼此衔接共同完成的。每个教育阶段都必须保证德育内容结构的序列性和完整性，同时又应做到德育内容的渐进性和层次性。必须注意小学、初中、高中、大学的衔接和螺旋式上升，克服倒挂、脱节、简单重复和脱离实际的问题，这是整体构建德育内容体系的关键。

3. 德育途径体系的构建

第一，德育途径的内涵。德育途径是对学生实施德育影响的渠道，是实现学校德育目标，落实德育内容的组织形式。德育途径体系是以完成德育任务、提高德育实效为目的，以我国的国情和各级学校德育工作的实际情况为依据而提出的。学校德育主要途径包括：思想品德和思想政治课、其他各科教学、三育人(教书育人、管理育人、服务育人)、班主任工作、党团队和学生会工作、劳动与社会实践、课外活动、校外教育、校园文化建设、心理咨询和职业指导、家庭与社会教育等。上述诸条途径在大、中、小学德育工作中的运用应根据各年龄阶段学生身心发展的水平有不同的侧重点。同时，上述诸条途径应发挥各自的独特功能，协调工作，密切配合，形成合力，形成全员育人、全程育人的德育工作格局，以求发挥德育途径的整体效益，提高学校德育的整体效果。

第二，构建德育途径体系的要求。构建德育途径体系的要求是：德育途径，对应内容；一项内容，多条途径；有主有辅，协调配合；

分工合作，形成合力。

德育途径应当对应每一项德育内容，使每一项德育内容都有贯彻落实的渠道。在多数情况下，往往某一项德育内容需要多条德育途径来贯彻实施。这就有一个以哪条途径为主，以哪条途径为辅的问题，也有一个如何协调配合的问题。长期以来，流行着一种观点："课堂教学是德育的主渠道"。我认为这个观点是值得商榷的。因为我们的课堂教学是以智育为主而设计的，它的主要任务是传授知识而不是培养品德。尽管我们有教书育人的要求，尽管课堂教学可以而且应当渗透德育，然而"渗透"不是"为主"。教学有教学的规律，德育有德育的规律，课堂教学不等于德育，德育必须有自己的实体，有自己的传授体系。整体构建德育途径体系，一方面要求各条途径都能发挥各自的独特功能，另一方面必须强调分工合作，形成合力，贯彻教育影响一致性的原则，建立全员育人和全程育人的德育工作格局。

4. 德育方法体系的构建

第一，德育方法的内涵。德育方法是完成德育任务、实施德育内容的手段。德育方法与德育途径既有密切的联系又有根本的区别，是两个不同的范畴。打个比方说：途径好比路，而走路中是步行、骑车，还是开车、乘车，这是方法问题。同样是过河，用桥或船或游泳，这也是方法问题。途径和方法是互相影响，相互制约，互相促进的。途径决定方法，德育方法的选择依赖于德育途径。如课堂教学这条途径，决定了讲授法和说明法是基本方法；而在社会实践活动中，实践锻炼法、考察参观法则是基本方法。另一方面，方法的改进也会影响途径的发展。如飞机、轮船、火车推动了航空、航海、铁路事业的发展，计算机则开辟了新的信息产业。

在教育实践中，德育工作者创造出丰富多样的德育方法，理论工作者加以概括和分类，一般可以概括为四类十八法：(1)以语言说理形式为主的方法，包括谈话法、讲授法、讨论法、辩论、演讲法等；(2)以形象感染形式为主的方法，如典型示范法、情感陶冶法、影视音像法、小品表演法等；(3)以实际训练形式为主的方法，如社会实践法、调查访问法、参观考察法、常规训练法、大型活动法等；(4)以品德评价形式为主的方法，如奖惩激励法、表扬鼓励法、评比选优法、操行评定法等。

第二，构建德育方法体系的要求。构建德育方法体系的要求是：根据内容，对应途径；多种方法，优选组合；辩证思维，法无定法；留有余地，鼓励创新。

根据不同的德育内容选择不同的德育途径，对应不同的德育途径选择不同的德育方法。德育方法多种多样，要进行优选组合，正确处理系统教育与随机教育的关系，说理教育与社会实践的关系，集体教育与个别指导的关系，教育与自我教育的关系，显性教育与隐性教育的关系，严格管理与耐心疏导的关系，学校教育与家庭、社会教育的关系。德育实践是丰富多彩的，理论概括是原则的、抽象的，一切真知来源于第一线教师的伟大实践。德育方法体系的构建坚持辩证思维，主张法无定法，要给教师留有余地，鼓励他们在实践中开拓创新。

5. 德育管理体系的构建

第一，德育管理的内涵。德育管理是协调实施德育的组织与组织、组织与德育工作者之间的关系，以保证增强德育实效，完成德育任务，实现德育目标。它是整个德育工作的指挥和保证系统，具有协调、组织、实施和评价的功能。

德育管理体系的构建，包括领导体制、法规政策、规章制度、队伍建设、督导检查、考核测评等项内容。

第二，构建德育管理体系的要求。构建德育管理体系的要求是：理顺健全领导体制；稳定提高教师队伍；建立健全规章制度；形成学校、家庭、社会德育网络。

德育管理体系和构建是一个政策性、实践性很强的问题。我们要在《中共中央关于进一步加强和改进学校德育工作的若干意见》指导下，深入调查研究各级各类学校德育管理的成功经验，以求构建出一个科学、实用、高效的德育管理体系。同时还应以大德育观为指导，建立学校、家庭、社会德育一体化、网络化的德育管理模式，以争取全社会对学校德育工作的关心和支持。

6. 德育评价体系的构建

第一，德育评价的内涵。德育评价是学校德育管理工作的重要环节，也是保证学校德育目标实现的必要措施。德育评价体系的构建是学校德育工作中一项带有根本性的建设，对于督导检查学校德育工作的水平和质量，推动德育由虚变实、由软变硬发挥着不可替代的监督保证作用。

德育评价体系的构建，包括教育行政部门对学校德育工作的评价、校长对班级德育工作的评价和对任课教师教书育人的评价、班主任及教师集体对学生个体的品德评价三部分内容。

第二，构建德育评价体系的要求。构建德育评价体系的要求是：三级评价，体系健全；指标体系，科学简明；认真研究，评价原则；正确掌握，评价方法。

要求建立学校、班级、学生三级评价体系。德育评价的难点是量化的指标体系。指标体系一般包括一级指标、二级指标、三级指标（具体标准）、权重、评价方法等项内容。既要具有科学性和系统性，又要具体、简明，有可行性。

(四)整体构建德育体系的工作方式和工作进度

整体构建学校德育体系，包括上述6个子体系的研究和构建。这是一个庞大的系统工程，需要认真的运筹、科学的管理、缜密地计划和精心地施工。

1. 工作方式

整体构建德育体系的工作方式可以这样概括：自下而上，总分结合；先块后条，条块结合。

所谓"自下而上，总分结合"，指的是实验校、实验区承担的子课题与总课题的关系。实验校先把本校的研究成果报到实验区，实验区汇总实验校的研究成果，拿出小学或中学的德育目标、内容、途径、方法、管理、评价某一方面的初步体系，报德育中心总课题组，总课题组根据各实验区的研究结果和自身条件，决定分别在三个实验区召开现场专题研讨会，共同研讨德育目标和内容体系、途径和方法体系及管理和评价体系。

所谓"先块后条，条块结合"，是指总课题组内部的分工合作问题。总课题组按学校分为小学组、初中组、高中组、中职组、大学组，我们称之为"块"。每一块先研究和构建各学段的德育体系。为了整体构建并搞好小、中、大学体系的衔接，总课题组又分为德育目标和内容体系小组、德育途径和方法体系小组、德育管理和评价体系小组，我们称之为"条"。每一条在各块研究的基础上，负责统揽小学、初中和高中。条与块二者的关系是：块为基础，条为指导。工作方式是：经常是块，集中是条。

2. 工作进度

第一阶段(1999.1.1～4.30)：实验区、校研究并形成初步成果。

实验区负责人于6月30日以前把初步成果寄送到德育中心总课题组。

第二阶段(1999.5.1～6.30)：总课题组分块研究并形成小学、初中、高中各学段的初步成果。

第三阶段(1999.7.1～8.31)：总课题组分条研究并形成德育目标和内容、途径和方法、管理和评价三大体系的成果。

第四阶段(1999.9.1～12.31)：实验校进行实验和反馈意见。

第五阶段(2000.1.1～3.31)：总课题组审稿、统稿、定稿。

第六阶段(2000.4.1～6.30)：出版最终成果《学校德育体系概论》《学校德育体系概览》和《整体构建学校德育体系实验研究论文集》。

第七阶段(2000.7.1～8.31)：请专家和领导评审鉴定。

第八阶段(2000.9.1～10.30)：向教育部和全国教育科学规划领导小组汇报。

第九阶段(2000.11～12)：总课题组召开实验区校总结大会、评审表彰先进实验区、先进实验校、先进个人和优秀成果。

同志们！我们承担的“九五”规划国家级重点课题“整体构建学校德育体系的研究与实验”是一项跨世纪的系统工程。让我们团结起来，认真总结，坚定信心，深入研究，开拓前进，为建立科学化、系统化、规范化的有中国特色的社会主义德育体系做出贡献！

1999年第三届开封德育年会主题报告

我代表总课题组向大会作主题报告。报告内容分为四个部分：

一、认真学习和深刻领会全教会精神；

二、以全教会精神为指导深化课题研究；

三、关于整体构建学校德育体系的研究与实验；

四、关于《成长册》的研究与实验。

一、认真学习和深刻领会全教会精神

新世纪即将来临，人类社会即将进入另一个千年。今日世界，科学技术突飞猛进，知识经济已见端倪，国力竞争日趋激烈。在这重要的历史发展阶段，党中央国务院于今年6月召开了改革开放以来第三次全国教育工作会议。江泽民同志在开幕式上的重要讲话，深刻分析了国际国内形势以及在新形势下教育的先导性、全局性和基础性地位，对全面推进素质教育提出了明确的指导思想和要求，他特别强调思想政治素质是最重要的素质。李岚清副总理的报告，全面阐述了推进素质教育的战略意义和实施素质教育的重要措施。会议闭幕时，朱镕基总理作了重要的讲话，深刻分析了我国当前的经济形势，要求我们抓住机遇，加快教育改革和发展。这次全教会高举邓小平理论伟大旗帜，认真贯彻党的十五大精神，分析了教育战线面临的机遇与挑战，总结了改革开放以来我国教育工作的实践经验。在我国社会主义现代化建设的关键时期，党中央国务院作出了《深化教育改革，全面推进素质教育的决定》(以下简称《决定》)，这对我国新世纪的社会主义现代化建设事业、对科教兴国战略方针的落实必将产生重大而深远的影响。

认真学习领会全教会文件内容，对深化我们的课题研究与实验具有十分重要的指导意义。下面就这次全教会的主要精神谈几点认识。

(一)素质教育的根本宗旨

素质教育的基本内涵，集中体现为一个宗旨，即全面贯彻党的教育方针，以提高国民素质为根本宗旨。素质教育及其宗旨的确立，有助于我们加深理解教育的本质问题。教育的本质，主要是对“教育—社会—人”三者之间关系的认识。考察教育史，中国古代教育家对教育本质和功能的论述，大都偏重于教育的社会作用。西方教育家对教育本质的论述主要分为两个派别，即个体本位论与社会本位论。个体本位论者高举人性的旗帜，强调教育要尊重儿童个性的发展。社会本位论者从社会学角度出发，提出人的社会化问题。在社会本位论看来，不仅教育的目的要社会化，教育的组织和方法也应当是社会化的。我国教育界关于教育本质的讨论，基本上是依据马克思主义哲学原理来分析教育现象的。主要观点有：教育是上层建筑；教育是生产力；教育一部分是上层建筑，一部分是生产力；教育是一种特殊的社会实践。这些观点实际上是对教育的社会职能和归属的阐述，偏重于教育的政治功能和经济功能，而对教育的文化功能特别是教育与人的发展关系未能涉及。近年来理论研究关于教育本质的认识逐步深入了。如认为教育是人类特有的遗传和交往方式，是人类自身的再生产和再创造；教育是“生产力之母”；教育的本质是社会主体和个人主体之间的精神文化和行为文化的相互传承等。综合上述观点，我们可以形成这样的认识：教育的本质简言之就是适应社会要求培育人或塑造人的社会活动。具体一点表述，教育就是由教育者根据社会要求和人的身心发展规律，对受教育者施加的一种系统的以提高人的素质为目的的培育和塑造活动。这样的认识，就在社会—教育—人之间建立起合乎规律的联系。我国的教育方针，科学地、具体地反映了教育的本质。以往那种或偏向人本或偏向社会的认识，都有合理成分，但都未能把握教育本质的完整内涵。用辩证的观点看，我国素质教育的宗旨，可以说是对个体本位论和社会本位论在综合其合理成分基础上的一种深化和回归。

(二)素质教育的两个重点

素质教育的两个重点是培养学生的创新精神和实践能力。面对世界科技飞速发展的挑战，我们必须把增强民族创新能力提到关系中华民族兴衰存亡的高度来认识。教育在培育民族创新精神和培养创造性人才方面肩负着特殊的使命。教育是知识创新、传播和应用的主要基地，也是培育创新精神和创新人才的摇篮。无论在培养高素质的劳动者和专业人才方面，还是在提高创新能力和提供知识、技术创新成果以及增强民族凝聚力方面，教育都具有独特的重要意义。我们的各级各类教育机构，我们的全体教育工作者，对增强包括民族凝聚力在内的综合国力，承担着庄严的职责。

教育是面向未来、负责未来的。知识经济反映出未来社会的发展特点。培养创新能力和创造性人才是知识经济社会向教育提出的突出要求。知识经济必然和已经引起教育思想与教育实践的重大变革，它使我们对教育的本质和德育的内涵获得更深层次的认识。

人的创造能力的形成，是人的思想道德素质和科学文化素质和谐统一的结果。人的良好的品德和个性对其创造能力的形成与发展具有决定性的作用。如人勤奋的学习态度，强烈的求知欲，对事物的好奇心，爱科学爱创造的情感，坚强的毅力和坚定的信念，进取创新意识与社会责任感，以及崇高的理想，科学的世界观等诸项品德素质，对人的智力和创造活动起着导向、动力、调节和支撑作用。

关于实践能力，我们都已注意到九届人大以来在对教育方针的表述中，将教育与生产劳动相结合改为与社会实践相结合。培养学生的实践能力在素质教育中具有多方面的意义。社会生活在本质上是实践的。实践是人的根本的存在方式。教育过程是内容极为丰富的实践过程。实践是知识和能力的源泉。学生的学习能力、创造能力本质上是实践能力。人的思想道德在其现实性上是以实践能力表现出来的。实践，是德育的根本特性。

(三)“三个面向”的指导意义

面向现代化、面向世界、面向未来是一个相互统一的整体。其基础与核心是面向国家社会主义现代化建设。面向现代化就是通过教育提高劳动者素质，为现代化建设提供人才和知识保证。教育面向现代化的必要条件和表现方式是面向世界。我们是在一个开放的世界中进行现代化建设的。我们的现代化建设，需要继承和发扬中华民族的优秀文化传统，也需要学习吸收世界各国人民包括在资本主义制度下创造的优秀文明成果。在当今科学技术飞速发展的形势下，关注、了解、掌握世界政治、经济、文化发展的新情况，对教育改革与发展是十分重要的。只有面向世界，我们才能站在时代教育改革发展的前沿，进行科学的分析和选择，使教育与现代化建设相互适应。现代化作为一个朝着特定目标有序发展的过程，其本身就是指向未来的，而这一未来目标的实现，需要教育培养一代又一代能将现代化建设引向未来的人才。三个面向相互联系，互为条件，对建立21世纪有中国特色的教育改革与发展体系具有深刻的指导意义。

可以说，这次全教会所确定的各项工作内容都体现着三个面向的思想。仅就面向世界这一个维度看，它可以使我们了解面对新世纪激烈竞争和知识经济的到来，世界各国教育改革的重要发展趋势。如培养创新能力问题，韩国1997年修订的《教育改革方案》指出，信息化、世界化时代的到来，意味着从产业文明进入一个新时代。在新时代，国民的学习能力、创造能力是决定性因素。他们的改革方案确定，中小学实行以知识记忆为主的教育向以培养创造力为重点的教育转移；大学由传授现有知识和外来知识的场所向成为科技、文化创造源的方向转移。日本1996年的《教育改革报告》要求，尊重每个孩子独特的个性，并使之获得自由的创造性的发展。这种尊重个性的思想包括自立、自重、自律、宽容和与他人协调相处等道德素养。美国“全美科学教育理事会”1989年制定的《普及科学——美国2061计划》着眼国民素质，实行教育的全面改革。例如在课程方面提出改变课程结构，减少时数，软化每门学科之间的界限，着眼培养科学的思维方法。在改革教学方法方面，要求教学应根据系统研究并认真验证和亲身体验的原则进行。科学知识的传授应与科学探索精神、科学价值观融为一体、鼓励学生的好奇心和创造性。

总之，“三个面向”无论从宏观教育发展战略上或教育改革的微观运作方式上都具有深刻的指导意义。

(四)“四个统一”与“四有”新人

江泽民同志在庆祝北京大学建校100周年大会上向各界青年提出了“坚持学习科学文化知识与加强思想修养的统一”“坚持学习书本知识与投身社会实践的统一”“坚持实现自身价值与服务祖国人民的统一”“坚持树立远大理想与进行艰苦奋斗的统一”的希望。这次全教会将“四个统一”作为“培养适应21世纪现代化建设需要的社会主义新人”的要求写入《决定》，“四个统一”为当代青年健康成长指明了方向。

“有理想、有道德、有文化、有纪律”是邓小平对新一代社会主义建设者和接班人提出的殷切希望和要求，江泽民同志的“四个统一”是对“四有”人才标准所作的赋予时代特征的具体阐述。

有理想，是指对马克思主义、共产主义、党和人民事业的坚定信仰。我国现阶段的共同理想是建设有中国特色的社会主义，把我国建设成富强、民主、文明的社会主义现代化国家。理想具有指向性，是一个人成长发展的原点和动力，理想体现着人生价值。建设有中国特色的社会主义，实现中华民族的振兴，是非常艰巨的事业，只有把理想与现实的艰苦的建设工作结合起来，使理想与服务人民融为一体，才能实现自身价值。

有道德，就是具有良好的思想道德素质。我国现阶段共同的道德标准是爱祖国、爱人民、爱劳动、爱科学、爱社会主义。这是从我国社会主义初级阶段的经济关系、政治关系、社会关系中引申出来的共同行为规范。“四个统一”从四个角度阐述了现实生活中思想道德的体现形式。只有把学习知识与品德修养统一起来，树立正确的世界观、价值观、人生观，学习才能有方向和动力。没有高尚的思想品德，不参加现实的社会实践，不把学到的知识奉献给祖国和人民，就失去了自身价值，难以有所作为。为实现崇高理想而学习，做到有理想、有文化，这本身就是品德高尚、个性完善的表现。有纪律，本质上是有道德的一种表现。它反映的是一个人履行职责、维护秩序、遵守道德行为规范的自觉性。“四有”中的三有(有理想、有道德、有纪律)统属德育，是对思想道德素质的具体阐述，具有突出、强调德育的作用。“四有”的归结点是思想道德素质和科学文化素质的和谐统一。

“四个统一”和“四有”是一个联系紧密的整体。“坚持学习科学文化知识与加强思想修养的统一”是青年人成才的先决条件；“坚持学习书本知识与投身社会实践的统一”是青年人成才的有效途径；“坚持实现自身价值与服务祖国人民的统一”是青年人成才的目的；“坚持树立远大理想与进行艰苦奋斗的统一”是青年人成才的动力。“四个统一”和谐地统一于为现代化建设培养“四有”新人。

(五)五级教育与“五育”

《决定》指出，素质教育应当贯穿于幼儿教育、中小学教育、职业教育、成人教育和高等教育五级教育，这充分体现出素质教育面向全体的思想。在促进学生全面发展上，《决定》指出，实施素质教育必须把德育、智育、体育、美育和劳动技术教育这五育有机地统一在教育活动的各个环节中。《决定》非常明确地指出：“各级各类学校必须更加重视德育工作。”同时，对德育的内容、原则及方法都提出了明确的要求。

(六)素质教育的六大措施

1. 调整现有教育体系结构，扩大高中和高等教育规模，拓宽人才成长道路，减缓升学压力。

2. 大力支持民办教育，将其视为经济增长点，以利于全面推进素质教育。

3. 进行教育教学体系的整体改革，重点进行课程内容、结构、体系的改革。

4. 搞好升学考试制度和教育评价体系和管理制度的改革。

5. 优化结构，建设全面推进素质教育的高质量的教师队伍。

6. 加强领导，全党全社会共同努力把素质教育落到实处。

全面推进素质教育，是我国教育事业的一场深刻变革，是一项事关全局、影响深远涉及诸多方面的系统工程。在实际工作中贯彻落实《决定》精神，把课题研究与素质教育紧密结合起来，是我们义不容辞的职责。

二、以全教会精神为指导深化课题研究

我们承担的“整体构建学校德育体系的研究与实验”课题，是一项决策性、应用性研究项目，它旨在为建立 21 世纪科学化、系统化、规范化的有中国特色的社会主义德育体系提供理论依据和实践模式，必须始终坚持“为决策服务，为实践服务”的宗旨。在课题研究的过程中，每一个重要的关键环节，都应当密切关注国际国内政治、经济、文化形势的发展变化，特别是要关注教育改革和发展的形势，以保证课题研究沿着正确的方向前进。在当前和今后的工作中，我们必须以全教会精神为指导，继续深化课题研究。

(一)总体设计与中央《决定》的高度一致

在学习和领会全教会文件的过程中，我们越来越感到我们课题的总体设计、基本思路与中央的《决定》保持了高度的一致性。首先，在德育内容上，《决定》对政治教育、思想教育、道德教育、法纪教育、心理教育五个方面都提出了明确要求。本课题关于德育内容的“五要素说”与中央《决定》的精神是完全一致的。如心理教育，以往对其是不是属于德育范畴存在着争议。这次《决定》再一次十分明确地将其归

于德育工作，指出“针对新形势下青少年成长的特点，加强学生的心理健康教育，培养学生坚忍不拔的意志、艰苦奋斗的精神，增强青少年适应社会生活的能力”。第二，在德育目标和内容体系的构建上，《决定》指出：“按照德育总体目标和学生成长规律，确定不同学龄阶段的德育内容和要求，在培养学生的思想品德和行为规范方面，要形成一定的目标递进层次。”本课题关于德育目标确立的依据，以及“德育目标，一以贯之，德育内容，分层递进，循序渐进，螺旋上升”的原则与中央《决定》的精神是完全一致的。第三，在德育的途径和方法上，《决定》指出“加强学校德育与学生生活和社会实践的联系，讲究实际效果，克服形式主义倾向”等。本课题在第一阶段成果《德育》读本的编写中强调“贴近生活、联系实际、主体参与、增强实效”的原则与中央《决定》的精神是完全一致的。第四，在德育的管理和评价上，《决定》指出：“建立符合素质教育要求的对学校、教师和学生的评价机制。”在这方面总课题组不但提出了构建德育评价体系的思路和要求，而且还研究编写并推出了学生整体素质综合评价手册，即《成长册》。这与中央《决定》的精神是完全一致的。总之，本课题研究与全教会精神和中央《决定》的一致性，使我们进一步明确了课题研究的方向，增强了我们继续深化研究的信心。

(二)深化研究的重点与素质教育的重点相衔接

关于德育在素质教育中的地位和作用，我在1997年的开题报告中从四个方面作了阐述。第一，德育是素质教育的首要任务；第二，德育在素质教育中发挥着导向、动力和保证作用；第三，德育到位是实施素质教育的重要标志；第四，素质教育对德育提出了更高的要求。现在看来，这些观点还是基本正确的。如果以全教会精神为指导再做些修改和补充的话，我认为第一条应改为“德育是素质教育的灵魂”。“灵魂”比“首要任务”更准确地表述了德育在素质教育中的地位。

在全教会精神的指导下，本课题深化研究的重点与素质教育的重点相衔接。中央《决定》明确指出：素质教育“以培养学生的创新精神和实践能力为重点”。“创新精神”和“实践能力”是我们课题研究的固有内容。我在开题报告阐释“五要素说”中，已经把培养“进取精神”和“创造精神”列入了德育内容；在讲到德育过程时，把“知情意行”中的“行”即实践作为德育过程的重要环节加以强调。然而，这还不够。我们的课题应当把创新精神和实践能力放在更加重要的地位加以深入研究。如在德育体系构建中如何体现创新精神和实践能力，在《德育》读本的修订时各学段、各年级如何补充创新精神和实践能力，等等。为在课题中加大创新精神和实践能力的研究力度，我想我们应当确立以下两个教育理念。

第一，德育是塑造创新人格的教育。

我在开题报告中确立了人的主体性理论在本课题研究中的指导地位。人的本体性的基本表现是自为性、自主性、能动性和创造性。学生创新人格的形成正是其道德主体形成的表现。从这个意义上说，德育的本质是塑造创新人格的教育。创新人格包括创新精神（创新意识）和创新能力（创造思维能力）两个大的方面。创新精神的培养本来就是德育课题中应有之意，在此不必赘述。而创新能力的培养，则是德育与智育辩证统一的结果，德育是实现这种统一的关节点。创造能力是人类的一种普通的心理能力，每一个正常的人都具有不同程度的创造能力或创造的潜力。创造性的主要表现是创造性思维能力，思维能力是人的智力的集中表现。人的智力不是独立存在的，或者说，在人的心理过程中，纯粹的智力过程是不存在的。任何智力活动，如观察、记忆、思维、想象都是在对问题的兴趣、动机、情感、意志等心理因素的支撑下进行的。这些起着支撑作用的心理因素，在现实生活中，可以表现为对事物的好奇心，强烈的求知欲，勤奋的学习态度，爱科学、爱创造、爱事业、爱祖国的情感，崇高的理想，抵抗挫折、坚忍不拔的毅力和信念等等，这些被称为“非智力”的因素是人的品德和个性的体现。人的智力和“非智力”因素是一个相互依托、相互作用的整体，两个方面谐调发展，才形成人的健全个性。心理学也把人的智力活动和“非智力”因素概括为认识和意向。人的任何心理过程都由认识和意向两种能力共同作用构成，两个方面的和谐作用才能完成认识任务。人的科学的世界观、价值观、人生观既是人的认识，又是人的意向，是认识和意向的和谐统一，对人的成长发展和进取创造具有重要的导向和动力作用。这表明人的创造能力与人的品德素质是紧紧相连的。也就是说人的健全的个性是人的知识修养与品德修养的和谐统一，人的创造力实质是这种和谐统一结出的果实。

上述观念得到脑科学、神经生理学和思维科学等研究成果的支持。这个领域的研究表明，人脑两半球具有高度分工协作的结构功能，左半球是处理言语，进行抽象思维的中枢，主管着人的说话、阅读、书写、计算、分类、言语、回忆和时间知觉等，具有连续性、分析性等功能。右半球是处理表象，进行形象思维的中枢，主管着人的视觉、形象记忆、空间几何图形识别、想象、感受音响与动作、产生情感态度等，具有弥散性和整体性等功能。两半球之间由叫作胼胝体的神经束建立起息息相通的神经联系。个体在感受事物和信息时，无论是抽象型的还是形象型的，两半球都是协同活动，以大脑的整体性结构功能完成感知或思维过程的。人的创造性的思维能力是大脑两半球协同活动的结果。创造思维既有抽象思维的分析、综合和概括，也有形象思维的想象、联想和类比，无论哪种思维的发生，都伴随着情绪、情感的发生和影响。这是由大脑的物质机能决定的。“应试教育”只重所谓智育，这种智育偏重于知识的记忆和储存，忽视能力和德性培养，使大脑的一部分机能超负发展，而其他许多机能则被压抑，这种片面教育自然阻碍了创造思维和创造能力的形成与发展。创新能力是人的德智体美劳各项素质全面发展的结晶，研究创新能力，实质是对如何促进人自由、全面发展的深化研究。

哲学上将事物由量变到质变的临界线称为关节点。我们借用这一概念来指称人的创造力产生的前提条件。如上所述，人的思想道德素质与科学文化素质的和谐统一，是创造力产生的前提条件。在教育工作中，德育到位是实现这种和谐统一的根基，因此可以说，在智育的常态发展中，德育到位是培养创新能力的关节点。

第二，德育是培养实践能力的教育。

德育在培养学生实践能力方面承担着重要的任务。这是因为德育在本质上是实践的。德育实践活动观是德育首要的基本的观点。

1. 德育目标本质上是实践的。德育过程的起点是德育目标。德育目标既包括对学生道德认知、道德情感的培养，也有对学生道德心理、道德行为的锻炼，归根到底是道德信念和道德行为的统一，落脚点在学生的品德行为上。只有培养出来的学生践行、践言了，我们才说德育目标达到了，而这正说明德育目标从本质上是实践的。

2. 德育过程本身是实践活动，德育实践活动是学生品德形成的唯一基础。德育过程是教育者施教过程与学生品德形成过程的统一。教育者施教是教育者和受教育者共同活动的过程，而这只有在实践活动中才能统一；学生品德形成规律告诉我们，学生品德是在活动和交往中形成的，活动和交往是学生品德形成的基础，并且是唯一基础。而活动和交往的本质是实践的。

3. 德育实践活动是检验学生品德素质高低的唯一标准。学生的品德素质必须在实践中才能表现出来，这是因为在实践中学生的主观意识、道德认识见之于客观行为，潜在品质变为显性品质，只有这样人们才能根据学生的具体表现分出谁好、谁一般、谁差。同时学生的品德只有在实践中才有价值、意义，这可以和智育中学生的活动相比较。在智育中，学生主要学习知识、技能并以此为中介发展能力，学生学到的知识技能既可马上运用，也可以储存起来以备后用，还可以作为一种乐趣、爱好搞知识游戏。这就是说，在智育中学生学到的知识不必一定拿去应用，付诸实践。而德育就不同了，学生如果不把学到的知识运用到实践中去，不仅自身品德素质难以提高，而且会出现“知行不一”的伪君子。只有把学生品德引向实践，教育效果才能够好，同时也是克服学生言行不一现象的最好途径，不引向实践的品德是毫无价值可言的。

4. 所有德育途径和方法的实质都是为了德育实践的。对德育来讲，无论是课堂内还是课堂外，无论是班级还是校园，无论是校内还是社会，都是学生品德实践的场所，其中的活动都是德育实践活动的过程。而方法更是直接为德育实践活动服务的，不利于实践的方法是不存在的。

三、关于整体构建学校德育体系的研究与实验

(一)德育目标体系的构建

德育目标是党和国家对青少年儿童在政治素质、思想素质、道德素质、法纪素质、心理素质等方面所应达到的规格要求，是德育工作的出发点和归宿点。德育目标的依据，是从建设有中国特色社会主义的实际出发，坚持“三个面向”，根据党和国家对青少年在“德”方面的

要求和品德形成与发展规律确定的。

（构建目标体系的要求见1998年会主题报告。）

（二）德育内容体系的构建

德育内容是为实现德育目标而确定和安排的特定的教育内容。德育内容的性质和构成由德育目标决定；德育内容的深度和广度为受教育者的年龄特征和思想品德发展水平所制约；德育内容的针对性从学生成长的需要和现实社会的迫切要求出发。

（构建内容体系的要求见1998年会主题报告。）

（三）德育途径体系的构建

德育途径是对学生实施德育影响的渠道，是实现学校德育目标，落实德育内容的组织形式。

（构建德育途径体系的要求见1998年会主题报告。）

（四）德育方法体系的构建

德育方法是完成德育任务、实施德育内容的手段。德育方法与德育途径既有密切的联系又有根本的区别，是两个不同的范畴。

（构建德育方法体系的要求见1998年会主题报告。）

（五）德育管理体系的构建

德育管理是协调实施教育的组织与组织、组织与德育工作之间的关系，以保证增强德育实效，完成德育任务，实现德育目标。

（构建德育管理体系的要求见1998年会主题报告。）

（六）德育评价体系的构建

包括教育行政部门对学校德育工作的评价、校长对班级德育工作的评价和对任课教师教书育人的评价、班主任及教师集体对学生个体的品德评价三部分内容。

（构建德育评价体系的要求见1998年会报告。）

下面我讲一下整体构建德育体系的工作方式和工作进度。

1. 工作方式

自下而上，总分结合；先块后条，条块结合。

(内容见 1998 年会主题报告。)

2. 工作进度

第一阶段(1999.10.30～12.30)：实验区、校研究并形成初步成果。实验区负责人于 12 月 30 日以前把初步成果寄送到德育中心总课题组。

第二阶段(2000.1.1～3.31)：总课题组分块研究并形成小学、初中、高中各学段的初步成果。

第三阶段(2000.4.1～8.31)：总课题组分条研究并形成德育目标和内容、途径和方法、管理和评价三大体系的成果。

第四阶段(2000.9.1～11.30)：实验校进行实验和反馈意见。

第五阶段(2000.12.1～12.31)：总课题组审稿、统稿、定稿。

第六阶段(2001.1.1～4.30)：出版最终成果《学校德育体系概论》《学校德育体系概览》和《整体构建学校德育体系实验研究论文集》。

第七阶段(2001.5.1～5.30)：请专家和领导评审鉴定。

第八阶段(2001.6.1～6.30)：向教育部和全国教育科学规划领导小组汇报。

第九阶段(2001.7～8)：总课题组召开实验区、校总结大会，评审表彰先进实验区、先进实验校、先进个人和优秀成果。

四、关于《成长册》的实验研究

(一)《成长册》实验研究的目的

为探索适应素质教育的评价体系，创立新的素质教育评价模式，我们决定进行《中小学生(含中职生)整体素质评价手册》即《成长册》的实验研究。

《成长册》的实验研究也是整体构建学校德育体系研究与实验中的应有内容。整体构建学校德育体系不能只停留在体系构建和理论说明上，必须具体化、可操作化、必须有“载体”、有“抓手”，即不仅要解决德育体系“是什么”和“为什么”的问题，还必须解决“怎么样”操作和贯彻落实的问题。因此研究编制《成长册》进行系统实验，正是本课题深化发展的必然结果。

(二)《成长册》实验研究基本原则

1. 导向性和激励性原则

《成长册》的实验研究及编制在指导思想上要以《决定》为依据，以整体推进素质教育，全面提高学生整体素质和创新能力为目标。因此，必须坚持导向性和激励性的原则，以便充分发挥学生整体素质评价的导向性和激励性功能。在编写框架坐标系的设计上，要体现“全面、发展、创新”的精神。横坐标要体现“全面和创新”，应当包括思想道德、科学文化、身体心理、审美艺术、劳动技能和个性特征、创新能力、自育能力等八个方面；纵坐标要体现“发展和创新”，应当依据不同年龄阶段学生的身心特点和知识水平设计出学生全面发展的阶梯。总之，要体现整体素质，全面发展，循序渐进，螺旋上升，引导和激励学生全面提高自身素质。

2. 科学性和系统性原则

《成长册》在学生整体素质评价指标体系的设计上，要坚持科学性和系统性原则。评价指标体系应当是科学化、系统化的全面反映素质教育要求的，既相互关联又体现层次性和相对独立性的一系列指标的总和。一级指标包括上述八项，要把这八项抽象的一级指标分解为可观测性、可操作性、可量化的具体指标，就必须进行科学性、系统性的分类、分级和分层，形成三级指标。第三级指标即细目应当具有代表性、简明性、独立性、可行性、可测性的特点。

所谓代表性是指细目具有对二级和一级指标的代表性和典型性的特点。例如：代表性行为一般包括三个方面，即：习惯性行为(内化的稳定的重复出现的行为)、关键性行为(在学校重大活动中或突发事件中的行为)和角色行为(学生处在学校、家庭、社会不同角色应有的行为)。所谓简明性是指细目应简单、明确、优化、少而精，不能含糊和繁琐。所谓独立性是指细目之间不能相互重叠、包容，不能互为因果。所谓可测性是指细目规定的内容必须是学生素质的外在表现，能够直接或间接进行观察和测定。所谓可行性是指细目指标必须实事求是，符合学生素质的实际水平，不能随意降低或提高评价标准，这种指标才是可行的。

3. 形成性和阶梯性原则

学生整体素质评价一般分为三种方式，即起始性评价(即摸底性评价)、形成性评价(即过程性评价)和总结性评价(即鉴定性评价)。《中小学生(含中职生)整体素质评价手册》主要是进行形成性评价，在评价体系的纵向发展上，必须坚持形成性和阶梯性原则，着眼过程，注重发展，鼓励创新，引导前进。学生整体素质的形成和发展不可能是“一刀切”“齐步走”的，它必然呈现出渐进性、动态性，总的趋势是螺旋式上升。但是从静态“定格”观察亦可表现为层次性、阶段性，我们可以把它划分为若干个阶梯，引导和激励学生沿着阶梯达到理想的境界。不同学段，不同年级评价体系的构建，要贯彻形成性和阶梯性原则，注意衔接，螺旋上升。在每一年级最后的总结性评价中也要贯彻这一原则，列出各项素质发展阶梯表，并给自己设定下一学年的发展目标。从整体构建和动态发展的角度看，每一学年的总结性评价既是下一学年的起始性评价，同时也是整个成长过程的形成性评价。

4. 主体性和个体性原则

《成长册》在评价主体上坚持学生主体性和个体性原则，以学生个体自评为主，充分发挥学生在整体素质评价中的主体性、自觉性和主观能动性。同时辅之以学生群体互评、家长助评、教师导评、校长审评，体现整体素质评价的自觉性、民主性、群众性、监督性相结合，把整体素质评价作为学生、教师、家长三者之间联络感情、交流思想、传递友谊的桥梁和纽带，形成推动学生整体素质全面发展的合力。贯彻主体性和个体性的原则，关键是尊重学生的主体地位。《成长册》的编制在形式设计上要给学生留有充分的空间，引导和培养学生自定成长目标，自析成长环境，自寻成长动力，自开成长渠道，自研成长方法和自评成长效果，使学生成为自己整体素质全面发展的主人。

5. 操作性和趣味性原则

《成长册》的编制要坚持操作性和趣味性原则。根据不同年龄阶段学生的身心特点和知识水平，创造不同的形式。总的要求是图文并茂，生动活泼、富于时代气息，使学生喜欢使用。小学阶段设计得更卡通一些，插图更多一些。中学阶段还可插入名人名言，学习要诀，行为规范，趣闻轶事等。在版式设计、图文制作、表格设计、字体变化等方面都应更新颖、更活泼、更实用，增强可读性、可视性和可操作性。

(三)《成长册》实验研究的进度

1. 1999年9月～2000年6月，启动实验，并进入第一轮实验。

2. 2000年7月，召开《成长册》实验研讨会，总结、交流实验经验，评价实验效果，安排修改工作。

3.2000 年 9 月～2001 年 7 月，第二轮实验。

4.2001 年 7 月，总结交流会，结题。

同志们，我们的脚步正在走向新的世纪，我们的国家正在向富强、民主、文明的社会主义现代化强国的宏伟目标阔步前进。在社会主义经济、政治、文化建设的伟大事业中，教育继承和发展着人类的文明成果，传播、保存、创造和发展着民族的文化。德育在形成民族文化心理、铸造民族精神中发挥着不可替代的作用。德育是素质教育的灵魂。新的世纪呼唤着新的德育。整体构建学校德育体系研究与实验，在创建 21 世纪有中国特色的德育体系的历史进程中，将发挥特有的影响和作用。让我们团结起来，解放思想，实事求是，认真总结，坚定信心，深化研究，开拓前进，为建立科学化、系统化、规范化的有中国特色的德育体系，为全面推进素质教育而不懈努力！

2000年第四届重庆德育年会的主题报告

我们承担的“整体构建学校德育体系的研究与实验”课题，是一项决策性、应用性研究项目，旨在为建立21世纪科学化、系统化、规范化、现代化的有中国特色的社会主义德育体系提供理论依据和实践模式，必须始终坚持“为决策服务，为实践服务”的宗旨。在课题研究的过程中，每一个重要的关键环节，都应当密切关注国际国内政治、经济、文化形势的发展变化，特别是要关注教育改革和发展的形势，以保证课题研究沿着正确的方向前进。

今年2月1日，江泽民总书记发表了《关于教育问题的谈话》，6月，中央召开了思想政治工作会议，7月，教育部召开了全国高校党建工作会议和全国中小学德育工作会议。在当前和今后的工作中，我们必须认真学习贯彻江总书记关于教育问题的谈话和中央思想政治工作会议精神，落实第三次全国教育工作会议和《中共中央国务院关于深化教育改革全面推进素质教育的决定》的要求，以全国高校党建工作会议和全国中小学德育工作会议为契机，继续深化课题研究。

下面仅就如何贯彻落实两会精神，继续深化课题研究谈五点意见。

一、认清形势，增强德育工作的紧迫感和责任感

二、正视问题，改进和解决德育工作的薄弱环节

三、遵循规律，加强德育内容的系统性和层次性

四、适应特点，提高德育途径的针对性和实效性

五、迎难而上，增强德育评价的科学性和可行性

一、认清形势，增强德育工作紧迫感和责任感

(一)两会的基本精神之一

江泽民同志在中央思想政治工作会议上，从如何认识社会主义发展的历史进程、如何认识资本主义发展的历史进程、如何认识我国社会主义改革实践过程对人们思想的影响、如何认识当今的国际环境和国际斗争带来的影响等四个方面，深刻分析了我们党的思想政治工作面临的新形势和新情况，具有鲜明的时代特色和很强的现实针对性。根据陈至立部长和吕福源副部长在两会上的报告，我讲三点学习体会。

1. 国际局势——当今世界，国际局势总体上趋向缓和，由一两个超级大国主宰世界的单极化政治格局逐步向多极化发展。国际经济的联系与合作日益紧密，全球化的趋势不可阻挡。但天下仍不太平。冷战结束后，霸权主义、强权政治有新的发展。以美国为首的一些西方发达国家为了实现他们的政治企图和经济利益，随着形势的变化，交替使用武力的、遏制的与和平的、接触的两手，一直不遗余力地对社会主义国家发动各种攻势。西方敌对势力加紧以各种方式和手段施行“西化”“分化”的政治战略，企图颠覆中国共产党的领导和中国的社

会主义制度。我们与他们在渗透与反渗透、争夺与反争夺、颠覆与反颠覆方面的斗争将会是长期的、复杂的，有时甚至会是十分尖锐的。如何增强民族凝聚力和自信心，坚定社会主义的理想和信念，是德育工作面临的新形势，提出的新任务。

2. 科技发展——科学技术的迅猛发展，大大推动了社会生产力的发展，将引起社会的经济结构、运行方式、管理模式，以及社会成员生活方式和思想观念的深刻变化。信息技术特别是信息网络技术的迅速发展，使信息的传播手段得以拓展，信息的传播速度日益加快，人们的知识视野极大地扩大，也为德育工作增添了新的渠道和现代化手段。另一方面，互联网上的信息庞杂多样、精华与糟粕并存，大大增加了人们鉴别是非、真伪的复杂性。如何根据“趋利避害”的精神和“充分利用，积极建设，加强管理”的原则，用正确、积极、健康的思想文化信息占领网络阵地，这也是德育工作面临的一个新形势，提出的一项新任务。

3. 国内形势——当前，我国正处在改革的攻坚阶段和发展的关键时期，社会主义现代化建设进入新的发展阶段，社会情况发生了复杂而深刻的变化。我们坚持和完善社会主义公有制为主体、多种所有制经济共同发展的基本经济制度，坚持和完善按劳分配为主体的多种分配方式，坚持和完善社会主义市场经济体制，深化改革，扩大开放，这些都是现阶段解放和发展生产力的必然要求。同时，由此形成了社会经济成分和经济利益、社会生活方式、社会组织形式、就业岗位和就业方式日益多样化等深刻变化，使人们思想活动的独立性、选择性、多变性、差异性明显增加。市场经济活动带来的消极影响容易诱发自由主义、分散主义和拜金主义、享乐主义、利己主义，必然对青少年学生特别是中职生和大学生产生极大影响。如何认真研究和引导青年学生正确认识国情和改革的长期性、复杂性、艰巨性，分清主流和支流，正确对待一些消极现象，树立正确的世界观、人生观、价值观，这是德育工作面临的又一个新形势，提出的又一项新任务。

(二)课题的研究任务

面对新形势、新情况，思想政治工作在继承和发扬优良传统的基础上，必须在内容、形式、方法、手段、机制等方面努力进行创新和改进，特别要在增强时代感，加强针对性、实效性、主动性上下功夫。我们要认真学习和深刻领会江总书记在中央思想政治工作会议上的重要讲话和关于教育问题的重要谈话精神，按照两会精神的要求，认清国际国内的形势，站在国运盛衰、民族兴亡的战略高度，增强德育工作的紧迫感和责任感。要深刻领会“思想政治素质是最重要的素质”“不断增强学生和群众的爱国主义、集体主义、社会主义思想，是素质教育的灵魂”“切实加强和改进对青少年学生的思想政治教育、品德教育、纪律教育、法制教育”，把德育工作摆在素质教育的首要位置。进一步深化课题研究，为加强和改进德育工作献计献策。

二、正视问题，改进和解决德育工作的薄弱环节

(一)两会的基本精神之二

全国高校党建工作会议和全国中小学德育工作会议的主题是：认真学习和深刻领会江总书记关于教育问题的谈话和中央思想政治工作会议精神，切实加强和改进学校德育工作。说“加强”，是因为确实还存在着某些“薄弱”的问题；说“改进”，是因为确实存在着某些“不适应”的问题；说“切实”，是因为中央和教育部关于加强和改进德育工作的大政方针已经确立，关键在落实，重点在改变“说起来重要，干起来次要，忙起来不要”的局面。

两会文件和领导讲话在总结经验、肯定成绩的基础上，对德育工作存在的问题做出了实事求是的估计，总的提法是："面对国内外形势发展的新变化、教育改革和发展的新任务和青少年思想教育工作的新情况，我们既有良好的机遇，又面临严峻的挑战，学校德育工作在不少方面还很不适应。"突出表现为"三重三轻""三个不适应""四个不能"。"三重三轻"是：重智育轻德育；重知识轻能力；重课堂教学轻社会实践；一手硬一手软的现象依然在一些地区和学校严重存在着。"三个不适应"是：德育工作不适应青少年身心发展的特点；不适应社会生活的新变化；不适应全面推进素质教育的要求。"四个不能"是：不能很好地根据青少年学生的身心特点和认识规律开展德育工作，存在着成人化倾向；不能很好地根据国内外形势的新变化、教育改革和发展的新任务和青少年思想教育工作的新情况，有针对性地对学生进行教育；不能很好地将校内教育与社会实践和家庭教育密切结合起来；不能很好地将知识传授与行为养成密切结合起来。

(二)课题的研究任务

客观地指出问题，勇敢地正视问题，是党的解放思想、实事求是的思想路线的体现。指出问题、正视问题，是为解决问题。要解决问题，就需要研究问题。我们的课题正是针对这些问题而立项研究的。经过几年的努力，我们已经提出解决这些问题的一个理论体系和操作模式。这个理论体系就是整体构建德育体系的思路，其中包括小学、初中、高中、中等职业学校、大学的德育目标、德育内容、德育途径、德育方法、德育管理、德育评价六个子体系，建立科学化、系统化、规范化、现代化的有中国特色的社会主义德育体系。这个操作模式就是以《德育》读本(从小学到大学共22本)和《成长册》(从小学到中职共15册)为载体的德育活动课。这个理论体系和操作模式已经在实验区和实验校初见成效。我们要继续深化研究，继续深化实验，为改变德育工作的薄弱性和不适应，为进一步加强和改进德育工作做出贡献。

三、遵循规律，加强德育内容的系统性和层次性

(一)“两会”的基本精神之三

全国中小学德育工作会议的主报告明确指出：“在德育内容上，要适应青少年学生的特点，加强思想政治教育、品德教育、纪律教育、法制教育以及心理健康教育。要遵循由浅入深、循序渐进的原则，确定不同教育阶段的内容和要求，形成各教育阶段相互衔接、具有递进层次的德育内容和要求。”这一段文字科学、简明地提出了德育内容在横向、纵向两方面的要求。从横向上看，德育内容应当包括思想政治教育、道德品质教育、纪律教育、法制教育和心理教育五个方面的内容，这是对德育内容全面性、系统性、完整性的要求。避免了以往强调某一方面而忽视另一方面，一种倾向掩盖另一种倾向的某些片面性的做法。从纵向来看，德育内容要适应青少年学生的身体、心理和社会性特点，遵循青少年思想品德形成发展的规律和德育工作的规律，要遵循由浅入深、循序渐进的原则，形成各教育阶段相互衔接、具有递进层次的德育内容体系。这是对德育内容渐进性、层次性、衔接性的要求。避免了过去“一刀切”“齐步走”“大呼隆”等粗放式的做法。

(二)课题的研究思路

我们的课题研究的总体思路和德育内容体系构建的基本原则与两会精神保持了高度的一致性。同时，也体现了作为科学研究的理论性和超前性。德育目标和内容体系的构建，首先遇到的问题就是德育概

念的界定问题。1997年，我在开题报告中对我国德育理论界对德育概念的五种不同观点进行了分析，提出了德育内容的“五要素说”。从德育实践中总结概括出德育的定义：德育是指教育者按照一定社会的要求，有目的、有计划、有组织地对受教育者进行系统的影响，把一定社会的政治准则、思想观点、道德规范、法纪规范和心理要求，转化为受教育者个体的政治素质、思想素质、道德素质、法纪素质和心理素质的教育。以德育概念的界定为理论基石，进一步明确提出了德育内容体系构建的总体思路：“遵循青少年儿童品德形成发展规律和德育工作规律，根据唯物辩证法的系统论原则，整体构建学校德育内容体系，就是把德育内容的要素结构和层次结构划分出来，以五大要素为纬，以各项要素的不同层次为经，按照整体性、有序性、动态性的原则，把它们有机地组合起来，依据学生不同年龄阶段的身心特点和知识水平，由浅入深，由低到高，由近及远，由具体到抽象，由感性到理性，螺旋式上升，构建从小学一年级到大学毕业每个年级的德育内容，形成科学化、系统化、规范化、相对稳定的德育内容体系。”在1998年第二届年会上，我又进一步把构建德育内容体系的原则概括为：“德育内容，循序渐进；德目规范，形成序列；要素完整，层次清楚；注意衔接，螺旋上升。”应当说这些研究思路和理论观点为教育行政部门的德育决策提供了科学依据，也为实验区和实验学校的研究与实验提供了理论指导。

（三）课题的研究成果

目前，我们实验区和实验校在德育内容体系的研究上取得了可喜的成果。其中天津市河西区已率先出版了《构建跨世纪小学德育体系》，沈阳市和平区已出版了《中小学德育体系的整体构建》，黑龙江科技学院已出版了《高校德育体系的整体构建与实践》，黑龙江省教科院已出版了《大中小学德育体系的整体构建》。有的实验区还出版了整体构建德育体系的研究报告和实验报告文集，如重庆市的《学校德育体系整体构建的研究与应用》，重庆市南岸区的《区域性整体优化中小学德育的研究与实践》，南京市当代教科所的《构建德育体系，推进素质教育》等。这些研究成果基本上贯彻了总课题组提出的指导思想、研究思路和基本原则，为整体构建学校德育体系做出了贡献。

(四)深化研究的任务

江泽民同志关于教育问题的谈话和两会精神给我们课题研究进一步指明了方向，使我们更加坚定了整体构建德育体系的信心和决心。我们要以两会精神为指导，在总结现有研究成果的基础上，进一步深化研究，使两会原则性的意见具体化，这样才能实现科学化和可操作性，将两会精神落到实处。关于德育目标、内容体系的构建，我提出以下几个问题，供同志们研究讨论。

1. 德育的总体目标如何表述？如何体现整体性和层次性的要求？

2. 德育“五要素”的分解目标如何表述？

3. 德育的分学段目标如何表述？如何体现一以贯之和分层递进的要求？

4. 德育内容“五要素”之间的相互关系怎样？它们各自在整体德育中的地位和作用是什么？

5. 德育内容“五要素”各自的具体内容、特点和规律是什么？

6. 德育内容如何具体概括为若干个“德目”？这些“德目”怎样形成序列，循序渐进地分布到各个学段？

研究和解决这些问题，需要以整体构建的思想为指导。各级各类学校都要对学生进行政治教育、思想教育、道德教育、法纪教育、心理教育。同时这五方面的教育都有一个由浅入深、由低到高、由感性到理性、由具体到抽象的过程。这个过程是由各个教育阶段彼此衔接共同完成的。每个教育阶段都必须保证德育内容结构的序列性和完整性，同时又应做到德育内容的渐进性和层次性。必须注意小学、初中、高中、中职、大学的衔接和螺旋式上升，克服倒挂、脱节、简单重复和脱离实际的问题，这是整体构建德育内容体系的关键。

四、适应特点，提高德育途径的针对性和实效性

(一)两会的基本精神之四

两会的主报告，对德育途径提出了十分具体和明确的要求：1. 加强中小学德育课程建设和高校两课建设。小学思想品德课、中学思想政治课、职业学校德育课和高等学校政治理论课、思想品德课是学校德育工作的主导渠道，承担着德育工作的主要任务。当前，中小学德育课程建设，一要加强，二要改革。改革的主要任务是从实际出发，深入研究学生思想品德特点，遵循学生品德形成规律和社会发展的要求，构建符合学生身心发展特点的，适应21世纪发展需要的德育课程体系。高校两课建设的主要任务是进一步深化邓小平理论“三进”工作。2. 必须把德育寓于各学科教学之中，贯穿于教育教学的各个环节。中华民族有五千年的文明史，有举世闻名的优秀文化遗产，有丰富的革命传统教育题材，这些都要有针对性地渗透到相关学科的教学中去。3. 学校的教学、管理、后勤工作都要重视德育工作，做到教书育人、管理育人、服务育人。4. 积极开展校园文化建设，创造良好的育人环境。5. 积极创造条件，让学生走向社会，参加社会公益劳动、学工学农、军事训练、科技发明等社会实践活动。两会关于德育途径的要求主要是上述五个方面，重点强调的是德育课程的改革和建设，学科德育的渗透和加强，社会实践的规定和要求。这些精神对

我们深化课题研究具有重要的指导意义。

(二)课题的研究思路

我们的课题在德育途径的研究上与两会的精神保持了高度的一致性。然而，根据整体构建德育体系的总体思路，我们关于德育途径体系的研究更具有整体构建的全面性与系统性，与德育内容的对应性与针对性，各条途径相互配合的整合性与合力性，各教育阶段德育途径的层次性与阶段性。我在1998年会暨第二届学术研讨会上，提出了学校德育途径包括：1. 思想品德和思想政治课(中职德育课、高校“两课”)；2. 德育活动课；3. 学科德育；4. 三育人(教书育人、管理育人、服务育人)；5. 班主任工作；6. 党团队和学生会工作；7. 校园文化建设；8. 校外基地建设；9. 心理咨询和职业指导；10. 学校教育与家庭教育、社会教育三结合等10条德育途径。整体构建德育途径体系的总体思路：从纵向来说，各条途径在小学、中学(含中职)、大学德育工作中的运用应根据各教育阶段学生身心特点有不同的侧重点；从横向来看，各条途径应发挥各自的功能，协调配合，形成全员育人、全程育人的德育工作格局，以求发挥德育途径的整体效益，提高学校德育的整体效果。根据这个思路进一步提出了构建德育途径体系的基本原则：1. 德育途径，对应内容；2. 一项内容，多条途径；3. 有主有辅，协调配合；4. 分工合作，形成合力。

(三)课题研究的成果

根据德育途径体系构建的总体思路和基本要求，经过总课题组、子课题组和实验区、实验校的共同努力，我们在德育途径的研究上已经取得了丰硕的成果。其中最重要的是：建立了德育活动课的理论框架和操作模式。

德育活动课的提出源于对两个问题的思考：一是对“课堂教学是

德育主渠道”的思考，我认为这个曾经流行的观点是值得商榷的。因为我们的课堂教学是以智育为主设计的，智育的主要任务是传授知识而不是培养品德。尽管智育也有育德性，尽管有教书育人的要求，尽管课堂教学可以而且应当渗透德育，然而“渗透”不是“为主”，渗透是点点滴滴的，不是全面系统的，渗透是时有时无的，不是经常不断的。智育的主要任务是传授知识、培养能力，主要解决学生知不知、会不会的问题。德育不仅解决学生知不知、会不会的问题，而且更要解决学生信不信、行不行的问题。不但要授之以知、晓之以理，而且还应动之以情、导之以行。教学有教学的规律，德育有德育的规律。课堂教学不等于德育，德育必须有自己的实体，有自己的传授体系。二是对“思想政治课是德育主渠道”的思考。思想政治课是唯一的一门德育性质的课程，在学校思想政治教育中发挥着重要的作用。然而它作为学科课程，有两个局限性：一是受学科体系的局限，它不可能涵盖德育“五要素”的全部内容；二是受中考、高考的局限，它的重点是传授知识和理论，在实践环节和行为引导上比较薄弱。德育的本质是实践的，实践的观点是德育首要的和基本的观点。缺少实践环节的德育不是完整的德育。

基于上述思考，我建议增设一门德育活动课，作为思想政治学科课的补充，二者结合起来，如同高校的两课一样，才是德育工作的主渠道和主阵地。为此，我们建立了德育活动课的理论框架和操作模式。

1997年，我在开题报告中提出了德育活动课的教材——《德育》系列实验读本的编写原则：

1. 德育目标，一以贯之；德育内容，循序渐进。

2. 贯通古今，融汇中西；继承借鉴，发展创新。

3. 贴近生活，联系实际；主体参与，避免说教。

4. 授之以知，晓之以理；动之以情，导之以行。

5. 精练优美，喜闻乐读；图文并茂，生动活泼。

1998 年会暨第二届学术研讨会，我又把《德育》系列实验读本的特点概括为 10 条：

1. 定位的准确性和正确性；

2. 德目的规范性和序列性；

3. 概念的科学性和准确性；

4. 内容的系统性和层次性；

5. 观念的时代性和继承性；

6. 方法的多样性和灵活性；

7. 过程的完整性和多端性；

8. 选材的鲜活性和典型性；

9. 文字的规范性和准确性；

10. 插图的生动性和趣味性。

1999 年会暨第三届学术研讨会上，我们又把《德育》系列实验读本的施教原则概括为德育活动课的“新三中心论”，即以学生为中心，以活动为中心，以体验为中心。

2000 年，我们又在《德育系列实验读本修订意见》中提出：认真贯彻和落实第三次全教会精神和《中共中央国务院关于深化教育改革全面推进素质教育的决定》，以培养创新精神和实践能力为重点，加强德育活动课的综合性和实践性，实现《德育》读本的自我超越。修订后的《德育》读本在保持原版特色的基础上又有了新的突破，主要表现在两个方面。

一是在结构体例上有所创新。本次修订，各学段、各册的主编和全体编写人员认真研究了实验教师在第二届、第三届年会上参评的实验报告、修订意见、教案教参、活动方案、教学随笔等获奖成果，在修订过程中最大限度地采纳了他们的意见，浓缩了众多实验教师的创造。修订本在编写体例上进行了多方面的探索，根据德目序列和教学重点，在课题设置、创设情境、激发动机、讲授知识、道德思维、活动安排、行为训练和品德评价等环节都进行了精心的设计，强化了学生主体，具有鲜明的活动性、实用性和可操作性，将有助于进一步提高德育实效。

二是在内容体系上有了新的飞跃。本次修订在内容设计上突出了综合性和实践性。综合性体现在三个方面：一是德育内容的综合性，即把政治教育、思想教育、道德教育、法纪教育、心理教育五大要素融为一体；二是德育过程的综合性，即把知、情、意、行融为一体；三是德育体系的综合性，即把德育目标、内容、途径、方法、管理、评价融为一体。实践性体现在两个方面：一是读本内容不是单纯的知识体系，而是综合性的操作体系；二是教学过程不以认知为主，而以活动为主；进一步避免了单纯传授知识，空洞讲解理论，死记硬背概念等脱离实际的倾向。

至此，以《德育》系列实验读本为载体的德育活动课的理论框架和操作模式基本形成。

《德育》读本在两年半的实验中基本上实现了预期的目标：使实验区掀起了德育科研的热潮，德育工作走上了科学化、系统化、规范化、现代化的健康发展的轨道。实验校确立了“科研兴校，科研治教，以科研为先导，推动教育教学工作”的办学思想，德育工作提高到一个新的水平，使实验校的班主任工作从经验型转向到理论型，从盲目性转向科学性，从零散性转向系统性，从随意性转向规范性。培养锻炼了一支优秀的德育教师队伍。达到了出经验、出人才、出成果的目的。

《德育》读本的研究与实验之所以取得成功，是总课题组坚持以邓小平理论和中央精神为指导，坚持为决策服务、为实践服务的宗旨，坚持走科研人员与行政领导和一线教师相结合的道路的结果；是总课题组、总编委会、各学段各分册主编和全体作者开拓创新、团结协作的结果；是实验区、实验校领导高度重视、大力支持和广大实验教师积极参与、无私奉献的结果。

此外，各实验区、实验校在德育途径和方法子课题研究方面，也取得了丰硕的成果。其中已经正式出版的著作有：山东淄博师范的《双主体合作德育论》，吉林白山师范的《中师班主任工作手册》等。关于学科德育、校园文化建设、校外基地建设、学校家庭社会三结合育人体系等方面都有一批高质量的研究论文获奖。这些成果都为总课题组整体构建德育途径方法体系提供了经验，积累了素材，做出了贡献。

(四)深化研究的任务

1. 总结《德育》读本实验的经验，撰写《德育活动课程论》。
2. 研究各科教学的德育渗透，撰写《学科德育论》。
3. 研究校内外德育环境建设，撰写《环境德育论》。
4. 研究德育途径方法的现代化，撰写《网络德育论》。
5. 研究学校德育途径的横向统合，形成教育合力。
6. 研究大中小学德育途径的纵向衔接，形成德育途径体系。
7. 研究学校、家庭、社会德育途径的结合，形成大德育格局。

五、迎难而上，增强德育评价的科学性和可行性

(一)两会的基本精神之五

关于德育评价问题，两会的主报告中只有一句话："要建立健全学生思想品德行为的综合考核制度，全面评价每个学生。"虽然两会没有把德育评价作为重点问题强调，但这不意味着德育评价不重要。其实，第三次全国教育工作会议的主文件《中共中央国务院关于深化教育改革全面推进素质教育的决定》中已经明确决定"建立符合素质教育要求的对学校、教师和学生的评价机制"。中央的《决定》和两会精神，为我们进行德育评价研究指明了正确的方向。

(二)课题研究的思路

德育评价子课题，是本课题研究的重点和难点。说它是重点，是因为德育评价是德育管理工作中的重要环节，是检查、督导、评估德育质量的重要机制，是切实加强和改进学校德育工作，使德育由虚变实，由软变硬的不可缺少的重要措施。在德育管理工作中，加强德育评价的理论研究和实际运用，有利于全面贯彻党的教育方针，落实德育首位，全面推进素质教育；有利于促进学校的德育改革，把竞争机制引入学校德育领域，增强德育的实效；有利于调动校长和教师的积极性、主动性、创造性，提高德育工作水平；有利于提高学生自我评价、自我教育的能力，发扬优点，克服缺点，促进良好品德的形成和发展。因此，德育评价研究是加强和改进学校德育工作的一项根本性、关键性的建设。说它是难点，是因为德育评价难以量化，难以建立一套科学、有效、便于操作的评价指标体系。德育与智育不同，智育的任务主要是传授知识兼培养能力。智育也有育德性，但这不是它的主要任务。德育不仅是传授知识和培养能力，不仅解决学生知不

知、会不会的问题，而且更要解决学生信不信、行不行的问题。德育过程是一个知、情、意、行相互联系、辩证统一的过程，不但要授之以知、晓之以理，而且还应动之以情、导之以行。因此，德育评价也就与智育评价不同，智育评价通过考试，就可以测量学生的知识和能力的水平，而德育评价只靠考知识、考能力是不够的，还需要对学生的情感、意志、行为进行评价，而这方面的评价是不太容易量化的，因此也就增加了德育评价的难度。

1998 年，我在第二届学术研讨会主题报告中对构建德育评价体系提出了明确的要求：1. 三级评价，体系健全；2. 指标体系，科学简明；3. 认真研究，评价原则；4. 正确掌握，评价方法。要求建立学校、班级、学生三级评价体系，指标体系一般包括一级指标、二级指标、三级指标(具体指标)、权重、评价方法等项内容。既要有科学性和系统性，又要具体、简明，有可行性。

1998 年第五期《德育信息》发表了我的一篇文章《学生品德评价的理论与方法》，对德育评价的原则与方法进行了具体的阐述。德育评价的原则概括为：1. 定性评价与定量评价相结合；2. 终结性评价与形成性评价相结合；3. 全面评价与特色评价相结合；4. 他人评价与自我评价相结合。评价方法概括为：1. 评语鉴定测评法；2. 等级评定测评法；3. 综合记分测评法；4. 评语、评分等综合测评法。

(三)课题研究的成果

总课题组为了贯彻落实第三次全教会精神和《中共中央国务院关于深化教育改革全面推进素质教育的决定》中关于“建立符合素质教育要求的对学校、教师和学生的评价机制”要求，于 1999 年上半年研究编写了学生整体素质综合评价手册——《成长册》。《成长册》从小学一年级到中等职业学校每学年一册，共 15 册。

《成长册》的编写原则是：1. 导向性和激励性原则；2. 科学性和系统性原则；3. 形成性和阶梯性原则；4. 主体性和个体性原则；5. 操作性和趣味性原则。

《成长册》内容结构分为：成长环境篇、成长目标篇、成长阶梯篇、成长交流篇、成长成果篇。

《成长册》的评价内容分为八个方面：1. 思想道德；2. 科学文化；3. 身体心理；4. 审美艺术；5. 劳动技能；6. 个性特长；7. 创新能力；8. 自育能力。小学和初中称为：1. 学会做人；2. 学会学习；3. 学会健体；4. 学会健心；5. 学会审美；6. 学会劳动；7. 学会创造；8. 学会自护。

《成长册》与过去普遍使用的《成绩册》只是一字之改，但确有本质之别。《成长册》是对学生进行全面素质评价，《成绩册》只是对学生学习成绩的评价；《成长册》是形成性评价，《成绩册》是终结性评价；《成长册》是学生自我评价和师生、家长双向评价，《成绩册》是教师对学生的单向评价；《成长册》的评价主体是学生，《成绩册》的评价主体是教师；《成长册》生动活泼，《成绩册》形式死板。

目前，《成长册》已经在部分实验区、实验校进行实验，受到教师、学生和家长的普遍欢迎和高度评价，收到了良好的实验效果。

《成长册》的研究与实验对建立符合素质教育要求的评价机制，对全面实施素质教育，对加强和改进德育工作具有重要意义。

在德育评价体系构建方面，实验区、实验校承担的子课题研究也取得了突破性进展。荆州区教委子课题组的同志们知难而进，迎难而上，组织力量，协作攻关，总结经验，开拓创新，经过两年多锲而不舍、坚持不懈地努力，终于在众多实验区中率先完成了德育评价体系构建这一艰巨任务，正式出版了《中小学德育评价的理论与实践》。此外，北京市、重庆市、黑龙江省、沈阳市在德育评价体系的研究上也取得了可喜的成果，为总课题组整体构建德育体系奠定了基础，做出了贡献。

(四)深化研究的任务

1. 继续进行《成长册》的实验，为明年修订提供实验依据。

2. 继续深化研究，构建小学德育三级评价体系。

3. 继续深化研究，构建中学德育三级评价体系。

4. 继续深化研究，构建中职德育三级评价体系。

5. 继续深化研究，构建大学德育三级评价体系。

6. 继续深化研究，整体构建学校德育评价体系。

同志们，整体构建学校德育体系，包括德育目标、内容、途径、方法、管理、评价 6 个子体系的研究和构建。这是一个庞大的系统工程。要完成这一艰巨的任务，需要认真的运筹、科学的管理、缜密的计划和精心的施工。总课题组制定的工作方式是：自下而上，总分结合；先块后条，条块结合。

目前，实验区、实验校承担的子课题研究任务和《德育》读本的实验任务已进入结题阶段。许多实验区和实验校的研究成果和实验报告为总课题组整体构建德育体系和最终结题奠定了良好的基础。总课题组的工作已经进入“条”“块”结合，整体构建的阶段。预计今年年底完成最终成果——《整体构建学校德育体系总论》，编辑《德育实验报告集》和《德育研究论文集》。我们要认真贯彻两会精神，继续深化课题研究，为圆满结题而努力奋斗！

2001年“九五”国家重点课题结题报告

一、整体构建学校德育体系课题的提出

关于本课题的提出，需要追溯到“八五”规划。“八五”规划期间，中央教科所德育研究中心承担了国家教委重点课题——我国各级各类学校德育现状调查研究。这项调查研究既包括大、中、小学校德育工作现状的调查研究，又包括大、中、小学生政治、思想、道德素质现状的调查研究。调查样本涉及23个省(直辖市、自治区)，225所学校，12500名学生。这个课题可以说是首次全国性、系统性、全方位的大型德育现状调查研究。在大面积问卷调查的基础上，还分别召开了各种类型的座谈会进行典型调查，把定量分析与定性分析相结合，撰写出45份分门别类的调查报告。在此基础上，撰写了总体研究报告。

总报告指出：在改革开放和建立社会主义市场经济体制的过程中，学校德育面临着许多新情况和新问题。例如：在经济体制转轨、经济形式多元存在的情况下如何坚持社会主义意识形态的一元导向？在扩大对外开放，吸收外国

先进经验的情况下，如何振奋民族精神，树立民族自信心和自豪感？在社会生活中存在着“一切向钱看”的思想影响，如何树立正确的人生观、价值观？在社会生活中出现“黄赌毒”“假冒伪劣”“坑蒙拐骗”等消极影响的情况下，如何教育学生增强遵纪守法观念？在人际交往日益频繁、复杂的情况下，如何培养学生具有待人接物和立身处世的良好的道德品质？在升学考试、职业选择竞争日益激烈的情况下，如何教育学生具有承受挫折、适应环境、积极进取的健康的心理素质？面对这些问题，德育工作者做了大量工作和坚持不懈的努力。但是从总体上来看，学校德育还有许多不和谐、不适应的地方，还存在不少亟待解决的问题。

首先，大、中、小学没有形成整体化德育大纲。现行的《小学德育纲要》《中学德育大纲》和《高等学校德育大纲》是分别制定的，对大、中、小学德育的衔接没有给予充分的考虑，因此不同程度地存在着倒挂、脱节、不必要的重复、脱离学生身心发展特点和品德形成发展规律的问题。在德育目标上尚未做到分层递进，在德育内容上尚未做到循序渐进。这三个大纲都是“八五”规划以前制定的，随着时间的推移和形势的发展，它们也需要不断地发展和完善。

其次，大、中、小学的德育途径没有形成有效的教育合力。小学思想品德课、中学思想政治教育课、大学马克思主义理论课和思想品德课，是德育的主要实施途径。但是这些课程并不能涵盖德育的全部内容，有的甚至已经学科化、应试化，削弱了德育功能。尽管可以把其他德育内容放在学校的党团队工作、班主任工作、“三育人”、课外活动、社会实践中来实施，但是这些德育实施途径并没有整体规划、明确分工和形成合力，在时间、空间、人力、物力上得不到保证，容易落空或流于形式。

再次，大、中、小学没有建立起可行的德育评价机制。目前，学校德育工作没有建立起科学、简明、便于操作的评价体系。没有形成检查、督导、评估德育质量的有效机制。因此，智育一手硬，德育一手软的问题依然在一些地方和学校严重存在着，德育“说起来重要，干起来次要，忙起来不要”的情况难以得到根本转变。

总报告的结论部分是《加强和改进学校德育工作的对策性建议》共提出六条建议，其中包括制定大、中、小学整体化德育大纲，制定大、中、小学德育课程系列教学大纲，整体构建大、中、小学德育体系，建立科学化、系统化、规范化的，相对稳定的，有中国特色的社会主义德育体系。这个建议初稿刊登在中央教科所编写的、供教委领导决策参考的内部刊物《科研与决策》1994 年第 4 期上。李岚清副总理看到这个材料之后，于 5 月 14 日作了明确批示，“教委：调查中的有些建议，可以纳入‘加强和改善德育工作’讨论稿。”国家教委有关领导也做了批示，要求“组织文件起草小组的同志仔细商量一下，与全教会主报告、中央常委讨论意见一并吸收有关精神，写入文件稿。”这里所说的“文件稿”，就是 1994 年 8 月 31 日颁布的《中共中央关于进一步加强和改进学校德育工作的若干意见》，这个文件的第 5 条明确规定要“整体规划学校的德育体系”。

为了贯彻落实中央文件关于“整体规划学校的德育体系”的精神，我们在对《小学德育纲要》《中学德育大纲》和《高校德育大纲》进行认真研究的基础上写出了涵盖大、中、小学的、系统的、整体化的《有中国特色的社会主义德育体系的初步构想》。与此同时，还出版了《中国德育全书》(200 万字)，对大、中、小学校德育进行了系统的、全面的研究，为本课题的提出奠定了良好的基础。

1995 年下半年，全国教育科学规划领导小组组织专家制定“九五"规划课题指南，经过德育学科组专家们的论证和领导小组的批准，"整体构建学校德育体系的研究与实验"这个选题列入了"九五"课题指南的国家级重点课题。在提出、论证和申报课题的过程中，得到了基层同志特别是第一线德育工作者的积极反馈和热情支持。

总之，整体构建学校德育体系的研究与实验课题是在深入进行调查研究的基础上，经过科研工作者系统论证，得到了中央和原国家教委领导同志的肯定，得到了基层和第一线广大德育工作者的支持。本课题的提出经过一个自下而上，自上而下的过程，经过了一个从实践中来，通过研究再到实践中去的过程。因此，本课题的提出是十分重要的，也是非常必要的。

二、整体构建学校德育体系的研究内容

整体构建学校德育体系以德性论、德育论、系统论为理论基础，以贯通古今、融会中西、继承借鉴、发展创新为基本原则，以德育目标、德育内容、德育途径、德育方法、德育管理、德育评价等要素系统为纬，以小学德育、中学德育、中职德育、大学德育等层次系统为经，进行横向贯通，纵向衔接，分层递进，螺旋上升，整体构建21世纪有中国特色的、代表先进文化前进方向的、适应全面素质教育要求的学校德育体系。为增强学校德育工作的科学性、针对性和实效性提供理论参照和实践模式。下面分别介绍德育目标、德育内容、德育途径、德育方法、德育管理、德育评价等六项子体系的研究内容。

(一)德育目标体系的构建

1. 确定德育目标的依据

德育目标是党和国家虽青少年儿童在政治素质、思想素质、道德素质、法纪素质、心理素质等方面所应达到的规格要求，是德育工作

的出发点和归宿点。德育目标确定的依据，是从建设有中国特色社会主义的实际出发，坚持面向现代化、面向世界、面向未来的方向；是根据党和国家对青少年儿童一代在“德”的方面的要求，遵循青少年和儿童品德形成和发展的规律。这里包括四句话，并构成两对矛盾，我们要力求达到方向性与现实性的统一，党和国家的要求与青少年成长自身需要的统一。过去我们较多地强调方向性和党和国家的要求，因为方向总具有理想性和长远性的特点，要求总是原则性、高标准的，所以目标的确定往往是笼而统之、大而化之、“一刀切”“齐步走”的，我们要把目标定得实事求是、切合实际，经过努力可以达到，就应当注意目标确定的现实性和可能性，充分考虑学生成长的自身需要，遵循品德形成发展的规律。

2. 构建德育目标体系的要求

总体目标，一以贯之；学段目标，各有侧重；年级目标，具体明确；情意兼顾，知行统一。

我国各级各类学校德育的总目标是：把全体学生培养成热爱祖国、具有社会公德、文明行为习惯、遵纪守法的好公民。在这个基础上，引导他们逐步树立科学前世界观、人生观、价值观，不断提高社会主义思想觉悟，成为有理想、有道德、有文化、有纪律的社会主义现代化事业的建设者和接班人，并使他们中的优秀者在将来成长为具有共产主义觉悟的先进分子奠定基础。

所谓“总体目标，一以贯之”就是指各级各类学校都要始终如一地坚持德育的总目标。各个阶段的具体目标都应包括政治素质、思想素质、道德素质、法纪素质和心理素质等方面的要求，以保证德育要素在各个教育阶段的完整性和连续性。小学、初中、高中各学段的德育目标，要根据学生的年龄特点、知识水平和成长规律有所侧重，不可求全。年级的德育目标，在小学两个年级合为一段，初中、高中则应每个年级分别制定，表述要具体明确。目标的要求应体现知、情、意(信)、行，必须有认知和行为方面的要求，也要适当考虑情感、意志和信念方面的要求。

(二)德育内容体系的构建

1. 确定德育内容的依据

德育内容是为实现德育目标而确定和安排的特定的教育内容。德育内容的性质和构成由德育目标所决定；德育内容的深度和广度为受教育者年龄特征和思想品德发展水平所制约；德育内容的针对性从学生成长的需要和现实社会的迫切要求出发。

2. 构建内容体系的要求

德育内容，循序渐进；德目规范，形成序列；要素完整，层次清楚；注意衔接，螺旋上升。

各级各类学校都要对学生进行政治教育、思想教育、道德教育、法纪教育和心理教育。同时，政治教育、思想教育、道德教育、法纪教育、心理教育都有一个由浅入深、由低到高、由感性到理性、由具体到抽象的过程。这个过程是由各个教育阶段彼此衔接共同完成的。每个教育阶段都必须保证德育内容结构的序列性和完整性，同时又应做到德育内容的渐进性和层次性。必须注意小学、初中、高中、大学的衔接和螺旋式上升，克服倒挂、脱节、简单重复和脱离实际的问题，这是整体构建德育内容体系的关键。

(三)德育途径体系的构建

1. 德育途径的含义

德育途径是对学生实施德育影响的渠道，是实现学校德育目标，落实德育内容的组织形式。德育途径体系是以完成德育任务、提高德育实效为目的，以我国的国情和各级学校德育工作的实际情况为依据而提出的。学校德育主要途径包括：思想品德和思想政治课、其他各科教学、三育人(教书育人、管理育人、服务育人)、班主任工作、党团队和学生会工作、劳动与社会实践、课外活动、校外教育、校园文化建设、心理咨询和职业指导、家庭与社会教育等。

2. 构建德育途径体系的要求：德育途径，对应内容；一项内容，多条途径；有主有辅，协调配合；分工合作，形成合力

德育途径应当对应每一项德育内容，使每一项德育内容都有贯彻落实的渠道。在多数情况下，往往某一项德育内容需要多条德育途径来贯彻实施。这就有一个以哪条途径为主，以哪条途径为辅的问题，也有一个如何协调配合的问题。长期以来，流行着一种观点：“课堂教学是德育的主渠道”。这个观点是值得商榷的。因为课堂教学是以智育为主而设计的，它的主要任务是传授知识而不是培养品德。尽管有教书育人的要求，尽管课堂教学可以而且应当渗透德育，然而“渗透”不是“为主”。教学有教学的规律，德育有德育的规律，课堂教学不等于德育，德育必须有自己的实体，有自己的传授体系。整体构建德育途径体系，一方面要求各条途径都能发挥各自的独特功能，另一方面必须强调分工合作，形成合力，贯彻教育影响一致性的原则。建立全员育人和全程育人的德育工作格局，以求发挥德育途径的整体效益，提高学校德育的整体效果。

(四)德育方法体系的构建

1. 德育方法的含义

德育方法是完成德育任务、实施德育内容的手段。德育方法与德育途径既有密切的联系又有根本的区别，是两个不同的范畴。打个比方说：途径好比路，而走路中是步行、骑车，还是开车、乘车，这是

方法问题。同样是过河，用桥或船或游泳，这也是方法问题。途径和方法是互相影响，相互制约，互相促进的。途径决定方法，德育方法的选择依赖于德育途径，如课堂教学这条途径，决定了讲授法和说明法是基本方法；而在社会实践活动中，实践锻炼法、考察参观法则是基本方法。另一方面，方法的改进也会影响途径的发展。例如多媒体信息技术，开辟了网络德育途径。

在教育实践中，德育工作者创造出丰富多样的德育方法，理论工作者加以概括和分类，一般可以概括为4类18法：(1)以语言说理形式为主的方法，包括谈话法、讲授法、讨论法、辩论法、演讲法等；(2)以形象感染形式为主的方法，如典型示范法、情感陶冶法、影视音像法、小品表演法等；(3)以实际训练形式为主的方法，如社会实践法、调查访问法、参观考察法、常规训练法、大型活动法等；(4)以品德评价形式为主的方法，如奖惩激励法、表扬鼓励法、评比选优法、操行评定法等。

2. 构建德育方法体系的要求：根据内容，对应途径；多种方法，优选组合；辩证思维，法无定法；留有余地，鼓励创新

根据不同的德育内容选择不同的德育途径，对应不同的德育途径选择不同的德育方法。德育方法多种多样，要进行优选组合，正确处理系统教育与随机教育的关系，说理教育与社会实践的关系，集体教育与个别指导的关系，教育与自我教育的关系，显性教育与隐性教育的关系，严格管理与耐心疏导的关系，学校教育与家庭、社会教育的关系。德育实践是丰富多彩的，理论概括是原则的、抽象的，一切真知来源于第一线教师的伟大实践。德育方法体系的构建坚持辩证思维，主张法无定法，要给教师留有余地，鼓励他们在实践中开拓创新。

(五)德育管理体系的构建

1. 德育管理的含义

德育管理是协调实施德育的组织与组织、组织与德育工作者之间的关系，以保证增强德育实效，完成德育任务，实现德育目标。它是整个德育工作的指挥和保证系统，具有协调、组织、实施和评价的功能。

德育管理体系的构建，包括领导体制、法规政策、规章制度、队伍建设、督导检查、考核测评等项内容。

2. 构建德育管理体系的要求：理顺健全领导体制；稳定提高教师队伍；建立健全规章制度；形成学校、家庭、社会德育网络

德育管理体系的构建是一个政策性、实践性很强的问题。要在《中共中央关于进一步加强和改进学校德育工作的若干意见》指导下，深入调查研究各级各类学校德育管理的成功经验，以求构建出一个科学、实用、高效的德育管理体系。同时还应以大德育观为指导，建立学校、家庭、社会德育一体化、网络化的德育管理模式，以争取全社会对学校德育工作的关心和支持。

(六)德育评价体系的构建

1. 德育评价的含义

德育评价是学校德育管理工作的重要环节，也是保证学校德育目标实现的必要措施。德育评价体系的构建是学校德育工作中一项带有根本性的建设，对于督导检查学校德育工作的水平和质量，推动德育由虚变实、由软变硬发挥着不可替代的监督保证作用。

德育评价体系的构建，包括教育行政部门对学校德育工作的评价、校长对班级德育工作的评价和对任课教师教书育人的评价、班主任及教师集体对学生个体的品德评价三部分内容。

2. 构建德育评价体系的要求：三级评价，体系健全；指标体系，科学简明；认真研究，评价原则；正确掌握，评价方法

要求建立学校、班级、学生三级评价体系。德育评价的难点是量化的指标体系，指标体系一般包括一级指标、二级指标、三级指标(具体标准)、权重、评价方法等项内容。既要具有科学性和系统性，又要具体、简明，有可行性。

整体构建学校德育体系，包括上述6个子体系的研究和构建。这是一个庞大的系统工程，需要认真的运筹、科学的管理、缜密的计划和精心的施工。

三、整体构建学校德育体系的研究过程

本课题自批准立项到最终成果完成大体经过了以下四个阶段：

(一)组织上、思想上的准备阶段

1997年1月2日，全国教育科学规划领导小组办公室下达“九五”规划国家级重点课题“整体构建学校德育体系的研究与实验”立项批准通知书。本课题组组长立即着手组建课题组，筹建实验区，确立指导思想，策划研究方案。到6月底撰写完《开题报告》，准备阶段结束。

1. 组建科研人员、行政领导和一线教师相结合的课题组

本课题是一项为决策服务、为实践服务的应用研究项目，旨在建立21世纪科学化、系统化、规范化、现代化的有中国特色的学校德育体系，为行政领导德育工作决策提供理论参照，为大、中、小学校德育工作提供实践模式。因此，在课题组组建过程中广泛征求了教育部有关司局领导和地方教育行政部门和一线校长、教师的意见，并得到了他们的大力支持与良好合作。经过2个月的准备，总课题组于2月28日正式成立。

总课题组组长：詹万生负责课题的总体策划、理论研究、实验指导和组织管理的全面工作。

总课题组核心成员及其分工(略)

2. 组建实验区、实验校两级实验基地

2月26日，根据《中央教科所关于教改实验基地的管理办法》，总课题组制定了《实验基地管理细则》和《子课题申请评审书》。关于实验基地的建设，坚持了四句话16字方针：“严格审批、合理布局、加强管理、认真指导。”

(1)严格审批。申请加入中央教科所“九五”国家级重点课题“整体构建学校德育体系”实验基地的基层教委或学校，必须具备三个条件并履行申报审批手续。这三个条件是：教委(局)或学校应重视德育科研工作，具有“科研领先，科研兴校，科研治教”的办学思想；具有一支较强的德育教师队伍和德育科研力量；申请一项子课题并承担总课题组研究成果的实验任务。

(2)合理布局。为了增强实验的信度、效度和推广的价值和范围，实验基地的布局是从两方面考虑的。首先考虑全国的覆盖面，目前的实验区和实验校分布在东北、华北、华东、中南、西南、西北六大区域。其次考虑大城市、小城镇和农村的代表性，比如北京市实验基地就分布在城区、近郊区和远郊县。

(3)加强管理。根据本课题参加人员多，涉及范围广的特点，本课题的管理实行总课题组组长领导下的分级管理制度，总课题组下分二级子课题组、三级子课题组。实验区成立二级课题组，实验校成立三级子课题组。三级子课题组由二级子课题组进行管理和指导。少数直属实验校承担的子课题可直接由总课题组管理。

(4)认真指导。总课题组建立实验区、实验校的业务档案，以便及时了解情况，以利指导。总课题组先后考察指导的实验区、实验校已占正式批的实验区、校的 90% 以上。只有少数独立、偏远的实验校，总课题组尚未直接到校指导。

3. 确立课题研究的指导思想

本课题的指导思想是：以马列主义、毛泽东思想、邓小平理论和党的十五大报告为指导，坚持解放思想，实事求是的思想路线，坚持唯物辩证法的系统原则，把小学德育、中学德育、中等职业学校德育、大学德育作为一个系统加以统筹规划，整体构建大、中、小学校和谐衔接的德育体系。依据这一指导思想所构建出来的学校德育体系，应当是面向 21 世纪有中国特色的德育体系，应当是代表先进文化前进方向的德育体系，应当是适应全面推进素质教育的德育体系。这是本课题研究与指导思想相关联的奋斗目标。

(1)构建 21 世纪有中国特色的德育体系，必须坚持解放思想，实事求是的思想路线，坚持从市场经济建设的实际出发，坚持“三个面向”的发展方向。

解放思想，实事求是，是党的思想路线，是马列主义、毛泽东思想的精髓，也是邓小平理论的精髓。解放思想，实事求是，就是一切从实际出发，打破习惯势力和主观偏见的束缚，研究新情况，解决新问题。当前中国的最大实际就是市场经济建设。整体构建学校德育体系必须从这个实际出发。学校德育工作存在的一切问题都可以从市场经济中找到原因。同样，要解决这些问题也必须从市场经济中寻找答案。同样，要解决这些问题也都必须从市场经济中寻求答案。

随着我国社会主义市场经济的确立和逐步完善，中国的经济形成了多元化发展的格局。经济形式的多元存在带来了人的思想观念的转变，这些观念给人们的思想注入了新的生机，同时，市场经济是凸显个人利益的求利经济，凸显金钱地位的货币经济，凸显优胜劣汰的分化经济。利益主体的多元化必然导致人们思想的多样性、复杂化。因此，市场经济对学校德育工作具有双重效应：市场经济自主经营的原则激发了人的主体意识生成，同时诱发个人主义倾向；市场经济所有制形式的多元化促进了生产力的发展，同时利益群体的多样化必然导致价值取向的多元性；市场经济的效益原则增强了效益观念和求实精神，同时诱发了拜金主义和重利轻义倾向。尤其是在我国社会主义初级阶段，在生产力尚不发达，法制尚不够健全，市场经济体系有待进一步完善的情况下，学校德育工作希望与困难同在，机遇与挑战并存。

面对这种情况，整体构建学校德育体系如何坚持解放思想实事求是的思想路线，既从市场经济的实际出发，又坚持“三个面向”的方向呢？我们认为应当处理好三个关系：一是德育的适应性与超越性的关系；二是教师主体性与学生主体性的关系；三是德育导向的一元化与道德实践的多元性的关系。

(2)构建代表先进文化前进方向的德育体系，就必须以马克思主义为指导，继承弘扬中华民族优秀传统文化，使德育体系具有鲜明的中国特色；借鉴吸收国外优秀文明成果，使德育体系具有鲜明的时代特点。

德育体系作为一种综合性的道德文化，它的民族特色源于其母体传统文化的民族特性。中国古代哲学是本体论、认识论、道德论的统一，以伦理道德、人生价值的探究为中心，是一种伦理型的哲学体系。作为传统文化精华的中国古代哲学，“究天人之际，通古今之变”，认为宇宙的法则与道德的最高准则是一致的。中国原始儒家、原始道家、中国佛家和宋明理学这四大思想传统的一个共同点是，

“它们的智慧都是人生的智慧”。其中儒家伦理成为中国传统道德文化的主流与核心。通观中国传统道德文化，我们可以总结归纳出最为典型的五个方面：致思于整体精神，强调为社会、为民族、为国家的爱国主义思想；推崇仁爱原则，强调自强不息、厚德载物及人际和谐；提倡人伦价值，强调个人在人伦关系中的权利和义务；追求精神境界，向往理想人格；重视修养践履，强调道德主体的能动作用。

西方在漫长的历史演变过程中，形成了区别于其他文化的主导精神和价值取向，这就是个性精神、科学精神、民主精神、法制精神、功利精神。这五种精神凝聚着西方文化的精华。古希腊追求人的独立和权利，他们尊重人性，崇尚人的自主、自律和力量，把人看作是高于其他一切的实体。在文艺复兴运动中，思想家们主张从中世纪封建神学的禁锢中解放出来，恢复古希腊文化的人文精神，要求从神性转向人性，高扬人的理性，主张面向自然，解释自然，重新认识世界和人自身，提倡求索和创造文明。17 世纪，随着资本主义生产方式的形成和发展，崇尚理性、发展科学成为资产阶级的迫切要求。科学精神在本质上是一种崇高的道德精神。从此以后，民主理论和民主政治、法律思想和法律制度、功利思想和求利原则得到进一步发展，并成为上升时期各国资产阶级革命的武器。

整体构建学校德育体系就是要在马克思主义指导下，贯通古今，融会中西，继承借鉴，发展创新。在德育思想、德育内容和方法领域中实践着古今文化的贯通和批判继承，同时，也在这几个方面实践着中外文化的选择和吸收借鉴。这是本课题研究的基本原则和努力探索的方向。

(3)构建适应全面推进素质教育的德育体系，就要以中央关于素质教育的精神为指导，突出提高国民素质的根本宗旨，致力于培养学生的创新精神和实践能力。

国民素质是指一个国家的人民在改造自然、改造社会的过程中所具有的体魄、智力和思想道德的总体水平。它是一个国家经济和社会发展的基础，是综合国力的主要体现，是国际竞争力的重要方面。提高国民素质，教育是基础。素质教育要求全面提高学生的整体素质，包括思想道德素质、科学文化素质、身体心理素质、审美艺术素质和劳动技能素质等方面。德育肩负着培养思想道德素质的重要任务，在素质教育中居于首要的地位，对全面素质教育发挥着导向、动力和保证作用。加强和改进学校德育工作，增强德育工作的科学性和实效性，是实施素质教育的一个重要标志。同时，素质教育对德育提出了更高的要求。素质教育要求全面提高学生的素质，作为素质教育重要组成部分的德育，同样应当全面提高学生的思想道德素质。思想道德素质是一个综合性范畴，包括政治素质、思想素质、道德素质、法纪素质和心理素质等。整体构建学校德育体系，不再限于笼统的“德育”，而对德育的要素结构和层次结构进行分门别类的研究，一是按照儿童和青少年的年龄特征，分别研究小学德育、中学德育、大学德育以及各级各类学校德育的和谐衔接；二是将广义的德育分解为道德教育、政治教育、思想教育、法制纪律教育、心理教育等五个方面，分别研究各自的特点、规律、内在机制以及它们之间的相互关系。从而为全面提高学生的思想道德素质提供理论参照和实践操作的模式，为提高国民素质，培养学生的创新精神和实践能力奠定基础。

(二)《德育》系列实验读本的研究与实验阶段

1997年7月12～14日，本课题组在北京召开了“开题会议暨首届学术研讨会”。总课题组组长在《开题报告》中对课题研究做了全面部署，确定了第一阶段的研究任务是整体构建大、中、小学德育目标和内容体系。为了使德育目标和内容体系构建建立在实验区、实验校广泛而深入的实验基础之上，为了发动实验教师和实验区行政领导切实参与到课题研究中来，决定先研究和编写一套德育目标和内容可操作的载体——《德育》系列实验读本。

1. 确立了正确的指导思想

编写《德育》系列实验读本的指导思想是：以邓小平理论和党的十五大报告为指导，贯彻落实《中共中央关于进一步加强和改进学校德育工作的若干意见》，坚持解放思想，实事求是的思想路线和唯物辩证法的系统论原则，整体构建小学、中学(中等职业学校)、大学的德育内容体系。德育内容体系的构建，就是把德育内容的要素结构和层次结构划分出来，以五大要素(即政治教育、思想教育、道德教育、法纪教育、心理教育)为纬，以各项要素的不同层次为经，按照整体性、有序性、动态性的原则，把它们有机的结合起来，依据学生不同年龄阶段的身心特点，知识水平和品德形成发展规律，由浅入深，由低到高，由近及远，由具体到抽象，由感性到理性，螺旋式上升，构建从小学一年级到大学毕业每个年级的德育内容，全面提高学生的思想道德素质，克服小学、中学、大学德育内容的倒挂、脱节、过频变动和简单重复，形成科学化、系统化、规范化、相对稳定的德育内容体系。《德育》系列实验读本就是德育内容体系在各级各类学校贯彻实施的一个载体。

2. 明确了编写目的

经过反复研究，这套读本定位在供德育活动课使用，是对思想品德课和思想政治课的有益补充。在小学、中学和中等职业学校主要是利用班会、团队会活动课进行实验，目的是使班主任、团队工作从经验型转向理论型，从随意性转向计划性，从盲目性转向科学性，从零散性转向系统性，以提高德育水平，增强德育实效。

这套《德育》系列读本不但是落实德育内容体系的一个载体，而且是实施素质教育的一个渠道。素质教育的根本是以德育人，教学生如何做人既是德育的根本任务，又是素质教育的首要任务。《德育》系列读本的编写目的，从根本上说就是为建立21世纪素质教育的课程体系探索一条德育活动课程的新路子，为培养新世纪的社会主义事业建设者和接班人做出贡献

3. 制定了科学的编写原则

《德育》系列读本力求编出特色，编出精品。为此制定和贯彻了以下几条原则：

(1)德育目标，一以贯之；德育内容，循序渐进。学生健康的心理素质，文明的行为习惯，良好的道德品质，科学的世界观、人生观、价值观，崇高的理想信念，坚定正确的政治方向，是通过小学、中学、大学等各个学段的教育逐步形成的。这套读本既考虑到了德育目标的一贯性和完整性，又注意到了德育内容的渐进性和层次性。

(2)贯通古今，融会中西，继承借鉴，发展创新。中国是一个具有悠久历史和优秀文化传统的国家，素以礼仪之邦著称于世。新中国成立以来，特别是党的十一届三中全会以来，德育工作积累了许多成功的经验。这套读本力求做到继承和弘扬我国优良的德育传统，同时吸收和利用西方有益的文明成果，结合时代特点发展创新。

(3)贴近生活，联系实际，启发引导，主体参与。这套读本不是从概念和学科体系出发，而是从德育工作实际和学生成长的实际需要出发，尽可能贴近生活、贴近实际，距离学生近一点，问题提出小一点，回答问题实一点。避免“高、大、空、远”，做到“近、小、实、亲”，并努力在启发引导上下功夫，调动学生主体参与的积极性。

(4)授之以知，动之以情，晓之以理，导之以行。德育过程包括知、情、意、行诸环节。这套读本不是单纯传授知识的体系，而是把知、情、意、行有机地统一起来的德育体系。德育过程具有多端性，根据不同的德育内容，有的从导之以行开始，有的从动之以情人手。在这方面，对每一课都进行了认真的研究和精心的设计。字通俗易懂，避免枯燥晦涩，具有较强的可读性。小学每一课都有精美的大幅彩色画面、中学和中等职业学校也有适量的彩色插图，做到图文并茂。从封面到版式、字体、字号都进行了精心设计，使书的形式生动活泼，形成统一风格。

4. 组织了三结合的编写队伍

参加《德育》系列读本编写的人员有德育科研人员、德育行政领导和第一线的德育教师共100多人，形成了“三结合”的编写队伍。成立了小学组、初中组、高中组、中职组、中师组、大学组等六个子课题组，即六个学段编委会。在编写队伍的组织管理上，形成了总编委会、学段编委会、分册编委会三级管理体制，分册主编在学段主编指导下开展编写工作并向学段主编负责，学段主编在总主编的指导下开展编写工作并向总主编负责，形成了分级管理，层层负责，层层把关的编写程序，保证了编写指导思想和编写原则的贯彻，从而保证了书稿的质量。

从1997年11月到1998年4月，总课题组在北京先后召开了三次审稿会，总编委会在认真审阅的基础上多次召开不同层次座谈会，一是征求教育行政领导其中包括国家教育部有关司局和各省教委德育处长的意见：二是征求第一线校长和教师的意见；三是征求德育专家、学者的意见。这期间总编委会反复修改，数易其稿，到8月份，《德育》系列读本陆续出版问世。

5. 认真指导《德育》读本的实验

为了搞好《德育》读本的实验工作，总课题组组长撰写了《运用活动课对德育系列读本进行实验的理论与方法》一文，对读本的实验目标、实验假说、实验方案、变量控制、效度评价及预期成果做了全面的阐述。各实验区相继举办了实验教师培训班，各实验校都制定了实验方案。总课题组成员先后到各实验区指导实验，各实验区之间开展了交流活动，各实验校组织了德育活动课观摩研讨。一个前所未有的德育实验活动热潮在全国各地实验区、实验校中掀起，涌现一批德育实验的先进学校、模范实验教师和优秀实验成果。德育读本实验的成果包括实验报告、教案教参、活动方案、观察日记、修改意见等五个方面。总课题组向各实验区、实验校广泛征集上述五项成果并进行评审，一批优秀成果受到表彰。由于指导到位，措施有力，《德育》读本实验受到了广大实验区领导和实验校师生广泛欢迎和好评，一直沿着科学、有序、健康、有效的方向发展，收到了良好的效果。

（三）《成长册》研究与实验阶段

1999年5月1日，总课题组召开会议，对《德育》读本的研究与实验工作进行总结，对课题如何深化研究进行研讨。会议认为进一步深化课题研究要抓住德育评价这一重点和难点。说它是重点，是因为德育评价是德育管理工作中的重要环节，是检查、督导、评估德育质量的重要机制。说它是难点，是因为德育评价难以量化，难以建立一套科学、有效、便于操作的评价指标体系。为了抓住重点，攻克难点，会议决定研究和编写一套学生综合素质评价手册——《成长册》，并在实验学校中进行实验。自此，本课题研究进入《成长册》的研究与实验阶段。

1. 明确《成长册》的研究与实验的意义

第一，《成长册》对于研究和制订新的评价制度具有重要意义。长期以来，我国中小学普遍使用《成绩册》作为对学生评价的唯一形式。《成绩册》仅记录了学生文化课的考试成绩和班主任的操行评语，既不能反映学生“德、智、体、美”诸方面的发展状况，也不能反映学生的个性特长；它仅是对学生的单向评价，不能反映学生对教师的评价、要求和希望；它仅是一学年(或一学期)的总结性评价，不能反映学生成长过程中的经验、教训和成果。《成绩册》的弊端已为教师、学生和家长所认识。改革这种不合理的评价方式已成为中国教育改革的一个重要组成部分。

第二，《成长册》对于全面实施素质教育具有重要意义。全面实施素质教育，不仅要改革课程设置、课程体系、教学内容和教学方法，而且必须改革评价制度、评价体系、评价内容和评价方法。素质教育要求全面提高学生的素质，其中包括思想道德素质、科学文化素质、身体心理素质、审美艺术素质、劳动技术素质，以及个性特长、创新能力和实践能力。《成长册》的编制，涵盖了以上诸方面综合素质的评价，因此对引导学生、教师、家长都来关心学生的成长和整体素质的提高，对于全面实施素质教育必然发挥重要的推动作用。

第三，《成长册》对于加强和改进德育工作具有重要意义。长期以来，德育没有一个科学的、行之有效的评价标准，中考和高考录取以考试科目的分数为唯一标准，体育在中考中还占 30 分，而德育为“0”。这种导向的结果造成智育是硬任务，德育则成了软任务。《成长册》在全面评价学生的整体素质的同时重点突出思想道德素质。并按照不同年龄阶段学生的身心特点、知识水平和品德形成发展规律使之进一步具体化、典型化、细化、简化和量化，成为教师评价和学生自我评价中易操作的东西。这对于评价德育工作的水平和质量，推动德育由虚变实，由软变硬，加强和改进德育工作具有重要意义。

2. 制定《成长册》研究与实验的原则

第一，导向性和激励性原则。《成长册》的实验研究及编制以整体推进素质教育，全面提高学生整体素质和创新能力为目标。因此，必须坚持导向性和激励性的原则，以便充分发挥学生整体素质评价的导向性和激励性功能。在编写框架坐标系的设计上，要体现“全面、发展、创新”的精神。横坐标要包括思想道德、科学文化、身体心理、审美艺术、劳动技能和个性特征、创新能力、自育能力等八个方面；纵坐标要依据不同年龄阶段学生的身心特点和知识水平设计出学生全面发展的阶梯。总之，要体现整体素质，全面发展，循序渐进，螺旋上升，引导和激励学生全面提高自身素质。

第二，科学性和系统性原则。评价指标体系应当是科学化、系统化的全面反映素质教育要求的，既相互关联又体现层次性和相对独立性的一系列指标的总和。一级指标包括上述八项，要把这八项抽象的一级指标分解为可观测性、可操作性、可量化的具体指标，就必须进行科学性、系统性的分类、分级和分层，形成三级指标。第三级指标即细目应当具有代表性、简明性、独立性、可行性、可测性的特点。

第三，形成性和阶梯性原则。形成性评价，在评价体系的纵向发展上，必须坚持形成性和阶梯性原则，着眼过程，注重发展，鼓励创新，引导前进。学生整体素质的形成和发展不可能是“一刀切”“齐步走”的，它必须呈现出渐进性、动态性，总的趋势是螺旋式上升。但是从静态“定格”观察，亦可表现为层次性、阶段性，我们可以把它划分为若干个阶梯，引导和激励学生沿着阶梯达到理想的境界。不同学段，不同年级评价体系的构建，要贯彻形成性和阶梯性原则，注意衔接，螺旋上升。

第四，主体性和个体性原则。《成长册》在评价主体上坚持学生主体性和个体性原则，以学生个体自评为主，充分发挥学生在整体素质评价中的主体性、自觉性和主观能动性。同时辅之以学生群体互评、家长助评、教师导评、校长审评。把整体素质评价作为学生、教师、家长三者之间联络感情、交流思想、传递友谊的桥梁和纽带，形成推动学生整体素质全面发展的合力。《成长册》在形式设计上要给学生留有充分的空间，引导和培养学生自订成长目标，自析成长环境，自寻成长动力，自开成长渠道，自研成长方法和自评成长效果，使学生成为自己整体素质全面发展的主人。

第五，操作性和趣味性原则。《成长册》的编制要求坚持操作性和趣味性原则。总的要求是图文并茂，生动活泼、富于时代气息，使学生喜欢使用。小学阶段设计要求图更多一些，中学阶段还可插入名人名言、学习要诀、行为规范、趣闻轶事等。在版式设计、图文制作、表格设计、字体变化等方面都应更新颖、更活泼、更实用，增强可读性、可视性和可操作性。

3. 认真指导《成长册》的实验

《成长册》出版后，总课题组核心成员撰写了指导实验的文章，《怎样认识成长册》《谈成长册的实验实验操作》，对《成长册》的实验进行认真指导。

首先，指导认识《成长册》的功能。对学生而言，《成长册》是学生群体学习交往的名片，是双向交流增进了解的同心结，是相互激励发展个性的加速器。学生如果能认真使用的话，它将是学生经历成长的一行足迹，是启迪智慧的一把钥匙，是培养美德的一条渠道，是铺垫人生的一块基石。对教师和家长而言，《成长册》是成人观察孩子世界的窗口，是成人与孩子民主对话的热线，是成人和孩子共同呵护的一盆希望之火。

其次，指导使用《成长册》的方法。《成长册》设计的一系列评价指标，为学生主动地建构和完善自身的素质提供了路经和线索。引导学生沿着这个路径去思考，也就提供了学生成长交流的话题。那么如何有效地组织学生之间经常性的成长交流、研讨，就成了我们实验研究的一个主攻方向，实验教师在实验过程中，应创造性地提出自己的实施方案，技能方法，并写出实录，做出效果的评价。

再次，指导交互评价的技能。《成长册》为学生与学生、学生与教师、学生与家长之间提供了一个广阔的交互评价的空间。使学生在充分的交互评价中形成清晰正确的自我评价，这对一个孩子的健康成长是至关重要的。所以实验要求以学生自评为主，同时辅之以学生群体互评、家长助评、教师导评、校长审评，形成学生整体素质全面发展的合力。而要达到这一实验要求，也需要一系列的有效操作。实验教师应努力探讨这种科学的交互评价的技能、方法，并对实验效果有充分的说明。

《成长册》的实验，受到了实验区、实验校师生的普遍欢迎和好评，收到了良好的实验效果。

(四)整体构建学校德育体系阶段

2000年6月23日—25日，总课题组召开实验区负责人工作会议，总课题组组长作了题为《深化课题研究，实现重心转移，为圆满结题而奋斗》的工作报告，对《德育》读本和《成长册》的研究与实验做了总结，在实验区、实验校子课题研究的基础上，提出工作重心转移到整体构建学校德育体系上来。从此，课题研究进入整体构建阶段。

1. 整体构建学校德育体系的本体论基础

本课题以德性论、德育论为本体论基础。

(1)德育的目的是培养和发展人的德性

人的德性具有整体性、主体性和实践性的特点。德性的整体性不仅表现在德性的整体性与生活的整体性的全面关联，还表现在德性的形式结构与内容结构、德性的理性维度与情感维度的辩证统一。德性的形式结构是个体德性借以存在的形式。一般将德性的形式结构的诸多要素分解为认知、情感和意志，也有将德性形式归之为认识和态度两大要素的。德性的内容结构指在个体意识中所形成的具有一定内容的道德规范体系，是个体对社会道德规范体系的内化。德性的内容结构就其纵向来看是由思想道德信念、原则和规范构成的；就其横向来看则是政治品质、思想品质、道德品质、法纪品质、心理品质等构成的。德性的形式和内容是不可分的，一定的内容总是寓于一定的形式之中，而一定的形式总是具体表现为具有某种内容的形式。德性的形式结构由认识、情感和意志等诸多要素构成，或者说有理性和非理性两个维度。理性的作用在于发现真伪，而善恶的问题不是用推理可以判断的，它恰恰需要用情感来调节。人不仅是理性的存在，而且是情感的存在。情感不仅是德性的构成部分，而且在德性结构中起着动力或动机的作用。

德性的主体性，从哲学意义上讲，主体是人，客体是自然。教师和学生都应是主体。作为道德的载体，师生又表现为道德主体。道德主体主要是个体以认识、肯定、发展和完善自己为己任的。德性的形成与发展是道德主体的一种实践活动过程，其实质是学生主体在教师主体帮助下，消化、吸收、实践德育内容的过程。在此过程中，学生处在一定社会和自身成长的发展阶段，受社会环境和自身道德发展规律的制约。然而，道德认识的发展，道德情感的变化，道德行为的展开都由学生自主完成，具有不可替代性。所以德性的自主性、自律性和主体性是第一性的，德性的受动性、他律性是第二性的。

德性的实践性主要表现在知与行的关系中。关于知与行的关系，中国古代哲学尤其是道德哲学有十分细致入微的考察。总的说来，知行统一的主张是一个基本的取向。任何以为只要解决了“知”的问题，“行”的问题就会自然解决的想法，都是不切实际的浪漫幻想。知与行的关系远非如此线性、简单。有学者详细分析了知与行，发现二者有八种关系，即知善之当行而行、知善之当行而不行、知不善之不当行而不行、知不善之不当行而行、不知善之当行而行、不知善之当行而不行、不知不善之不当行而行、不知不善之不当行而不行。由此可见，德性的本质不是知，而是行。

(2)德性的整体性、主体性和实践性，内在地规定了德育的整体性、主体性和实践性

德育的整体性首先表现为德育内容的整体性，德育内容是一个集合概念，它是政治教育、思想教育、道德教育、法纪教育、心理教育相互联系，互相渗透，互为条件，互相制约构成的统一体。其次表现为德育过程的整体性，德育过程是以形成受教育者一定思想品德为目标，教育者与受教育者共同参与的教育活动过程。德育过程不同于智育过程，一方面，体现了教育者的组织、教育、引导与受教育者能动地认识、体验和践行的双向互动关系；另一方面，体现在授之以知、动之以情、晓之以理、导之以行的全过程。只有知识传授，而无情感陶冶和行为引导不是完整的德育过程。再次表现为德育管理的整体性，学校德育管理是由管理者与被管理者、德育目标与内容、德育途径与方法、德育督导与评价等要素组成的整体。德育工作者要树立整

体性德育观，着眼于德育系统的整体功能。

德育主体是指主体的人通过认识和把握道德的观念、法则，通过把握作为道德主体的现状，自觉推动道德主体向社会或个体要求的更高的品德标准迈进的行为承担者。德育活动中存在着教育主体和受教育主体，所以德育的主体是双主体。教师的主体性体现在对德育目标、内容的正确把握和对德育途径、方法的正确运用上；学生的主体性体现在对德性的形成和发展的自觉意识和对德育活动的主动参与上。在德育过程中，教师主体和学生主体双向互动，共同实现德育目标。学生道德认识的发展，道德情感的提升，道德行为习惯的养成是在教师的指导下由学生自主完成的，教师是不能替代的。因此，学生主体是第一性的，教师主体是第二的。

德育的本质是实践的，实践的观点是德育首要的基本观点。德育的实践性首先体现在德育目标在本质上是实践的，德育目标包括认知目标、情感目标和行为目标，归根到底要落实到学生的德行上，只有学生践行、践言了，德育目标才算最终实现了。其次，德育过程本身是实践活动。德育活动有多种形式，既有课堂德育活动，又有课外德育活动；既有校内德育活动，又有校外德育活动。这些德育活动主题明确、针对性强，内容丰富多彩，形式生动活泼，是学生品德形成和发展的有效途径。德育实践活动是品德形成的唯一基础。第三，德育实践活动是学生品德评价的基本标准。学生的道德认识、道德情感在实践活动中必然表现为道德行为，潜的品性变为显性的品行。在品德评价中不仅要听其言，而且更要观其行。

2. 整体构建学校德育体系的方法论基础

把系统科学的理论与方法运用到整体构建学校德育体系的研究与实验中来，是建立在系统科学与马克思主义哲学的渊源关系的基础之上的。系统科学的思想方法是唯物辩证法普遍联系原理的具体化和深化。

(1)系统科学的基本理论原则

系统科学的思想原则和方法主要体现在整体性、有序性、和谐性、动态性、开放性和最优化等方面。整体性是指认识主体始终把研究对象视作一个整体对待，认为世界上的各种事物、过程都不是彼此孤立的杂乱无章的偶然堆积，而是一个合乎规律的，由各要素组成的有机整体。系统整体的性质和规律只存在于各要素的有机联系和相互作用之中，各要素的孤立活动的特征不能反映系统整体的功能和特征，即整体大于组成它的各部分之和。

系统的有序性、和谐性是指系统内部要素组织结构的层次性、等级性及其相互联系、相互作用的和谐性。所有的系统都由要素构成，系统和要素的区分是相对的，一个系统只有相对于构成它的要素而言才是系统，而相对于由其他事物构成的较大系统而言，它又是一个要素，也可称为一个子系统或分系统，因此，系统具有层次性和等级性，系统中要素的组织结构方式，相互联系、相互作用的和谐程度，决定着系统的功能。

系统的动态性和开放性是指任何系统都不是凝固不变、孤立存在的，系统总是在同外部环境的相互作用中调整着自己的要素和结构。系统是在从无序到有序、从不和谐到和谐、从有序又向无序、从和谐到不和谐的反复过程中，以整体性的运动方式得以形成、演化和发展的。有序、和谐、最优化是用系统科学方法研究问题的最终目标。

总括起来说，系统科学研究方法始终立足于从要素、结构、功能与所处环境的相互联系和制约的关系中，分析系统中各要素的结构功能，有意识、有目的的使系统内各要素达到最佳建构和配置，以求系统形成结构最优和功能最优的整体效应。

(2)学校德育系统的层级结构

根据德育系统的性质和特点，参考系统科学关于系统分类的研究方法，我们按照“子系统”和“分系统”这样两种方式来划分学校德育系统的层级结构。

子系统主要反映系统的等级性，即系统的每一等级包含有相对独立的多个子系统，系统可以视为在这些子系统的相互联系中产生的整体。我们可以把大、中、小三个学段的德育工作作为三个相对独立的子系统，三者的集合构成学校德育系统。三个学段是学校德育系统的第一级子系统，在每个学段中，各年级德育工作是学段德育系统的子系统，即第二级子系统。第三级子系统是班级德育工作。

所谓分系统，是指系统的各级子系统在某些方面具有意义关系或实体联系，由这些意义联系的方面或有贯通性质的要素以一定秩序组织起来的系统构成所属系统的分系统。就学校德育系统的构成要素来看，无论哪个学段的德育工作，都可以分成德育目标、内容、途径、方法、管理、评价六个方面，当我们把这六个方面作为各级子系统中的共有因素进行贯通性研究时，就形成学校德育系统的六个分系统。子系统与分系统的关系可以通俗地称为“条”与“块”的关系。

(3)学校德育体系的整体构建

整体构建学校德育体系就是以德性论、德育论、系统论为理论基础，以德育的目标、内容、途径、方法、管理、评价六个分系统为纬，以大、中、小学德育工作三个子系统为经，横向贯通、纵向衔接、横纵交织，构建成一个整体性的德育实施体系。

为便于对这个体系整体构架的观念把握，这里用模型法图示如下：

	德育目标	德育内容	德育途径	德育方法	德育管理	德育评价
大学（高职）德育						
中学（中职）德育						
小学德育						

从纵向看，是小学、中学、大学三个子系统的纵向衔接。这种衔接要求每一个子系统的德育目标、内容、途径、方法、管理、评价都应遵循不同学段学生的年龄特点和品德形成发展的规律，建立分层递进、螺旋上升、和谐衔接的有机联系。

从横向看，是德育目标、德育内容、德育途径、德育方法、德育管理、德育评价六个分系统的横向贯通。这种贯通要求每个分系统都要落实到小学、中学、大学三个子系统之中去，遵循德育工作的规律，使德育目标、内容、途径、方法、管理、评价环环相扣、互相依存、和谐贯通。通过这种联系做到分系统自身构建的整体性。

整体构建学校德育体系就是运用系统科学的思想方法，将大、中、小学三个子系统和目标、内容、途径、方法、管理、评价六个分系统进行合理的配置，进而构成一个时间上具有全程性，空间上具有全面性的，能够产生更大整体效应的德育系统——学校德育体系。这是一项较大规模的系统工程。

四、整体构建学校德育体系的研究方法

整体构建学校德育体系的研究方法，主要采用了系统研究法、实验研究法、文献研究法、历史研究法、比较研究法等。这里主要介绍前三种研究方法。

(一)系统研究法

系统科学研究方法是马克思主义的唯物辩证法普遍联系原理的具体化和深化，是研究事物整体联系和运动发展规律的科学。将系统科学的思想原则作为整体构建学校德育体系的方法论基础，具有重要的理论意义和实践价值。在本课题研究中，“德育体系”与“德育系统”是两个核心概念。从语义关系上看，“体系”与“系统”是两个含义互通的名词。两者也可以作一些相对的区分：系统多用于系统科学理论本体及应用研究，体系多用于德育工作的部类；系统是体系的科学依据，体系是系统性的研究成果。

如前所述，系统论的基本理论原则有五个，即整体性原则、有序性原则、和谐性原则、开放性原则和动态性原则。根据系统论的理论，我们认为学校德育也是一个系统。从整体性原则来看，学校德育是由德育目标、德育内容、德育途径、德育方法、德育管理、德育评价等要素系统即分系统与小学德育、中学德育(中职、中师德育)、大学德育等层次系统即子系统构成的统一的整体；从有序性、和谐性原则来看，学校德育作为一个系统，具有自身体系的层级结构(如前所述)。整体构建德育体系就是以要素系统即分系统为纬，以层次系统即子系统为经，按照层级结构，有序排列，和谐衔接，有机组合而成。从开放性、动态性原则来看，学生健康的心理素质，文明的行为

习惯，良好的道德品质，科学的世界观、人生观、价值观，崇高的理想信念，坚定正确的政治方向，是通过小学、中学、大学等各个阶段的教育逐步形成的。整体构建学校德育体系就是遵循学生品德形成发展规律，构建一个开放的、动态的、发展的德育体系。

总之，根据唯物辩证法的系统论方法，整体构建学校德育体系，德育的总体目标要统一制定，一以贯之，以保证在整个德育过程中要素结构的完整性和连续性。各教育阶段的具体目标的高低，德育内容的深浅和侧重点，德育途径和方法的选择，德育管理方式的运用，要针对学生不同年龄阶段的身心特点和理解接受能力的不同，由浅入深，由低到高，由感性到理性，由具体到抽象，分层递进，螺旋式上升，以保证各个教育阶段德育工作的层次性和渐进性。各个阶段都应有德育整体意识，总揽全局，加强相邻阶段的衔接，防止简单重复或脱节，以便发挥德育系统的整体功能，不断提高德育的整体效果。

根据系统科学的研究方法，总课题组制定了"自下而上，总分结合；先块后条，条块结合"的工作方式。

所谓"自下而上，总分结合"，指的是实验校、实验区承担的子课题与总课题的关系。实验校先把本校的三级子课题的研究成果报到实验区，实验区汇总实验校的研究成果，拿出小学或中学的德育目标、内容、途径、方法、管理、评价某一方面的二级子课题的研究成果，报德育中心总课题组，总课题组根据各实验区的研究结果召开专题研讨会，共同研讨德育目标和内容体系、途径和方法体系、管理和评价体系。

所谓"先块后条，条块结合"，是指总课题组内部分工合作问题。总课题组按学段分为小学组、初中组、高中组、中职组、中师组、大学组，我们称之为"块"。每一块先研究和构建各学段的德育体系。为了整体构建并搞好大、中、小学德育体系的衔接，总课题组又分为德育目标和内容体系研究小组、德育途径和方法体系研究小组、德育管理和评价体系研究小组，我们称之为“条”。每一条在各块研究的基础上，负责统揽小学、初中、高中和大学。条与块二者关系是：块为基础，条为指导。工作方式是：经常是块，集中是条。

(二)实验研究法

德育实验是运用科学实验的原理和具体方法来研究德育现象和问题，以揭示德育活动规律或某些德育内容、方法的有效性，是一种综合性研究活动。

德育实验是教育实验的一个组成部分，而教育实验则是从自然科学实验中引申和移植过来的。因此，德育实验与科学实验有共同性，但也有特殊性。德育实验既要遵循科学实验的一般规律，但又不能照搬科学实验的具体操作方法。有人把科学实验称之为“人与自然的对话”，而德育实验则是“人与人的对话”。其复杂性远远超过了探索自然的活动，尤其是德育行为与德育结果之间的因果联系错综复杂，且德育外部环境对德育活动的干扰也极难控制，因而很难达到经典科学实验所要求的“封闭度”(如无法将实验环境与外部环境完全隔离)，故人们一般认为德育实验是一种自然状态下的实验；而不是像自然科学实验那样在实验室里进行的“封闭式”实验。

德育实验活动的展开，可描述为一个从提出理论假说设计实验方案、控制实验变量、评价实验效度、形成实验报告的过程。

1. 德育实验假说

德育实验假说所假定的是关于某类德育行为在某些人为控制的条件下，与某类道德结果之间的因果关系。

德育假说与自然科学假说的共同之处在于假定性和科学性。所谓假定性是说它带有推测的性质，即这种判断所陈述的事实或联系是现实中暂不存在或未被确认的，它对未知的构想是由已知推断而出，有可能被实践证实，也有可能被证伪。但是，假说又绝非臆断，它总是有一定的科学事实或经验事实做依据，并且经过了初步的科学论证，因而，假说又是具有科学性的。德育假说与自然科学假说的区别亦即它的特点主要有两点：其一，德育实验假说对结果的描述只能是概率描述。由于自然科学实验可以人为制造“纯化”状态，从而可能在实验结果与实验假说之间作出精确的相符性判断或因果判断，但在活生生的德育活动中显然做不到这一点。因为德育实验不能在完全隔绝的状态中进行，它对被试(学生)的先期经验上的差异，也不能像计算机程序一样完全清除掉。德育实验既然不能作高度精密的控制；也就无法保证在结果与假说之间精确地“归因”，故一般只能作出像“较大幅度提高”“达到百分之几十”之类的概率性说明。其二，德育实验假说偏重于“有效性”假定。一切研究活动按其目的可分为“求真”与“求善”两类，前一类意在发现真理，其假说陈述的是真理性事实，后一类意在追求对人的有利和有效，其假说要推测价值事实。在自然科学实验中，两类可作严格区分，而在德育实验中，真与善总是统一在同一命题之中。德育实验难以精确控制，它在逼真度上要低于自然科学实验。

2. 德育实验方案的设计

德育实验方案包括：总体方案、执行方案(也称实验工作计划)和评价方案。

总体方案是对实验课题的总体规划，是对实验假说、实验设计、实施进程和实验结果总体设想，也是执行方案和评价方案制定的基本依据，它的内容至少有如下方面：问题(课题)的提出，理论假说，变量控制，效度评价，组织管理和预期成果。

执行方案具体表现为工作计划。实验工作计划，一般有年度计划、项目计划、学校(班级)年度工作计划或学期工作计划、专项工作计划等多种形式，其基本内容有：指导思想、步骤及阶段要求，基本方法及检测手段，组织与管理等等。这一方面的计划主要是保证自变量的操纵，执行方案由实验区、实验校根据总体方案自行设计。

评价方案实际上是对实验因果预期变化的没想，由于德育实验的成果主要体现在教育对象身上，所以，评价方案首先应包括学生思想道德素质是否提高和提高的程度如何；其次还应检验自变量即德育读本的科学性和实用性，并做出客观评价，提出修改意见，使之不断完善。评价方案由总课题组制定，由实验人员提出初评意见，最后由总课题组组织有关专家进行评价。

3．德育实验的变量控制

变量，是实验设计理论的一个专用术语，某个与实验有关的因素或条件如果变成了可测量的、数量化的东西，则可称之为“变量”。

实验中需要考虑的变量可分为三大类，即自变量、因变量和无关变量。

自变量指的是呈现给被试的刺激变量，一种假定的原因变量，是由实验者主动操纵的变量。我们这个实验主要是德育读本这种教育内容和活动课这种教学形式。

因变量是指被试对所显现的刺激的反应，是一种结果变量，是在自变量作用下可能产生的结果。因变量通常与教育目的有关，例如知识的掌握、能力的增进、优良品质的形成等。我们这个实验主要是指学生思想道德素质的发展与变化。

无关变量泛指除自变量以外一切可能影响因变量而对实验有可能

起干扰作用的因素。说它"无关"，是指它与自变量无关，与实验目的无关。但由于它对实验有影响，所以应给予尽可能的控制。在我们的实验中主要有学校德育氛围，其他德育途径，社会家庭的影响等。

变量控制，从广义上讲，对无关变量的控制和对自变量的操纵都可叫作变量的控制。对无关变量的控制是指采用消除、恒定、抵消或平衡等方式限制乃至排除某些条件对实验进程及其结果的影响；对自变量的操纵是一种主动支配，即由实验者决定将自变量施加于何人、如何施加。从狭义上理解，控制仅指对无关变量的控制，而对自变量则使用"操纵"一词。

本课题在《德育》读本和《成长册》的实验过程中，充分发挥了广大实验教师的积极性、主动性和创造性，在对自变量的操纵方面，编写了大量的教案教参，设计了丰富的活动方案，组织了许多优秀的德育活动课，收到了良好的教育效果。

4. 德育实验的效度评价

要评价一项实验的效度，主要看它在内在效度和外在效度。

所谓内在效度是指因变量的变化在多大程度上来自自变量。如果一项实验研究能够提出充分的证据说明，因变量的变化确由自变量引起，而不是由其他变量引起，那么这一实验设计的内在效度就高。内在效度实质上反映了实验对变量间因果关系揭示的准确程度，它是一项实验功能发挥得如何的标志。

外在效度是指实验结果的可推广程度。实质上也就是实验研究结论对所研究领域的涵盖程度。德育实验研究不仅要关心变量间因果关系的探索，更要顾及实验结果在较大范围内的推广应用，否则，便将失去了实验的意义。如果说，内效度反映的是实验的认识论意义，那么，外效度则标志其价值论意义。

本课题在《德育》读本和《成长册》的实验中，达到了较高的内在效度和外在效度。从上千所实验校的实验报告中选编的《实验报告集》充分证明了这一点。

(三)文献研究法

任何科学研究都不是从零开始，而是必须站在“巨人的肩膀上”，运用前人提供或留下的文献资料，吸收借鉴其中有价值的东西，不断进行深化研究。本课题运用文献研究法，从德育政策法规、中央文件和学者论著中汲取营养和材料，用以整体构建学校德育体系的大厦。

1. 法律、法规文献资料的研究

关于法律、法规文献资料研究，本课题的主要依据是《中华人民共和国宪法》和《义务教育法》。《宪法》第二十四条规定：“国家通过普及理想教育、道德教育、文化教育、纪律和法制教育，通过在城乡不同范围的群众中制定和执行各种守则、公约，加强社会主义精神文明建设。国家倡导社会主义核心价值观，提倡爱祖国、爱人民、爱劳动、爱科学、爱社会主义的公德，在人民中进行爱国主义、集体主义和国际主义、共产主义的教育，进行辩证唯物主义和历史唯物主义的教育，反对资本主义的、封建主义的和其他的腐朽思想。”

《宪法》第四十六条规定：“中华人民共和国公民有受教育的权利和义务。国家培养青年、少年、儿童在品德、智力、体质等方面全面发展。”

《义务教育法》第三条规定：“义务教育必须贯彻国家的教育方针，努力提高教育质量，使儿童、少年在品德、智力、体质等方面全面发展，为提高全民族的素质，培养有理想、有道德、有文化、有纪律的社会主义建设人才奠定基础。”

2. 党的决议和意见文献资料的研究

党的决议和意见的依据是《中共中央关于加强社会主义精神文明建设若干重要问题的决议》和《中共中央关于进一步加强和改进学校德育工作的若干意见》。

十四届六中全会决议第七条指出："社会主义思想道德集中体现着精神文明建设的性质和方向，对社会政治经济的发展具有巨大的能动作用。在改革和现代化建设的整个过程中，思想道德建设的基本任务是：坚持爱国主义、集体主义、社会主义教育，加强社会公德、职业道德、家庭美德建设，引导人们树立建设有中国特色社会主义的共同理想和正确的世界观、人生观、价值观。我们现在建设和发展有中国特色的社会主义、共产主义思想道德，同时要把先进性要求同广泛性要求结合起来，鼓励支持一切有利于解放和发展社会主义社会生产力的思想道德，一切有利于国家统一、民族团结、社会进步的思想道德，一切有利于追求真善美、抵制假恶丑、弘扬正气的思想道德，一切有利于履行公民正气的思想道德，一切有利于履行公民权利与义务、用诚实劳动争取美好生活的思想道德，团结和引导亿万人民积极向上，不断提高全民族的思想道德水平。"

《中共中央关于进一步加强和改进学校德育工作的若干意见》的第五条指出："整体规划学校的德育体系，要遵循青少年思想品德形成的规律和社会发展的要求，根据德育工作的总体目标，科学地规划各教育阶段的具体内容、实施途径和方法。""各种教育内容的深浅和侧重点，要针对不同年龄及学习阶段的理解和接受能力有所不同，逐步提高。各教育阶段的德育课程、教学大纲、教材和读物，教育和管理方法，学生思想品德表现的评定标准及方式等，都要据此加强整体衔接，防止简单重复或脱节。"

在本课题研究过程中，中共中央和国务院又不断颁布一些新的文件，例如1999年6月第三次全国教育工作会议做出了《中共中央国务院关于深化教育改革，全面推进素质教育的决定》；2001年1月17日中共中央办公厅、国务院办公厅又提出了《适应新形势进一步加强和改进中小学德育工作的决定和意见》，为本课题研究指明了方向。

3. 德育大纲文献资料的研究

原国家教委颁布的现行德育大纲有三个。《小学德育纲要》于1988年试行，1993年正式颁布。《中学德育大纲》1988年试行，1996年正式颁布。《高校德育大纲》也于"八五"规划期间研究制定出来。这三个大纲分别是小学、中学、大学德育工作的指导性文件，也是学校实施德育的依据，是各级教育行政部门对学校德育进行督导和评价的依据，同时也是本课题整体构建学校德育体系的依据。然而，本课题的研究要依据这三个大纲的基本精神；但不能拘泥于它们的具体内容。这是因为，第一，这三个大纲是针对小学、中学、大学的情况分别制定的，对大、中、小学德育的衔接没有给予充分的考虑，难免有脱节或不必要重复的问题。而整体构建大、中、小学的德育体系，必须从宏观上，整体上进行综合研究，既要考虑大、中、小学德育特殊性，注意各个教育阶段的层次性和渐进性；又要考虑学校德育目标的统一性，注意各个教育阶段德育内容结构的完整性和连续性。第二，这三个大纲都是"八五"规划及其以前制定的，随着时间的推移和形势的发展，它们也需要不断地发展和完善。

4. 德育学科理论文献资料的研究

近十年来德育科学研究十分繁荣，德育理论著作层出不穷，其中影响较大的有鲁洁的《德育社会学》，鲁洁、王逢贤的《德育新论》(1994)，林崇德的《品德发展心理学》(1989)，班华的《现代德育论》，朱小蔓的《情感道德教育论纲》，檀传宝的《德育美学观》(1996)，戚万学、杜时忠的《现代德育论》，詹万生的《德育新论》、《中国德育全书》(1996)，曾欣然的《德性培育心理学》(1998)等，基本原理著作达几十部，对德育本质、德育功能、德育过程、德育目标、德育内容、德育管理、德育评价、德育途径、德育方法都有较深入的研究。这些成果具有时代性、前沿性、系统性特点，在德育理论界产生了较大的影响，对本课题的研究奠定了坚定的理论基础。

德育理论冲破了原来“封闭”状态，翻译了一批西方国家德育理论的译著，如陆有铨翻译了皮亚杰的《儿童的道德判断》(1984)，陈欣银、李伯黍翻译了班杜拉的《社会学习论》(1989)，傅维利翻译的美国哈什的《道德教育模式》(1989)，瞿葆奎主编的《教育学文集》(1989)第二、第七卷均收入了一定数量的德育译著等。还有介绍西方德育思想的理论著作，如冯增俊的《当代西方学校道德教育》(1993)，魏贤超的《现代德育原理》(1993)、《现代德育理论与实践》(1994)，《道德心理学与道德教育学》(1995)，戚万学的《冲突与整合一——世纪西方道德教育理论》，袁桂林的《当代西方道德教育理论》(1995)，詹万生等翻译了贝克的《学会过美好生活》(1997)，钟启泉、黄志成编著的《西方德育原理》(1998)，冯增俊等著《亚洲“四小龙”学校德育研究》(1998)，这些研究成果比较系统地介绍了美国、英国、法国、德国、加拿大、日本、新加坡等国家的道德教育理论与实践。对本课题实现“融会中西”的思想起了积极的作用。

中国德育思想史和中华民族传统道德研究也涌现出一批研究成果，其中影响较大的有王殿卿主编的《东方道德研究》(1996—2000年先后出版了四辑)，陈坚、栾传大、詹万生主编的《中华民族传统美德教育概论》(1995)，于述胜、于建福的《中国传统教育哲学》，邵龙宝的《儒家伦理与道德教育》，陈谷嘉、朱汉民的《中国德育思想研究》(1998)，还有先后出版的《中国德育思想史》《中西德育史比较》等，对本课题实现“贯通古今”的思想起了积极的作用。

五、整体构建学校德育体系的研究结论

本课题研究旨在整体构建21世纪有中国特色的、代表先进文化前进方向的、适应全面素质教育要求的学校德育体系，为增强学校德育工作的科学性、系统性、针对性和实效性提供理论参照和实践模式。经过四年的研究与实验得出如下结论。

(一)广义理解德育概念，提出了德育内容的“五要素说”

根据德育的整体性、主体性、实践性理论，依据中共中央、国务院关于加强和改进德育工作的决定和意见，总结各级各类学校德育工作的实践经验，我们认为德育是一门综合性的应用学科。

任何概念都有广义和狭义之分，整体构建德育体系的观点是对德育应作广义的理解。我们对德育概念的界定是：德育是指教育者按照一定社会的要求，有目的、有计划、有组织地对受教育者进行系统的影响，通过教育者和受教育者双主体在实践活动中的互动，把一定社会的政治准则、思想观点、道德规范、法纪规范和心理要求，内化为受教育者个体的政治素质、思想素质、道德素质、法纪素质和心理素质的教育。德育内容包括“五大要素”，即政治教育、思想教育、道德教育、法纪教育和心理教育，这“五大要素”各有自己的特定内涵，但又互相联系，互相渗透，互为条件，互相制约，构成了德育统一体。其中思想教育和政治教育是灵魂，道德教育是核心，法纪教育是保障，心理教育是基础。要分别研究政治教育、思想教育、道德教育、法纪教育和心理教育各自的特点和规律以及它们之间的相互关系。这

五者不可割裂，更不能互相取代。如果在理论上仅仅把德育视为“政治思想教育的同义语”或“道德教育的简称”，那么在德育实践上就会失之偏颇。

(二)系统研究德育体系，提出了“整体构建德育体系”的理论

根据系统论的理论，我们认为学校德育也是一个系统。系统科学的基本原则是系统具有整体性、有序性、和谐性、开放性和动态性。从整体性原则来看，学校德育是由德育目标、德育内容、德育途径、德育方法、德育管理、德育评价等子要素系统构成的一个统一的整体；从有序性、和谐性原则来看，学校德育是由小学德育、中学德育(中职、中师德育)、大学德育等子层次系统组成的一个统一的整体。整体构建学校德育体系就是以要素系统为纬，以层次系统为经有序排列，和谐衔接，有机组合而成。从开放性、动态性的原则来看，学生健康的心理素质，文明的行为习惯，良好的道德品质，正确的民主、法制、纪律观念、科学的世界观、人生观、价值观，崇高的理想信念，坚定正确的政治方向，是通过小学、中学、大学等各个阶段的教育逐步形成的。各教育阶段的德育目标的高低，德育内容的深浅和侧重点，德育途径和方法的选择，德育管理和评价方式的运用，要针对学生不同年龄阶段的身心特点和理解接受能力的不同，由浅入深，由低到高，由感性到理性，由具体到抽象，循序渐进，逐步提高。

总之，整体构建学校德育体系，就是要使德育目标、德育内容、德育途径、德育方法、德育管理、德育评价等要素系统横向贯通，环环相扣，形成合力，以保证在整个德育过程中要素结构的完整性和连续性。同时，使小学德育、中学德育(中职德育)、大学德育(高职德育)等层次系统纵向衔接，分层递进，螺旋上升，以保证各个教育阶段德育工作的层次性和渐进性。各个教育阶段都应有德育整体意识，总揽全局，加强相邻阶段的和谐衔接，防止简单重复或脱节，以发挥德育系统的整体功能，提高德育工作的整体效果。

(三)主张德育文化融合，提出“贯通古今，融汇中西，继承借鉴，发展创新”的思想

中国思想文化的发展战略是：以马克思主义为指导，以中华民族优秀传统文化为根基，吸收和借鉴世界各国一切有价值的文明成果，整合出代表先进文化前进方向的有中国特色的社会主义新文化。德育文化作为中国文化的一部分，我们主张中西文化的融合，构建“贯通古今，融会中西，继承借鉴，发展创新”的21世纪有中国特色的社会主义学校德育体系。

中国是一个具有悠久历史和优秀文化传统的国家，素以礼仪之邦著称于世。在中国传统文化中，传统道德占有十分重要的地位。中国历代哲学家、思想家、教育家对德育的思考和论述源远流长，博大精深，且影响广远。那种“究天人之际，通古今之变”、整体和谐、自强不息、厚德载物的人生智慧具有强大的生命力和包容性，形成了中华瑰宝和民族精神。德育体系作为一种综合性的道德文化，必须而且必然植根于母体传统文化的沃土之中。要坚持批判继承、去糟取精、古为今用的原则，使其成为构建德育体系的思想材料。

在对待西方文化的问题上，我们有过正反两方面的经验。现在可以清醒地认识到，采取闭关自守、全盘否定，或崇洋媚外、全盘西化这两种极端的观点都是错误的。正确的态度应当是分析、鉴别、学习、借鉴、吸收、利用。自欧洲文艺复兴运动以来，形成的尊重人性，弘扬个性、崇尚科学、强调民主、强化法制的精神，成为缓解社会矛盾，推动社会进步的力量。要吸收、借鉴其中有价值的教育理念、教育内容和教育方法，做到洋为中用，使其成为构建德育体系的有益补充。

通过中西方文化的冲突与整合、碰撞与融合，实现两种文化的优势互补和发展创新，使整体构建的德育体系既有民族特色，又具时代精神，代表着先进文化的前进方向。

（四）重视德育实践环节，提出建立“德育活动课”的观点

德育的本质是实践的。实践的观点是德育首要的、基本的观点。德育不同于智育，智育的任务是传授知识兼培养能力，它主要解决知不知、会不会的问题；而德育只到此并没有完结，它不仅要解决知不知、会不会的问题，而且更要解决信不信、行不行的问题，即不但要授之以知、晓之以理，而且还要动之以情、导之以行。德育过程是知、情、意（信）、行诸环节构成的，只有知识传授，而无情感陶冶、意志磨炼和行为引导不是完整的德育。这就如同体育与智育不同的道理一样，体育如果只在课堂上讲授体育知识和理论，不让学生到体育场上去实际锻炼，怎能培养学生强健的体魄？同理，德育如果只重视知识传授，而忽视或轻视德育实践活动，怎能培养学生良好的思想品德？德育活动有多种形式，既有课堂德育活动，又有课外德育活动；既有校内德育活动，又有校外德育活动。其中主题班会、主题团队会是最直接的、最经常、最普遍的德育活动。它主题明确，针对性强，内容丰富多彩，形式生动活泼，是对学生进行思想品德教育的有效途径。主题班会、主题团队会应当形成制度，列入课程表，作为德育活动课的基本形式。从而避免单纯传授知识、空洞讲授理论、死记硬背概念等脱离实际的倾向，增强德育的科学性、针对性和实效性。

（五）尊重学生的主体地位，提出德育“新三中心论”

现代德育主张“双主体论”，即教师是教育主体，学生是学习主体，教师和学生应当互相尊重对方的主体地位。在德育目标的确定上，不仅要考虑社会的要求，更要重视学生自身成长的需要。在德育内容的编排上，不仅要依据社会规范，更要遵循学生的年龄特征和品德形成发展规律。在德育途径和方法的运用上，不仅要发挥教师的主导作用，更要强调学生的主体参与。在德育管理和评价上，要激励学生自尊、自爱、自信、自立、自强，引导和培养学生自订成长目标，自析成长环境，自寻成长动力，自开成长渠道，自研成长方法和自评成长效果，使他们成为自身全面发展的主人。在德育过程中要改变传统的以教师为中心，以教材为中心，以课堂为中心的“旧三中心论”，建构以学生为中心，以活动为中心，以体验为中心的“新三中心”。这一点对于发展学生的主体意识更为重要，是学生自为性、自主性、能动性的集中表现。

上述五项研究结论，体现在本课题最终研究成果《整体构建德育体系引论》《整体构建德育体系总论》之中，表现在阶段研究成果《德育》系列读本和《成长册》之中，也反映在从实验教师撰写的实验报告和研究论文中精选汇编而成的《整体构建德育体系研究论文集》和《整体构建德育体系实验报告集》中。经过几十个实验区、千所实验学校、万名实验教师和百万实验学生的两年多的实验，初步证明这些研究结论的理论价值和实践意义。然而，整体构建学校德育体系不是一个五年规划就可以圆满完成的，其中有些研究内容，如大、中、小学的德育和谐衔接问题，德育评价体系的量化问题，德育体系的实施问题，《德育》读本和《成长册》的实验问题等，还需要在“十五”规划期间进一步深化研究与实验，使之不断完善。

第三编　德育年会开幕词和总结讲话

良好开端　任重道远

——1997 年首届德育年会总结讲话

一、这次会议的重要意义和主要收获

(一)提高了对本课题的指导思想和重要意义的认识

这次开题会议是在香港回归，普天同庆的大好形势下召开的。香港回到祖国的怀抱，洗雪了百年国耻，极大地激发了全国各族人民的爱国热忱和民族自信心、自豪感，为学校的德育工作特别是爱国主义教育提供了极好的社会环境。本次会议与会同志振奋精神，团结一致，以高度的政治责任感、强烈的德育事业心和科学的研究态度投入会议，为本课题的研究创造了一个良好的开端。

这次开题会议是在全国高校党的建设工作会议和全国中小学德育工作会议刚刚闭幕之后召开的。两会期间，江泽民同志亲切接见了全体代表并作重要讲话，朱镕基同志、李岚清同志作了重要报告，朱开轩同志和柳斌同志分别在两会上作主题报告。我们以两会精神为指导，进一步贯彻落实中共中央十四届六中全会关于社会主义精神文明建设的决议和《中共中央关于进一步加强和改进学校德育工作的若干意见》，本次会议和本课题的研究是落实两会精神的具体行动，是贯彻十四届六中全会精神的具体措施，是落实《若干意见》第 5 条“整体规划学校德育体系”的具体方案。全体与会代表一致认为整体构建学校德育体系的研究与实验必将对加强和改进大、中、小学德育工作具有重要的理论价值和实践意义，对推动全面实施素质教育产生重要影响，对全社会精神文明建设发挥良好的奠基作用。

(二)明确了本课题的研究任务和工作步骤

本课题的总任务是：整体构建学校德育体系，即小、中、大学一体化的德育体系。总任务分解为三个方面：(1)小、中、大学德育目标和内容体系的构建；(2)小、中、大学德育途径和方法体系的构建；(3)小、中、大学德育管理和评价体系的构建。

关于德育目标和内容体系的构建，基本思路是根据系统论的原理把德育的要素结构和层次结构划分出来，依据各个年龄阶段学生的心理特点及其形成发展规律，由低到高、由浅入深、由近及远，由具体到抽象，由感性到理性，螺旋式上升规划出从小学一年级到大学毕业，每一个年级的德育内容。在此基础上编写一套德育实验教材在 10 个区、100 所学校进行实验，并不断修改完善。

体系和教材的关系：(1)先有体系次有大纲、后有教材。总课题组实际上已经设计出了一个体系，但不成熟，没有印发。(2)教材是体系的一个载体，是体系的具体化和体系的实施。如果只有体系，没有教材，只是一个空架子，难以落实，难以操作。我们课题不是纯理论研究，而是决策性、实践性研究。所以我想一抓到底，落到实处，便于实验校操作，于是先编教材。(3)教材是体系的主要实施途径，不是唯一途径。但只有有了主实施途径之后，才能谈得上其他途径的协调配合，形成合力，实现教育影响一致性的原则，避免各唱各的调，削弱教育的整体功能。按照原来的计划，途径体系的构建是第二步的任务。有了目标内容、有了途径方法，才能进一步研究管理和评价。这是第三步的任务。

我们这个课题确实是一项非常复杂的系统工程，必须统一规划，分步实施。因此，我在开题报告中提出研究步骤是三个阶段分步实施、交叉滚动前进。所谓交叉滚动，就是指在第一阶段进行目标内容体系研究，编写教材的同时，可以有部分实验区校先行研究途径、方法、管理、评价，为进入第二、三阶段奠定基础。于是在会议文件中才有一个子课题申报若干规定。

根据分组讨论的意见，有的同志提出可以“同步进行”的建议。我认为是有道理的。

(1)各地已经有了一定的经验和基础，不是在一张白纸上构建体系，有经验的可以先行一步。

(2)广泛集中大家的智慧，充分发挥全体实验区校的作用。

(3)节约时间。因此决定采纳合理建议，修正原定步骤。三项任务同步进行。

同步进行的任务分工，不采用分配任务的方式，而采取申报任务的方式。各实验区都可以申报一项体系构建的子课题(实验校可申报具体研究内容，亦可被实验区吸收进来，统一组织具体分工研究该实验区子课题的一部分)。

(三)坚定了编好德育实验读本的信心

小学组、初中组、高中组、大学组分别就编写提纲进行了认真的热烈的讨论，收获是很大的。

首先，对编写一套德育实验读本的必要性进行了论证。绝大多数同志认为，编写德育教材是必要的，它是德育内容体系的具体化，是德育内容体系的一个载体，是德育实施的主渠道，具有很大的可操作性。这样，就使德育的内容系统化、科学化、规范化，并落到了实处。

其次，对德育内容的五大要素、若干层次、体系构建的理论及对编写思路、框架和原则，给予了充分的肯定，得到了普遍的认同。

再次，小学、初中、高中组对编写提纲进行了深入细致的研讨，不少代表提出了很好的修改意见，使编写提纲趋于合理、趋于完善。大学组经过激烈的争论，基本统一了思想，初步设计出了编写框架。

大家认为这套实验教材能否被接受、被采纳，关键在于它的质量。我们一定要编写出比现行的小学思想品德课、中学思想政治课和大学思想政治课的教材更实用、更受欢迎的全新的教材。对这些大家充满信心。

二、代表们普遍关注的几个问题

(一)关于我们编写的德育实验教材与现行的思想政治课教材的关系问题

首先我们必须明确，编写这套德育教材是构建学校德育内容体系的需要。同时也是针对目前思想政治课存在的问题而提出的。现行的思想政治课基本上是政治理论教育，它不能涵盖德育的全部内容，存在着脱离学生思想实际的问题，不能很好遵循学生思想品德形成和发展的规律，不能贴近生活、贴近实际，不能很好地回答学生所关心的实际问题，不能对学生思想品德的发展有直接的帮助。当然思想政治课也在改革，但是如果是小修小改，自然不能涵盖应该进行的德育内容，如果是大修大改，势必破坏了原有的理论体系反而使政治理论教育被削弱了。因此，我们主张开设一门德育活动课，编一套德育实验教材，使它成为思想政治课的有益补充，并且与思想政治课共同成为德育内容实施的一个主要渠道，一个主要载体。这就遇到与现行政治课的关系问题。可能有三种情况：一是补充，二是并行，三是合并。

从长远来看，我们的研究成果也可能被思想政治课教材吸收，对思想政治课改革有所补充，或者思想政治课改名德育课，基本涵盖德育的主要内容，这就是“合并”。在“并行”，不挤占思想政治课的情况下，谁来教，什么时间教？就是大家说的定位问题。我们可以把授课主体定为班主任，授课时间定为班会，或活动课的时间。这个定位得到了绝大多数实验区校的认同。朝阳区李观正局长介绍了全区班主任工作经验，认为我们的课题研究对班主任工作要从经验型转向理论型，从随意性转向计划性，从盲目性转向科学性，从零散性转向系统性，会有很大的支持和帮助。这不是给班主任和学生增加负担，而是减轻了负担，因为给他们提供了一个教材、资料、活动方案，解决了班主任的一大难题。

（二）关于实验教材编写队伍的构成问题

编写这套德育实验教材，许多代表都表现出极大的热情，我代表总课题组表示欢迎。本来我们预想了两个方案：一是依托京津两市，联系方便，事半功倍，经济高效。二是广泛发动所有的实验区校共同参与，有广泛的群众基础，集思广益，发挥大家的作用。根据讨论的情况和有些代表的要求，我们决定把这两个方案结合起来，既不是只有京津的同志编写，也不是每个实验区校都必须参加，而是根据各组讨论的情况，自报公议，协商解决，具体做法如下。

1. 编写人员

各实验区、校由一位同志负责，根据本区、校人才力量和编写提纲的要求，认领若干课的编写任务。承担编写任务的同志，应具有相当的研究能力和写作水平，并且曾经编写过教材或发表过文章、出版过著作。

2. 写作要求

(1)各课依据编写提纲的各条目(教学目的、知识要点、活动设计、插图、资料)要求，以样章为模本进行编写。如有变动，必须经编委会研究批准，可通过电话、书信联系。

(2)根据总课题对教材编写的说明，要求每课资料的选择上，紧扣德育目标，内容循序渐进，结构完整，层次合理，由浅入深，既继承借鉴古今中西德育精华，又发展创新。力求贴近学生生活实际，让学生主体参与、操作，避免说教。切忌“高、大、空”，倡导“小、近、实”，知识系统、情意系统、行为系统三者统一，文字精练优美，形式生动活泼，图文并茂，能让学生喜闻乐读。具体要求详见总课题开题报告。

(3)稿件一式三份，于 1997 年 10 月底前寄至小学、初中、高中各组负责人。为保证总课题的实验进程，稿件务必准时寄出。

(4)来稿经编委会认真审定，根据稿件质量择优选用，对承担写作任务的单位和个人，由总课题组颁发“九五”国家级重点课题“整体构建学校德育体系的研究与实验”《德育》教材写作等级证书。

三、下一阶段的任务和要求

1. 各实验区的负责同志尽快把本次开题会议的精神和《管理细则》传达到所属的实验校。(对《管理细则》的说明，略)

2. 各实验区校认真组织好子课题的申报工作，9 月底以前报到德育中心。(《子课题申报的若干规定》的说明，略)

3. 各课题组的各个教材编写组的负责人认真组织好教材的编写工作，9 月底以前交初稿，各组负责人收。10 月召开第一次统稿会。

同志们！我们开题会暨首届研讨会就要结束了，同志们一致反映这次会议的会风很正。如果说它的特点，可以用十个字来概括，这就是：团结、紧张、务实、高效、奉献。基本上达到了预定的目标，完成了预期的任务，为本课题研究工作的顺利开展创造了一个良好的开端！

本课题“整体构建学校德育体系的研究与实验”，是一个较大的系统工程，它包括大、中、小学德育目标和内容体系的构建、德育途径和方法体系的构建、德育管理和评价体系的构建。任务是十分繁重、复杂、艰巨的。要达到预期的目标，需要总课题组与 10 个实验区、100 所实验校之间的通力合作，需要大、中、小学各个子课题组之间的协调配合，需要德育科研工作者与教育行政领导和第一线广大教师的团结协作。

同志们！共同的目标把我们连在了一起。我相信课题组的全体成员和实验区、实验校的全体同志一定会精诚团结、同心同德、解放思想、实事求是、艰苦奋斗、开拓前进，为搞好本课题的研究，为建立科学化、系统化、规范化的有中国特色的社会主义德育体系而共同奋斗！

聚会改革开放前沿　共商德育科研大计

——1998年第二届德育年会开幕词

各位领导、各位代表、同志们：

“九五”规划国家重点课题“整体构建学校德育体系的研究与实验”1998年会暨第二届学术研讨会开幕了！

本次大会是在全国各届庆祝改革开放20周年这一具有历史意义的日子里召开的。20年前，党的十一届三中全会胜利召开，邓小平同志高瞻远瞩指出了改革开放这一强国富民之路。20年后中国在经济建设和社会发展各方面取得了令世界瞩目的伟大成就。教育事业其中包括的德育工作，同样出现了改革和发展的大好局面，教育科研其中包括的德育科研正在引起教育界的广泛重视，并走上了科学化的轨道。深圳，是改革开放历史的见证；深圳，是改革开放伟大成就的集中体现。作为“九五”规划国家级重点课题的年会，我们选择在深圳市召开，更具有特殊的意义。

我们这次大会的主题是认真总结1998年的工作，研究部署1999年的任务。1998年在总课题组、各子课题组和实验区、实验校的共同努力下取得了丰硕的成果。概括起来说，我们做了两件大事：一是《德育》系列实验读本的编写；二是德育实验基地的建设。我们要认真总结《德育》读本编写的成功经验，交流各实验基地建设的先进经验，评审优秀实验成果，表彰先进实验区、实验校、先进个人，参观学习深圳市罗湖区4所实验校的德育活动课。深圳市毗邻香港，是多元文化交汇和两种社会制度的接触地带，也是改革开放和社会主义市场经济建设的前沿地带，他们在德育工作中所面临的问题、采取的措施和取得的经验，往往具有超前性。我们来自全国各地的代表要认真考察、学习、借鉴罗湖区以至深圳市德育工作的先进经验。

1999年是本课题研究的关键一年，主要有两大任务：一是《德育》系列实验读本的修订与实验；二是学校德育体系包括德育目标内容、途径方法、管理和评价体系的构建。关于这两项研究任务，我将在大会上作主题报告，请各位代表认真研讨并进行分工，落实研究任务。

同志们！我们承担的这个课题是一项艰巨的、跨世纪的系统工程。我们要在邓小平理论的指导下，坚持改革开放的精神，坚持为决策服务，为实践服务的宗旨，走科研人员与行政领导和第一线实验教师相结合的道路。我相信，只要总课题组与子课题组之间、课题组与实验区、实验校之间继续密切联系，团结协作，解放思想，实事求是；深入研究、开拓前进，我们就一定能够完成预定的研究任务，为建立面向21世纪的科学化、系统化、规范化的有中国特色的社会主义德育体系做出贡献！

谢谢！

为了共同的目标

——1998 年全国首届民办学校德育研讨会开幕词

各位领导、各位代表、同志们：

“九五”国家级重点课题“整体构建学校德育体系民办学校”子课题开题暨首届民办学校德育研讨会现在开幕！我代表中央教育科学研究所德育研究中心和整体构建学校德育体系总课题组向出席本次大会的领导和全体与会同志表示热烈的欢迎！向本次大会的东道主、广东省教育厅、高教厅的领导、深圳市政府、深圳市教育局的领导以及对本次大会给予大力支持、精心筹备、周密安排、热情服务的深圳东方英文书院的领导和师生员工表示衷心的感谢！

本次大会是在举国欢庆党的十五大胜利闭幕和新中国成立 48 周年的喜庆日子里召开的。是在香港回归，普天同庆的大好形势下召开的。是在全国高校党的建设工作会议和全国中小学德育工作会议闭幕之后召开的。这次大会是在国务院刚刚发布《社会力量办学条例》的时候召开的。《条例》的第九条规定：“社会力量举办的教育机构应当遵守纪律、法规，坚持社会主义办学方向，贯彻国家的教育方针，保证教育、教学质量。”德育是社会主义办学方向的体现，是党的教育方针的重要组成部分。各地民办学校在德育工作方面已经取得了一定的成绩，有的形成了特色，有的探索着新路，但是发展还不平衡，有的学校尚未形成良好的德育运行机制。我们要借学习贯彻《条例》的东风，把民办学校的德育工作提高到一个新的水平。

我们这次大会的主要任务是学习贯彻全国中小学德育工作会议精神和《社会力量办学条例》，“九五”国家级重点“课题整体构建学校德育体系民办学校”子课题开题，现场参观深圳东方英文书院，交流研讨民办学校德育工作经验，评审表彰民办学校优秀德育论文，成立民办学校德育研究会筹备委员会。

整体构建学校德育体系的研究与实验，是一个较大的系统工程，它包括大、中、小学德育目标和内容体系的构建、德育途径和方法体系的构建、德育管理和评价体系的构建。任务是十分繁重、复杂、艰巨的。要达到预期的目标，需要总课题组与10个实验区、100所实验校之间的通力合作，需要大、中、小学的民办学校各个子课题组之间的协调配合，需要德育科研工作者与教育行政领导和第一线广大教师的团结协作。

同志们！共同的目标把我们连在了一起。我相信课题组的全体成员和实验区、实验校的全体同志一定会精诚团结、同心同德、解放思想、实事求是、艰苦奋斗、开拓前进，为搞好本课题的研究，为建立科学化、系统化、规范化的有中国特色的社会主义德育体系而共同奋斗！

中原大地菊花飘香　德育科研硕果累累

——1999 年第三届德育年会开幕词

各位领导、各位代表、同志们：

全国教育科学“九五”规划国家级重点课题“整体构建学校德育体系的研究与实验”1999 年会暨第三届学术研讨会开幕了！我代表中央教育科学研究所德育研究中心和总课题组向来自全国 20 多个省(直辖市、自治区)的实验区、实验校的代表表示热烈的欢迎！向在百忙之中出席本次大会的教育部的领导、向河南省教委的领导、向河南省开封市教委、开封县委县政府的领导表示衷心的感谢！向关心和支持本次大会的全国和河南省德育界的专家学者、向专程跟踪采访本次大会的新闻界朋友们表示诚挚的谢意！向为本次大会的召开进行精心筹备，付出辛勤劳动的开封县教委和广大师生表示衷心的感谢！

同志们，我们刚刚度过了新中国成立 50 周年的喜庆日子，很快就会迎来澳门回归祖国的光荣时刻。我们为祖国的强大，祖国的繁荣而自豪，同时也在为实现“科教兴国”的战略而奋斗。目前，全国教育界正在深入贯彻落实今年 6

月份召开的第三次全国教育工作会议精神和《中共中央国务院关于深化教育改革全面推进素质教育的决定》。江泽民总书记在全教会开幕式上的重要讲话，深刻分析了国际国内形势及新形势下教育的先导性、全局性和基础性地位，对全面推进素质教育提出了明确的指导思想和要求，特别强调思想政治素质是最重要的素质。不断增强学生的爱国主义、集体主义、社会主义思想教育，是素质教育的灵魂。朱镕基总理在听取教育部党组汇报工作时指出：在德育与智育的关系上，更应重视德育。《中共中央国务院关于深化教育改革全面推进素质教育的决定》指出：要“按照德育总体目标和学生成长规律，确定不同年龄阶段的德育内容和要求，在培养学生的思想品德和行为规范方面，要形成一定的目标递进层次”。中央领导的讲话，全教会的精神和中央的《决定》，为我们深化课题研究指明了方向。我们大家共同承担的“整体构建学校德育体系的研究与实验”课题在总体思路和研究内容上完全符合全教会和中央文件的精神，这使我们进一步增强了搞好本课题研究的信心。

我们这次大会的主题是以全教会精神为指针，深化研究德育体系，认真修订《德育》读本，全面启动《成长册》实验，为全面推进素质教育，建设有中国特色的学校德育体系而努力！本次大会主要有三项任务：第一，《德育》系列实验读本的修订。《德育》读本经过了1998—1999学年度的第一轮实验，目前已进入第二轮实验。在总课题组的指导下，各个实验区领导重视，加强管理，实验教师积极参与，认真负责，取得了一大批实验研究成果。我们要集中实验教师的智慧，群策群力，搞好《德育》读本的修订。特别是要增加创新精神和实践能力的内容，并兼顾农村中小学的特点。第二，《成长册》实验研究的启动。《成长册》是总课题组推出的第二阶段研究成果，它旨在建立学生整体素质综合评价体系。这项成果对全面推进素质教育具有重要意义。第三，整体构建德育体系。各个实验区承担的子课题已取得了可喜成果，有的已初步形成了小学、初中、高中分学段的德育目标、内容、途径、方法、管理、评价体系，需要深化研究，统筹规划，整体构建。

本次大会之所以选择在河南省开封县召开，一是因为河南省地处中原，是人口大省，省情是国情的典型代表；二是因为开封是历史名城，七朝古都东京汴梁，有中华传统文化深厚的历史积淀；三是因为开封县教委十分重视德育和德育科研工作，目前在实验规模上是第一大实验区，在探索农村中小学德育工作模式上取得了可喜的成绩。本次大会将分三路参观考察开封县9所中小学的德育工作，为本课题向农村发展积累经验。中国的教育，其中包括的德育发展很不平衡，沿海与内地、城市与乡村各有自己的特点和工作规律，本课题不仅要着眼城市中小学的德育工作，更应关注占80%人口的农村教育。

同志们，我们承担的这个课题是一项艰巨的、跨世纪的系统工程。世纪之交的1999年是本课题研究的关键一年。我们要在邓小平理论的指导下，坚持科研为决策服务，为实践服务的宗旨，走科研人员与行政领导和第一线教师相结合的道路。我相信，只要总课题组与子课题组之间，课题组与实验区、实验校之间密切联系，团结协作，解放思想，实事求是，深入研究，开拓前进，我们就一定能完成预定的任务，为建立21世纪科学化、系统化、规范化的中国特色的德育体系，为全面推进素质教育做出贡献。

预祝大会圆满成功！谢谢！

面向广大农村学校　不断推进课题研究

——1999 年第三届德育年会总结讲话

各位领导、各位代表、同志们：

经过三天紧张而有序的工作，我们听取了王文湛同志关于学习贯彻全教会精神的报告，听取了总课题组的主题报告，表彰了先进实验区、先进实验校和获一、二、三等奖的优秀研究成果，交流了实验区的先进经验，研讨了德育读本修订、《成长册》实验和德育体系的构建，参观考察了开封县教育园区和 9 所中学校。我们基本上完成了预定的任务，实现了预期的目标。连日来全体与会代表和工作人员精神振奋，团结协作，求真务实，使本次大会取得了圆满成功。

本届年会是一次规模空前的盛会。出席本次大会的 506 名代表来自全国 22 个省 41 个实验区 428 所学校。这表明了广大实验区、校领导对本课题的高度重视，体现了广大实验教师对德育科研积极参与的极大热情，说明了本课题研究走上了一条研究人员与行政领导和广大一线教师相结合的正确的、光明的、宽广的科研大道。

本届年会是一次贯彻落实全教会精神的盛会，大会确定的主题是以全教会精神为指针，深化研究德育体系，认真修订《德育》读本，全面启动《成长册》实验，为全面推进素质教育，建设有中国特色的学校德育体系而努力。王文湛同志全面、系统、深刻地传达了全教会的精神。我的主题报告，比较全面地分析了本课题在总体思路和主要研究内容两方面与全教会精神的高度一致性，并且指出了贯彻全教会精神，以素质教育的两重点，即培养创新精神和实践能力为本课题深化研究的重点。全教会的精神为我们深化课题研究指明了方向，我们的课题与全教会精神的高度一致性，使我们坚定了继续深化本课题研究的信心。可以说，本次大会在本课题深化研究的进程中具有里程碑的意义。

本届年会是一次硕果累累的盛会。经过规范化的程序，依照严格的标准和比例以及严肃认真的评审，我们共评出 1999 年度 17 个先进实验区，177 所先进实验校，154 项一等奖，192 项二等奖，298 项三等奖，优秀音像奖 41 个。盛开的科研之花，必然结出丰硕的研究之果！这些成果是各个实验区、校的领导和广大实验教师殚精竭虑、呕心沥血、辛勤耕耘的果实，是同志们汗水与智慧的结晶。这是一次阶段性研究成果的大展示、大检阅，它说明只要认真搞科研，就能出经验，出成果，出人才，它表明本课题正在推动实验区、校逐步走上德育科研科学化、规范化的轨道。

本届年会是一次科学、民主、不断创新的盛会。科学研究的本质是民主的。学术面前人人平等。在分组讨论中，我们充分发扬民主，鼓励同志们发表不同意见，哪怕是颠覆性的意见。与会代表以强烈的责任感、使命感和高度的主人翁意识，畅所欲言，出谋划策，提出了许多修订《德育》读本的宝贵意见。科学研究的本质又是创新的，只有创新，才能有所发现，有所前进。提出整体构建德育体系的理论是一种创新，以这个理论为指导来研究和实验《德育》系列读本也是一种创新，今天我们再来修订《德育》读本仍然是一种创新。编写《成长册》是创新，以后我们再修订《成长册》，还需要创新。创新是一个民族兴旺发达的源泉，创新也是繁荣德育科研的源泉。那种满足现状的观点、停滞不前的观点都是科学研究之大忌。这是本课题之所以如此兴旺的一条基本经验。

本届年会是一次求真务实、理论与实践相结合的盛会。实践的观点是德育工作首要的和基本的观点，一切真知来源于第一线的伟大实践。德育科研必须坚持从实践中来，经过理论概括和升华，再到实践进行检验的发展过程，因此深入学校，深入第一线进行参观考察是必不可少的环节。参观考察开封县教育实验区和 9 所实验学校，使我们深受教育和鼓舞。代表们说：真是百闻不如一见。代表们惊喜地发现在中原大地的农村，居然有一条科技大道，有一片教育园区，有那么好的现代化教学设备，有那么高水平的教师，有那么好的德育活动课。惊喜之后，人们不禁要思考它的原因：县委县政府高度重视教育，确立了“科教兴县、科教强县”的战略。开封县教委具有科研兴校、科研治教，以科研为先导推动教育教学工作的正确的办学思想。广大实验学校是本课题研究的“根”，根系发达，根扎的深，才能枝繁叶茂，才能长成参天大树，开封县吸取了农村中小学如何搞好课题实验的成功经验，为本课题向广大农村发展作出了贡献。

“让世界充满爱”“不以善小而不为，不以恶小而为之”等主题班会，真实、感人、催人泪下，它的教育意义和实际效果远远超出了这堂活动课本身。

本届年会是一次团结、紧张、务实、高效的盛会。由于本届年会规模大、人员多、任务重，加之居住分散，活动频繁，我们的日程安排不得不以分钟来计算。与会代表团结、紧张、精神振奋，以主人翁的态度，高度的责任感和事业心，积极参与主动配合，展现了德育工作者的风采和素质。总课题组的同志们、会务工作人员高度负责，夜以继日，每天晚上都工作到凌晨二三点钟。特别是开封县委县政府的领导全程参加会议，亲自率队分三路参观考察，会议的每一项日程，每一个工作细节都得到了他们具体而明确的指导。他们是本届年会圆满成功的坚强有力的后盾。开封县教委有一个团结战斗坚强有力的领导班子，在王家友主任的率领下，各位副主任一起上阵，全力以赴分头把关。这么大规模的会议，安排得如此井然有序，做到紧张而有序，有变而不乱，反映了开封县教委高超的领导艺术和管理水平。在大会服务方面热情周到，真诚实在，从隆重热烈的欢迎仪式到精彩纷呈的欢迎晚会，从接送代表的警车开道到十几辆大轿车接送，从住宿就餐到周到服务到参观考察的热情接待，给全体与会同志留下了深刻的、美好的、难忘的印象。我代表德育中心、总课题组和全体与会代表向河南省教委、开封市教委、开封县委县政府、县公安局、县教委和广大师生表示衷心的感谢！祝愿开封县政治稳定、经济发展、文化繁荣、教育振兴，在两个文明建设中取得更加辉煌的成绩。

同志们，我们的大会就要胜利闭幕了。我对会后的工作提几点希望和要求：

1. 各实验区要召开一次实验学校会议，认真传达和贯彻本届年会的精神。分散的、独立的、直属的实验校，分别向当地教育主管部门汇报，希望组建实验区。

2. 加强对实验区的管理和对实验校的指导。由于实验的规模发展较快，各地实验区有省级、市地级、区县级。从本届年会之后，对实验的管理体制为“三级管理、区县为基础，省市为指导”。各级实验区都应组建指导组，于年底以前报我中心总课题组。

3. 本届年会的有关善后工作，总课题组在会后还要认真研究。评选先进区、校是有严格条件的，时间、规模、过程、成果等。任何评比、评奖都是手段，而不是目的，获奖的应再接再厉，找差距，争取更大成绩。没评上的，要变压力为动力，急起直追，争取在下届年会获奖。

4. 各实验区、校承担子课题的评审鉴定验收，总课题组从2000年1月开始受理，有关规定将在下期《德育信息》发表。此外，本届年会的获奖成果也将陆续在该刊选登。

同志们，让我们在全教会精神的指导下，团结起来，解放思想，实事求是，认真总结，坚定信心，深化研究，开拓前进，为建立科学化、系统化、规范化的有中国特色的德育体系，为全面推进素质教育而不懈努力！

不断深化课题研究　推动中职德育工作

——1999年中等职业学校德育研讨会开幕词

各位领导、各位代表、同志们：

全国教育科学“九五”规划国家级重点课题“整体构建学校德育体系的研究与实验”中等职业学校课题组工作会议现在开幕了！我代表中央教科所德育研究中心和总课题组向来自全国20多个省、直辖市、自治区的中等职业学校课题组、实验校的代表表示热烈的欢迎。向在百忙之中出席本次会议的教育部职成司、师范司和有关省、市教委的领导表示热烈的欢迎和衷心地感谢！向为本次会议筹备工作做出贡献的北京市教委职教处、八达岭特区管委会和北京昌平农业技术学校和北京信息管理学校表示感谢。

本次大会是在全国教育界认真学习贯彻落实《面向21世纪教育振兴行动计划》和迎接全国教育工作会议的形势下召开的，我们要认真学习贯彻朱镕基总理和李岚清副总理在听取教育部关于《面向21世纪教育振兴行动计划》的汇报时的指示精神，要高举邓小平理论伟大旗帜，切实落实科教兴国战略，为实现经济体制从传统的计划经济向市场经济转变，经济增长方式从粗放型向集约型转变做出贡献。要按照领导小组会议精神，处理好若干重要关系。在数量与质量关系上更应重视质量；在智育与德育关系上更应重视德育；在发展与改革关系上更应重视深化改革。

《面向21世纪教育振兴行动计划》还指出："积极发展职业教育和成人教育，培养大批高素质劳动者和初中级人才。"职业教育是国家教育事业的重要组成部分，是促进社会经济发展和劳动就业的重要途径。发展职业教育，是优化教育结构、提高教育整体效益的根本措施，是提高劳动者素质的迫切要求。全面提高劳动者的素质，包括思想道德素质、科学文化素质、身体心理素质、审美艺术素质和劳动技能素质，在五大素质结构中，思想道德素质居于首要地位，它在全面素质发展中发挥着导向、动力和保障作用。我们承担的"九五"规划国家级重点课题整体构建学校德育体系的研究与实验，其目的就是加强改进德育工作，使各级各类学校德育工作提高到新的水平。这无疑对全面提高劳动者的素质具有重要的意义。

我们这次会议的主题是深化研究、扩大实验。深化研究就是要整体构建中等职业学校和中等师范学校德育的目标内容、途径方法、管理和评价体系；扩大实验就是在1997年和1998年两年研究与实验的基础上，由原来的20所中职实验校扩大到100所，运用班团会德育活动课和思想政治课对《德育》系列读本进行实验，更好地推动全国中等职业学校德育工作改革与发展。会议将听取总课题组的工作报告，交流各实验区、校的德育工作经验，参观考察八达岭德育基地和北京市两所先进的中等职业学校，进行分组讨论，落实体系构建和德育读本实验的任务。

同志们，我们承担的这个课题是一项艰巨的、跨世纪的系统工程。世纪之交的1999年是本课题研究的关键一年，我们要在邓小平理论的指导下，坚持改革开放的精神，坚持为决策服务，为实践服务的宗旨，走科研人员与行政领导和第一线实验教师相结合的道路。我们相信，只有总课题组与子课题组之间、课题组与实验区、实验校之间密切联系，团结协作，解放思想，实事求是，深入研究，开拓前进，我们就一定能够完成预定的研究任务，为建立面向21世纪的科学化、系统化、规范化的有中国特色的社会主义德育体系做出贡献。

长江嘉陵滚滚东流　德育科研盛况空前

——2000年第四届德育年会开幕词

各位领导、各位代表、同志们：

全国教育科学“九五”规划国家级重点课题“整体构建学校德育体系的研究与实验”2000年会暨第四届学术研讨会开幕了！

我代表中央教育科学研究所德育研究中心和总课题组向来自全国20多个省、(直辖)市、自治区的50个实验区、近千所实验校的代表表示热烈的欢迎！向在百忙之中出席本次大会的各级领导、专家和新闻界的朋友们表示衷心的感谢！向本届年会的承办单位重庆市南岸区区委、区政府、区教委的领导和全体师生给予的大力支持和热情周到的服务表示诚挚的谢意！

同志们！我们这次大会的主题是认真学习和深刻领会江泽民总书记关于教育问题的重要谈话和中央思想政治工作会议精神，贯彻和落实全国高校党建会议和全国中小学德育工作会议的精神，总结课题研究的经验，展示课题研究的成果，持续深化课题研究，为全面推进素质教育，整体构建学校德育体系而不懈努力。

整体构建学校德育体系，从纵向来划分包括初小、高小、初中、高中、中职(中师)、大学六个学段；从横向划分包括德育目标、德育内容、德育途径、德育方法、德育管理、德育评价六个子体系。四年来，在总课题组的指导下，各个实验区和实验校在《德育》读本和《成长册》的实验研究中已经取得了一批成功的经验，各个学段的子课题组和实验区、实验校承担的子课题，也已经形成了一批可喜的研究成果，其中一些成果已通过了总课题组评审鉴定，并正式出版。本次大会要充分展示、交流研讨、评审表彰、总结推广这些优秀成果和先进经验。根据总课题组"自下而上，总分结合；先块后条，条块结合"的研究思路和工作部署，在前几年分块研究的基础上，本次大会将进行"条"的衔接和纵向贯通。这就需要大、中、小学各个学段的联合研究和协作攻关。因此，本届年会的重要特点是大、中、小学各个子课题组联合召开，这是一次德育科研规模空前的盛会。

本次大会之所以选定在重庆市召开，有两个重要原因。一是为了响应和贯彻中央关于西部大开发的战略部署；二是为了总结和推广重庆市和南岸区在本课题研究方面所取得的成功经验。西部大开发，是党中央国务院着眼于推进全国的改革和建设，保持国家长治久安而作出的重大战略决策。西部大开发，教育要先行，要全面推进素质教育，必须把德育放在首要位置；要加强和改进学校德育工作，必须以德育科研为先导。重庆市以及南岸区在本课题研究方面取得了成功经验和优秀成果。大会期间，我们将现场参观他们的德育活动课，总结推广他们的先进经验。本次年会在重庆召开，也表明了我们的课题研究向西部发展，为西部经济建设和教育发展服务的决心。今年，我们已经批准了贵州省和新疆维吾尔自治区为新的省级实验区就是这一决心的有力说明。

同志们，我们承担的这个课题是一项艰巨的、跨世纪的系统工程。2000年是“九五”规划的最后一年，全国教育科学规划领导小组德育学科组根据本课题规模大、任务重的特点，已经批准我们延长一年。德育科研是教育改革和发展中的一个永恒的主题。我们要在“十五”规划中继续本课题的深化研究。在今后的课题研究中，我们要继续在邓小平理论的指导下，坚持为决策服务，为实践服务的宗旨，走科研人员与行政领导和一线教师相结合的道路。我相信，只要各学段子课题组之间，课题组与实验区、实验校之间继续密切联系，团结协作，解放思想，实事求是，深入研究，开拓前进，我们就一定能够完成既定的课题研究任务，为建立21世纪的科学化、系统化、规范化、现代化的有中国特色的社会主义德育体系做出贡献！

谢谢！

条块结合纵向贯通　为圆满结题而努力

——2000 年第四届德育年会总结讲话

各位领导、各位代表、同志们：

经过三天紧张而有序的工作，本次会议就要结束了。在会上，我们听取了顾海良同志关于学习贯彻“两会”精神的报告，听取了总课题组的主题报告和总课题组核心成员的学术报告，表彰了先进实验区、先进实验校和荣获优秀研究成果一、二、三等奖的作者，交流了实验区、实验校的研究成果，参观考察了重庆市南岸区的 8 所实验学校。现在，我们基本上完成了预定的任务，实现了预期的目标。连日来全体与会代表和工作人员精神振奋，团结协作，求真务实，使本次大会取得了圆满成功！

本届年会是一次德育科研规模空前的盛会。小学、中学、中师、中职、大学五个学段的代表汇聚一堂，标志着课题研究进入了纵向衔接、整体构建的新阶段。出席本次大会的 800 多名代表来自全国 28 个省 60 个实验区 700 多所学校和科研院所、行政机关。这表明了广大实验区、实验校的领导对本课题的高度重视，体现了广大实验教师对德育科研积极参与的极大热情，说明了本课题研究走上了一条研究人员与行政领导和广大一线教师相结合的正确的、光明的、宽广的科研大道。

本届年会是一次贯彻落实全国高校党建工作和全国中小学德育工作会议精神的盛会，大会确定的主题是以两会精神为指针，继续深化课题研究，为圆满结题而努力奋斗。我的主题报告，比较全面地分析了本课题在总体思路和研究内容两方面与两会精神的高度一致性，并且指出了作为课题研究的科学性、系统性、理论性和超前性。两会的精神为我们深化课题研究指明了方向，使我们坚定了继续深化课题研究的信心。可以说，这次大会为本课题深化研究和圆满结题奠定了良好的基础。

本届年会是一次展示和交流研究成果的盛会。总课题组按照规范化的程序，依据严格的标准和比例，进行了严肃认真的评审，共评出2000年度28个先进实验区，328所先进实验校，289项一等奖，598项二等奖，693项三等奖。这些获奖成果的质量比前几届有明显提高，其中正式出版的专著和论文集已有10部，可以说成果质量已经达到相当高的学术水平。盛开的科研之花，必然结出丰硕的研究之果！这些成果是各个实验区、校的领导和广大实验教师殚精竭虑、呕心沥血、辛勤耕耘所结出的丰硕的果实，是同志们汗水与智慧的结晶。这是一次阶段性研究成果的大展示、大检阅。它说明只要认真搞科研，就能出经验，出成果，出人才。

本届年会是一次理论与实践相结合的盛会。实践的观点是德育工作首要的和基本的观点，一切真知来源于第一线的伟大实践。德育科研必须坚持从实践中来，经过理论概括和升华，再到实践中进行检验的发展过程。因此，深入学校，深入第一线进行参观考察是必不可少的环节。通过参观考察重庆市南岸区8所实验学校，南岸区广大实验学校已经掀起了德育科研的热潮，德育工作上了一个新的台阶。他们的成功经验，为本课题的深化研究并向西部发展做出了贡献。

本届年会是一次团结、求真、务实、高效的盛会。由于本届年会规模大、人员多、任务重，加之居住分散，活动频繁，我们的日程安排不得不以分钟来计算。与会代表团结紧张、精神振奋，以主人翁的态度，高度的责任感和事业心，积极参与，主动配合，展现了德育工作者的风采和素质。总课题组的同志们、会务工作人员高度负责，夜以继日，每天晚上都工作到凌晨两三点钟。这么大规模的会议，安排得如此井然有序，反映了南岸区教委高超的领导艺术和管理水平。在大会服务方面，全体工作人员热情周到，真诚实在。从隆重热烈的欢迎仪式到精彩纷呈的欢迎晚会，从住宿就餐车接车送的周到安排到参观考察的热情服务，给全体与会同志留下了难忘的印象。我代表德育中心、总课题组和全体与会代表向重庆市教委、南岸区委区政府、区教委和广大师生员工表示衷心的感谢！向积极主动、热情洋溢申报下届年会的单位表示衷心的感谢！

同志们，我们的大会就要胜利闭幕了。我对会后的工作提几点要求：

1. 各实验区要召开一次会议，认真传达和贯彻本届年会的精神。分散的、独立的、直属的实验校，分别向当地教育主管部门汇报，希望得到各地教育行政领导和科研部门的大力支持，在“十五”规划时期组建实验区。

2. 实验区、实验校承担的子课题的评审鉴定验收工作，采取分级管理、分级验收的方式进行。实验校承担的子课题由所归属的实验区指导组负责评审鉴定验收。验收结果分为优秀、合格、不合格三个等级。由实验区制表登记报中央教科所德育中心总课题组备案。直属实验校和分散的实验校可直接报总课题组评审鉴定验收。总课题组不受理实验区所辖实验学校的评审鉴定验收。实验区承担的子课题由总课题组评审鉴定验收。申请验收须将子课题研究报告、《德育》读本和《成长册》实验报告和最终研究成果一份(附软盘)报中央教科所德育中心总课题组。最终成果可以是专著、论文集、实验报告集等形式。最终成果如已正式出版须报 20 本(不附软盘)。为了不影响“十五”规划实验区、实验校的申报，实验区、实验校子课题的鉴定验收工作截止到 2001 年 3 月底。

3.《德育信息》明年将由 3 个印张扩版到 5 个印张，并改为月刊。总课题组以《德育信息》杂志指导课题研究与实验，刊登实验区、实验校的优秀研究成果，介绍先进实验区、实验校的成功经验。要求每一个实验区、实验校为每一名实验教师订购一套《德育信息》，以利于指导实验、交流经验，提高德育科研和德育工作的水平。

4. 年会结束后，本课题将进入结题阶段。总课题组的任务是：撰写出版《整体构建德育体系总论》，编辑出版《德育实验优秀报告集》、《德育研究优秀论文集》，本届年会获奖论文择优收入报告集或论文集中。为了推广“九五”规划的研究成果，使之转化为现实的生产力，更好地指导实验教师的德育科研提升水平，在下一阶段的工作中，各实验区校要做出专门的计划和部署，组织广大教师研究和学习“九五”科研成果，并结合本地区、本学校的实际将这些成果应用到德育实践和素质教育的改革实践中。

5. 关于“十五”规划课题的申报问题，目前全国教育科学规划办公室还没有明确的通知。估计今年年底可以看到“十五”规划课题指南。待德育中心申报批准立项后，我们会立即通知各实验区组织申报“十五”规划子课题和实验区、实验校。申报的程序和方法将在 2001

年《德育信息》上刊登。德育是一个永恒的主题，我们希望与各实验区、实验校继续合作，为繁荣德育科研，推动德育工作作出贡献。

同志们，让我们在两会精神指导下，团结起来，解放思想，实事求是，深化研究，开拓前进，为建立科学化、系统化、规范化、现代化的有中国特色的德育体系，为全面推进素质教育而不懈努力。

第四编　总课题组研究成果编写意见

《德育》系列实验读本的研究与编写意见

《德育》系列实验读本是“九五”教育科学规划国家级重点课题——“整体构建学校德育体系的研究与实验”的阶段性成果。这套《德育》系列实验读本共19册，从小学入学到大学毕业每个学年一册。其中小学6册，初中3册，高中3册，中等职业学校3册，大学4册。现将这套《德育》系列实验读本的编写目的、指导思想、编写原则和实验方案说明如下。

一、编写目的

这套《德育》系列实验读本，是为了贯彻落实《中共中央关于进一步加强和改进学校德育工作的若干意见》编写的。“八五”规划期间，中央教科所德育研究中心承担了国家教委重点课题“我国各级各类学校德育现状调查研究”。此项研究成果的结论部分《加强和改进学校德育工作的对策性建议》刊登在中央教科所的内部刊物《科研与决策》1994年第4期上，李岚清副总理看到这个建议之后，于5月14日做了明确批示“教委：调查中的有些建议，可以纳入‘加强和改善德育工作'讨论稿"。这个"讨论稿"就是1994年8月31日颁布的《中共中央关于进一步加强和改进学校德育工作的若干意见》，这个文件的第五条明确规定要"整体规划学校的德育体系"。为了贯彻落实中央文件关于"整体规划学校的德育体系"的精神，国家教委分管德育的领导把这个任务交给了中央教科所德育研究中心，此后又被全国教育科学规划领导小组批准列为"九五"规划国家级重点课题。这个课题的重要任务之一就是整体构建小学、中学、大学的德育内容体系。这套德育系列实验读本就是实施德育内容体系的一个渠道、一个载体，是贯彻落实《中共中央关于进一步加强和改进学校德育工作的若干意见》的一个具体方案。

二、指导思想

编写这套德育实验读本的指导思想是：以邓小平理论和党的十五大报告为指导，贯彻落实《中共中央关于进一步加强和改进学校德育工作的若干意见》，坚持解放思想，实事求是的思想路线和唯物辩证法的系统论原则，整体构建小学、中学(中等职业学校)、大学的德育内容体系。德育内容体系的构建，就是把德育内容的要素结构和层次结构划分出来，以五大要素为纬，以各项要素的不同层次为经，按照整体性、有序性、动态性的原则，把它们有机的结合起来，依据学生不同年龄阶段的身心特点、知识水平和品德形成发展规律，由浅入深，由低到高，由近到远，由具体到抽象，由感性到理性，构建从小学一年级到大学毕业每个年级的德育内容，克服小学、中学、大学德育内容的倒挂、脱节、过频变动和不必要的重复，形成科学化、系统化、规范化及相对稳定的德育内容体系。

三、编写原则

（一）德育目标，一以贯之；德育内容，循序渐进

德育目标是党和国家对青少年儿童在政治素质、思想素质、道德素质、法纪素质和心理素质等方面所应达到的规格要求，是德育工作的出发点和归宿点。德育目标确定的依据，是从社会主义初级阶段的实际出发，坚持面向现代化、面向世界、面向未来的方向，遵循青少年儿童品德形成发展规律。德育内容是为实现德育目标而确定和安排的特定教育内容，它的性质和构成由德育目标决定，它的深度和广度为受教育者的身心发展水平所制约，它的针对性和侧重点从学生思想品德状况和社会实际情况出发。学生健康的心理素质，文明的行为习惯，良好的道德品质，科学的世界观、人生观、价值观，崇高的理想信念，坚定正确的政治方向，是通过小学、中学、大学等各个学段的教育逐步形成的。每个年级德育读本的编写既考虑到了德育目标的一贯性和完整性，又注意到了德育内容的渐进性和层次性。

（二）贯通古今，融汇中西；继承借鉴，发展创新

中国是一个具有悠久历史和优秀文化传统的国家，素以礼仪之邦著称于世。中国历代哲学家、思想家、教育家对德育的思考和论述源远流长、博大精深。传统德育经过千百年的积淀，有些光辉的思想已构成了我们的民族之魂，在社会主义现代化建设的今天仍然是值得继承和发扬的。新中国成立以来，特别是党的十一届三中全会以来，德育工作积累了许多成功的经验。我们十分重视对现行小学思想品德课、中学思想政治课和大学思想政治课教材中优点的吸收，并力求改革和创新。在对待西方文化的态度上，我们主张分析、借鉴、吸收和利用。特别是那些有利于社会主义市场经济发展的价值观念，更需要

吸收和利用。我们十分重视对教育学、心理学、伦理学、社会学最新成果的吸收和运用，力求做到继承和弘扬我国优良的德育传统，同时吸收、利用西方优秀文明成果，在马克思主义指导下使二者有机结合，创造出有中国特色的社会主义德育内容体系。

(三)贴近生活，联系实际；主体参与，启发引导

在教育思想上，我们主张“双主体”论，教师是教育主体，学生是受教育主体。要发挥两个主体的积极性，让学生主动参与，而不是被动地接受。在德育方法上，我们主张不要从概念和理论出发，要从实际出发，不要“高、大、空”，要“近、小、实”。尽可能贴近生活、贴近实际，距离学生近一点，问题提出小一点，回答问题实一点。不要只要求学生应当怎样，而且还要告诉学生的实际情况和发展规律是什么，引导学生按照社会生活水平规律做事。这套德育实验读本力求做到贴近生活，联系实际，并努力在启发引导上下功夫，调动学生主体参与的积极性。

(四)授之以知，动之以情；晓之以理，导之以行

德育过程与智育过程是完全不同的教育过程，它包括知、情、意、行四个环节。只有知识传授而没有情感陶冶，意志磨炼和行为引导的德育不是完整的德育。因此，这套德育实验读本，不是单纯传授知识的体系，而是把知、情、意、行四个环节有机统一起来，形成德育的体系。通过教育和教学活动使学生对政治、思想、道德、法纪、心理等方面的知识有了一定的理解和掌握，并怀有热爱、崇敬、赞美、向往等情感，通过理性认识，产生信念和意志，并通过行为训练形成良好的行为习惯，这样才完成了德育过程。德育过程具有多端性，知、情、意、行四个环节不一定都是依次进行的，根据不同的德育内容，有的可能是从导之以行开始，有的可能从动之以情入手。在这方面，每一课都进行了认真的研究和精心的设计。

(五)精练优美，图文并茂；生动活泼，喜闻乐读

我们力求在文字上做到通俗易懂，精练优美，避免枯燥晦涩，具有较强的可读性。小学采用三字歌、寓言、故事等形式；中学采用散文、诗歌、名言、警句等形式；大学也注意了文字和语言的艺术，突出知识性和哲理性。小学每一课都配有精美的大幅彩色图画，中学也有适量的彩色插图，做到图文并茂，增强可视性。版式、字体、字号也进行了精心设计，使书的形式生动活泼，增强了艺术性，形成了统一风格。

四、实验方案

这套德育实验读本是否正确贯彻了上述指导思想和编写原则，需要实践的检验。为此，这套书将在全国 10 个实验区、百所实验校中进行实验研究。

1. 这套德育实验读本主要是利用班会、团队会或活动课进行实验，在当地教育行政部门批准的情况下，也可利用思想品德课、思想政治课进行实验。目的是为班主任、团队工作从经验型转向理论型、从随意性转向计划性、从盲目性转向科学性，从零散性转向系统性，以提高德育水平，增强德育实效。

2. 承担实验任务的学校和老师为“九五”规划国家级重点课题“整体构建学校德育体系的研究与实验”的实验单位和实验研究人员。每年向总课题组提交一份实验报告，汇报实验的情况和效果，提出对实验读本的修改意见，使之不断完善。

3. 实验周期为三年。总课题组每年召开一次研讨会，评审表彰优秀实验报告、优秀教案、优秀讲课录像，并出版《实验研究文集》。

经过课题组研究人员、读本编写人员和实验人员的共同努力，争取到2000年形成一套受广大教师和学生欢迎的、切实可行的德育读本，为建立科学化、系统化、规范化的有中国特色的社会主义德育体系奠定良好的基础。

欢迎领导、专家和广大教师及学生批评指正。

《德育》系列实验读本修订意见

一、指导思想

《德育》系列实验读本修订坚持以第三次全国教育工作会议精神和《中共中央国务院关于深化教育改革全面推进素质教育的决定》为指导，高度认识和理解德育工作在增强民族凝聚力中的重要意义，深刻认识和理解德育在素质教育中的地位和作用，认真贯彻和落实素质教育的两个重点即培养创新精神和实践能力，认真总结和吸纳《德育》系列读本实验研究的成果与经验，深入研究和开创德育活动课程论的原理与方法，密切关注和研究现行德育课程的标准和教材，认真贯彻和落实中央《决定》中关于课程改革的意见和要求，坚持解放思想、实事求是、高效务实、开拓创新，力求实现对第一版《德育》读本的超越，编出精品，编出特色，以质量求生存，以特色求发展，为21世纪德育课程的改革和建设做出贡献，为建立科学化、系统化、现代化的德育体系做出贡献，为全面推进素质教育做出贡献。

(一)高度认识和理解德育工作在增强民族凝聚力中的重要意义

当今世界，科学技术高速发展，知识经济已见端倪，国际竞争日趋激烈。综合国力的竞争，越来越表现为经济实力、国防实力和民族凝聚力的竞争。无论就其中哪一个方面实力的增强来说，教育都具有基础性的地位。必须高度重视教育在增强民族凝聚力方面的重大作用。在洪水肆虐面前，军民团结，顽强拼搏，形成了伟大的抗洪精神；在敌人侵犯面前，人民众志成城，铸成坚不可摧的铜墙铁壁；在港澳回归时刻，举国欢庆，万众一心，掀起爱国热潮。这些实例都是民族凝聚力的生动体现。这种民族凝聚力来自何处？来自中华民族的优良传统，来自共产党人的崇高理想和社会主义制度的优越性，来自爱国主义、集体主义、社会主义和马克思主义教育。我们的各级各类教育机构，我们的全体教育工作者，特别是德育工作者，对增强包括民族凝聚力在内的综合国力，承担着庄严的职责。我们各学段、各册主编和全体编写人员必须站在这个高度来认识和理解《德育》读本修订的重大意义。

(二)深刻认识和理解德育在素质教育中的地位和作用

全面素质教育的内容包括思想道德素质、科学文化素质、身体心理素质、审美艺术素质、劳动技能素质。其中创新精神和实践能力是素质教育的重点。思想道德素质包括政治素质、思想素质、道德素质、法纪素质和心理素质。德育不仅是素质教育的重要组成部分，而且对全面推进素质教育发挥着导向、动力和保证的作用。德育到位是实施素质教育的重要标志。思想政治素质是最重要的素质，不断增强学生的爱国主义、集体主义、社会主义思想，是素质教育的灵魂。我们课题的总体设计和基本内容与中央精神保持了高度的一致，《德育》读本的修订必须进一步认真贯彻落实这些精神。

(三)认真贯彻和落实素质教育的两个重点即培养创新精神和实践能力

创新是一个民族进步的灵魂，是一个国家兴旺发达的永恒的动力。教育在培养创新精神和创新人才方面肩负着特殊的使命。德育不仅有规范性的内容和要求，更应有创新性的内容和要求。我们应教育学生解放思想、实事求是、开拓创新、锐意进取，而不能使学生思想僵化、因循守旧、故步自封。就是在创新能力的培养上，也需要智育与德育相结合。例如学生的观察、记忆、注意、想象、思维等智力活动，必须而且必然以兴趣、动机、情感、意志、理想、信念等非智力因素为前提。培养创新精神和创新能力是德育的生长点，是德育与智育的结合点。《德育》读本的修订必须突出创新精神，培养学生的好奇心、求知欲，帮助学生自主学习、独立思考。鼓励学生探索创新，营造崇尚科学、追求真理的氛围，开发学生潜在的创新能力。《德育》读本的修订还必须突出实践能力的培养，在活动设计上狠下功夫，引导学生自觉、主动地参与德育活动的全过程，包括活动设计、活动准备、活动组织、活动评价等，增强他们的道德实践能力。

(四)认真总结和吸纳《德育》读本实验研究的成果和经验

课题研究和读本修订，必须“吃透两头”，一是上头，即中央的精神，二是下头，即一线教师的实践经验。一切真知来源于第一线的伟大实践。《德育》读本经过了40个实验区、千所实验校、万名实验教师一至二轮的实验，取得了丰硕的成果。各学段主编各册主编和全体编写人员一定要认真研究实验教师的获奖成果，包括实验报告、修订意见、教案教参、活动方案、教学随笔等，根据修订需要尽可能采纳他们的意见。

(五)深入研究和开创德育活动课程的原理与方法

为了提高增强《德育》读本修订的科研含量和理论依据，我们必须下力气学习和研究普通课程论的原理和方法(因为目前尚无成熟的德育课程论的专著问世)，从中吸收和借鉴课程设计和教材编写的一般理论，以创建有特色的德育活动课程论。德育活动课程与学科课程相对，它是打破学科逻辑体系，以学生成长的规律、需要为基础，在教师的指导下，通过学生自己组织的一系列活动而实施的课程。德育活动课不同于学科课或文化课，必须坚持"双主体论"，即教师主体性和学生主体性。教师主体性表现在活动的策划、设计和导演上；学生主体性则体现在活动的参与，在活动中认知，在活动中体验，在活动中锻炼，在活动中自我评价。因此我们主张"新三中心论"，即以学生为中心，以活动为中心，以体验为中心；不搞以教师为中心，以教材为中心，以课堂为中心的"旧三中心"。

(六)密切关注和研究现行德育课程标准和教材

现行的小学《思想品德》和中学的《思想政治》的课程标准和教材，是 1997 年改革的产物，应当说在许多方面都有了很大的进步。比如根据九年义务教育的要求把小学和中学进行"整体设计"，注意了大、中、小学德育内容的"衔接"，尤其是小学的德目体系比较科学。课程标准对每一个德目都规定了明确的教学内容和认知、行为两方面的基本要求，在教材的生动活泼方面也有了很大的突破。这些都是值得我们学习的。随着教育改革形势的发展，现行的德育课程也要不断进行改革，其中有一种意见是把思想品德与自然、生活、社会等课程合起来成为一门课，注重学生的活动性参与。这种综合性和实践性的发展方向，与我们的《德育》读本大有并轨的趋势。

(七)认真贯彻和落实中央《决定》中关于课程改革的意见和要求

中央《决定》指出："改革课程中过分强调学科体系、脱离时代和社会发展以及学生实际的情况"，要"加强课程的综合性和实践性"。课程改革所要求的综合性和实践性，正是《德育》读本的基本思路和主要特色。德育课程是一门综合性的应用学科，它应当而且必须依靠和借助于哲学、政治学、经济学、法学、教育学、心理学、伦理学、社会学、美学等相关学科的基本理论来整体构建德育体系和活动内容。德育课程不是上述各门学科的简单相加，而是运用这些学科的基本理论和基本知识对学生进行政治教育、思想教育、道德教育、法纪教育和心理教育。《德育》读本的修订必须实现自身的超越，在综合性上应体现三个方面：一是德育内容的综合性，即把政治教育、思想教育、道德教育、法纪教育、心理教育五大要素融为一体；二是德育过程的综合性，即把知、情、意、行融为一体；三是德育体系的综合性，即把德育目标、内容、途径、方法、管理、评价融为一体。《德育》读本的修订必须突出实践性，不以认知为主，而是以活动为主，以实践为主。德育的本质是实践的。实践的观点是德育首要的、基本的观点。德育课不同于智育课或文化课，它不仅要解决学生知不知，会不会的问题，而且更重要的是解决学生信不信、行不行的问题。不但要授之以知，晓之以理，而且更要动之以情，导之以行。德育课必须避免单纯传授知识、空洞讲解理论及死记硬背概念等脱离实际的倾向。

二、读本修订的内容体系

(一)修订本基本德目的设置

进一步贯彻"总体目标，一以贯之；学段目标，各有侧重"和"德育内容，循序渐进；要素完整，层次清楚；衔接合理，螺旋上升"的基本要求，小学和中学按下列德目体系组织设计具体内容。

1. 小学学段的基本德目

小学分低年级、高年级两个学段，基本德目16个：热爱祖国、好好学习、立志成才、孝亲敬长、友爱合作、勇于创新、乐群助人、文明礼貌、诚实正直、勤劳节俭、勇敢坚强、关心集体、遵规守纪、遵守公德、珍爱生命、自理自律。

2. 中学学段的基本德目

中学分初中和高中两个学段，基本德目29个：热爱祖国、志存高远、勤奋学习、热爱科学、勇于创新、勤于实践、唯物辩证、实事求是、孝亲敬长、服务集体、热心公益、善于合作、敢于负责、公平竞争、文明消费、保护环境、讲究效率、遵规守纪、知法懂法、守法用法、自制自爱、自尊自省、自信自强、诚实守信、正直诚实、勇敢坚毅、善于交往、学会学习、发展个性。

中师和中职学段的德目体系可参考普通中学的德目，结合职业特点进行设计。

(二)修订本的继承和借鉴问题

根据“贯通古今，融会中西；继承借鉴，发展创新”的原则，《德育》读本的修订必须深入研究和解决继承和借鉴问题。

继承的主要内容有：中华民族优秀传统道德，包括自先秦至五四运动历代形成与积淀下来的优秀道德思想；自五四运动至新中国成立期间在历次革命斗争中形成的优良的革命传统；新中国成立五十年来国内德育课程编制的经验，重点是现行小学思想品德，初、高中思想政治课课程标准与两课新教材。

借鉴的主要内容有：西方以人为本的教育观念；适用于市场经济的现代意识和观念，如改革开放观念、民主法制观念、权利义务观念、互利互惠观念、公关信息观念、商品市场观念、文明消费观念、照章纳税观念等；包含着合理因素和德育规律的德育理论与德育模式，如道德认知发展模式、价值澄清模式、体谅模式、社会行动模式等。

(三)修订本的创新与发展问题

读本修订的创新与发展主要体现在两个方面：

第一，德育思想的创新。现代德育不能停留在规范性德育上，应当向前发展，实现创新性德育。创新性德育是传统德育发展的生长点。《德育》读本修订，在德育内容体系和编写结构体例上都要创新，实现对第一版读本的超越。

第二，德育内容的创新。即在修订本中建立起培养学生创新精神和创新能力的教学活动内容。读本的创新教育，要根据德育内容和过程的性质特点，将创新教育的重点放在创新意识、创新精神和创新个性的培养上。读本中的创新教育要与各科教学中的创造力培养建立和谐的联系，以充分发挥道德素质在学生整体素质(包括创新能力)发展中的导向、动力和保证作用。读本中的创新教育主要从两个方面进行：一是将培养创新意识、创新个性的内容融进各有关德目之中，如热爱祖国、志存高远、勤奋学习、热爱科学、勇敢坚毅等；二是增设乐于创新、勇于创新、勤于实践等专项性创新教育德目。读本中创新教育的教学活动方式应是生活化、实践化的，体现近、小、实、亲的原则。

三、读本修订的结构体例

结构决定功能。读本的结构是德目的组织形式和教学内容的组织形式，是整体构建科学化、规范化德育体系的关键的操作环节。德育内容的组织形式对德育实效具有直接的决定性作用。在读本修订的结构体例上，要深入贯彻“授之以知，晓之以理；动之以情，导之以行”的原则，特别要在活动设计上下功夫，强化活动过程，体现综合性和实践性，使学生的道德成长自始至终建立在道德认知、道德判断、道德情感、道德行动的综合发展基础上。为此，本次修订在某一课的结构体例上要作如下调整。

(一)设题

每一课的标题是各学段基本德目的具体、形象、生动的表述，而不是直白的说教。在每一课标题之下，依据其基本德目要求，设置若干可操作性的小题目。

(二)激发动机

围绕将要展示的内容，通过简练的导语，引导学生对某一道德问题产生注意、兴趣，以启发思维、激发情感。

(三)创设情境

围绕发生在家庭、邻里、学校、社区中普通的人与人之间典型的道德问题，向学生展示比较简单的个人道德实例和比较复杂的群体道德实例，给学生提供一种以实际道德事件为基础的，激动人心的道德情境或道德困境。

如下面一段文字，就创设了一个很好的道德情境。

过　桥

夜晚，特大洪水袭来，村民们要脱离险情只有通过这个简易的用几根木头架起的桥。村主任站在桥头一块大石头上，扶着慌乱的村民一个个走上桥去。下一个是一位年轻的小伙子，村主任一把将他拉到了身旁，大声地说，“是共产党员，最后过桥！”……所有村民都过去了，桥这头只剩两个人。小伙子大声喊着：“你先过！”村主任没做声，一把将小伙子推上前去，自己随后也上了桥。两人在接近桥那头的时候，桥被冲垮了……第二年的清明节，一位老妇人，捧着剪好的纸钱和两束野山花，来到这座已堆满了鲜花的桥头，祭祀她的丈夫和她的儿子。

情境的创设，要求编者深入学生生活从大量鲜活而典型的道德事件中提取浓缩，力求让学生感到真是贴近，既能拓宽学生个人的道德经验，又能帮助学生超越已有的道德观念，将某一德目落实到某一情境中进行实际的思考，使学生在具体的生活实例中直觉地体验道德情感。

情境的创设也可以通过查阅资料提取。可以是某一寓言、故事、小幽默、名言、诗句、典故等，辅以相应的图片。但要围绕德目进行取舍，所选材料要具有很强的情景性，能使学生产生道德情感共鸣。

围绕所提供的道德情境，编者要为学生设计一系列的判断题目，促使学生由一种道德情境联想到更多的类似情境，并进行深刻的思考，从而形成更深刻更广泛的判断结构。此环节，编者要在发展学生道德判断上做出切实的努力。

(四)设计活动

以本课德目为核心，采用生动活泼、喜闻乐见的活动形式设计，使这个德目变成道德行为的有效途径和方法。

活动可以是学生之间灵活的讨论，也可是角色扮演、游戏、制作、社会调查、访问、道德法庭、辩论演讲等多种实际活动。如：学生为能够拒绝他人不正当的邀请，进行模拟表演说“不”；一个小组的学生以不同角色配合，练习“善于倾听”的技巧；同一家庭背景的学生编演如何适应父母离异等家庭变故的小品；集体创作解决家庭纠纷的趣味活动；各自设计自己的名片；为自己的道德行为画像等大量十分具体实际的训练活动。这部分内容要求编者为学生的活动提出多种设想和写作脚本，同时也要为学生提供足够容纳本课道德认知内容的资料、卡片、格言、警句等，为学生从事某种活动提供正确的道德观念上的支持。

在活动设计环节上，编者要朝着明确、具体、实际的方向，导演出一幕幕生动的德育话剧，真正达到学生主体参与，知、情、意、行高度统一的境界。在培养学生实际的道德能力方面做出切实的努力。

(五)导入评价

围绕本课基本德目及内容要求，设计一系列有助于学生自我评价的方案。通过此环节，帮助学生内化正确的道德观念，减少价值观方面的混乱，促进正确的价值观的形成。这部分要求编者在形成学生的自我评价能力，落实德目要求上下功夫，让评价成为学生的道德行为导向。

上述五大结构要素虽然不是必然的顺序，但在每一课中缺一不可。仅是在不同学段，学生的年龄不同，认知水平不同，在内容选择和活动方式、难易程度上有所区别。唯有“导入评价”这个环节，各学段可根据某一德目设课多少，在某一单元结束后进行设计，也可贯穿在道德判断环节和活动过程之中进行设计。这样才能使全套书风格统一，体例一致，充分体现本课题研究成果的“深厚的理论基础；充分的调查与系列的实验依托；鲜明的活动性、实用性和可操作性”三大特色。

四、教师用书的编写体例及要求

(一)编写的目的

为了便于实验教师更准确地理解和把握《德育》系列实验读本的编

写意图和特色，保证《德育》读本在使用过程中的德育实效，总课题组决定在修订工作的同时，编写出与每一课对应配套的教师参考用书，与《德育》修订本同时出版。

(二)编写的体例及要求

1. 某一课德目的设置及内容安排的说明。在此部分，编者要向教师说明编写每一课德目和内容安排的理论依据。

2. 活动指导。包括如何组织活动，如何处理各种可能出现的问题，如何参与学生活动之中的技能方法。

3. 评价指导。这部分要指导教师如何有效地通过评价这一环节，检查德育目标落实的情况，及指导学生主动自我评价的技能和方法。

4. 参考资料。这部分要为教师提供与每一课各环节相配套的参考资料。要力求丰富充实。

五、德育多媒体软件的研制

(一)研制的目的

为了适应信息技术的迅猛发展和中小学现代电子教室、校园网、虚拟学校的迅速发展，21 世纪的德育教材绝不能停留在静态的文字读本上。为此，总课题组决定，在修订读本的同时，开发研制与修订读本每一课内容相配套的多媒体软件，经有关专家审定后由音像出版部门出版。

(二)多媒体软件研制的基本要求

1. 用系统工程的观点进行设计，将软件的使用融入每一课的设计之中。与修订本在结构体例及内容上和谐配套。

2. 符合学生的道德认知规律，充分考虑每一课读本在实施过程中的各个基本要素。

3. 强调开放性，提供给教师、学生发挥的余地，促使学生积极参与，激发学生的认知兴趣。

4. 能针对不同层次的软件环境，设计恰当的使用要求，具有交互性，易学好用，为德育活动的进行创造最优环境。

5. 软件的研制，是在各学段定稿之后，由有条件的单位及个人通过申报(写出详细编辑说明)，经总课题组批准后具体操作。

六、读本修订的表现形式

在读本的表现形式方面，我们提出了"图文并茂，生动活泼，精练优美，喜闻乐读"的编写原则，这也是保证读本质量和特色的重要因素。

(一)插图

总结第一版读本编写经验，本次修订要根据内容要求，能用照片表现内容的，尽量用照片(内容适合用彩照的，尽量用彩照)。照片内容要准确、典型、清晰。除照片外，其他插图一律由电脑设计。但编者要对此类插图的内容、创意作出准确、明晰、详细的说明。

(二)文字

文字是道德认知内容的基本载体与表达工具，《德育》读本在文字表述上要适合学生年龄特征和思维发展特点，努力做到准确、平易、通俗、朴实，适合学生理解。第一版读本总的来看，文字表述形象、生动、优美，不仅小学生乐读，中学生也十分喜爱，但这一点在不同学段如何把握，要进一步总结。

(三)开本

本次修订仍为16开本。版式设计要体现整体性、协调性，既有统一的总体风格，又有具体结构的变式。每个方位安排什么内容，要在修订稿样章上表述清楚，字体、字号要统一。

运用活动课对《德育》系列读本进行实验的几点意见

“九五”规划国家级重点课题——“整体构建学校德育体系的研究与实验”的阶段成果《德育》系列实验读本，经过课题组成员和全体编写人员一年多的艰苦奋斗，终于和广大师生见面了。这套德育系列读本将在全国10个实验区100所实验校中运用班团队活动课进行实验。为了加强对实验的指导，增强实验的科学性，提高实验的效果，更好地推动德育工作，现将德育实验的有关几个问题谈一些看法，谨供实验区(校)承担实验任务的老师们参考。

一、德育实验的定义

德育实验是运用科学实验的原理和具体方法来研究德育现象和问题，并试图揭示德育活动规律或某些德育内容、方法的有效性，是一种综合性研究活动。

德育实验活动的展开，可描述为一个从提出理论假说、设计实验方案、控制实验变量、评价实验效度，直至验证结果形成实验报告的过程。下面我们就沿着这一过程，对每一阶段进行探讨和论述。

德育实验是教育实验的一个组成部分，而教育实验则是从自然科学实验中引申和移植过来的。因此，德育实验与科学实验有共同性，但也有特殊性。德育实验既要遵循科学实验的一般规律，但又不能照搬科学实验的具体操作方法。有人把科学实验称之为“人与自然的对话”，而德育实验则是“人与人的对话”，其复杂性远远超过了探索自然的活动，尤其是德育行为与德育结果之间的因果联系错综复杂，且德育外部环境对德育活动的干扰也极难控制，因而很难达到经典科学实验所要求的“封闭度”(如无法将实验环境与外部环境完全隔离)，故人们一般认为德育实验是一种自然状态下的实验，而不是像自然科学实验那样在实验室里进行的“封闭式”实验。

二、德育实验的理论假说

(一)什么是假说

自然科学界给假说的定义是：根据已知的科学原理和科学事实，对未知的自然现象及其规律性所作出的一种假定性说明。德育实验假说所假定的是关于某类德育行为在某些被人为控制了的条件下，与某类德育结果之间的因果联系。

德育假说与自然科学假说的共同之处在于假定性和科学性。所谓假定性是说它带有推测的性质，即这种判断所陈述的事实或联系是现实中暂不存在或未被确认的，它对未知的构想是由已知推断而出，有可能被实践证实，也有可能被证伪。但是，假说又绝非臆断，它总有一定的科学事实或经验事实作依据(或曰应不与业经实验检验过的事实或理论相矛盾)，并且经过了初步的科学论证，因而，假说又是具有科学性的。

(二)德育实验假说的特点

既然德育活动因有人的因素(如教师、学生)参与其间而表现出极度的复杂性和不确定性，那么，德育实验从提出假说开始，就不可避免地带有“个性色彩”。德育假说与自然科学假说的区别亦即它的特点主要有两点：

其一，德育实验假说对结果的描述只能是概率描述。由于自然科学实验可以人为制造“纯化”状态，从而可能在实验结果与实验假说之间作出精确的相符性判断或因果判断，但在活生生的德育活动中显然做不到这一点。即令能在完全隔绝的状态中进行，它对被试(学生)的先期经验上的差异，也不能像清除计算机程序一样完全清除掉。教育实验既然不能作精密的控制，也就无法保证在结果与假说之间精确地“归因”，故一般只能作出像“较大幅度提高”“达到百分之几十”之类的概率性说明。

其二，德育实验假说偏重于“有效性”假定。一切研究活动按其目的可分为“求真”与“求善”两类，前一类意在发现真理，其假说陈述的是真理性事实，后一类意在追求对人的有利和有效，其假说要推测价值事实。在自然科学实验中，两类可作严格区分，而在德育实验中，真与善总是统一在同一命题之中。德育实验难以精确控制，它在逼真度上要低于自然科学实验。

(三)德育实验假说的表述

假说的表述必须是明确的，才是可操作可被检验的。如果掺杂进一些与概念无关的或模棱两可的意思，就不能形成可验证的假说。假说的含混模糊，不是没想清楚，就是没说清楚。因此，有必要对假说的命题进行语义分析，推敲每一个概念及连接词。

我们这项实验的理论假说是：运用活动课对德育系列读本进行教

学实验可以增强德育实效，提高学生的思想道德素质。

三、德育实验方案的设计

一套完整的实验课题计划至少应包括三个方案：总体方案，执行方案(也称实验工作计划)和评价方案。现分述如下。

(一)总体方案的编订

总体方案是对实验课题的总规划，是对实验假说、实验设计、实施进程和实验结果的总体设想，也是执行方案和评价方案制定的基本依据。它的内容至少有如下方面：问题(课题)的提出，理论假说，变量控制，效度评价，组织管理和预期成果。总体方案的编订由总课题组负责，详见《运用活动课对德育系列读本进行教学实验的总体方案》。

(二)执行方案的制定

执行方案即通称的实验工作计划，它是从实验总方案的具体执行者的角度，使总体方案的理论和操作构想具体化(现实化)，是具体地展开实验进程的依据。执行方案具体表现为工作计划。实验工作计划，一般有年度计划、项目计划、学校(班)年度工作计划或学期工作计划、专项工作计划等多种形式。其基本内容有：指导思想、步骤及阶段要求，基本方法及检测手段，组织与管理等。这一方面的计划主要是保证自变量的操纵。执行方案由实验区、实验校根据总体方案自行设计。

(三)评价方案的制定

在实验进行的各主要阶段和实验结束时，都要组织对实验阶段成果及最终成果的检测评定。由于实验的因变量总是跟实验的预期结果有关，所以在实验总方案和执行方案制定的同时，确定实验各阶段成果及最终成果的评价标准、程序和方法，也就是说要制定评价方案。评价方案实际上是对实验因变量预期变化的设想。由于德育实验的成果主要体现在教育对象学生身上，所以，评价方案首先应包括学生思想道德素质是否提高和提高的程度如何，其次还应检验自变量即德育读本的科学性和实用性，并作出客观评价，提出修改意见，使之不断完善。评价方案由总课题组制定，由实验人员提出初评意见，最后由总课题组会同有关专家进行评价。

四、德育实验的变量控制

(一)什么是变量和变量控制

变量，是实验设计理论的一个专用术语，某个与实验有关的因素或条件如果变成了可测量的、数量化的东西，则可称之为“变量”。

实验中需要考虑的变量可分为三大类，即自变量、因变量和无关变量。

自变量指的是呈现给被试的刺激变量，一种假定的原因变量，是由实验者主动操纵的变量。在德育实验中，自变量一般指的是教材、教法、教学手段或教学组织形式等。我们这个实验主要是德育读本这种教育内容和活动课这种教学形式。

因变量是指被试对所显现的刺激的反应，是一种结果变量，是在自变量作用下可能产生的结果。因变量通常与教育目的有关，例如知识的掌握、能力的增进、品德及其他优良个性品质的形成等。我们这个实验主要是指学生思想道德素质的发展与变化。

无关变量泛指除自变量以外一切可能影响因变量因而对实验有可能起干扰作用的因素。说它“无关”，是指它与自变量无关，与实验目的无关。但由于它对实验有影响，所以应给以尽可能的控制。在我们的实验中主要有学校德育氛围，其他德育途径，社会家庭的影响等。

变量控制，从广义上讲，对无关变量的控制和对自变量的操纵都可叫作变量的控制。对无关变量的控制是指采用消除、恒定、抵消或平衡等方式限制乃至排除某些条件对实验进程及其结果的影响；对自变量的操纵是一种主动支配，即由实验者决定将自变量施加于何人、如何施加。从狭义上理解，控制仅指对无关变量的控制，而对自变量则使用“操纵”一词。

(二)因变量的确立

因变量与教育目的有关，是实验设计者期望通过自变量的作用而在被试身上可能产生的效果。由于德育的被试主要是学生，所以，因变量主要表现在学生身心变化的幅度和质量上。德育实验中因变量的确立与分解，有一个从模糊到清晰、从笼统到精细的过程。任何一项教育实验，只要是稍具规模，总是可以产生相当广泛的效果，但为保证研究质量，集中研究力量，又必在若干可能效果中有所倾斜，也就是说要确定重点目标，并且要分解目标，使实验目标具体化。

我们这个课题的实验目标是：(1)全面提高学生的思想道德素质，包括道德素质、法纪素质、心理素质、思想素质和政治素质。教育学生学会做人，做一个文明礼貌，道德高尚的人；做一个知法懂法、守法用法的人；做一个不怕挫折，心理健康的人；做一个勇于进取，思想向上的人；做一个热爱祖国，政治合格的人。根据“德育目标一以贯之，德育内容循序渐进、螺旋上升”的原则，我们把实验目标分解为：小学以良好品德行为习惯的养成教育和“五爱”教育为重点；初中以良好心理品质教育、道德品质教育、法纪品质教育为重点；高中和中等职业学校以人生观、价值观教育和理想教育、职业道德教育为重点；大学以人生观、价值观、世界观教育、心理健康教育和政治教育为重点。(2)形成一套科学化、系统化、规范化的有中国特色的社会主义德育内容体系。它的载体是科学的、实用的一套德育系列读本，它的教学形式是学生主体参与的，贯彻知、情、意、行德育过程的德育活动课。(3)培养锻炼一批优秀的德育教师队伍，使班主任工作和团队工作，从经验型转向理论型，从随意性转向计划性，从盲目性转向科学性，从零散性转向系统性。

(三)自变量的操纵

操纵自变量是实验的关键。我们这项实验的自变量有两个，一是德育读本，二是活动课。下面从这两个方面谈谈自变量的操纵。

其一，德育读本的使用。德育读本是按照每学年全一册编写的。小学每册 20～26 课，初中每册 15 课，高中每册 12～16 课，中职每册 12～15 课。平均每学期小学是 10～13 课，初中是 7～8 课，高中是 6～8 课，中职 6～8 课。每学期一般为 18 周，除去考试、校会、运动会等全校性大型活动之外，实际授课在 14 周左右。读本的设计实际上是两周一课，一周师生做准备，一周使用读本上活动课(小学一般不必要让学生每课都做准备，所以编的课数多一些)。所谓自变量的操纵与控制，表现在德育读本的使用上应做到每周一课时。如果有的实验校不能做到每周一课时，也可对读本有选择地使用，选择哪些课，要经过实验小组的认真研究并作出可行性计划。德育读本不是按照学科体系编写的，而是根据德育工作的实际需要和学生品德形成发展的规律而设计编写的。在使用过程中可以打破本编排的顺序，经过实验小组的认真研究重新排序。

其二，活动课的设计。德育系列读本是供德育活动课使用的，主要是利用班、团、队活动课进行实验。因此，活动方案的设计就尤其重要。德育过程是由知、情、意(信)、行诸环节构成的，必须授之以知，动之以情，晓之以理，导之以行。德育过程还具有多端性，有的内容可以从动之以情入手，有的内容应当从导之以行开始。本套读本的实验必须坚持在活动课中进行，切不可变成单纯的传授知识，让学生死记硬背概念和理论；必须让学生主体参与，调动学生的主观能动性，切不可走老师讲学生听，让学生被动接受的老路。这是能否提高德育实效的关键，也是本次实验成败的关键。必须加强这一自变量的操纵与控制。

(四)无关变量的控制

本课题实验的无关变量很多，主要的有学校德育氛围，其他德育途径如学科德育、社会实践、家庭和社会的影响等。这些因素对学生思想道德素质都会产生重要影响。然而，本课题的实验是为了证明德育读本与活动课对学生思想道德素质的影响。而上述因素与本课题的实验目的无关，故称之为无关变量。为了证明德育读本和活动课(自变量)与学生思想道德素质的提高(因变量)之间的因果关系，所以必须控制无关变量的影响。

无关变量的控制从理论上讲主要有消除法、恒定法、平衡法等方法。从实际上看，德育实验有其特殊性，我们不可能创设一个“纯粹”的实验环境，消除学校德育氛围、其他德育途径和家庭社会环境这些无关变量的影响。也不可能在实验校和非实验校之间实施某些平衡。因此，我们这项实验不能采用消除法与平衡法控制无关变量。唯一可采用的方法就是恒定法，即在整个实验过程中把无关变量控制在恒定不变的常态运行中。具体来讲，就是不要人为地加强或削弱学校德育氛围、其他德育途径和家庭社会的影响。

(五)“霍桑效应”与“期望效应”

“霍桑效应”，是指参加实验的被试因得知自己参与实验、受到关注而提高了活动积极性，有较之平时更佳的表现或发挥。

“期望效应”，亦称“皮格马利翁效应”或“罗森塔尔效应”，是指实验主试因被告知某些或全部被试具有潜在能力或发展可能性而不自觉地表现出特别的关注。

有一种观点认为：这种效应不仅干扰了对教育行为与教育效果之间的准确归因，也因推广后该效应消失而影响实验的外在效度。我们认为在德育实验中为调动主试(教师)和被试(学生)的积极性，不应该也不必要进行“盲试”，所以“霍桑效应”和“期望效应”在德育实验中是不应该被消除的。

五、德育实验的效度评价

(一)内效度与外效度

要评价一项实验的效度，主要看它的内在效度和外在效度。

所谓内在效度是指因变量的变化在多大程度上来自自变量。如果一项实验研究能够提出充分的证据说明，因变量的变化确由自变量所引起，而不是由其他变量引起，那么这一实验设计的内在效度就高。内在效度实质上反映了实验对变量间因果关系揭示的准确程度，它是一项实验认识功能发挥得如何的标志。

外在效度是指实验结果的可推广程度。实质上也就是实验研究结论对所研究领域的涵盖程度。德育实验研究不仅要关心变量间因果关系的探索，更要顾及实验结果在较大范围内的推广应用，否则，便将失去实验的意义。如果说，内效度反映的是实验的认识意义，那么，外效度则标志其价值论意义。

(二)实验效度的评价方法

评价外在效度的主要方法有：(1)采用合理的抽样方式，使选取的被试有代表性，减少取样偏差。德育实验中经常使用的抽样方式有：简单随机抽样；分层随机抽样；聚类抽样(如抽取若干个地区、学校，是个体的集合，而不是直接抽取总体中的个别单位——学生)。(2)在不同条件下进行重复性实验。这种方式不仅有助于完善实验方案、增进实验效益，提高实验外在效度，而且在多次实验过程中，使研究人员未能控制的诸多无关变量得以互相抵消，从而提高实验的内在效度。我们这项实验采取的是聚类抽样，在全国选取 10 个实验区 100 所实验校，主要分布在东北、华北、华东、中南和西南地区的城镇学校，具有广泛的代表面。实验周期为三年，具有重复实验的特点，因此，可以验证实验的外在效度。

评价内在效度的方法主要有：(1)设置控制组，也称对照班。即在实验学校中随机抽样选取一定数量的班为实验班，未被抽取的班为对照班。待实验结束后比较实验班与对照班学生思想道德水平发展的差异，以此来证明实验的效度。我们认为在德育实验中人为地制造差异，导致班级之间的矛盾和发展不平衡，不符合德育实验的理论原则。因此我们这项实验不采用这种方法。(2)前测与后测。这是一种自身纵向比较的方法，可以判断被试在参与实验前后思想道德素质的发展变化，是一种有效的评价方法。(3)定性测量与定量测量。定性测量是指用特定的术语或表示程度、状态的文字来描述所测量对象具有某种属性的测量方法。定性测量往往采用等级加评语的办法进行。如对学生思想道德素质等级定性测量就可以用优、良、一般、差来表示。对一个实验班前测与后测的变化就可用优良率或差等率来比较。定量测量是指用数字来表征被测量对象的属性与特征的一种测量方法。定量测量比定性测量精确，然而对学生的品德测量比较难以量化。在没有研究出品德测量的量化标准以前，我们主张把定性测量和定量测量相结合，以定性测量为主，采用等级加评语的办法进行。(4)观察法。观察法是搜集实际资料，获取经验材料，进行实验研究的最基本的一种方法。它的主要优点是简便易行，获得资料可靠性高。实验教师应当建立实验笔记，把学生在德育活动课中的表现、实验的效果、教师自身的印象和体会如实记录下来，以获得实验效度的第一手资料。

六、德育实验的预期成果

(一)撰写实验报告，出版《实验报告集》

参加实验研究的教师每年向总课题组提交一份实验报告，经总课题组评审择优入选《实验报告集》。

撰写实验报告是实验研究的最后一个程序，也是科研工作的总结。它概括实验研究的进程，反映科研成果，体现科研的水平和价值，反映研究者的治学态度，同时也便于科研成果的推广和交流。因此，实验研究人员应当实事求是地、认真负责地写好实验报告。

实验报告主要包括下列内容：

1. 题目。题目实际上是实验报告的主题思想。它必须准确地概括报告所要阐述的内容，一般应体现出自变量与因变量的因果关系。实验报告的题目可根据实验范围的大小分为宏观、中观、微观三个层次。宏观层次的题目适合实验学校的负责人撰写，如：《小学德育读本的五环结构对小学生行为规范养成教育的影响》《中学德育活动课对提高学生思想道德素质的意义》等。中观层次的题目适合年级组负责人撰写，如《小学二年级德育读本对学生文明礼貌教育的作用》《初中一年级德育读本对学生学会交往大有裨益》等。微观层次的题目适合实验教师撰写，如《我教“关心父母”一课的体会》《“成功的等式”主题班会的总结》等。

2. 基本情况。概要叙述实验的过程、内容、方法等。

3. 变量分析。分析自变量即德育读本的内容和形式的优点或缺点；分析自变量即活动课的形式和方法的优点或不足。分析因变量即学生思想品德和行为习惯的进步和变化，最好有具体事例。

4. 理论探讨。对德育读本编写的思路、原则、结构、体系等做理论探讨；对活动课的理论、原则、方法进行探讨，并提出自己的观点、意见、建议。

5. 结论。对自变量和因变量之间因果关系的事实判断和价值判断。

(二)撰写教案和教参，出版《优秀教案教参例选》

实验区可以组织实验教师根据德育读本的内容和活动课的要求撰写教案和教参。总课题组将组织专家进行评审择优入选《优秀教案教参例选》。

(三)设计班团队会和活动课方案，出版《班团队会活动课方案集锦》

实验区(校)可以组织实验教师根据德育读本的内容。设计生动活泼、可操作性强的班团队会活动课方案。总课题组将组织专家进行评审，择优入选《班团队会活动课方案设计集锦》。

(四)撰写实验观察日记，出版《实验教师随笔》

(五)修订德育实验读本，1999 年再版

每个实验教师都可以参与德育读本的修订，可以把自己的修改意见如增补删改课题、重新编排逻辑结构和修订样章寄到德育中心总课题组。经总编委会审定，如决定采纳，修改者可列入修订再版的编者。

上述五项成果，总课题组将从实验开始之日征集，今年 12 月 1 日截止，12 月底召开年会暨第二届课题研讨会评审表彰。

《成长册》的研究与编写意见

《成长册》是全国教育科学“九五”规划国家重点课题“整体构建学校德育体系的研究与实验”总课题组推出的第二阶段研究成果。如何进行《成长册》的研究与编写，我提出以下几点意见。

一、《成长册》实验研究的目的

为了贯彻落实《行动计划》关于改革评价制度和推行新的评价制度的精神，探索评价制度的改革方案，构建素质教育评价体系，创立新的评价模式，我们决定进行《中小学生(含中职生)整体素质评价手册》即《成长册》的实验研究。

《成长册》的实验研究也是全国教育科学“九五”规划国家级重点课题“整体构建学校德育体系的研究与实验”的题中应有之意。整体构建学校德育体系，包括小学、初中、高中、中职和大学的德育目标、内容、途径、方法、管理、评价体系。关于德育目标和内容体系的构建，总课题组已经推出了第一阶段研究成果，即《德育》系列实验读本，共19册(从小学到大学，每学年一册)，《德育》系列实验读本是德育目标内容体系的具体化和可操作化的载体。从内容上看，德育要素完整，层次清楚，循序渐进，螺旋上升；同时贴近学生，贴近生活，联系实际，做到了“近、小、实”，避免了“高、大、空”。从形式上看，它是用班团队会德育活动课来实施的读本，体现了“以学生为中心、活动为中心和体验为中心”的“新三中心”，避免了“以教师为中心，以课本为中心，以课堂为中心”的“旧三中心”；学生主体，主动参与，同时在活动中体现授之以知，动之以情，晓之以理，导之以行的德育全过程，避免了单纯传授知识，死记硬背概念和理论不完整的德育，使德育内容落到实处，德育工作增强了实效。因此，得到了教育部有关司局的领导和专家的充分肯定和高度评价，受到了实验学校校长、教师、学生和家长的欢迎和积极反馈。

第一阶段研究经验表明，整体构建学校德育体系不能只停留在体系构建和理论说明上，必须具体化、可操作化，必须有“载体”，有“抓手”，即不仅要解决德育体系“是什么”和“为什么”的问题，还必须解决“怎么样”操作和贯彻落实的问题。因此，总课题组要求途径方法体系和管理评价体系的构建也要拿出一个让学生主体参与的、具体化且可操作性的东西。为此，研究编制一套《中小学生(含中职生)整体素质评价手册》即《成长册》正是本课题深化研究的必然结果。

二、《成长册》实验研究的意义

(一)《成长册》对于研究和制定新的评价制度具有重要意义

长期以来，我国中小学普遍使用《成绩册》作为对学生评价的唯一形式。《成绩册》仅记录了学生文化课的考试成绩和班主任的操行评语，既不能反映学生“德、智、体、美”诸方面的发展状况，也不能反映学生的个性特点和特长；它仅有对学生的单向评价，不能反映学生对教师的评价、要求和希望；它成为家长片面奖罚孩子的一个依据，不能使家长对孩子成长过程有全面的了解和主动参与的机会，也不能反映孩子对家长的评价、要求和希望；它仅是一学年(或一学期)的总结性的评价，不能反映学生成长过程中的经验、教训和成果。《成绩册》的以上弊端已为教师、学生和家长所认识。改革这种不合理的评价方式已成为中国教育改革的一个重要组成部分。一些教育行政部门、教育科研单位和学校积极投入了对中小学生素质综合评价的改革和实践，对评价的内容、方式进行了有益的探索。一些地区已把《成绩册》改为《质量综合评价手册》。在此基础上，我们决定研究制定一套旨在对中小学生(含中职生)进行整体素质评价的《手册》。《中小学生整体素质评价手册》与《成绩册》有着本质之变。它对于形成新的评价内容与方法，研究和制定新的评价制度具有重要意义。

(二)《成长册》对于全面实施素质教育具有重要意义

《中华人民共和国国民经济和社会发展"九五"计划和2010年远景目标纲要》指出，要"改革人才培养模式，由'应试教育'向全面素质教育转变"。实现这一重大转变，不仅要改革课程设置、课程体系、教学内容和教学方法，而且必须改革评价制度、评价体系、评价内容和评价方法。"应试教育"以分数为唯一标准评价学校，评价教师和学生，因此教师、学生和家长必然关注《成绩册》，于是《成绩册》便成了"应试教育"的评价手段。素质教育要求全面提高学生的素质，其中包括思想道德素质、科学文化素质、身体心理素质、审美艺术素质、劳动技术素质，以及个性特长和创新能力。《中小学生(含中职生)整体素质评价手册》即《成长册》的编制，涵盖了以上诸方面综合素质的评价，因此，研究编制、实验使用该《成长册》，引导学校、教师、学生的家长都来关心学生的成长和整体素质的提高，对于全面实施素质教育必然发挥重要的推动作用。

(三)《成长册》对于加强和改进德育工作具有重要意义

德育不仅是素质教育的重要组成部分，而且在全面素质教育中发挥着导向、动力和保证作用。德育工作能否到位，能否落实是衡量从“应试教育”转向素质教育的一个重要标志。长期以来，德育没有一个科学的、行之有效的评价标准，中考和高考录取以考试科目的分数为唯一标准，体育在中考中还占30分，而德育为“0”。这种导向的结果造成智育是硬任务，德育则成了软任务。《成长册》在全面评价学生的整体素质的同时重点突出思想道德素质。我们把思想道德素质分解为政治素质、思想素质、道德素质、法纪素质、心理素质五个方面，并按照不同年龄阶段学生的身心特点、知识水平和品德形成发展规律使之进一步具体化、典型化、细化、简化和量化，成为教师评价和学生自我评价中易操作的东西。这对于评价德育工作的水平和质量，推动德育由虚变实，由软变硬，加强和改进德育工作具有重要意义。

三、《成长册》实验研究基本原则

(一)导向性和激励性原则

《成长册》的实验研究及编制在指导思想上要以《面向21世纪教育振兴行动计划》中的“跨世纪素质教育工程”为依据，以整体推进素质教育，全面提高学生整体素质和创新能力为目标。因此，必须坚持导向性和激励性的原则，以便充分发挥学生整体素质评价的导向性和激励性功能。在编写框架坐标系的设计上，要体现“全面、发展、创新”的精神。横坐标要体现“全面和创新”。应当包括思想道德、科学文化、身体心理、审美艺术、劳动技能和个性特征、创新能力、自育能力等八个方面；纵坐标要体现“发展和创新”，应当依据不同年龄阶段学生的身心特点和知识水平设计出学生全面发展的阶梯。总之，要体现整体素质，全面发展，循序渐进，螺旋上升，引导和激励学生全面提高自身素质。

(二)科学性和系统性原则

《成长册》在学生整体素质评价指标体系的设计上，要坚持科学性和系统性原则。评价指标体系应当是科学化、系统化的全面反映素质教育要求的，既相互关联又体现层次性和相对独立性的一系列指标的总和。一级指标包括上述八项，要把这八项抽象的一级指标分解为可观测性、可操作性、可量化的具体指标，就必须进行科学性、系统性的分类、分级和分层，形成三级指标。第三级指标即细目应当具有代表性、简明性、独立性、可行性、可测性的特点。所谓代表性是指细目具有对二级和一级指标的代表性和典型性的特点。例如：代表性行为一般包括三个方面，即：习惯性行为(内化的稳定的重复出现的行为)、关键性行为(在学校重大活动中或突发事件中的行为)、角色行为(学生处在学校、家庭、社会不同角色应有的行为)。所谓简明性是指细目应简单、明确、优化、少而精，不能含糊和繁琐。所谓独立性是指细目之间不能相互重叠、包容，不能互为因果。所谓可测性是指细目规定的内容必须是学生素质的外在表现，能够直接或间接进行观察和测定。所谓可行性是指细目指标必须实事求是，符合学生素质的实际水平，不能随意降低或拔高评价标准，这种指标才是可行的。

(三)形成性和阶梯性原则

学生整体素质评价一般分为三种方式，即起始性评价(即摸底性评价)、形成性评价(即过程性评价)和总结性评价(即鉴定性评价)。《中小学生(含中职生)整体素质评价手册》主要是进行形成性评价，在评价体系的纵向发展上，必须坚持形成性和阶梯性原则，着眼过程，注重发展，鼓励创新，引导前进。学生整体素质的形成和发展不可能是“一刀切”“齐步走”的，它必然呈现出渐进性、动态性，总的趋势是螺旋式上升。但是从静态“定格”观察，亦可表现为层次性、阶段性，我们可以把它划分为若干个阶梯，引导和激励学生沿着阶梯达到理想的境界。不同学段，不同年级评价体系的构建，要贯彻形成性和阶梯性原则，注意衔接，螺旋上升。在每一年级最后的总结性评价中也要贯彻这一原则，列出各项素质发展阶梯表，让学生自评达到了哪一个阶梯，并给自己设定下一学年的发展目标。从整体构建和动态发展的角度看，每一学年的总结性评价既是下一学年的起始性评价，同时也是整个成长过程的形成性评价。

(四)主体性和个体性原则

《成长册》在评价主体上坚持学生主体性和个体性原则，以学生个体自评为主，充分发挥学生在整体素质评价中的主体性、自觉性和主观能动性。同时辅之以学生群体互评、家长助评、教师导评、校长审评，体现整体素质评价的自觉性、民主性、群众性、监督性相结合，把整体素质评价作为学生、教师、家长三者之间联络感情、交流思想、传递友谊的桥梁和纽带，形成推动学生整体素质全面发展的合力。贯彻主体性和个体性的原则，关键是尊重学生个体的主体地位。《成长册》的编制在形式设计上要给学生留有充分的空间，引导和培养学生自定成长目标，自析成长环境，自寻成长动力，自开成长渠道，自研成长方法和自评成长效果，使学生成为自己整体素质全面发展的主人。

(五)操作性和趣味性原则

《成长册》的编制要坚持操作性和趣味性原则。根据不同年龄阶段学生的身心特点和知识水平，创造不同的形式。总的要求是图文并茂，生动活泼、富于时代气息，使学生喜欢使用。小学阶段设计得更卡通化一些，插图更多一些。中学阶段还可插入名人名言、学习要诀、行为规范、趣闻轶事等。在版式设计、图文制作、表格设计、字体变化等方面都应更新颖、更活泼、更实用，增强可读性、可视性和可操作性。

四、学生整体素质评价内容的基本构想

☆成长环境篇

1. 自我介绍

2. 我的家庭

3. 我的学校

4. 我的社区

5. 我对成长环境的认识

*要求：有文字，有照片，有题花，留空白。

☆成长目标篇

1. 思想道德

2. 科学文化

3. 身体心理

4. 审美艺术

5. 劳动技能

6. 个性特长

7. 创新能力

8. 自育能力

*要求：(1)每一项设计若干个细目。(2)每一细目列出国家教育教学大纲所规定的标准。(3)在老师的指导和家长的帮助下让学生自

定成长目标。(4)制成表格，留有空白，让学生发挥。

☆成长阶梯篇

1. 思想道德

2. 科学文化

3. 身体心理

4. 审美艺术

5. 劳动技能

6. 个性特长

7. 创新能力

8. 自育能力

* 要求：

(1)设计出三级指标，细目评价标准应具有代表性、简明性、独立性、可测性、可行性。(2)形成性评价每学期 1～3 次，评价人包括本人、同学、老师、家长。(3)学期总评，按照 8 项一级指标，每项设计出 5～8 个阶梯，并说明每个阶梯的标准。(4)制作成长阶梯图表，让学生自我评价。

☆成长成果篇

1. 获奖证书：每一学期在思想道德、科学文化、身体心理、审美艺术、劳动技能、个性特长、创新能力、自育能力等 8 项素质发展中所取得的成绩，获得的奖状、证书的缩印件。

2. 成长进步：每一学期在上述 8 项素质中有明显进步，有一定收获的记录。

3. 自我评价。

* 要求：(1)有提示。(2)留空白。

☆成长交流篇

1. 学生给老师的信
2. 学生给家长的信
3. 老师给学生的信
4. 家长给学生的信
5. 同学之间互致的信

*要求：(1)有提示。(2)留空白。

五、《成长册》实验研究的队伍

(一)《成长册》实验研究的队伍及要求

1. 所有申报“德育管理和评价体系构建”子课题研究的中小学和中职实验学校是参与该项目实验研究的主体。这些实验学校，要在总课题组指导下，完成预定的研究任务，促使《成长册》的编制贴近学生实际，在细目评价标准的设计上，体现“近、小、实”，避免“远、大、空”，使之真正成为学生以道德素质为核心的整体素质提高的导向和动力，努力构建科学、实用、高效的德育评价体系。

2. 该项目研究的核心成员均是申报“德育管理和评价体系构建”子课题研究的牵头实验学校、实验区负责人和有关行政机构、高中、中职中师子课题组有关成员。核心组成员要尽可能在总课题组指导下，带着研究任务到实验区、实验学校设点研究。参加实验区实验校经常性的研讨活动，理论联系实际，密切联系实验学校，使该项研究在实效性方面有突破性的进展。子课题研究的牵头实验学校要组成得力的专题研究小组，按照总课题组的研究进度，按时推出本校过硬的研究成果。

(二)《成长册》编制研究的队伍及要求

总课题组将尽快组成强有力的专家组即编委会进行攻关研究。

《成长册》编委会的研究任务及要求是：

1. 负责《成长册》的总体策划，制定实验研究及编制计划，组织编写队伍，审定稿件，推动实验。

2. 实行学段主编责任编。学段主编向总编委会负责，按时间、高质量完成编制任务。

3. 各册作者需认真领会研究编制该套《成长册》的目的意义、原则和体例，精心设计和施工，以一个科研工作者高度负责的态度、科学严谨的学风和开拓创新的精神，努力编出特色，编出精品。

六、《成长册》实验研究的进度

1. 1999 年 4 月 13 日，总课题组召开第一次会议，确定本项目的实验研究方案。

2. 5 月 1 日—9 日，总课题组召开《成长册》编委会议，研讨制定具体的编制计划、内容框架和日程安排。

3. 5 月 1 日—7 月 15 日，各实验区、实验校根据总课题组的要求，通过各种形式发动本实验区、实验校的学生、教师、家长和学校管理者，参与《成长册》对学生整体素质评价体系的构建，并向总课题提供整理好的反馈意见、样章和初步论证的研究成果。

4. 5 月 10 日—6 月 30 日，各学段主编组织作者在广泛吸纳实验区、实验校学生、教师、家长、学校管理者反馈意见基础上进行《成长册》的研究编制，6 月 30 日向总课题组交打印的初稿。

5. 7 月 1—15 日，总课题组召开征求意见座谈会，分别听取部分实验区的领导、实验学校师生、有关专家和教育部主管部门的意见。

6. 7 月 15—30 日，总编委会统稿、改稿、定稿。

7. 8 月 1 日交出版社审读、排版、印刷、装订，8 月 20 日见样书。

8. 8 月 21—25 日，总课题组召开《成长册》实验启动会，全国实验区负责人实验校负责人参加。

9. 9 月 1 日—2000 年 6 月，第一轮实验。

10. 1999 年 10 月，在“开封年会”上交流《成长册》实验情况。

11. 2000 年 7 月，总结交流会，修改。

12. 2000 年 9 月—2001 年 7 月，第二轮实验。

13. 2001 年 7 月，总结交流会，结题。

学生品德评价的理论与方法

全国教育科学“九五”规划国家级重点课题——整体构建学校德育体系的研究与实验，包括德育目标和内容体系的构建、途径和方法体系的构建、管理和评价体系的构建。其中德育评价体系的构建是本课题研究的难点。德育评价体系包括学校德育工作的评价、班级德育工作的评价和学生品德的评价(也称品德测评或品德考评)。本文仅就学生品德评价的理论与方法提供一些国内学者的研究信息，提出总课题组研究思路，供承担这项子课题研究任务的同志们参考。

一、品德评价的意义

品德评价是学校德育管理工作的重要环节，也是保证学校德育目标实现的必要措施。在德育管理工作中，加强品德的考核评估，有利于全面贯彻党的教育方针，坚持社会主义的办学指导思想；有利于促进学校的德育改革，把竞争机制引入学校的德育领域，增强德育的效果；有利于调动德育教师的积极性、主动性、创造性，迸发工作热情；

有利于提高学生自我评价、自我教育能力，发扬优点、克服缺点，促进良好品德的形成和发展。

(一)品德评价是学校德育工作中一项带有根本性的建设，是把德育落到实处，使德育由软变硬、由虚变实的一项重要措施

我国的社会主义性质和党的教育方针，决定了学校德育工作必须始终坚持把“德育”放在首位，这是涉及学校的办学的根本指导思想的大问题。但是长期以来，在实际工作中，学校的德育工作往往是一项软任务、软指标，缺乏全面、严格的考评标准。抽象的要求多，具体的、可操作性的东西少；定性的分析多，定性与定量相结合的分析少。因而，在对学生德智体全面测评时，表现为智育、体育的都是硬指标，而德育却无法到位，所以，改进和加强品德评价工作显得十分必要，十分迫切。品德评价是学校德育工作的重要环节，只有用品德评价这个支点来支撑整个学校的德育工作，才能充分发挥它的教育导向功能，才能引起学校各级领导的高度重视，吸引学生积极参与，为广大师生所关注。这样做必将有利于德育到位，实现德育目标。

(二)品德评价是检查、督导、评估学校质量的重要机制的组成部分

德育工作是一门科学。它既属于教育学的范畴，也是一门管理的科学。科学的管理工作不仅要求制定正确的管理目标，而且要求在整个管理过程中不断通过监督检查，获取信息，修正实施过程中存在的问题。目前，学校的德育管理工作缺乏有效的监督检查这一环节，建立完善的品德评价系统，可以及时发现学校德育工作中存在的问题，改进德育工作，也有助学校领导及时获得德育效果的信息反馈，进行科学决策，结合学校实际，加强薄弱环节管理，努力使学校德育工作提高到一个新的水平。

(三)品德评价的最终目的是增强德育的实效，促进学生良好品德的形成和发展，全面提高学生的素质

对学生进行品德评价是为培养学生良好的品德、提高教育的效果。把品德评价与学校的教学、德育过程结合起来的，有利于落实教书育人、管理育人、服务育人的任务；使之成为激励学生不断进步的内在动力，有利于提高学生良好思想品德的形成与发展。品德评价的实验研究如果获得成功，便可以为中考、高考改革增加品德分数提供科学依据，这对于推动从“应试教育”向全面素质教育转变具有重要意义。

二、品德评价的指标体系

指标体系是品德评价的核心内容，它是德育目标体系的具体化，是品德评价的基本依据。一个科学的、实用的、具有可操作性的指标体系的设计，必须体现以下几个特点。

(一)指标体系的科学性

学校品德评价是以德育目标为准绳的价值判断过程。一般来说，德育目标体现了党和国家的根本要求，规定了德育的规格和人才的质量，是科学评价的唯一根本标准。但是依此作为品德考评的直接依据，还显得比较抽象，难以具体和准确地测出德育工作的效果。为了提高评价的科学性，我们就需要把抽象的培养目标具体化，进行德育分项、分细目的考评，指标就是根据这一需要提出来的。品德评价指标体系的科学性，取决于德育目标具体化的科学性。

(二)指标体系的系统性

指标体系是系统化的、具有相关联系的一系列指标的总和。它完整地反映德育目标中德育的内容和要求，是德育目标规定的德育规格的具体化，体现着德育的质量标准。指标体系的整体完备性要求指标体系不遗漏任何一个重要指标，指标体系能够全面地再现和反映德育目标，使德育目标存在于指标的总和之中，表现在系统化的指标体系之中。学生品德考评的实践表明，指标体系的作用，不仅决定着对学生的品德评什么、不评什么，而且还促使学生明确应该做什么、不应该做什么。它既要有利于引导学生按照培养目标中规定的总的要求约束自己的言行，又要有利于学生的个性发展，培养健康的人格。

（三）指标体系的层次性

指标体系对德育的要素结构和层次结构分布，具有特殊的组合方式和层次特点。它可以分为整体、项目、细目各个部分，整体由若干项目组成，项目又由多个细目表组成，经各细目赋予特定的内容就构成指标体系。指标体系各分项、细目的内容有较强的系统性，分项细目之间又保持相对独立性，指标体系是系统性、层次性和相对独立性的统一。

（四）指标体系的可观测性

品德评价的分项和细目指标反映了整体目标的一个方面，相对德育整体目标而言，细目指标总是具体的、可测的、行为化和操作化的目标。品德评价指标所规定的内容就必须是学生思想道德素质的外在表现，能直接和间接进行观察和测定的。

（五）指标体系的代表性

在指标体系中，大的方面不可缺，但不可能包罗万象地把品德行为的细节都罗列出来，只能选择具有代表性的行为进行评价。代表性行为包括三个方面，即：习惯性行为（内化的稳定的重复出现的行为）、关键性行为（在学校重大活动中或突发事件中的行为）、角色性行为（学生处在学校、家庭、社会不同角色应有的行为）。

(六)指标体系的简明性

指标体系的结构要求、分类项目和细则是多重分解、逐步深化的，一直到满足可测性的要求为止。但指标体系的分解不是无限的，指标体系的总体设计应简单、明确、优化，指标项目应该少而精，太多太细也会难以实施和测定，影响评价的准确性。

(七)指标体系的相互独立性

指标体系内各项指标是相互独立的，在同一层次的各项指标之间必须是相互不能重叠，不表现为因果联系，不能从一项指标推导出另一项指标，也不能互相包容重复。

(八)指标体系的可行性

指标体系的各项必须符合学生品德的实际水平，才能为考评对象所认可和接受，这种指标才是可行的。如果我们确立的指标要求过高，就会脱离考评对象的实际，要求过低就会降低标准，这都不符合实事求是的要求，因而是不可行的。指标的可行性还需要有可靠的信息来源，科学的技术手段及多样简便的操作方法，否则就难以做到科学评价。

三、品德评价的原则

在我国当代品德测评的实践中，广大教育工作者、教育科研工作者、教育管理者奋起探索品德评价的规律。根据各自的经验，概括了许多品德评价的原则。

罗镇康 1984 年率先提出的原则是：思想认识与行动表现相结合原则；校外与校内考核相结合原则；自我评定与他人评定相结合原则；集中考核与经常考核相结合原则。(《华南师大学报》1984 年 3 期)

邓才彪 1988 年提出的原则是：绝对评估与个体内差评估相结合

原则；定性评估与定量评估相结合原则。(《山东师大学报》1988年5期)

周元涛1989年提出的原则是：全面性原则；客观性原则；现实性原则。(《江苏教育研究》1989年3期)

华立1989年提出的原则是：形成性原则；适应性原则；民主性原则；规范性原则；期待性原则。(《教育研究》1989年5期)

刘剑平1989年提出的原则是：定性分析与定量分析相结合原则；科学性与可行性相统一原则；精确性与模糊性相统一原则；主导因素与多重因素相结合原则。(《学校思想教育》1989年5期)

施光明1990年研究陶行知教育评价理论，认为陶行知对教育评价的四点要求(绝对评价和相对评价相结合；自我评价和他人评价相结合；定性分析与定量分析相结合；过程评价与结果评价相结合)是我们今天对学生进行品德评价的基本原则。(《安徽教育学院学报》1990年2期)

万小平1991年提出的原则是：全面性原则，可测性原则，适切性原则，导向性原则，自主性原则。(《江苏教育研究》1991年1期)

胡卫1992年提出的原则是：结构和功能相互对应原则；测量和评定相辅相成原则；定量和定性有机结合原则；静态和动态辩证统一原则。(《学生品德测评》，华东师范大学出版社，1992年版)

李涵生1993年总结性地提出的原则是：从实际出发，定性分析与定量分析相结合；思想认识与行为表现相结合；校内与校外考评相结合；主导因素与多重因素相结合；自我评价与他人评价相结合；绝对评价与个体内差相结合；精确性与模糊性相结合；科学性与可行性相统一。他认为，在上述所列的原则要求中，应当着重考虑的是：科学性与可行性相结合、定性评定与定量评价相结合、集中评价与经常

评价相结合、自我评价与他人相结合的要求，这是品德测评的最基本的要求。(《学生品德测评纵横》1993 年 3 期)

谢新观、肖鸣政 1994 年提出德育测评的基本原则是：方向性原则；教育性原则；客观性原则；行为性原则；综合性原则；动态性原则；可行性原则；有序性原则；统一性要求与相对变化相结合原则；德育客观条件分析与德育效果综合测评相结合原则；大阶段、大尺度测评原则。(《教育测评的理论与技术》，光明日报出版社，1994 年版)

邱伟光教授 1996 年提出的品德评价的原则是：肯定性评价与否定性评价相结合，以肯定性评价为主；动态评价与静态评价相结合，以动态评价为主；基本评价与特色评价相结合，以特色评价为主；主观评价与客观评价相结合，以客观评价为主；终结性评价与形成性评价相结合，要认真做好终结性评价，更要注意形成性评价；定量评价与定性评价相结合，以定性评价为主。(《中国德育全书》，黑龙江人民出版社，1997 年版)

曾欣然教授 1997 年提出了品德评价的特殊原则：实现道德价值水平的原则；学生品德进步速度的原则；学生品德自主选择性原则；测评的真实性原则。(《中小学生品德评价的理论与实践》，四川教育出版社，1997 年版)

以上列举 60 多项品德测评原则，是我国教育工作者、教育科研工作者、教育管理者，对中小学生的品德测评研究的新成果。从发展上看，提出我国学生品德的测评原则，经历了从无到有，从简到繁，从局部到全面，从理论探索到实践应用，从经验测评到按文件规定测评。从效果看，在全国教育战线上，引起了广泛的规模效应，显示出我国当代中小学生品德测评实践工作的科学化、制度化、规范化、理论化。同时，发展了中小学生品德测评原理，丰富了中国特色的教育评价理论。

就提出原则的角度看，是相当全面的。60 多项测评原则，分别涉及了学生品德测评的测评指导思想、测评的性质、测评规范要求、测评内容、测评范围、测评效果、测评主体、测评水平表述等。

在众多品德测评方案中，根据品德测评的原则的规范和指导，可以看到我国现代品德评价，不仅体现了社会主义方向性、社会性、教育性、主体性的现代教育评价共同特点，而且显示着我国现代学生品德评价理论的新特点：

1. 以实现中小学德育目标的达标度为中心，把品德测量、品德教导、品德管理、品德养成与品德评价密切结合、相互衔接、相互配合，全面发挥品德评价的综合教育功能。对中小学生品德的导向、激励、调节、鉴别、强化、选拔都起到了作用，推进着德育工作的加强和改革。品德测评有目、有纲、有序，大大克服了品德评定中的随意性。

2. 以全面评价学生品德素质为中心，系统地剖析了学生的道德素质、思想素质、政治素质、法纪素质、心理素质。丰富了德育内容，深化了德育目标，使素质教育在德育工作中具体化。对品德素质的测评有了新的起步。

3. 以充分发挥德育评价主体的自觉能动性为中心，组织了应评的全体学生自评、学生群体互评、家长助评、教师导评、学校领导审核考评，体现了品德评价的自觉性、民主性、监督性、群众性的结合，促进了教育工作中的“管、教、学”三方主体的三结合，也促进了“学校、家庭、社会”三方教育力量的三结合，目标一致，标准一致。

4. 以品德形成评价为中心，把起始性评价（即摸底性评价）与总结性评价（即鉴定性评价），紧密结合起来，探索学生品德由起始评价水平发展提高到总结性评价水平的内在规律，把常规教育、情境教育、说服教育、行为教育有机地结合起来。

5. 以制定科学测评学生品德发展指标体系为中心，把真实性、操作性、形象性、现代电脑技术相结合，总结、探索、创造了品德测评的大量方案、测评方法、测评技术，使学生品德测评的科学性、可行性大大提高。

四、品德评价的方法

肖鸣政博士综合了目前我国大中小学品德评价改革实践的122个案例，总结出了三大类(即评语、评等、评分)，16种品德测评方法，这就是：总结印象法、评语鉴定法、写实法、等第测评法、等第评分法、操行加减评分法、积分法、加权综合法、模糊综合测评法、评等评分评语综合法、知识行为测评法、认识测评法、调查测评法、情景测评法、工作实践考查法、教育性品德测评法。

这里，我想主要介绍四种方法。

(一)评语鉴定测评法

所谓评语鉴定测评法，又称操行评语法，品德评语法。一般是指品德测评者根据自己对测评对象长期的观察与了解，参照了有关标准内容，以陈述句的形式，对学生某一时期中的品德水平与状况概括地作出个人鉴定意见。据调查可知，这种方法是目前学校应用最为广泛的一种品德测评方法。发展的趋向是评语鉴定法与其他测评方法结合使用，对其他品德测评方法起一种补充、说明、解释或指导作用。

评语鉴定法既汲取了总体印象测评法的优点，又在一定程度上改进其不足。首先评语鉴定法的测评者，一般事先知道自己的身份与职责，会对测评对象作比较系统而有目的的观察与了解，减少了测评信息搜集过程中的主观随意性。其次，评语鉴定者一般要由那些受过专门训练，或者具有一定专业素养与观察鉴定经验的人担任。因此，测评的结果有一定的准确性与可靠性。再次，它是针对一定的规范标准(例如《规范》《守则》)作出鉴定，不像总体印象测评法那样缺乏明确的标准而随其自然。因此测评的结果具有一定规范性与针对性。另外，它的测评结果是由一系列观点明确的语句表述。而且一般对测评对象在各个主要活动领域中的行为表现都有鉴定，比较全面，能使第三者对被测评者有一个比较清楚的了解。测评者还可对学生的个性特点或详或略地评定，评一人像一人。

然而，评语鉴定法在很大的程度上仍然还是以总体印象测评法作基础的。每一条评语的鉴定仍然以测评者个人对测评对象的总体印象为依据，只不过每次鉴定侧重某一个方面而已。因此，其缺点类似总体印象评法，要么鉴定主观随意、凭印象，要么差不多，大多数学生套用同一等级语言，分不出张三李四。甚至有人整个地套用总体印象测评法，首先按印象把学生分为上、中、下三等，各写好一个模型后，逐个让学生“对号入座”。为了避免评语鉴定法的缺点，我们提出评语鉴定法应当尽量做到“准”“实”“像”，要恰如其分，不要扩大也不要缩小；要内容具体，不要笼统含糊；要突出重点，不要面面俱到；要注意个性，不要千篇一律；要肯定成绩，点出薄弱环节；要措辞确切，切忌绝对片面。

(二)等第测评法

等第测评法，又叫操行等级评定法，品德考核评等法，即按照一定标准对被评者的品德水平和状况予以总括性的等级评定，以显示品德发展水平的差异。这种测评标准既可以是被评者外部的绝对标准，也可以包括在被测评者内部的相对标准。这种方法可看作评语鉴定测评与写实测评法的改革形式。人们感到评语鉴定比较笼统，大同小异反映不出同学品德之间的差异。写实测评法，虽然比较实事求是，内容具体明确，但不便比较。也就是说，无论是评语鉴定法还是写实测评法，它们只是便于学生个体内部或相互之间横向特点差异比较，而不便相互之间的纵向水平差异比较。而等第测评法恰好可以弥补它的不足。

等第测评法操作的步骤是，首先，确定测评的内容与标准。其次，让学生自评自报，学生小组(学习小组或评议小组)评议。再次，班主任在征求任课教师意见的基础上，结合同学评议结果及自己的观察作出等第评定。最后由学校审定。

这种测评方法在实践中已有许多变式。从等第形式来看，有好、中、差和上、中、下等三级制；在甲、乙、丙、丁或优、良、中、差(下)或优、良、及格、不及格的四级制；有优、良、中、可、劣与A、B、C、D、E等五级制；有最好、比较好、一般好、中等、一般差、比较差、最差等七级制；有A+、A、A－、B、B－、C+、C、C－、D等九级制；有优上、优、优下、良上、良、良下、中上、中、中下、差等10级制。

(三)积分测评法

积分测评法，又称积分法、操行测试评分法，操行简单计分法，品德考核计分法也包括在内。它一般是先将德育目标或规范要求具体化为一些操作行为，并用具体项目表示。每个项目定出分数值及评分要求，开学初即向学生公布，然后定期进行测评，期末累加起来，即得到某一时期的品德分数。有的还进一步把这个品德“积分”转化为等级(85分以上为优，70—84分为良，60—69分为及格，60分以下为不及格)。

积分测评法，目前在实践中已有许多变式。大致有分等评分累积分，不分等评分累积法以及分块积分法等具体形式。

积分测评法实际上可以看作是操行加减评分法的一种改进。在操行加减评分中，加分行为一般要求较高，加分机会有时较难得到。而扣分却常常使人畏惧。积分测评法则改进了这一点，它注意把教育机制引入测评之中，变扣分的压抑性为积极的鼓动性，引导学生从一点一滴做起，平时努力养成良好行为，积善成德。分块积分法注意发挥家长、班主任与学生各自的优势，分工负责测评不同内容。例如，家长侧重从家庭的表现作出测评，学生本人及小组侧重从日常学习生活表现作出测评，而班主任则从更高一点的层次进行概括性的品德测评。这样既加强了测评的客观性，又提高了测评的效率。

(四)评等评分评语综合测评法

这种方法并非一种特别的方法，只是对前述各种品德测评方法的一种综合兼施与改进。它是在采取其他非评语鉴定法测评出一个分数和与等级之后，再辅之以评语的说明与补充，以解释分数与等级的意义或补充它们无法说明的品德个性与特点。由于这种方法既兼有前述各种品德测评方法的优点，又对它们各自的缺点进行了相互弥补，故目前国内广为运用。

这种方法目前发展的趋势是评分、评等、评语各侧重一个方面，相互补充，相互促进。比较典型的操作步骤是，首先逐项按标准分等评分，然后依据总分评等。最后依据各项标准评等评分及综合评分评等的情况，对学生品德的特点、典型行为事例或其他指导性意见作出评语说明，以补充评分评等的不足。

这种方法的最大优点是对评分、评等、评语各自测评结果报告技术的缺点进行了改进。评分结果虽然具体、准确，但不及评等结果意义明确、方便，而评等评分结果又不及评语对品德特点及其内涵报告的深刻性与全面性。简单的一个分数或等级难以反映学生品德千姿百态式的特点差异，对于学生表现方式的多样性及个性特点的丰富性，只有评语的变化性与丰富性才能全面恰当地表述。但是评语报告又不如评等报告的概括性与明显的可比性，评等报告又不如评分区分的细致性及其与其他考试分数合并使用的方便性。虽然在测评技术上它并无什么改进，但因为这种方法整体互补与协调效应的优势性，它在品德测评效果上已不同于其他任何一种普通意义下的评分法、评等法与评语法了，故有必要把它作为一种方法看待。

《整体构建德育体系总论》的研究与编写意见

《整体构建德育体系总论》是全国教育科学“九五”规划国家重点课题“整体构建学校德育体系的研究与实验”总课题组计划编写的本课题最终研究成果。必须集中精力，全力以赴，创建21世纪科学化、现代化、系统化的德育理论体系。下面我提几点意见并就编写提纲做以说明，请同志们认真研究。

一、指导思想

以邓小平理论为指导，认真贯彻落实第三次全国教育工作会议、中央思想政治工作会议、全国中小学德育工作会议和全国高校党建工作会议精神，深化教育改革，全面推进素质教育，切实加强和改进学校德育工作。

坚持“为教育行政决策服务，为教育改革实践服务，为繁荣教育科学研究服务，为社会主义精神文明建设服务”的宗旨，认真学习和借鉴国内外有关德育学以及哲学、教育学、心理学、伦理学、社会学、法学、美学等方面的最新成果，认真研究和贯彻本课题开题报告和第二、第三届年会主题报告关于整体构建德育体系的基本思路。

站在国运兴衰、民族复兴、科教兴国的战略高度，以德育科研工作者强烈的责任心、使命感、严谨的治学态度和创新精神，高质量、高水平、高效率地完成本课题的最终成果。

二、成果形式

成果形式为一套整体构建学校德育体系丛书，共四册。

1.《整体构建德育体系引论》，是我在“九五”期间发表的论文、报告、讲话的汇编，真实记录我是怎样引领课题一步步发展的。

2.《整体构建德育体系总论》，是我们总课题组核心成员的集体研究成果，是课题研究成果的集大成。

3.《德育实验报告集》，是本课题实验区、实验校、实验教师的研究成果，是在历届年会上获一等奖的成果汇编。

4.《德育研究论文集》，是总课题组成员、子课题组成员的研究成果，是在历届年会上获一等奖的论文汇编。

三、编写要求

1. 贯通古今，融会中西，继承借鉴，发展创新。批判继承中国传统德育思想，筛选借鉴西方现代德育理论，通古今之变，纳众家之长，创建 21 世纪现代化德育理论体系。

2. 观点正确，理论科学，联系实际，深入浅出。观点要正确，力求创新；理论要科学，力求深刻；理论联系实际，力求深入浅出。创建 21 世纪科学化德育理论体系。

3. 逻辑严谨，层次清楚，条块结合，注意衔接。应有自身的逻辑体系，层层深入地回答是什么、为什么、怎么办等问题，并且要注意各学段的衔接，做到条块结合，创建21世纪整体化（系统化）德育体系。

4. 三级标题，文字生动，引文准确，版式活泼。全书设章、节、目三级标题，文字力求生动，字数为50万字左右。引文一律用脚注，注明作者、书名、出版社、时间、页码。版式设计、字体、字号要有变化，理论著作也要生动活泼，增强可读性。

下面，我对编写提纲作以说明。（略）

附件：《整体构建学校德育体系总论》编写提纲

前　言

一、整体构建学校德育体系课题的提出

二、整体构建学校德育体系的研究内容

三、整体构建学校德育体系的研究过程

四、整体构建学校德育体系的主要方法

五、整体构建学校德育体系的研究结论

第一章　整体构建德育体系的指导思想

第一节　构建21世纪有中国特色的德育体系

一、坚持解放思想实事求是的思想路线

二、坚持从市场经济建设的实际出发

三、坚持“三个面向”的发展方向

第二节　构建代表先进文化前进方向的德育体系

一、继承弘扬中华民族的优秀传统文化

二、吸收借鉴国外的现代文明成果

三、发展创新21世纪的德育体系

第三节　构建适应全面推进素质教育的德育体系

一、坚持提高国民素质的根本宗旨

二、有利于培养创新精神

三、有利于培养实践能力

第二章　整体构建德育体系的理论基础

第一节　整体构建学校德育体系的德性论基础

一、德性的整体性

二、德性的建构性

三、德性的发展性

第二节　整体构建学校德育体系的德育论基础

一、德育的整体性

二、德育的主体性

三、德育的实践性

第三节　整体构建学校德育体系的系统论基础

一、德育体系的整体性

二、德育体系的层次性

三、德育体系的动态性

四、德育体系的开放性

第三章　整体构建德育体系的实践依据

第一节　学校德育工作的现状

一、中小学德育工作的基本经验和存在问题

二、大学德育工作的基本经验和存在问题

第二节　学生思想道德素质特点

一、学生思想道德素质的时代特点

1. 社会主义市场经济条件下的学生思想道德状况

2. 多元文化环境中的学生思想道德状况

3. 现实社会政治背景中的学生思想道德状况

二、学生思想道德特点的学段阐释

1. 小学生的思想道德特点

2. 初中生的思想道德特点

3. 高中(中职)生的思想道德特点

4. 大学生的思想道德特点

三、学生思想道德素质特点与德育体系构建

第三节　德育科学研究的繁荣与发展

一、德育科研队伍梯队已初步形成

二、德育基础理论研究成果丰硕

三、德育实践研究全面铺开

四、中小学德育研究方兴未艾

五、大学德育研究日臻完善

第四章　德育目标体系的整体构建

第一节　德育目标体系概述

一、德育目标体系的含义

二、构建德育目标体系的意义

三、构建德育目标体系的依据

四、构建德育目标体系的原则

第二节　德育目标的分项阐释

一、道德教育的目标

二、法纪教育的目标

三、心理教育的目标

四、思想教育的目标

五、政治教育的目标

第六章 德育途径体系的整体构建

第一节 德育途径体系概述

一、德育途径体系的含义

二、构建德育途径体系的意义

三、构建德育途径体系的依据

四、构建德育途径体系的原则

第二节 德育途径的分类阐释

一、学校德育途径

二、家庭德育途径

三、社会德育途径

四、网络德育途径

第三节 德育途径的横纵整合

一、学校、家庭、社会的横向统合

二、大中小学德育途径的纵向衔接

三、各类德育途径的整合

第七章 德育方法体系的整体构建

第一节 德育方法体系概述

一、德育方法体系的含义

二、构建德育方法体系的意义

三、构建德育方法体系的依据

四、构建德育方法体系的原则

第二节 德育方法分类阐释

一、认知明理类

二、情感陶冶类

三、意志磨炼类

四、行为指导类

第三节　德育方法的整合

一、德育方法的优化组合

二、德育方法的综合运用

三、德育方法的创新

第八章　德育管理体系的整体构建

第一节　德育管理体系概述

一、德育管理体系的含义

二、构建德育管理体系的意义

三、构建德育管理体系的依据

四、构建德育管理体系的原则

第二节　学校德育管理体系的分项阐释

一、领导体制管理

二、德育队伍管理

三、规章制度管理

四、德育环境管理

第三节　德育管理体系的学段整合

一、中小学(中职)德育管理体系。

二、大学德育管理体系

三、大中小学德育管理体系的衔接

第九章　德育评价体系的整体构建

第一节　德育评价体系概述

一、德育评价体系的含义

二、构建德育评价体系的意义

三、构建德育评价体系的依据

四、构建德育评价体系的原则

第二节　德育评价的分类阐释

一、学校德育评价

二、班级德育评价

三、学生品德评价

第三节　德育评价的学段整合

一、小学德育评价体系

二、中学(中职)德育评价体系

三、大学德育评价体系

四、大中小学德育评价体系的衔接

第十章　整体构建德育体系的实施

第一节　德育体系实施过程

一、德育体系实施过程的基本特点

二、德育体系实施过程的基本要素及基本运行程序

三、德育体系实施过程的基本矛盾

第二节　德育体系实施的组织与操作

一、德育体系实施的主要原则

二、德育体系实施的“师生互动模式”

三、德育体系实施的组织与操作

后记(略)

中等职业学校德育课程教学大纲编写意见

一、德育课程教学大纲的性质、任务和意义

中等职业学校德育课程是对中等职业学校学生进行的政治教育、思想教育、法制教育、职业道德教育和职业指导的必修课程，是中等职业学校德育工作的主要途径和重要阵地。德育课程的设置，是我国学校社会主义性质的重要标志之一。

中等职业学校德育课程教学大纲，以邓小平理论为指导，对“职业道德与职业指导”“法律基础知识”“经济与政治基础知识”“哲学基础知识”等四门课的教育目标、基本要求、教学内容和课时分配做出科学、明确、扼要的规定。它对于规范德育课程的教学，帮助学生确立正确的政治方向，树立科学的世界观、人生观、价值观，增强遵纪守法意识，形成正确的职业观念和良好的职业道德品质，培养21世纪社会主义建设事业的高素质劳动者和初中级人才起着重要的导向作用。

中等职业教育德育课程教学大纲，是国家制定的指导

中等职业学校德育课程教学的纲领性文件。它是教材编写与审查的基本依据，是教学内容与过程的基本依据，是教学督导与评估的基本依据，是学习考核与评价的基本依据。编写制定教学大纲对于中等职业学校德育课程建设具有重要意义。

二、制定德育课程教学大纲的原则

(一)方向性与现实性相结合的原则

德育课程必须体现国家意志，坚持有中国特色的社会主义方向。实事求是，一切从实际出发，是马克思主义的精髓。德育课程教学大纲的编订必须从社会主义初级阶段和市场经济、改革开放的实际出发，坚持“三个面向”的方向，把方向性与现实性紧密结合起来。这一原则具体表现在教学内容上，不要“高、大、空、远”，而要“近、小、实、亲”；在命题方式上不要“大题小做”，而要“小题大做”；在叙述方式上不要“空洞说教”，而要“摆事实，讲道理”，从而增强德育课教学的针对性和实效性。

(二)学科性与综合性相结合的原则

人类的知识体系是以学科来划分的，德育课程的名称不可能完全摆脱学科性。然而，德育课程是一门综合性的应用学科，在教学内容上不能“过分强调学科体系，脱离时代性和社会发展以及学生的实际状况”，而应当强调和体现德育内容的综合性，把学科性与综合性紧密地结合起来。这一原则表现在四门德育课应当是经济学、政治学、法学、伦理学与教育学、心理学的有机结合。即根据中职生的心理特点，运用教育学的基本原理对学生进行政治教育、思想教育、法制教育、道德教育和职业教育。

(三)理论性与实践性相结合的原则

用科学的理论武装人，是德育课的基本任务。没有理论，德育课就没有学科地位。然而，德育的本质是实践的，实践的观点是德育的首要的、基本的观点。当然，德育课不能等同于日常德育工作或德育活动，基本知识、基本理论是必须讲的。然而，德育课毕竟不能等同于智育课或文化课，这种不同点在于德育课不仅要像智育课那样解决学生知不知、会不会的问题，而且还要解决学生信不信、行不行的问题，即不但要授之以知，晓之以理而且还要动之以情、导之以行。因此必须把理论性与实践性紧密结合起来。这一原则首先体现在教学内容上，要适当降低理论的深度和难度，强调讲“基础”知识和“基本”理论；其次体现在教学要求上，不仅有“认知”或“识记”的要求，还应有“运用”或“行为”的要求；第三体现在课时分配上，不仅有课堂讲授和讨论的时间，还应有社会调查、参观考察等社会实践的时间。

(四)普遍性与特殊性相结合的原则

这里所谓的普遍性，是指作为高中学段对学生在德育课程教学内容上的共性要求。所谓特殊性，是指中等职业教育的特色，即职业特点和生源特点。把普遍性和特殊性紧密结合起来这一原则首先体现在四门课的教学内容上都要突出或增加职教特色；其次在教学内容的深度、广度上相对普通高中应适当简化和浅化；第三要考虑与初中思想政治课以及大学思想品德课、政治理论课相互衔接，避免脱节、倒挂和简单重复。

(五)继承性和创新性相结合的原则

德育课程是在以往政治课的基础上改革和发展而成的。我们要继承原政治课的成功经验和有益成果。适应社会主义现代化建设事业发展的新形势，适应国际政治、经济、文化发展的新变化，适应教育改革和发展的新要求，新的德育课程教学大纲要在原有的基础上有所前进，有所创新，把继承性和创新性紧密结合起来。这一原则首先体现在德育课对政治课的改革与发展上。新大纲不是修订、修补，而是改革，是重新制定。其次体现在课程改革的基本指导思想，即综合性和实践性上；最后体现在思想、政治、法律、道德建设最新精神和最新成果的运用上。

三、编写德育课程教学大纲的范式

根据课程论的理论，教学大纲的编写有多种范式。依据德育课程的性质，结合我国教学大纲编写的经验，德育课程教学大纲编写应当包括教学目标、教学要求、教学内容、课时分配等项内容。

(一)教学目标

根据课程论的理论，教学目标从抽象到具体可分为宏观目标(一门课的总目标)、中观目标(每一章的分目标)、微观目标(每一节的具体目标)。根据我们的工作进程，考虑到可行性和现实性，建议本大纲暂制定宏观和中观两级教学目标，即每一门课制定一个总体教学目标；每一章制定一个分解教学目标。

(二)教学要求

教学要求是教学目标的具体体现。根据德育课的性质和德育课教学过程的一般规律以及课程论的基本理论，考虑到大纲编写的实际情况和需要，本大纲的教学要求可在每一章“教学目标”之后分别列出认知和运用两个方面的基本要求。“认知”可分为了解、识记、理解三个层次；“运用”可分为举例说明、分析判断、行为表现三个层次。

(三)教学内容

教学内容是为实现教学目标而确定和安排的特定的教育内容。教学内容的性质和构成由教学目标决定；教学内容的深度和广度为学生的年龄特征和思想品德发展水平所制约；教学内容的针对性从学生成长的需要和现实社会的迫切要求出发。本大纲的教学内容要求各门课程制定出章、节、目三级标题，第三级标题下列出若干基础知识和基本理论要点。

(四)课时分配

课时分配是达到教学目标、落实教学内容、实现教学要求的时间保障。根据《中等职业学校德育课程设置与教学安排的意见》，各门课的总学时分别为：《职业道德与职业指导》32—36学时；《法律基础知识》32—36学时；《经济与政治基础知识》64—72学时；《哲学基础知识》48—54学时。本大纲课时分配要求落实到每一章；每一章课时量的大小依据教学内容的多少而定。

四、编写德育课程教学大纲的要求

(一)教学大纲的编订体例

每一门课的宏观教学目标占一页。每章的标题为“第一章……”，章的下面列出：教学目标、教学要求、教学内容。教学内容下为“第一节……”，节的下面列出目的标题“一、……”。目的下面列出若干基础知识和基本理论的要点。标号为“1、2、3……”。每一门课在分章列出教学内容要点之后，要提出课时分配建议。课时分配到章，要留出实践活动和复习考试的课时。

(二)教学大纲编写的文字表达

要求科学、准确、规范、精练。每一门课教学大纲的字数，《职业道德与职业指导》10000字左右，《法律基础知识》10000字左右，《经济与政治基础知识》20000字左右，《哲学基础知识》15000字左右，总字数 5 万多字。

(三)教学大纲编写的初稿

要求用 A4 纸打印，章的标题用三号黑体字，节的标题用四号黑体字，教学目标、教学要求、教学内容用四号黑体字，目的标题用四号楷体字，正文用四号宋体字，交稿时附软盘。

(四)教学大纲编订的时间进度

力争三个月内完成教学大纲的编写和审定工作。

在总课题组和实验区负责人工作会议上的讲话

今年，是全国教育科学“九五”规划的最后一年，虽然我们承担的国家级重点课题“整体构建学校德育体系的研究与实验”因为规模大、内容多、范围广、任务重而被全国教育科学规划领导小组德育学科组批准延长一年，但是为了不耽误申报“十五”规划课题，我们决定努力争取按时结题。为此，我讲四点意见。

一、抓好当前德育发展的大好时机，进一步深化课题研究

我们承担的“整体构建学校德育体系的研究与实验”课题，是一项决策性、应用性研究项目，它旨在为建立21世纪科学化、系统化、规范化的有中国特色的社会主义德育体系提供理论依据和实践模式，必须始终坚持“为决策服务，为实践服务”的宗旨。在课题研究的过程中，每一个重要的关键环节，都应当密切关注国际国内政治、经济、文化形势的发展变化，特别是要关注教育改革和发展的形势，

以保证课题研究沿着正确的方向前进。在当前和今后的工作中，我们必须以即将召开的全国中小学德育工作会议为契机，抓紧深化课题研究。

2000年2月1日，江泽民同志发表了《关于教育问题的谈话》，他从国运盛衰、民族兴亡的战略高度，深刻指出："正确引导和帮助青少年学生健康成长，使他们能够德、智、体、美全面发展，是一个关系我国教育发展方向的重大问题。"要求教育部门"不仅要加强对学生的文化知识教育，而且要切实加强对学生的思想政治教育、品德教育、纪律教育、法制教育。""尤其是要加强对青少年学生进行爱国主义、集体主义、社会主义的思想教育，帮助他们树立正确的世界观、人生观、价值观"。他还指出，教育是一个系统工程，号召全社会都要关心和支持教育事业，高度重视青少年学生的德育工作。

即将召开的全国中小学德育工作会议就是为了贯彻落实江泽民总书记关于教育问题的重要谈话和第三次全国教育工作会议精神，提高中小学德育工作的科学性、针对性、实效性。会议将就加强和改进中小学德育工作提出若干意见：1. 切实落实德育在素质教育中的核心地位；2. 中小学德育工作必须坚持正确的指导思想；3. 加强和改进中小学德育课程建设；4. 大大加强德育实践环节；5. 要进一步加强教师职业道德教育；6. 加强德育科研；7. 加强德育投入和物质保障；8. 建立健全中小学德育评估制度；9. 加强家庭教育指导；10. 创造良好的社会育人环境。（这是会议主文件起草过程中提出的10个问题，学习贯彻以会议公布的正式文件为准。）

关于加强德育科研问题，文件指出：德育科研是提高德育科学性、针对性、实效性的重要保障，科研工作要密切联系德育实践，重点研究新时期中小学德育的基本规律、内容结构、途径方法、管理评价和德育体系整体构建及分层递进等问题，为提高中小学德育工作水平服务。应当说，我们的课题研究与第三次全教会精神保持了高度的一致，也与即将召开的全国中小学德育工作会议精神完全一致。这不仅增强了我们圆满完成课题研究的信心，同时也为我们的课题研究指明了方向。我们要抓住这个大好时机，进一步深化研究，为胜利结题作最后的冲刺。

二、实现课题研究重心的转移，整体构建学校德育体系

总课题组在《2000 年工作安排》中已经明确提出了“2000 年实现工作重心转移”的决策。这一年，我们按照全国教育科学规划办的要求，在全国建立了 10 个实验区和 100 所实验校。随后又有若干个实验区校主动申请、积极投入了本课题的实验研究。1998—1999 年，本课题研究的重心在德育三大体系构建的操作模式——《德育》读本、《成长册》的研究实验，推动了实验区、实验校的德育工作，培养了一批德育科研骨干教师，使实验校的班团队会的水平上了一个新台阶。《成长册》实验研究的启动，将为学校德育管理评价体系的构建提供有力的支持，对学生整体素质的全面发展起到正确的导向和激励作用。这两项阶段成果的研究与实验，为整体构建学校德育体系最终成果的实现提供了切实可行的操作模式，奠定了坚实的实验基础。2000 年是本课题研究的关键一年，研究的重心必须转移到“德育三大体系”的构建上，同时辅之以《德育》读本的修订与实验以及《成长册》实验研究的启动。今年上半年主要任务是修订《德育》读本，在总编委会和各学段主编、各册主编及全体修订作者的共同努力下，目前已交付出版社

排版印刷，今年下半年必须实现工作重心转移，在德育体系构建上必须加大力度。

整体构建德育体系是本课题实验研究的最终目标。各实验区、实验校要进一步解放思想，实事求是，坚定信心，开拓创新，为构建21世纪科学化、系统化、现代化的具有中国特色的德育体系而不懈努力。

整体构建德育体系的总体思路是：“自下而上，总分结合；先块后条，条块结合。”各实验区、实验校立足于本地区、本学校实际，结合近两年来的实验研究，在充分调查研究的基础上，形成本地区、本学校特色的德育目标内容、途径方法、管理评价体系，分别上报总课题组。在此基础上，总课题组组织强有力的理论与实践两方面的专家队伍，对来自全国各实验区、实验校经过系列实验检验的研究成果进行综合、概括、提炼、加工、形成各级各类学校德育三大体系的最终成果，具体程序是：

1. 2000年1—8月，各实验区、实验校分块研究，形成本地区本学校小学、初中、高中(含中职、中师)、大学(含高职)各学段初步成果，并在实验区指导组的安排指导下进行小范围的交流和实验反馈。

2. 2000年10月，三大体系块与条的研究成果在年会上交流。

3. 2000年12月31日，总课题组组织有关专家完成最终成果《整体构建学校德育体系总论》，编辑出版实验区、实验校优秀获奖成果：《整体构建学校德育体系实验报告集》《整体构建学校德育体系研究论文集》。这项工作比原计划提前三个月，主要是为了通过全国教育科学规划办组织的专家评审验收，按时结题，以不影响“十五”规划课题申报。

4. 总课题组原计划完成的最终成果分论，即《小学德育体系概论》《中学德育体系概论》《中师德育体系概论》《中职德育体系概论》《大学德育体系概论》等。将延续到2001年10月以前完成(《大学德育体系概论》可望提前完成)。本课题的最终结题表彰会议将在2001年12月与德育研究中心成立十周年纪念大会和“十五”规划开题会议同时举行。

三、继续进行《德育》读本、《成长册》的实验，为“十五”规划做准备

修订后的《德育》读本作为学校三大德育体系构建的操作模式，预计在今年暑假后进入第三轮实验。《成长册》作为德育管理、评价体系的学生自评体系研究成果于今年上半年开始启动。这两项实验均是本课题研究的重要环节，是加强和改革德育工作的重要措施。各实验区、实验校要继续组织好实验工作，为“十五”课题申报打下坚实的实验基础。

(一)《德育》读本修订本的实验研究

根据本课题实验研究的计划，今年上半年对第一版《德育》读本进行了修订。本次修订旨在整体构建学校德育三大体系的可操作性载体，为本课题结题成果的研究提供理论依据和实践模式。从目前交上来的稿子来看，各学段均认真贯彻了总课题组的修订意见，比较鲜明地体现了以下特色。

1. 以系列实验为依托，在结构体例上实现了对第一版本的超越

一切真知来源于第一线的实践。经过了40个实验区、千所实验校、万名实验教师的实验检验，已经取得了丰硕的成果。本次修订各学段各册主编和全体编写人员都认真研究了实验教师的获奖成果，包

括实验报告、修订意见、教案教参、活动方案、教学随笔等，在修订过程中最大限度地采纳了他们的意见，浓缩了众多实验教师的成果。使新版本在结构体例上，突出了学生的主体地位，让学生在一定的情境中，在精心设计的活动中去感悟体验。使学生的道德成长自始至终建立在道德认知、道德判断、道德情感、道德行为的综合发展基础上，体现出鲜明的活动性，实用性和可操作性。

2. 以深入理论研究为基础，在内容体系上有了新的飞跃

第一版读本作为目标内容体系的载体，以五大要素为纬，以各项要素的不同层次为经，按照整体性、有序性、动态性原则，把它们有机地结合起来，依据学生不同年龄阶段的身心特点和知识水平，由浅入深，由低到高，由近及远，由具体到抽象，由感性到理性，螺旋式上升，构建了从小学一直到大学毕业各年级的德育内容，形成了科学化、系统化、规范化相对稳定的内容体系。课题研究经过两轮的实验检验，从德育的实效性出发，在内容设计上又进行了较大幅度的拓展。

在内容体系的设计上，修订本将知、情、意、行融为一体，将每一册的德目及每一课内容体系的构建综合德育的目标内容、途径方法、管理评价三大体系六个要素，充分体现了德育过程、德育内容体系的综合性，适用于学生自学和学校班团队会德育活动参考。修订本在内容体系构建上，还将培养创新意识、创新个性融进有关德目之中，如热爱祖国、志存高远、勤奋学习、热爱科学、勇敢坚毅等，增设了乐于创新、勇于创新、勤于实践等专项创新的德目；在各课内容的设计上充分考虑有利于学生创造性思维、创新性人格、创新能力的培养。

本次修订，更加明确了此项实验的“双主体”原则，即教师是德育

活动的策划、设计、导演的主体，学生是道德认知、活动、体验、评价的主体。参加修订工作的专家学者、教师，按着党和国家对青少年健康成长的要求，从学生实际出发，为学生制定健康成长的德育目标；创设相应的能使学生产生道德觉醒的生动情境；引导他们进行道德判断；策划、设计有利于培养学生实际道德能力的生动活泼、喜闻乐见的系列活动；精心设计每一课的学生自我评价的指标体系，有利于发挥学生的主体作用。修订任务完成后，实验教师将在组织引导学生使用《德育》读本，按照《德育》读本的设计线索去开展生动的德育活动，更大限度地发挥学生的主体作用。这种主体作用把学生的道德认知、活动、体验、评价融为一体，将取得理想的德育实效。

经过两年的实验历程和半年多的修订，新版《德育》读本，将贯彻中央关于对中小学生"减负"的精神。"减负"为我们《德育》读本的实验开拓了空间，学生从过重的学业、心理负担中解放出来，使德育能够堂堂正正地走进课堂，学校将"教会学生做人"，"德育是素质教育的灵魂"，"德育从高、大、空，走向近、小、实"，"摆脱空洞说教，注重德育实效"的认识，在各实验校愈来愈明确。广大实验学校呼唤尽快完成一本具有"深厚的理论基础，系列的实验依托，鲜明的活动性、实用性和可操作性"三大特色的《德育》修订读本。因此，总课题组决定，今年下半年，加大《德育》读本的实验力度，并作为"十五"规划的主攻目标。

3. 新版《德育》读本的实验目标和要求

实验目标：

(1)深入探索德育活动课的有效操作模式；

(2)为教育部中小学德育课程改革提供决策参考。

实验要求：

(1)各实验区要在9月份之前确定实验校、实验班、实验教师、填写实验报表。

(2)各实验区要按照城镇郊区不同地域，按一定比例抽样确定实验校和实验班；推选在近两年课题实验研究中取得一定的研究成果、有强烈德育科研意识的实验教师参加新一轮实验；推选近两年被评为先进实验校、校长有较强的科研兴校意识的学校参加新一轮实验。

实验成果预期：

(1)实验区、实验校的实验研究报告。

(2)实验教师的研究论文、实验随笔。

(3)学生的成长日记。

(二)关于《成长册》的实验研究

1. 研究《成长册》对自身教育观、学生观、质量观的影响

《成长册》的推出，是根据素质教育的要求，提出了学生成长的八大素质和学生成长环境、成长过程、成长成果、成长评价等四大框架结构，在这个框架结构下又设计了一系列的评价指标，旨在引导学校、家庭、学生关注以思想道德为核心的综合素质全面发展，摆脱以分数单一评价学生的羁绊，有利于学生减轻因分数高低所带来的过重的心理负担。实验教师在实验前，应认真体会《成长册》实验研究的指导思想和目的意义，思考《成长册》的内容设计对自己的教育观、学生观、质量观产生了何种影响，这种影响又导致了自身教育行为的哪些改变。在这方面的研究基础上，可紧密联系工作实践进行深入总结。

2. 研究《成长册》使用的原则和方法

使用《成长册》需要运用正确的原则和方法，这方面的研究应着力解决好如下问题。

第一，坚持双主体原则，重视学生主体作用。我们强调实验过程的双主体原则，教师的主体作用，主要体现在对评价活动的策划、设计、组织、导演上，而学生则是自我评价、自我体验的主体。教师在实验过程中，始终应根据《成长册》的不同篇目，引导学生自定成长目标、自析成长环境、自寻成长动力、自开成长渠道、自研成长方法、自评成长效果。这在实验中，需要研究有效的操作方法，充分体现出双主体的不同作用，特别是要充分发挥学生的主体作用。

第二，坚持交互评价，形成评价合力。《成长册》为学生与学生、学生与教师、学生与家长之间提供了一个广阔的交互评价的平台。使学生在充分的交互评价中形成清晰正确的自我评价，这对一个孩子的健康成长是至关重要的。所以实验要求以学生自评为主，同时辅之以学生群体互评、家长助评、教师导评、校长审评，形成促进学生整体素质全面发展的合力。实验教师应努力探讨这种科学的交互评价的原则和方法，并对实验效果有充分的说明。

第三，营造健康成长氛围，引导成长交流研讨。《成长册》设计的一系列评价指标，为学生主动地建构和完善自身的素质提供了路径和线索。如何有效地组织学生进行“成长交流”“成长研讨”，是《成长册》实验研究的重要方法。这一方法的关键是营造健康成长氛围，使学生互相信任、真诚交流。那么如何成功地营造学生健康成长的氛围，有效地组织学生之间经常性的成长交流、研讨，就成了我们实验研究的一个主攻方向。实验教师在实验过程中，应创造性地提出自己的实施方案，技能方法，并写出实录，做出效果评价。

3. 研究如何修订《成长册》内容

编制和修订《成长册》本身是一个创造，而要真正研制出科学、实用、高效的学生成长评价体系，还需要通过实验教师的再创造。现在总课题组抛出去的仅是一块砖，通过全国各实验校的实验检验，实验教师的不断创新，我们会引回一块块的玉，将全国实验教师的修订意见集中起来，便能高质量地形成2000年的最终成果。值得提醒的是，对《成长册》的修订，仅提出修订意见是不够的，我们要求实验教师将《成长册》的某一册或一篇写出修改稿，拿到学生中去实验，检验其实效性，根据实验情况再进行修改，到学生中再实验，当实验效果可以做肯定性的评价时，最后定稿，附上实验检验说明上报总课题组。

4.《成长册》实验的成果形式

《成长册》实验的成果形式可以有如下几种：

(1)实验区、实验校的实验研究报告；

(2)实验教师的研究论文、实验随笔，学生成长交流、成长研讨的方案设计及实录；

(3)学生的成长日记；

(4)附有实验检验说明的《成长册》某一册或某一篇修改稿。

总之，《成长册》的实验研究任务要求以及成果的预期形式是多方面、多角度的，希望各实验区、实验校根据自己的研究力量，找好切入点，扎实工作，取得预期成果。

四、认真做好子课题成果的评审鉴定工作，迎接2000年年会胜利召开

今年年会参评实验研究成果的要求，见总课题组制定的《关于子课题实验研究成果鉴定验收的若干规定》。本次参评成果与子课题实验研究成果的鉴定验收同步进行，重点是学校德育三大体系构建的成果。《德育》读本实验的参评成果，只受理总结性的实验报告。《成长

册》实验的参评成果主要是实验报告和修订册或修订篇。

关于实验报告成果形式的说明

《德育》读本实验的参评成果，主要是总结性的实验报告。实验报告的形成应基本上遵循如下体例。

1．题目

题目的核心是课题名称，实验报告与参加课题实验的研究方案的表述是一致的。有时，为便于反映实验的重点和特色，可以采用加副标题的方式。是否使用副标题，要从实验内容和撰写报告的实际需要出发。

2．前言或引言

实验报告的前言或引言部分与实验研究方案的“课题提出”中关于实验的背景、理论与实践基础，实验的目标、对象、范围、实验的时间、实验的方法等内容相对应，前言要联系这些内容，根据已经取得的实验成效进行综合概述。

3．正文

实验报告的正文主要包括实验的过程、内容、方法、步骤、实验结果、结果分析和讨论等。这几个方面可以分列小标题叙述和论证。

一般情况下，实验的过程、内容、规模、方法、步骤，可采取概述的方式。这部分内容与实验方案中的目标，周期的设定以及实验原则有反映与呼应关系。对实验过程中形成的创造性经验，要注意进行重点总结。

实验的结果和结果分析是报告中要进行充分阐释和论证的内容。这部分是集中使用某种教育研究方法，如：定性研究与定量研究相结合的方法；观察法与调查研究法；经验总结法；比较法；文献资料法；统计测量法；列表法与图示法等。这是体现实验报告的规范性和科学性的关键部分。希望各实验区、实验校进一步学习和掌握这些研究方法，切实写好实验报告。

4．结论

实验报告的结论部分是作者对整个实验工作和实验报告的高度总结，是经过对各有关资料进行反复的分析、综合、抽象、概括形成的总体认识。结论部分要揭示德育的规律，总结德育原理。结论应该指出哪些问题已经解决，哪些问题尚待研究。有的实验报告可以不写结论，但应对实验结果进行概要讨论；有的实验报告可以总结出若干建议；有的实验报告不设专门结论，而是把观点分散到报告的有关部分。

实验报告的署名既表示个人或集体对实验工作的贡献，也表示个人或集体对实验报告的负责。实验报告的署名应首先考虑课题实验的实际承担者和组织者，根据具体情况也可考虑将有关协作单位和个人列入名单。署名的位置排在标题与前言之间。

五、“整体构建学校德育体系”成果形式及要求

整体构建德育体系是本课题实验研究的最终目标，课题研究的总体思路是：“自下而上，先块后条，条块结合。”各实验区、实验校立足于本地区、本学校实际，结合近两年来的实验研究，在充分调查研究的基础上，形成本地区、本学校特色的德育目标内容、途径方法、管理评价体系，2000 年年会，“德育三大体系的构建”的研究成果可重点申报。其成果形式，可以是某一德育体系的实验研究报告，也可是某一德育体系的实施方案，分别上报总课题组。在此基础上，总课题组组织强有力的理论与实践两方面的专家队伍，对来自全国各实验区、实验校经过系列实验检验的研究成果进行综合、概括、提炼、加工、形成各级各类学校德育三大体系的最终成果，具体程序见《德育信息》2000 年第 1 期。

第五编　实验区实验校研究成果序言

天津市河西区《构建跨世纪小学德育体系》序

在举国欢庆新中国五十华诞的大喜日子里，天津河西教委送来了他们经过几年实验研究，编撰而成的《构建跨世纪小学德育体系》书稿。作为全国教育科学“九五”规划国家级重点课题“整体构建学校德育体系的研究与实验”实验区承担的子课题呈报总课题组鉴定验收，并即将正式出版的小学学段研究成果，这是第一项。真是可喜可贺！可喜的是，这项成果的面世既是向国庆五十周年的献礼，也是向即将召开的本课题1999年会暨第三届学术研讨会献上一份厚礼！可贺的是，天津河西广大干部教师用心血和汗水浇灌的科研之花，终于结出了丰硕的果实，它既是对21世纪小学德育工作的新创意，又是对总课题组整体构建学校德育体系的新贡献！

天津河西教委课题组这项研究成果认真贯彻并较好体现了总课题组关于课题研究的指导思想、理论依据、基本原则和操作规范，并在以下几方面取得了突出成绩。

首先，在德育目标体系的构建上，总课题组提出的确定德育目标的依据是方向性与现实性的统一，党和国家的要求与学生自身成长需要的统一。确立正确的指导方针和理论原则固然需要解放思想、实事求是的科学精神和理论勇气，然而把这些原则具体化为可操作性的体系，并且进行准确精练的文字表述就更困难，更艰苦。课题组的同志们认真总结实践经验，反复进行理论探讨，功夫不负有心人，终于构建出小学德育目标体系。这个体系很好地贯彻了总课题组提出的“总体目标，一以贯之；学段目标，各有侧重；年级目标，具体明确；情意兼顾，知行统一”的要求。克服了以往德育目标笼而统之、大而化之，“一刀切”“齐步走”“高、大、空”的问题，形成了实事求是，切合实际，经过努力可以达到的德育目标。

其次，在德育内容体系的构建上，关键的问题是每个年级都应当保证德育内容结构的序列性和完整性，同时又应做到渐进性和层次性，还要注意与初中的衔接和螺旋式上升，克服学段之间、年级之间的倒挂、脱节、简单重复和脱离实际的问题。在这方面，课题组的同志们殚精竭虑、呕心沥血做了大量工作，确定了“热爱祖国、孝亲敬长、团结助人、热爱集体、勤劳节俭、努力学习、热爱科学、文明礼貌、遵纪守法、心理健康”10 个德目，每个德目在不同年级的内涵在深浅、难易程度上有所不同，体现了由浅入深、由低到高、由感性到理性、由具体到抽象的认识过程，每个年级的 10 个德目都从认知和行为两个方面提出了具体、明确的要求。完全符合总课题组关于“德育内容，循序渐进；德目规范，形成序列；要素完整，层次清楚；注意衔接，螺旋上升”的要求。

第三，德育管理和评价体系的构建是本课题的难点。总课题组的要求是“三级评价，体系健全；指标体系，科学简明；认真研究，评价原则；正确把握，评价方法。”天津河西的同志们不负众望，潜心研究，以系统论为指导，以实践经验为基础，初步建立了学校、年级、班级三级评价体系。他们努力攻克了“量化指标体系”这个难点，科学、准确地划分出一、二、三级指标，确定了一级指标为基础建设、实验过程、实施效果3项；二级指标为计划制订、组织建立、制度建设、文档健全、学科教学、教育活动、班主任工作、教育环境、家庭教育、社会教育、教师、学生、学校等13项；三级指标是把二级指标分解成42项评价要素。这是一个难度很大的系统工程，需要缜密的计划和精心的施工。天津河西的同志们能够率先做到这一点，哪怕是初步的成果也是难能可贵的。

此外，在德育途径方法体系的构建上，他们也进行了有益的探索，样章我已看到，相信他们会取得成功。在这本成果集中，还收入了小学晨训计划和子课题实验报告8项、子课题论文15项，运用班会活动课对《德育》读本进行实验的设计5项等。这些成果也是在实验区内精选评审出来的优秀成果，相信广大读者会从中得到启发和收益的。

天津河西区之所以能取得如此优秀的成果，根据我的了解（我曾四次到河西区考察工作，河西区的同志也曾多次到德育中心交流研讨）主要有三个原因。一是领导重视，河西区教委领导班子十分重视德育和德育科研工作，具有以科研为先导推动教育教学工作的办学思路，教委行政领导在课题组亲自挂帅，支持、指导的力度很大；二是组织健全、队伍整齐，形成了行政领导、科研骨干、一线师生三结合的课题组，做到了分工明确，任务落实；三是德育工作基础较好，他们一贯重视德育工作，在参加“九五”国家级课题之前，就已经研究制定了《小学德育大纲》，并在天津市范围内推广试行，为构建小学德育体系奠定了良好的基础。

我希望河西区教委课题组的同志们在此成绩的基础上，与全国各实验区同类子课题的同仁互相切磋，取长补短，携手并进，争取做出更大的贡献！

1999 年 9 月 26 日于北京芳古园

沈阳市和平区《中小学德育体系的整体构建》序

正当全国教育界深入学习和贯彻全国中小学德育工作会议精神时，我收到了沈阳市和平区马今同志撰写的书稿《中小学德育体系的整体构建》。这是我主持的“九五”规划国家级重点课题“整体构建学校德育体系的研究与实验”的一项子课题研究成果。这项成果与中央关于德育工作的文件和领导讲话精神保持了高度的一致性，也与总课题组关于整体构建学校德育体系的总体思路基本吻合，同时也是对当地德育实践经验的概括、总结、提炼和升华。马今同志是沈阳市和平实验区的负责人之一，同时在中央教科所德育研究中心做访问学者。她勤奋好学、刻苦钻研、志存高远、锐意进取。作为一名来自基层的青年德育科研工作者，能够独立完成这样一部著作是难能可贵的。

读了这部书稿，我认为有以下三个特点：

第一，驾驭三大体系，从目标到评价一气呵成，体现整体构建的全面性和系统性。

整体构建中小学德育体系，从纵向来说，包括小学、初中、高中三个学段；从横向来看，包括德育目标和内容、德育途径和方法、德育管理和评价三大子体系。这在德育科研中是一个较大的系统工程，它必须借助于系统科学的理论，从系统的整体性、层次性、有序性、动态性和开放性等多维度、多视角来观察和把握德育体系的构建。为了完成整体构建学校德育体系这一系统工程，总课题组的工作思路是自上而下的分级指导，自下而上的分层构建。实验学校进行微观层次的研究，即进行三大子体系中某一子体系的具体项目的研究，如德育内容中的道德教育或法纪教育，德育途径中的学科德育或班主任工作等。实验区进行中观层次的研究，构建三大子体系的某一子体系，如德育目标和内容体系，或德育途径和方法体系等。总课题组在吸收实验区、校研究成果的基础上进行宏观层次的研究，即整体构建大、中、小学德育体系(含中职德育体系)。这本书出乎我的意料，作为一个实验区居然能够驾驭三大体系，从德育目标、内容到德育途径、方法，再到德育管理、评价，一气呵成，力求整体构建中小学的德育体系。虽然它还有一些需要修改和补充的地方，但作为实验区整体构建的研究成果中还是第一个，因此是令人欣喜和值得祝贺的。

第二，注重实践环节，从理论到实践一竿到底，突出了整体构建的实用性和可操作性。

"整体构建学校德育体系的研究与实验"课题，是一项决策性、应用性研究项目，它旨在为建立21世纪科学化、系统化、规范化、现代化的有中国特色的社会主义德育体系提供理论依据和实践模式，必须坚持"为决策服务，为实践服务"的宗旨。这本书遵循了总课题组提出的指导思想和研究宗旨。从实践中总结经验，经过理性思考，进行整体构建上升到理论，然后又用来指导实践，突出了德育体系的实用性和可操作性。例如：在德育途径体系构建中，做到总揽全局，层层细化，步步深入，直到实践操作环节。第一步，把德育途径分为三大类：学校德育途径、家庭德育途径、社会德育途径。第二步，将学校德育途径划分为学校教学德育途径、党团队、学生会及其他社团工作德育途径、课外活动德育途径、班级德育途径、校园文化环境德育途径等五条德育途径。第三步，对每条德育途径再进行细化，例如：课外活动德育途径又可分为：思想政治教育活动、日常行为规范养成教育活动、心理咨询活动、社团活动、科技活动、文体活动、劳动及社会实践活动等。第四步，对每一项德育活动都规定了主要内容、活动方式和基本要求。最后这一步非常重要，它使德育途径具体化、精细化，避免了大而化之，笼而统之的粗放式德育。做到了“德育途径，对应内容，一项内容，多条途径，有主有辅，形成合力。”有利于将德育工作落到实处，增强实效。

第三，运用图表形式，从结构到层次一目了然，增强了整体构建的生动性和直观性。

整体构建学校德育体系，无论是德育目标内容体系、途径方法体系，还是管理评价体系，都有一个横向要素结构和纵向层次结构相互关联、交互作用的问题。如果只用文字表述，不可避免地会出现层次重叠，前后重复的现象，读起来使人感到繁琐。这本书较多地运用了图表形式，使复杂的结构层次一目了然。例如：中小学德育目标结构图、德育内容要素结构图、德育内容层次结构图、德育活动课三环结构图、德育途径体系网络流程图、学校德育与家庭德育相互作用机制图、社区德育网络图、德育途径整体结构图、中小学德育工作组织机构模式图、中小学德育管理评价指标体系图、德育评价层次结构图、中小学生思想品德素质评价表等。虽然这些图表还有待于进一步完善，但从本书的表现形式上看，无疑增强了整体构建学校德育体系的生动性和直观性。

尽管这本书还只是中小学德育体系的雏形，但从上述三个特点来看，它在总体思路、基本框架和表现形式上为整体构建中小学德育体系做出了可喜、可贵的探索。我相信，这项研究成果将与其他实验区的研究成果一道，为总课题组整体构建学校德育体系提供了宝贵经验，奠定了良好的基础。有感于此，谨赘数言，是为序。

2000 年 7 月 28 日于北京松竹斋

哈尔滨市道里区《主题班会理论与实践》序

正当我们认真学习和贯彻全国中小学德育工作会议精神的时候，我收到了臧兆麟同志策划的、庞伟同志主编的《主题班会理论与实践》一书的打印稿。读了书稿，我欣喜地发现，这是“九五”规划国家级重点课题“整体构建学校德育体系的研究与实验”成果——《德育》系列读本实验研究的丰硕成果，是哈尔滨市道里区德育科研人员和一线德育教师智慧和心血的结晶。它是一部既有理论指导意义，又有实践参考价值的好书。

这次全国中小学德育工作会议的主题是认真学习和深刻领会江泽民总书记关于教育问题的重要谈话精神，切实加强和改进学校德育工作。江泽民同志从国运盛衰、民族兴亡的战略高度深刻指出：“正确引导和帮助青少年学生健康成长，使他们能够德、智、体、美全面发展，是一个关系我国教育发展方向的重大问题。”要求我们“要切实加强对学生的思想政治教育、品德教育、纪律教育、法制教育尤其是要加强对青少年进行爱国主义、集体主义、社会主义的思想教育，帮助他们树立正确的世界观、人生观、价值观。”他还深刻指出，教育是一个系统工程，号召全社会都要关心和支持教育事业，高度重视青少年学生和德育工作。如何贯彻落实江总书记的谈话精神呢？全国中小学德育工作会议做出了明确的回答：“切实加强和改进德育工作。”说“加强”，是因为还存在着“薄弱”的问题；说“改进”，是因为还存在着“不适应”的问题；说“切实”，就是重在落实，增强实效。这次会议文件和领导讲话在充分肯定德育工作成绩的同时，对德育工作存在的薄弱和不适应的问题做出了实事求是的总结。总提法是：“面对国内外形势发展的新变化，教育改革和发展的新任务和青少年思想教育工作的新情况，中小学德育工作还很不适应。”突出表现在“三重三轻”“三个不适应”。“三重三轻”是：重智育轻德育，一手硬一手软的现象依然在一些地方和学校严重存在；重知识轻能力，不能把知识传授和能力培养紧密结合的现象依然严重存在；重课堂教学，轻社会实践，不能把课堂教学与实践活动密切结合的现象依然严重存在。“三个不适应”是：不适应青少年身心发展的特点；不适应社会生活的新变化；不适应全面推进素质教育的要求。如何改变中小学德育工作存在的“薄弱”和“不适应”的状况呢？我认为必须加强德育工作的实践环节，开设一门德育活动课。这是由德育自身的特点和规律决定的。德育不同于智育，智育的任务是传授知识兼培养能力，它主要解决知不知、会不会的问题；而德育只到此并没有完结，它不仅要解决知不知、会不会的问题，而且更要解决信不信、行不行的问题，即不但要授之以知、晓之以理，而且还要动之以情、导之以行。德育过程是知、情、意、行四个环节构成的，只有知识传授，而无情感陶冶、意志磨炼和行为引导不是完整的德育。这就如同体育与智育不同的道理一样，体育如果只在课堂上讲授体育知识和理论，不让学生到体育场上去实际锻炼，怎能培养学生强健的体魄？同理，德育如果只重视知识传授，而忽视或轻视德育实践活动，怎能培养学生良好的思想品德？德育活动有多种形式，既有课堂德育活动，又有课外德育活动；既有校内德育活动，又有校外德育活动。其中主题班会是最直接、最经常、最普遍的德育活动，它主题明确，针对性强，内容丰富多彩，形式生动活泼，是对学生进行思想品德教育的有效途径。主题班会作为德育活动课的基本形式，应当破除以教师为中心、以教材为中心、以课堂为中心的“旧三中心论”，树立以学生为中心、以活动为中心、以体验为中心的“新三中心论”。在这方面，《主题班会理论与实践》一书进行了深入的理论探讨，提供了有效的实践操作模式，为德育活动课的建设，为切实加强和改进学校德育工作，为贯彻落实全国中小学德育工作会议精神做出了贡献。

除了上述重要意义之外，这本书还具有两大特点或优点：

一是在实践经验的基础上做到了主题班会的理论升华。这本书概要论述了主题班会在德育工作中的地位、功能、作用和意义，全面介绍了主题班会的内涵、特点、类型、结构和形式，系统阐述了主题班会方案设计的 20 个原则，详细说明了主题班会的组织、实施、管理和评价的方法与技巧。这些主题班会的基本理论，是对广大一线教师特别是班主任老师长期实践经验的总结、提炼、概括和升华。它来自于实践，反过来又指导实践，使主题班会从经验型上升到理论型，从零散性上升到系统性，从随意性上升到规范性。这本书的作者都是基层德育科研工作者和一线的校长、教师，他们努力探讨主题班会的规律，形成具有一定理论价值的成果，是可喜可贺的。

二是在实验研究的基础上进行了主题班会的方案集萃。这本书在近百个主题班会方案中精选了 13 个优秀的获奖的典型方案，其中小学 6 个，中学 7 个。全部都是《德育》系列实验读本中的内容，如《竞争与合作》《少男少女之间》《到时间王国去旅行》《节约用水》《我爱母校》等。每一个方案都进行了精心设计、认真选材、周密组织，充分体现了教师的主导性与学生的主体性相结合。每一个方案都展现了主题班会的全过程，根据不同内容设计了丰富多彩的表现形式，如歌舞、小品、诗朗诵、相声、乐器演奏、书法绘画、演讲、辩论等，体现了思想性、知识性与趣味性相结合。每一个方案后面都有校长点评，点评精当，言简意赅，起到画龙点睛的作用，做到了典型案例的规范性、指导性与创新性相结合。书中还配以优秀主题班会版面设计，图文并茂，生动形象，具有很强的感染力。

《主题班会理论与实践》是“九五”规划国家级重点课题“整体构建学校德育体系的研究与实验”众多子课题中的一项有价值的研究成果。我希望它和其他实验区的优秀研究成果一样，在全国德育界同行中产生影响，发挥作用，以增强全国中小学德育工作的科学性、针对性和实效性。为此写了上述的话，是为序。

2000 年 7 月 30 日于北京松竹斋

重庆市《学校德育体系整体构建的研究与应用》序

在全国中小学德育工作会议胜利召开之际，粗读了曾欣然教授主编、钟必伟教授副主编的书稿——《学校德育体系整体构建的研究与应用》。这项研究成果是我主持的全国教育科学“九五”规划国家级重点课题“整体构建学校德育体系的研究与实验”重庆市实验区几十所实验学校百余名实验教师心血和智慧的结晶，是重庆市教委和实验区指导组高度重视、大力指导所取得的可喜成果。

这项研究成果在德育目标和内容、德育途径和方法、德育管理和评价等方面力图应用现代德育理论和整体构建学校德育体系的总体思路去分析和解决新形势下德育工作面临的新情况和新问题，在诸多方面有所创新。

第一，适应形势发展需要，充实拓宽德育内容。

1994 年以前，无论是中央文件还是德育论著，一般都把德育内容界定为“思想政治教育和道德品质教育”，或“政治教育、思想教育和道德教育”。随着市场经济体制的建立和发展，人们越来越清醒地认识到，市场经济不仅需要伦理型社会，更需要法制型社会。为适应市场经济发展的需要，学校德育不仅要完善道德教育，而且还要加强法制纪律教育。随着改革的不断深化，人们的物质利益关系处于不断调整变化之中，学生在升学、就业，以至人际关系方面都面临一些新的问题，需要心理上的承受能力、适应能力和调节能力，于是学校德育在原有的基础上又增加了心理健康教育的内容。在这个问题上，我国德育理论界的认识是不一致的。有的学者对德育概念作狭义的理解，认为“德育是道德教育的简称”，不同意把法纪教育和心理教育纳入德育内容，理由是法学、心理学与伦理学是不同的学科门类。我认为对德育概念应当作广义的理解，主张坚持大德育观，提出德育内容“五要素说”，即德育内容包括政治教育、思想教育、道德教育、法纪教育、心理教育。

德育是一门综合性的应用学科，它应当而且必须依靠和借助于哲学、政治学、经济学、伦理学、法学、教育学、心理学、社会学和美学等相关学科的基本理论来构建自己的学科体系。当然，德育不是上述各门学科的简单相加，而是运用这些学科的基本理论和基本知识对学生进行科学的世界观、方法论、人生观、价值观教育；进行爱国主义、集体主义、社会主义思想教育；进行文明行为规范、良好道德品质教育；进行遵纪守法教育和健康心理品质教育等。当然，道德教育、法纪教育和心理教育各有自己特定的教育内容、功能、特点和规律。道德的功能是依靠人们的内心信念和社会舆论的力量来调节人际关系，主要是自律。法律的功能，则是依靠外在的强制力量来调节人际关系，主要是他律。两者同属于大德育范畴，如车之两轮、鸟之双翼，相辅相成，辩证统一。诚然，心理教育是整个教育的心理基础，智育有智育心理，体育有体育心理，但德育确有德育心理问题，我们是把德育心理纳入德育范畴。重庆市的这项研究成果在德育内容上主要是对法纪教育和心理教育进行了比较系统的调查、实验和研究，构建了小学、中学的法纪教育和心理教育内容体系，充实、丰富和拓宽了德育内容，对总课题整体构建德育内容体系提供了实践经验和理论支持。

第二，营造文明育人环境，探索德育活动规律。

德育的本质是实践的。实践的观点是德育首要的、基本的观点。德育与智育不同。智育的任务主要是传授知识兼培养能力。智育也有育德性，但这不是它的主要任务。德育不仅是传授知识和培养能力，不仅解决学生知不知、会不会的问题，而且更要解决学生信不信、行不行的问题。不但要授之以知、晓之以理，而且还应动之以情、导之以行。德育与智育的不同如体育与智育不同一样，都需要学生的主体参与和实践活动。体育课如果只是教师在课堂上讲体育知识、动作要领，而不让学生在操场上实际锻炼，这样怎能培养强健的体魄？德育课只是教师在课堂上讲道理，学生被动接受，死记硬背概念，应付考试，而不是在活动中去体验去实践，如此怎能培养出良好的品德？因此，我们主张德育课程不能走以教师为中心、教材为中心、课堂为中心这种“旧三中心”的老路，而应当创造一种以学生为中心、活动为中心、体验为中心的“新三中心”的模式。根据这种德育理念，总课题组研究编写了德育活动课的实验读本——《德育》。重庆市实验区在《德育》读本的实验过程中，充分发挥实验教师的主导作用，充分调动学生的主体参与的积极性，设计了大量的德育活动方案，并且总结概括出德育活动的几条特殊原则，即育德性原则、情境性原则、交互性原则、全程性原则、服务性原则。他们还充分利用当地的德育资源，特别注重校园文化和校外基地建设，营造文明的育人环境。把教育者、受教育者和教育环境三大教育要素合理配置，形成教育合力，建立学校、家庭、社会一体化德育网络。从而避免了单纯传授知识、空洞讲授理论、死记硬背概念等脱离实际的倾向，增强了德育的科学性、针对性和实效性。

第三，加强学校德育管理，建立德育评价机制。

德育管理是整个德育工作的指挥和保证系统，具有组织、协调、实施和评价的功能。德育管理体系的构建，包括领导机制、队伍建设、规章制度、督导检查等项内容。加强德育管理是增强德育实效，完成德育任务，实现德育目标的重要保障。德育评价是德育管理重要环节，德育评价体系的构建是学校德育工作中一项带有根本性的建设，对于督导检查学校德育工作的水平和质量，推动德育由虚变实，由软变硬发挥着不可替代的监督保证作用。构建德育管理和评价体系，是整体构建学校德育体系的难点，难就难在评价指标体系的量化上。德育不是不能量化，而是难以量化。这就需要下大功夫进行深入研究，正确把握指标体系的科学性、系统性、层次性、简明性、代表性、可观测性、相互独立性和可操作性。正确处理定量评价与定性评价的关系，肯定评价与否定评价的关系，动态评价与静态评价的关系，基本评价与特色评价的关系，主观评价与客观评价的关系，终结性评价与形成性评价的关系等。正确选择评价的方法，权衡评语鉴定测评法、等第测评法、积分测评法、评等评分评语综合测评法的利弊、得失。在这些方面，重庆实验区进行了认真的研究和可贵的探索，为总课题组进一步研究德育评价提供了经验。

重庆实验区之所以取得如此丰硕的研究成果，除了一线实验教师所付出的辛勤劳动之外，主要得益于实验区指导组的强有力的指导工作，曾欣然教授、钟必伟教授和粟朗处长、孙建学书记、叶华勋主任等一批同志为本课题的研究与实验做出了卓越的贡献。他们在实验研究的过程中，始终坚持理论联系实际的原则，从本市、本区、本校德育工作的实际出发，对实验教师的新鲜经验进行总结概括和理论升华，反过来再用科学的理论指导实践。在出经验、出成果的同时，推动了工作，培养了队伍，提高了德育工作水平，增强了德育工作实效。

正如钟必伟教授在汇报实验区工作时所讲的："本课题研究掀起了基层学校德育科研的高潮，各级领导和广大教师对德育科研的重视和投入是前所未有的。"从这个意义上讲，课题研究过程的价值远远超过了研究成果本身。祝愿重庆市实验区在德育工作中取得更大的成绩，为总课题组2000年年会在重庆市的胜利召开做出更大的贡献！

2000年7月2日于北京松竹斋

重庆市南岸区《区域性整体优化中小学德育的研究与实践》序

在举国欢庆中华人民共和国51周年华诞前夕，在“九五”规划国家级重点课题“整体构建学校德育体系的研究与实验”2000年年会暨第四届学术研讨会即将召开之际，我收到了以陈晓风同志为编委会主任，以孙建学、杨才明、何遗昌同志为主编的《区域性整体优化中小学德育的研究与实践》书稿。这是重庆市南岸区课题组几年来殚精竭虑、潜心研究所取得的丰硕成果，是该区教育行政领导、科研人员和一线教师向国庆节和全国德育年会献上的一份厚重的礼物。

这本成果集包括实验报告、调查报告、研究论文和活动方案四部分。涉及德育目标、内容、途径、方法、管理、评价的方方面面，是重庆市南岸区课题组及其所辖实验学校研究成果全方位的展示，集中体现了他们的整体研究水平。其中的心理教育研究成果则是他们对整体构建学校德育体系的突出贡献。主要表现在以下几个方面：

一是从调查研究入手，找准心理教育的切入点。南岸区课题组用自制的“学生心理行为现状问卷”对小学、初中、高中起始实验年级进行了调查，问卷涵盖德育五要素，小学 22 题，初、高中各 28 题。调查范围涉及小学 7 所实验校 794 名学生，初中 6 所实验校 1964 名学生，高中 6 所实验校 1557 名学生。调查结果显示：中小学生的情绪障碍问题十分突出。例如：小学生心理“不快乐”和“非常不快乐”者占 7%，在与人发生小冲突时“十分生气，与他争吵”者达 13.5%，小学生不快乐的原因来自学习压力的占 35%，来自父母要求太严的占 25.6%；初中生的情绪表现居前的依次为：兴奋(48.5%)、坚强(47.1%)、失望(28.1%)、焦虑(27.3%)、愤怒(25.5%)、忧郁(23.7%)、寂寞(22%)、孤独(18.4%)；高中生居前的情绪表现依次为：忧郁(53.2%)、兴奋(52.2%)、坚强(49.5%)、压抑(48.1%)、失望(35.2%)、焦虑(31.7%)。据此得出结论：对中学生进行心理健康教育是当务之急，心理健康教育是加强和改进德育工作的切入点和突破口。“没有调查就没有发言权”，他们正是从调查研究入手，掌握了翔实的第一手资料为搞好课题研究奠定了良好的基础，提高了课题研究的客观性、针对性、科学性和实效性。

二是从理论研究突破，确定心理教育的内涵。在学校中开展心理教育，究竟以什么提法为好，理论界众说纷纭。常见的提法有心理教育、心理品质教育、心理素质教育、心理健康教育、心育、心理辅导、心理卫生、心理咨询等。南岸区课题组迎难而上，深入研究了学术界最新研究成果，认为“心理教育”的提法较为客观、全面和科学。心理教育与心理素质教育、心理品质教育是同义语，但前者比后两者更为简洁。而心理健康教育是从人的健康标准角度提出的，只是心理教育两大主体部分中的一部分(另一部分是心理发展教育)。至于心理辅导、心理咨询、心理治疗等则是心理教育中的技术手段和方法。经过这样的比较分析之后，他们还为心理教育下了一个定义：心理教育是指遵循青少年儿童心理发展规律，以培育训练良好的心理素质，发展心理潜能，预防不良心理，矫正心理障碍，有效促进人的社会化，塑造健全人格的教育。这个定义可以用公式来表示：心理教育＝心理发展教育＋心理健康教育。这个定义虽然不能说是尽善尽美，但它不失为一家之言。它的理论贡献是突破了习以为常的“心理健康教育”所造成偏狭之处，使心理教育的内涵更加全面、完整和丰富。这样的界定才是作为德育五要素之一的心理教育的本质内涵。因为德育不仅是规范性的、预防性的、矫正性的，而且更是开放性的、发展性的、导向性的。德育在本质上是一种促进人的社会化，塑造健全人格的教育。在对心理教育进行了全面、准确的界定之后，他们又进一步绘制了“心理教育结构图”，创造性地用简洁明晰的图表形式精要地表达了心理教育两大部分的要素构成、实施渠道、途径方法，从而厘清了思路，明确了方向。

三是从途径方法抓起，增强心理教育的实效。有了正确的理论，还必须使之见诸实践，构建心理教育的操作系统，认真抓好途径方法的实施。南岸区在这方面加大了研究力度，提出了明确的心理教育途径方法的指导思想：立足于“人是生理、心理和社会的统一体”这一基本观点，重视遗传、环境与教育的交互作用，重视家庭、学校、社会的交互作用，重视个体与群体的交互作用，建立学校心理教育主渠道(学校教育教学系统)和辅渠道(学校心理卫生系统)的有机结合、同步实施、重点突出、主次分明的心理教育操作系统。以德育活动课为主，以道德品质修养、行为习惯养成、生存适应训练、情绪情感调控、人际交往指导、健全人格塑造为主要内容，采取青少年喜欢的、丰富多彩的形式，通过系统的、有序的、渐进的教育和训练，全面提高学生的心理素质。他们以《德育》读本为载体，吸收了《中小学生心理导向》等相关研究成果，精心设计、组织实施了许多成功的心理教育活动课，如“爱的甘泉”“学会宽容”“成功的等式”“爱的力量”“心中有他人”等，取得了显著的教育效果。实验学校还相继建立了心理教育领导小组、心理教育研究室、心理教育办公室等工作机构，设立了心理咨询室、心理咨询信箱、心理咨询角，自办了《青春心语》《心灵之花》《知心朋友》《心心桥》等心理教育报刊，形成了主渠道促进心理发展，辅渠道维护心理健康，主辅配合，相得益彰，形成合力的心理教育新格局。心理教育作为德育五要素之一，它是整个德育工作的基础。搞好心理教育有助于拉动道德教育、法纪教育、思想教育和政治教育上升到一个新的水平。

重庆市南岸区以本课题研究为龙头掀起了空前的德育科研热潮，取得了令人瞩目的成果，全面地推动了德育工作，有力地增强了德育实效。他们之所以取得如此重大的成就，正如孙建学同志总结的那样：实验区领导意识超前，高度重视，组织落实，措施有力，指导有力，督促到位是实验研究多出成果的前提；建立教育行政人员和专业科研人员紧密结合的精干高效的主研队伍，是实验研究顺利进行的保证；与总课题组保持高度一致，争取市指导组的指导，认真负责，科学严谨是实验研究成果上档次的关键；参与实验的干部教师呕心沥血、辛勤耕耘是实验研究成果数量激增、质量显著提高的根本。本届年会之所以选定在重庆市南岸区召开，就是为了展示他们的成果，推广他们的经验，带动全国各实验区继续深化研究，取得更大成绩。特别是为贯彻落实中央关于西部大开发的战略决策，推动西部地区德育科研与东部地区同步发展做出贡献。我相信，我们的目的可以达到，也一定能够达到。有感于此，写了上述的话，是为序。

2000 年 10 月 1 日于北京松竹斋

湖北省荆州市《中小学德育评价的理论与实践》序

正当全国教育界认真学习、贯彻落实全国中小学德育工作会议精神之时，收到了湖北省荆州实验区送审的书稿《中小学德育评价的理论与实践》。这是我主持的“九五”规划国家级重点课题“整体构建学校德育体系的研究与实验”中的德育评价子课题的研究成果。

德育评价子课题，是本课题研究的重点和难点。说它是重点，是因为德育评价是德育管理工作中的重要环节，是检查、督导、评估德育质量的重要机制，是切实加强和改进学校德育工作，使德育由虚变实、由软变硬的不可缺少的重要措施。在德育管理工作中，加强德育评价的理论研究和实际运用，有利于全面贯彻党的教育方针，落实德育工作，全面推进素质教育；有利于促进学校的德育改革，把竞争机制引入学校德育领域，增强德育的实效；有利于调动校长和教师的积极性、主动性、创造性，提高德育工作水平；有利于提高学生自我评价、自我教育的能力，发扬优点，克服缺点，促进良好品德的形成和发展。因此，德育评价研究是加强和改进学校德育工作的一项根本性、关键性的建设。说它是难点，是因为德育评价难以量化，难以建立一套科学、有效、便于操作的评价指标体系。德育与智育不同，智育的任务主要是传授知识兼培养能力。智育也有育德性，但这不是它的主要任务。德育不仅传授知识和培养能力，不仅解决学生知不知、会不会的问题，而且更要解决学生信不信、行不行的问题。德育过程是一个知、情、意、行相互联系、辩证统一的过程，不但要授之以知、晓之以理，而且还应动之以情、导之以行。因此，德育评价也就与智育评价不同，智育评价通过考试，就可以测量学生的知识和能力的水平，而德育评价只靠考知识、考能力是不够的，还需要对学生的情感、意志、行为进行评价，而这方面的评价是不太容易量化的，因此也就增加了德育评价的难度。

荆州区教委子课题组的同志们知难而进，迎难而上，组织力量，协作攻关，总结经验，开拓创新。经过两年多的锲而不舍、坚持不懈的努力，终于在众多实验区中率先完成了德育评价体系的构建这一艰巨的任务，取得了可喜的成果。我认为这项成果有以下三个优点。

第一，重视理论研究，为德育评价体系构建奠定了坚实的理论基础。理论是实践经验的科学化、系统化的概括和总结。理论一经产生就反过来指导实践，没有理论指导的实践则是盲目的实践。因此，重视理论研究，不仅是科学研究所必须，而且也为实际工作所需要。这项成果的成功之处也在于重视理论研究。该书理论篇对德育评价的目的和意义、德育评价内容的结构和层次、德育评价的模式和环节、德育评价的原则和方法进行了系统的、全面的研究和论述。例如：德育评价的内容分为三个层级，即学校德育评价内容、班级德育评价内容、学生个体品德评价内容。其中学校德育评价内容包含德育目标和规划、德育体制和队伍、德育环境与设施、德育渠道和模式、德育形式和方法、德育效绩和调控等六个方面的内容。同时，对小学、初中、高中三个学段在评价标准深度和广度的把握上，体现出不同学段的渐进性和层次性。并且把评价内容的一贯性、完整性与渐进性、层次性结合起来，构成了学校德育评价内容的理论框架，为构建学校德育评价指标体系的二级、三级指标的具体化和可操作性奠定了基础。再如：德育评价的原则，他们概括为定性评价与定量评价相结合的原则、终结性评价与形成性评价相结合的原则、静态评价与动态评价相结合的原则、外部评价与内部评价相结合的原则等。德育评价原则是人们对德育评价工作规律的认识。在德育评价实践中，坚持这些原则就是遵循了德育评价的规律，从而有助于防止德育评价工作中的主观性、随意性和片面性，保证德育评价科学化、公正化、规范化、有序化地进行。

第二，构建评价体系，为德育评价工作提供了切实可行的模式。德育评价体系的构建，包括教育行政和教育督导部门对学校德育工作的评价、校长对班级德育工作的评价、班主任和任课教师对学生个体的品德评价三级评价体系的构建。我曾经在1998年年会暨第二届学术研讨会的主题报告中提出了构建德育评价体系的要求：“三级评价，体系健全；指标体系，科学简明；认真研究，评价原则；正确掌握，评价方法。”并且指出：“德育评价的难点是量化的指标体系，指标体系一般包括一级指标、二级指标、三级指标(具体标准)、权重、评价方法等项内容。指标体系既要具有科学性和系统性，又要具体、简明，有可行性。”荆州区的同志们认真研究和贯彻了总课题组关于德育评价体系构建的基本思路和具体要求，组织力量，潜心研究，抓住重点，攻克难点，并且结合本地的实践经验创造性地完成了构建三级评价体系的任务。例如：学校德育工作评价指标体系，A级指标包括德育条件、德育过程、德育效果三大项；B级指标包括九项，其中德育条件包括德育组织、德育规划、德育环境、德育经费四项，德育过程包括德育实践、德育科研、德育育人三项，德育效果包括德育绩效、结果处理二项；C级指标二十二项，其中德育条件分为领导机构、队伍建设、目标制定、工作计划、制度建设、生活环境、文化环境、德育阵地、经费筹集、经费使用等十项。C级指标的每一项都规定了具体的评价标准，例如：队伍建设的评价标准是：(1)领导作风扎实；(2)结构合理，老中青相结合；(3)德育处室干部和班主任由德育骨干担任；(4)使用合理，分工明确；(5)考核严格，有奖励办法；(6)重视培养，有培训计划；(7)有心理辅导老师；(8)有校外辅导员。制度建设的评价标准是：(1)常规管理制度健全；(2)会议制度形成系列；(3)干部联系班级制度分工明确；(4)活动制度规范化；(5)考勤制度日程化；(6)奖励制度落实。德育阵地的评价标准是：(1)校内有黑板报、宣传栏、广播站、阅览室、荣誉室、团队活动室等健全的德育阵地；(2)校外有劳动基地和社会实践基地，有爱国主义教育、国防教育、军事训练基地。这些评价标准都规定了分值和评价办法。班级德育评价体系和学生个体品德评价体系也具有同样的特点，甚至比学校德育评价体系更具体、更精细。由于篇幅所限，这里就不一一列举了。总的来看，这项研究成果为德育评价工作提供了一个切实可行的操作模式。其中评价指标具体明确，具有可观测性；评价方法简便易行，具有可操作性；评价体系以表格形式列出，具有直观性。

第三，加强实验环节，在评价体系的研究过程中有效地推动了德育工作。我们进行德育科研，当然重视研究结果，但同时更重视研究过程。希望在研究过程中出成果，出经验，出人才，培养出一支优秀的德育教师队伍，增强德育工作实效，提高德育工作水平。荆州区教委边研究，边实验，在研究中实验，在实验中研究。不但出了成果，而且出了经验，出了人才。这本书的第三篇优选汇编了21篇德育评价的实验报告和经验文章就是一个有力的说明。例如荆州小学刘中桂、黄祥芬老师的实验报告就总结出德育评价的四条效果：(1)促进学生良好品德和健康心理发展。二年级学生品德评价三级指标中有这样一些内容："在同学中讲谦让，有同情心，能积极参加'献爱心'活动""尊重同学，不说同学坏话""知道父母生日，关心父母健康""不任性，听劝告，有一定自我约束力"。这些评价标准对改变独生子女娇惯、任性、自私的不良习惯，养成良好的品德和健康心理起着积极的促进作用。(2)培养学生良好的生活和学习习惯。小学生品德评价指标力求做到"实"(有实效性，便于操作)"小"(从小事抓起)"近"(贴近生活)"序"(循序渐进)。如在"勤奋学习"这一指标中，对一年级的要求是"能认真、独立完成作业，不边做边玩，做完后认真检查"；对二年级的要求是"能按时、独立完成作业，主动预习和复习功课"。这些要求具体明确，又循序渐进，对培养学生形成良好的学习习惯很有帮助。(3)培养学生团结协作，参与竞争的意识。班级德育评价与学校传统的"红花奖"紧密结合，实行了"双优双奖"制度。学校对学生品德评价达标率高的班级，给予"红花奖"或"红苹果奖"的鼓励，从而使各班同学互帮互学、友好竞争的氛围更加浓厚。(4)促进学生整体素质的全面发展。小学生品德评价深入到学生日常生活的各个方面，也涉及学生学习的各门功课。比如评价指标中有"会讲两个热爱祖国的故事""会唱《荆小校歌》""经常看一些科普读物""会说常用的礼貌用语"等，从而提高了学生的听、说、读、写能力，培养了动手能力、交往能力、判断是非的能力，促进了学生素质的全面发展。这四方面效果，说明了德育评价确实增强了德育工作的实效，提高了德育工作的水平。同时，他们还总结出德育评价的鉴定功能、导向功能、激励功能、互动功能，说明了通过德育评价的研究与实验，确实提高了老师们的理论水平和科研能力。

总之，荆州区实验区子课题组在德育评价的理论研究、体系构建和实验效果等方面都取得了可喜的成果，为总课题组整体构建学校德育体系奠定了良好的基础，做出了突出的贡献。如前所述，德育评价体系的构建是本课题的难点，希望荆州区实验区和其他兄弟实验区一道进一步深化理论研究，进一步完善体系构建，进一步总结实验效果，为构建科学化、系统化、规范化、现代化的德育评价体系而不懈努力。

2000 年 9 月 9 日于北京松竹斋

山东省淄博师范学校《双主体合作德育论》序

在举国欢庆新中国五十周年华诞的大喜日子里，伴随着空前盛大的阅兵方队那雄壮整齐、勇往直前的步伐，和着《祖国颂》《江山如此多娇》和节日焰火晚会那喜庆欢乐、激越奋进的歌舞音乐，我怀着十分激动的心情读完了淄博师范学校送审的《双主体合作德育论——中师德育途径和方法体系研究报告》。这种心情既有节日的兴奋，又有收获的喜悦。因为淄博师范的这个研究报告，是我主持的全国教育科学“九五”规划国家级重点课题“整体构建学校德育体系的研究与实验”的实验学校所承担的子课题通过总课题组专家鉴定验收即将正式出版的中师组第一项成果，应当是可喜可贺的。

淄博师范学校这项研究报告认真贯彻和充分体现了总课题组关于课题研究的指导思想、理论依据、基本原则和操作规范，并在以下几方面具有独到见解和突破性进展。

报告对一些德育基础理论问题有相当新颖而深刻的思考。第一个理论贡献是提出了“德育实践活动观是德育首要的基本观点”，这正是现代德育理念的关键所在。德育不同于智育，有着自身的特点和规律。智育的任务是教会学生如何求知，主要是传授知识兼培养能力，解决的是知不知、会不会的问题；德育的任务是教会学生如何做人，解决的不仅是知不知、会不会的问题，更重要的是解决信不信、行不行的问题。德育过程是“知、情、意、行”辩证统一的过程，不仅要授之以知，晓之以理，而且应动之以情、导之以行。只有知识传授，而无行为引导的做法不是完整的德育。建立在唯物论和实践论哲学基础之上的“德育实践活动观”不仅对德育途径、方法这类操作系统具有重要指导意义，而且对德育目标、内容系统和德育管理、评估系统同样具有普遍的指导意义。

从上述“德育实践论”出发，进而派生出另一个有突破性进展的观点：“课堂教学是对学生进行道德认知教育的主渠道，而不是全部德育的主渠道。”对课堂教学的德育功能进行了重新审视，对普遍流行的“课堂教学是德育的主渠道”的观点提出了质疑。我曾经在“中职子课题组1998年年会暨第二届学术研讨会”的总结讲话中对这一独创性观点给予了高度评价，现在我们想坚持这个评价：“提出一个新的观点不容易，证明一个老生常谈的观点是错误的就更不容易。淄博师范课题组大胆地对课堂教学是德育主渠道这个传统观点提出质疑，并进行实验和论证，这是很了不起的。这种大无畏的、实事求是的精神值得提倡。”

报告的另一个理论贡献是把“双主体论”引入德育领域。双主体论体现了现代德育思想，即教师是教育主体，学生是受教育和自我教育主体，教师和学生应当互相尊重对方的主体地位。双主体论向传统的“灌输论”发起了挑战，改变了以往学生被动接受的局面，培养学生的自为性、自主性、能动性和创造性，激励学生自尊、自爱、自信、自立、自强，引导学生自定成长目标、自析成长环境、自寻成长动力、自开成长渠道、自研成长方法和自评成长效果，使他们成为自身全面发展的主人。人的主体性理论是整体构建学校德育体系的重要理论依据之一，在德育目标的确定上，不仅要考虑社会的要求，更要重视学生自身成长的需要。在德育内容的安排上，不仅要依据社会规范，更要遵循学生的年龄特征和品德形成发展规律。在德育途径和方法的运用上，不仅要发挥教师的主导作用，更要强调学生的主体参与。

报告的第三个理论贡献是成功地运用了系统论来构建“双主体合作德育实践活动体系”。这个体系按照系统论的整体性、有序性、动态性三原则把德育途径和方法划分为三个互相关联的板块，即一般性德育途径和方法，具有系统性、经常性和基础性；特殊性德育途径和方法，具有集中性、针对性、个性化和提高性；潜在性德育途径和方法，具有渗透性、暗示性、持久性和综合性。这种把德育途径和方法进行系统整理、概括和分类的做法，就使我们更科学、更准确、更清晰地认识各类德育途径和方法的特点和功能，有利于德育实践活动的操作，有助于增强德育实效。

“实践论”“双主体论”和“系统论”三个理论支点或三块理论基石，构成“三足鼎立”之势，支撑和构筑起了“双主体合作德育实践活动体系”这一焕然一新的德育途径方法体系大厦。“双主体合作德育实践活动体系”把显性德育途径与潜在的德育途径结合起来，把一般德育途径与特殊德育途径结合起来，把各科德育途径与班级德育途径结合起来，建立一个全时空、全网络、全频道的德育系统，有利于发挥一切积极因素，形成全员育人、全程育人、全面育人的德育格局，促进学生品德全面发展。“双主体合作德育实践活动体系”把德育方法体系的建立对应于德育途径体系，这便使德育方法的运用更能适应不同德育途径的特点和功能；德育方法是双主体合作的，这更有利于发挥教师和学生两个积极性；德育方法分为一般性、特殊性、潜在性的，便于针对不同学生进行方法上的优化组合，使德育方法更具实用性、灵活性和可操作性。总之，淄博师范学校这项研究成果对于构建中师德育途径和方法体系具有重要的理论价值，对于加强和改进中师德育工作具有重要的实践意义。同时对中小学和大学阶段的德育研究与实践也具有一定的参考和借鉴意义。

淄博师范学校之所以能取得如此优秀的成果，在我看来主要有三条原因。一是学校领导十分重视德育科研工作，学校制定了《教育科研成果奖励办法》，还专门设立了科研成果奖励基金。校党委书记张秀清同志亲自担任课题组长，加大了对课题的领导、管理、支持和指导的力度。二是课题组集中了学校的精干力量，主要成员具有较好的理论素养和实践经验，从而保证了课题的进度和质量。三是十分重视和善于听取德育专家学者的指导意见，从而保证了课题研究的理论深度。

构建双主体合作德育实践活动体系是一项开拓性、创新性的工程，任务十分复杂和艰巨。大厦的理论基石已经奠定，框架结构也已建立，要把它投入使用和有效运营，还需要进行各系统的衔接和内部装饰。例如：一般性、特殊性、潜在性三类德育途径和方法有没有互相交叉和转换的关系？各类各条德育途径如何对应德育内容？同一个德育内容如何分解到各类各条途径来实施？在实施过程中哪条途径为主，哪条途径为辅？各类各条途径如何互相配合，形成合力？在双主体合作互动过程中，学生主体如何自寻成长途径和自创成长方法？能否给学生设计一个自育的可操作的途径方法手册等。这些问题还需要进一步深化和细化的研究。

希望淄博师范课题组的同志们在此成绩的基础上，继续前进，为整体构建学校德育体系，建立21世纪科学化、系统化、规范化的有中国特色的社会主义德育体系，为贯彻落实第三次全教会精神，全面推进素质教育做出更大的贡献！

1999年10月1日于北京芳古园

吉林省白山师范学校《中师班主任工作手册》序

读了《中师班主任工作手册》，感到十分亲切。书中的内容深深打动了我，感染了我，激起了我许多美好的回忆。因为在22年前我曾经当了五年中师班主任。给中师班主任写一本书，是我多年的夙愿。这个愿让吉林省白山师范的朋友们为我还了，我真诚地向他们道一声“谢谢”！

我曾先后考察过全国部分省、(直辖)市、自治区的十几所中等师范学校。所到之处都给我留下了非常深刻而美好的印象，其中学生管理和班主任工作在各级各类学校中堪称一流。中师班主任工作是光荣而神圣的。班主任承担着“铸造师魂，陶冶师德，锤炼师能”的重任。国运兴衰，系于教育，教育成败，系于教师。教师尤其是班主任的素质决定着学生的素质，学生的素质关系到祖国的前途和命运。中师班主任工作是繁重而艰苦的，班主任是班集体的建设者、组织者、领导者和管理者。一个有责任心的班主任总是全身心投入工作，呕心沥血，殚精竭虑，无私奉献。“红烛精神”“人梯精神”“春蚕精神”正是对班主任高尚人格的真实写照。中师班主任工作又是科学而有规律的。在新的形势下，班主任面临着许多新情况和新问题，只凭老经验是远远不够的。要使中师班主任工作上一个新台阶，达到一个新水平，就必须从经验型转向科研型，从随意性转向计划性，从零散性转向系统性，从盲目性转向规范性。在这方面白山师范的同志们做了有益的探索，取得了可喜的成果。

我认为这本书有以下几个特点：

首先，具有全面性和系统性。从班主任工作的职责、任务和原则，到班主任工作的内容、途径和方法；从班主任的自身建设，到班主任工作评价，比较全面、系统地阐述了班主任工作的方方面面。全书设计完整，思路清晰，逻辑严谨，结构合理，重点突出。这对于中师分管德育工作的校长和德育主任如何指导和管理班主任工作具有重要的参考价值，也可作为青年班主任继续教育的培训教材。对于进一步加强和改进中师班主任工作具有重要的现实意义。

其次，具有实用性和可操作性。例如：中师班主任工作内容划分为五个方面，每一方面都做了具体、翔实的介绍。其中在了解和研究学生方面要求班主任对学生“多亲近、勤观察、多调查、善分析”，这样学生才会感到班主任“可爱、可亲、可敬、可信”，才愿意在班主任面前“敞开心灵的窗子，说真话、吐真性”。这样的表述，读起来使人感到亲切、自然。再如：中师班主任工作的途径和方法，共列举了三条途径、18 种方法。每一种方法都做了严格、准确的界定，指出了它的优点和适用的范围，提出了具体、明确的要求或注意的问题。这样的写法具有很强的实用性和可操作性。对于增强班主任工作的实效性具有十分重要的实践意义。

第三，具有继承性和创新性。班主任工作当然应该继承和弘扬中华民族传统教育思想的精华，特别是新中国成立 50 年来班主任工作的丰富经验，同时还必须吸收和创造适应现代社会发展需要的新的教育思想和教育观念。例如：中师班主任的自身建设，既强调了“爱岗敬业，乐于班主任工作”“学而不厌，具有合理的知识结构”和“人之楷模，具有完美的师表形象”等传统内容，又突出了“思想解放，具有现代的教育观念”。其中要求班主任树立“以人为本的教育观”“终生教育观”和“大德育观”，这就充分体现了班主任工作在教育思想上的创新性。对于丰富和发展班主任工作具有重要的理论意义。

这本书可以说不是“写”出来的，而是“干”出来的，是白山师范班主任老师们多年实践经验的总结、提炼和升华。字里行间，渗透着班主任的汗水；篇章结构，凝聚着班主任的心血，遣词造句，蕴含着班主任的聪明才智；布局谋篇，展现着班主任的精神风貌。

我相信，全国中师班主任乃至各级各类学校的班主任都能从这本书中受到启迪，产生心声的共鸣，引起心灵的碰撞，达到心路的交汇。我希望这本书与“九五”规划国家级重点课题“整体构建学校德育体系的研究与实验”的其他实验区、实验校的研究成果一起，为全面推进素质教育，建设科学化、系统化、规范化、现代化的有中国特色的社会主义德育体系做出贡献。

1999 年 12 月 18 日于北京芳古园

北京市刘希明《健康心理与创新人格》序

新千年的第一个春天，收到刘希明同志主编的《健康心理与创新人格》书稿。这是我主持的全国教育科学“九五”规划国家级重点课题“整体构建学校德育体系的研究与实验”大学组的第一项子课题送审研究成果。粗读书稿，我欣喜地发现这是一部具有创新价值的力作。概括起来，它有以下三个特点或优点。

一、创新人格，立意高远，升华了德育理念的新境界

解放思想、实事求是、更新观念、开拓创新，是我们党的思想路线的集中体现，它积极引导着人们大胆地从传统形成的旧观念中解放出来，进而倡导和确立符合与适应新世纪、新环境、新形势所要求的新思想、新观念、新理论。那么，德育的观念如何更新？传统德育其中包括古代传统、革命传统和新中国成立以来的传统基本上或者说主要的都是规范性德育。没有规矩，不成方圆。德育的一个

重要功能就是把一定社会的政治准则、法律规范和道德规范传授给下一代，并且使之成为受教育者的内心信念和行为准则。根据这样的德育理念，原国家教委制定了大、中、小学校的德育大纲和大、中、小学生的行为规范，并且在德育教材和德育活动中贯彻实施了这些规范性要求。应当说规范性德育对于教育学生如何做人发挥了必要的奠基作用，对于促进社会稳定和建立良好的生活秩序也产生了重要的影响。然而，德育仅仅到此是远远不够的。当今世界科学技术突飞猛进，知识经济已见端倪，国力竞争日趋激烈。教育是经济发展和社会进步的重要基础，是提高民族整体素质和创新人才的主要基地，是增强综合国力和民族凝聚力的可靠保证。党中央和国务院召开的改革开放以来第三次全国教育工作会议，发布了《关于深化教育改革全面推进素质教育的决定》，从民族兴衰、国力强弱、竞争成败的战略高度指出素质教育的重点是培养创新精神和实践能力。德育在素质教育中处于核心地位，发挥着导向、动力和保证作用。因此，德育的观念必须更新，不仅要实施规范性德育，而且更要发展创新性德育；不仅要教育学生做一个合格公民，而且更要培养学生的创新人格。创新是一个民族进步的灵魂，是国家兴旺发达的不竭动力，也是一个人成为人才、成就事业、做出贡献的关键。这项研究成果立意在创新人格的培养上，并且对创新人格的概念做了科学的界定，对创新人格的特征做了比较准确的概括，对创新人格的塑造做了比较全面的论述，由此将德育理念升华到一个新的境界。

二、心理健康，育人之本，拓宽了德育内容的新思路

《中共中央关于进一步加强和改进学校德育工作的若干意见》明确规定："通过多种方式对不同年龄层次的学生进行心理健康教育和指

导，帮助学生提高心理素质，健全人格，增强承受挫折、适应环境的能力。”根据这个精神，我在本课题开题报告中把德育内容概括为“五大要素”，即政治教育、思想教育、道德教育、法纪教育和心理教育，并对德育概念做了这样的界定：“德育是指教育者按照一定社会的要求，有目的、有计划、有组织地对受教育者进行系统影响，把一定社会的政治准则、思想观点、道德规范、法纪规范和心理要求，转化为受教育者个体的政治素质、思想素质、道德素质、法纪素质和心理素质的教育。”当然，这只是一家之言。在我国教育理论界对心理健康教育是否可以纳入德育范畴是有争议的。有的学者不同意把心理健康教育纳入德育之中，理由是智育、体育也有心理问题。当然，心理健康是整个教育的心理基础，教育心理学应当划分为德育心理、智育心理、体育心理、美育心理等，我主张把心理健康教育纳入德育范畴是指德育中的心理问题。解决随着改革开放和市场经济的发展，青少年学生在升学、择业和人际关系方面出现一些新的困惑和新的问题，诸如孤独、恐惧、猜疑、报复、嫉妒、忧郁、自卑等不良心理状态，造成神经衰弱、精神分裂，甚至出现杀人、自杀等恶性事件。实践证明，解决这些问题不是政治教育、思想教育、法纪教育、道德教育可以完全奏效的，因此需要在德育工作中增加和充实心理健康教育，这是新时期德育内容的新拓展。这项研究成果体现了总课题把心理健康教育纳入德育范畴的思想，并创造性地提出把心理健康教育作为培养创新人格的基础的观点，全书从非智力因素、个性优化、自我意识、学习心理、交往心理、审美心理、恋爱心理、择业心理等多侧面、多角度系统阐述了心理健康教育对培养创新人格的意义，不仅丰富了心理健康教育的内涵，而且提出了拓宽德育内容的新思路。

三、旁征博引，兼纳中西，展现了德育论著的新面孔

中华民族是勤劳智慧的民族，也是富于创新精神的民族。中华民族在悠久的历史上，创造了光辉灿烂的中华文明，为人类文明做出了贡献。其中的德育思想源远流长、博大精深，影响广远。我们要取其精华，去其糟粕，很好地继承这一珍贵的文化遗产。近代以来，由于封建思想的禁锢，制约了经济的发展，中国受到了帝国主义列强的瓜分和蹂躏。中国近代民主革命的志士仁人为了寻求救国救民的道路，进行了前赴后继的艰苦求索。其中不少教育家、思想家，也在探索教育改革和发展的出路。康有为的《孔子改制考》和《新学伪经考》成为变法维新的理论依据。梁启超起草的《京师大学堂章程》提出的办学方针是："中学为体，西学为用，中西并用，观其会通。"虽然这些改革的思想在百日维新失败之后未能付诸实现，但它毕竟引起了国人的思考，并引出了此后一系列有关中西文化比较的论战。中国共产党人在民主革命和民族解放的斗争中找到了马列主义，并使之与中国革命的实践相结合，形成了毛泽东思想，从此中国发生了翻天覆地的变化。在社会主义现代化建设新的历史时期，改革开放的总设计师邓小平同志深刻地指出：社会主义要赢得与资本主义相比较的优势，就必须大胆地吸收借鉴人类社会创造的一切文明成果。党的第三代领导集体在不断深入地推进改革开放和经济发展的同时，一再强调继承和发扬中华民族优秀文化传统，研究和借鉴世界各国的文明成果。江泽民同志指出：我们讲继承，讲借鉴，目的是通过继承和借鉴，使民族传统文化、外来文化的精华，同我们党领导人民在长期革命和建设中形成的优良传统和革命精神有机地结合起来，并在新的实践基础上不断创新，建设和发展有中国特色的社会主义文化。纵观历史风云变幻，认

真学习党的三代领导核心的讲话精神，我在本课题开题报告中提出了课题研究的基本思想是“贯通古今，融会中西，继承借鉴，发展创新”，并把它视为21世纪中国德育发展的大趋势。这项研究成果贯彻了总课题的研究思路，吸收和借鉴了国外关于心理健康、人格教育研究的最新成果，例如联合国卫生组织(WHO)关于健康的定义：“健康不仅是没有疾病的表现，而且是一种个体在身体上、精神上、社会上完全安好的状态。”又如：美国心理学家推孟等人对1500名智力超常学生进行长达50年的追踪研究结果，哈佛大学教授丹尼尔·戈尔曼博士关于EQ(情商)的概括，美国心理学家阿尔波特关于人格的解释等。本书做到了旁征博引，兼纳中西，一改以往德育理论著作生硬灌输、空喊口号、板起面孔说教的旧形式，展现了德育论著的新面孔。

基于上述所思、所感、所议，我非常高兴地向大学生及各界青年朋友推荐这本书。同时，感谢刘希明同志及各位作者对建立21世纪科学化、系统化、现代化的德育体系所做出的可贵贡献！在本书即将问世前夕，写了这些意见，是为序。

2000年3月28日于北京芳古园

黑龙江科技学院《高校德育体系的整体构建与实践》序

黑龙江科技学院党委书记宋长生教授等编著的《高校德育体系的整体构建与实践》一书，是我主持的全国教育科学“九五”规划国家级重点课题“整体构建学校德育体系的研究与实验”大学组的一项子课题的研究成果，是一部具有理论价值和实践意义的力作。

本课题是一项决策性、应用性研究项目，它旨在为建立21世纪科学化、系统化、规范化、现代化的有中国特色的社会主义德育体系提供理论依据和实践模式，必须始终坚持“为决策服务，为实践服务”的宗旨。在课题研究的过程中，每一个重要的关键环节，都应当密切关注国际国内政治、经济、文化形势的发展变化，特别是要关注教育改革和发展的形势，深刻领会中央的精神，牢牢把握时代的脉搏，以保证课题研究沿着正确的方向前进。同时，还必须紧密联系德育工作的实际，特别是本校德育工作的实际，把实践经验上升到科学理论，再以科学理论来指导工作实践。这项研究成果在这两方面都取得了突出的成绩。

第一，在指导思想和理论依据上，这项成果与中央的精神保持了高度的一致性。

1994年中共中央颁布了《关于进一步加强和改进学校德育工作的若干意见》(以下简称《意见》)，1999年中央召开了第三次全国教育工作会议，中共中央、国务院发布了《关于深化教育改革全面推进素质教育的决定》(以下简称《决定》)。《意见》的第5条明确指出"要整体规划学校德育体系"，"要遵循青少年学生思想品德形成的规律和社会发展的要求，根据德育工作的总体目标，科学规划各教育阶段的具体内容、实施途径和方法。学生的'五爱'(爱祖国、爱人民、爱劳动、爱科学、爱社会主义)情感，文明的行为习惯，良好的道德品质和遵纪守法意识，科学的世界观、人生观、价值观，社会主义的理想信念，是一个通过教育逐步形成的过程。各种教育内容的深浅和侧重点，要针对不同的年龄及学习阶段的理解和接受能力有所不同，逐步提高。各教育阶段的德育课程、教学大纲、教材、读物，教育和管理方法，学生思想品德表现的评定标准及方式等都要据此加强整体衔接，防止简单重复或脱节。"中央的《决定》又一次指出："各级各类学校必须更加重视德育工作"，"按照德育总体目标和学生成长规律，确定不同年龄阶段的德育内容和要求，在培养学生的思想品德和行为规范方面，要形成一定的目标递进层次。"在中央文件精神的指导下，总课题组依据人的主体性理论、人的社会化理论和系统论理论，提出了一系列研究原则和要求。构建德育目标体系的要求是："总体目标，一以贯之；学段目标，各有侧重；年级目标，具体明确；情意兼顾，知行统一。"构建德育内容体系的要求是："德育内容，循序渐进；德目规范，形成序列；要素完整，层次清楚；注意衔接，螺旋上升。"构建德育途径体系的要求是："德育途径，对应内容；一项内容，多条途径；有主有辅，协调配合；分工合作，形成合力。”构建德育方法体系的要求是：“根据内容，对应途径；多种方法，优选组合；辩证思维，法无定法；留有余地，鼓励创新。”构建德育管理体系的要求是：“理顺健全领导体制；稳定提高教师队伍；建立健全规章制度；形成学校、家庭、社会德育网络。”构建德育评价体系的要求是：“三级评价，体系健全；指标体系，科学简明；认真研究，评价原则；正确把握，评价方法。”宋长生等同志的这项研究成果认真贯彻了中央的《意见》和《决定》的指示，与中央精神保持了高度的一致性。在总体设计和基本思路上也与总课题组的要求基本吻合。在大学德育体系的构建上结合本校工作实际更有独到之处和创新之举，为总课题组整体构建学校德育体系做出了贡献。

第二，在经验总结和实践模式上，这项成果是该校长期进行德育实践的高度概括。

黑龙江科技学院(原黑龙江矿业学院)在德育研究与实践方面积累了丰富的经验，为本课题的深化研究奠定了坚实的基础。自 1990 年下半年以来，宋长生教授带领的课题组，紧紧把握时代发展的脉搏，针对大学生的思想和行为特点，结合学生工作实际，一直致力于高校学生德育与管理的研究与实践。1992 年 8 月，黑龙江省高等院校思想政治教育教学研究会组织专家，对其研究的大学生德育与管理相结合的学生工作模式这一课题进行了鉴定，专家们一致认为：“宋长生等同志提出的关于大学生德育和管理工作模式——‘目标导向、系统管理、网络检查、综合测评、一评五挂’”是在多年研究与实践基础上逐步形成和完善的，是比较系统与科学的德育管理模式。该模式对建立中国特色的社会主义德育体系作了开创性尝试，是德育工作系统化、规范化、科学化的范例，在国内居于领先地位，在国外产生很大影响，具有重大的学术价值和普遍的推广价值。1993 年 11 月，全国高校学生思想政治教育研究组又在黑龙江矿业学院召开会议，检查该课题的研究与实践情况。原国家教委思政司朱新均司长、全国高校学生思想政治教育研究组组长王殿卿教授等与会人员给予高度评价，认为"黑龙江矿院在改革和发展方面，特别是学生工作方面有许多先进的经验，并已形成了一个比较完整的教育和管理体系"，"可以用《德育大纲》的一些基本的指导思想，基本的观点、框架来观察矿院学生工作这个典型，同时也可以借鉴这样一个基层典型经验来分析研究我们的《德育大纲》。"此后，经黑龙江省教育科学学科规划小组批准，"大学生德育和管理工作相结合模式的再研究"被列为教育科学"八五"期间省级研究项目，并于 1995 年 4 月编写出版了《科学规划学校德育体系》一书。此间，中央教科所德育研究中心、《中国高等教育》《中国高教研究》、加拿大多伦多出版有限公司等多家研究、出版机构和杂志先后对该院学生工作模式予以介绍；清华大学、哈工大等百余所高校专家来该院参观学习；该院的学生德育与管理相结合的学生工作模式，1992 年分别被黑龙江省、原煤炭部评为"优秀教学成果"一等奖，1997 年又被原国家教委教学评价专家组认定为该院的三个办学特色之一。1997 年以来，作为全国教育科学"九五"规划国家级重点课题"整体构建学校德育体系的研究与实验"的子课题，以宋长生同志为首的课题组，进一步解放思想，实事求是，坚定信心，开拓创新，既立足本校实际，又密切结合国内外政治、经济、文化形势的发展变化，尤其是关注高等教育改革和发展的形势，在原有模式的基础上，又对德育目标内容、途径方法、管理评价体系等作了进一步的丰富和完善，为构建 21 世纪科学化、系统化、现代化的具有中国特色的高校德育体系作出了不懈努力。

难能可贵的是，该课题组是立足一个高校以理论研究实验为主，截取了“九五”时期由计划经济向市场经济转轨，招生与就业由“两包”向“两自”转变这一特定的社会断面，追溯了20世纪90年代高校尤其是本校的大学生德育与管理工作发展的纵向轨迹，经过了近十年的实践与研究，证实和发展了科学规划高校德育体系的理论假设和重要的理论观点，有效地推动了本校的大学生德育与管理工作，并产生了良好的辐射效果和社会影响，是一所高校构建德育体系与开展德育工作的范例和具有重要推广价值的典型。我坚信，这一大学生德育与管理结合工作模式的提出与运用，不仅具有较强的可行性、操作性和应用价值，而且随着时间的推移，必将显示出其更大的科学价值。

2000年6月20日

江苏省南京市《构建德育体系　推进素质教育》序

全国教育科学“九五”国家级课题“整体构建学校德育体系的研究与实验”是一项决策性、应用性研究课题，它旨在为建立21世纪科学化、系统化、规范化的社会主义德育体系提供理论依据和实践模式。这一课题自开题以来，引起了教育界的广泛重视，在全国形成了40个实验区、千所实验校、万名实验教师积极参与研究与实验的壮观场景。

由南京当代教育科学研究所负责实施的江苏实验区起步虽然比较晚，但由于思想重视、认识到位、精心组织、指导得力，因此，进展较快，成果显著。这卷《构建德育体系推进素质教育》当代教育科研论丛，就是该实验区部分成果的集中展示。

重视课题研究方案的制定与交流，是江苏实验区课题研究与实验的一大特色。他们视课题研究与方案为工程施工的蓝图，着力夯实基础，抓好起步，使课题研究与实验沿着科学化、规范化、有序化的方向推进。书中不乏子课题的优秀研究方案，他们从本地区、本学校的实际出发选定课题，凸显了课题研究与实验的针对性；充分论述了课题的理论依据和理论假设，显现了课题研究与实验的科学性；认真拟定了切实可行的实施计划，体现了课题研究与实验的可操作性。

通过德育课题研究，推进素质教育，是江苏实验区课题研究与实验的又一特色。他们视德育为素质教育的核心与灵魂，注意处理好德育科研与德育工作的关系、国家级重点课题与一般课题的关系、德育与素质教育的关系。既使德育课题扎扎实实地得以实施，又使学校素质教育得到全面推进。这在许多子课题的阶段性总结与有关论文中得到充分展现，这正是课题“整体构建学校德育体系的研究与实验”的生命力之所在。

用好用活《德育》读本也是江苏实验区课题研究与实验的第三大特色。他们视《德育》实验读本为改善学校德育工作、构建学校德育体系的实施载体和操作模式，从学生的实际和子课题研究的需要出发，选用《德育》读本，并坚持以班团队会为阵地，以学生为主体，以活动为形式，用活《德育》读本。书中搜集了部分实验学校对《德育》读本的分析研究、实验总结以及活动方案的设计，进行了富有成效的探索。

“喜看稻菽千重浪，遍地英雄下夕烟。”当我捧读这卷《论丛》时，不仅为这一重点课题的研究与实验丰收在望而感到欣慰，同时，更为在一线埋头构筑有中国特色的社会主义德育体系大厦的广大教育工作者勇于探索、辛勤耕耘的精神所感动。

有感于此，草书几行，是为序。

2000 年 7 月 1 日

河南省淮滨县《小学德育途径和方法》序

正当新世纪、新千年的曙光来临之际，我收到了河南省淮宾县城关第二实验小学校长符运杰同志主编的《小学德育途径和方法》书稿。这是我主持的全国教育科学“九五”规划国家级重点课题“整体构建学校德育体系的研究与实验”一项子课题的研究成果。这项研究成果包括思想品德课、班主任工作、主题班队会、学科德育、家庭教育等五部分，收入研究论文、调查报告、工作体会、活动方案共50多篇。这些成果全部出自一所学校的实验教师之手，实在令人感动，令人钦佩，令人振奋！

地处中原大地的一所小学，为什么能取得如此令人欣喜，值得祝贺的德育科研成果？读罢书稿，我找到了答案。

首先，校长重视德育科研，具有“科研兴校、科研治教”的办学思想。我和符运杰校长见过三次面，他给我留下了朴实无华、执着追求、默默耕耘的印象。读了他书中的三篇文章，进一步加深了了解，他还是一个具有正确的办学思想、强烈的科研意识和较高领导水平的好校长。他对总课题组提出的整体构建德育体系的指导思想、理论基础和基本原则进行了认真的钻研，对德育概念、德育目标、德育内容、德育途径、德育方法有较深的理解，对《德育》读本实验的理论与方法有较好的把握。同时，他在发动、组织、培训教师积极投入课题实验研究方面做了大量的工作，使“科研兴校、科研治教”的办学思想深入人心。这是课题研究取得优秀成果的关键。

第二，全体教师参加实验，形成“全员科研，全员育人”的良好局面。这所学校参加实验的班级是全校1—5年级的35个班，2800名学生，实验教师包括班主任、德育课教师、少先队辅导员共50人。通过参加课题实验，教师们普遍增强了科研意识，提高了德育科研能力。实验前，大部分教师认为搞科研是科研工作者、专家、教授的事，作为小学教师是望尘莫及的。通过培训、学习和实践，教师们逐步认识到德育科研并不神秘，它就在教师身边，是教师的职责。从教师们撰写的研究论文和实验报告来看，基本上掌握了德育科研的一般知识、工作程序、研究方法和科研论文、实验报告的写法。收入本书的50篇文章，是在上千篇研究成果中精选出来的。可见该校已经形成了全员科研、全员育人的良好局面。这是课题研究取得优秀成果的基础。

第三，德育科研抓到了实处，增强了德育工作的针对性和实效性。实验之前，由于没有系统的目标和内容，没有可操作性的载体，大部分主题班会上成了“管学生”的训斥会，有的上成语文课或数学课，有的干脆上自习。实验开始后，班主任拿着《德育》读本心中有了底，精心设计每一次活动。班会课再也不像以往那样，由老师空洞说教了，而是从“知、情、意、行”四个环节，通过具体、生动、有趣的活动，使学生在自然、轻松、愉快的气氛中，产生情感体验，树立正确的道德观念，逐步养成良好的行为习惯。从收入本书的主题班队会活动方案设计来看，基本上贯彻了总课题组提出的“新三中心论”，即以学生为中心，以活动为中心，以体验为中心。“写得好，不如干得好”，他们这本书不是“写”出来的，而是“干”出来的。德育工作的实际效果，是课题研究成果成书的前提。

基于上述所思、所议，我愿意把这本书推荐给全国小学校长和教师，希望每一所小学都能在德育科研方面取得优异的成绩。

2000 年 12 月 31 日于北京松竹斋

哈尔滨第六中学《新时期德育途径与方法研究》序

正当新世纪、新千年向我们迎面走来的时候，我收到了黑龙江省哈尔滨市第六中学课题组送来的《新时期德育途径与方法研究》书稿。这是我主持的“九五”规划国家级重点课题“整体构建学校德育体系的研究与实验”的一项子课题研究成果。这项研究成果收入了研究论文、实验随笔、典型案例和主题班会设计方案共100篇。这些成果全部出自一所学校的教师之手，是他们的心血和智慧的结晶，实在令人欣喜，值得祝贺！

粗读书稿之后，我发现这项成果有以下三个特点。

第一，在德育途径体系研究上有独到见解，形成“三个课堂”教育模式。德育途径是实现德育目标，完成德育任务，落实德育内容的渠道。一般认为学校德育途径主要包括：思想品德和思想政治课、其他学科德育、班主任工作、党团队和学生会工作、三育人（教书育人、管理育人、服务育人）、校园环境德育、社会实践和校外基地建设、心理咨询和职业指导、学校与家庭、社会教育相结合等。应当说，学校德育途径远比智育的途径要多。然而，我们却又总是觉得德育实效不尽如人意。究其原因，当然是多方面的。我们权且不论德育管理、评价和社会大环境等其他诸多原因，只是专门从德育途径找原因的话，那么只能说这些德育途径要么没有真正发挥它的德育功能，要么没有形成教育合力。因此，我们才提出整体构建德育途径体系问题。总课题组关于德育途径体系构建的要求是："德育途径，对应内容；一项内容，多条途径；有主有辅，协调配合；分工合作，形成合力。"哈尔滨六中子课题组根据总课题组的要求，遵循高中阶段德育工作的特点和规律，结合本校长期德育工作的实践经验，提出建立高中阶段德育途径体系的"三个课堂"模式。第一课堂，即各学科教学，包括思想政治课和各学科课程，充分发挥各学科教学的德育功能；第二课堂，即各学科教学之外的活动课程，如班级活动、党团队活动、学生会活动、学校大型活动等，把德育寓于各项活动之中；第三课堂，即家庭教育和社会教育，学校主动与家庭、社会相结合，调动家庭、社会力量，形成教育合力。"三个课堂"模式，把德育途径课程化，使学科课堂、活动课堂、社会课堂三位一体，形成德育工作合力。这是德育途径体系构建的一种具有独到见解的模式之一。

第二，在德育方法体系研究上具有创新性，形成"立体式"德育方法体系。德育方法是实现德育目标，完成德育任务，实施德育内容的手段。在教育实践中，德育实际工作者创造出丰富多彩的德育方法，德育理论工作者加以概括和分类，一般可以概括为四类十八法。一是以语言说理形式为主的方法，包括谈话法、讲授法、讨论法、辩论法、演讲法等；二是以形象感染形式为主的方法，如典型示范法、情感陶冶法、影视音像法、小品表演法等；三是以实际训练形式为主的方法，如社会实践法、调查访问法、参观考察法、常规训练法、大型活动法等；四是以品德评价形式为主的方法，如奖惩激励法、表扬鼓励法、评比选优法、操行评定法等。总课题组关于构建德育方法体系的要求是：“根据内容，对应途径，多种方法，优选组合；辩证思维，法无定法；留有余地，鼓励创新。”哈尔滨六中子课题组按照总课题组的要求，总结本校德育工作经验，创造性地提出了立体德育方法体系。这个德育方法体系包括四个层次：通过调控激励法，达到榜样示范的作用；通过交流沟通法，达到师生互动的作用；通过角色扮演法，达到自我教育的作用；通过实践活动法，达到实践应用的作用。这个方法体系有两大优点：一是把德育方法与德育过程结合起来，呈现出“立体式”；二是尊重学生的主体地位，强调自我教育和师生互动。

第三，在德育途径方法的运用上突出实践性，强调了社会实践的“三化”。德育过程是“知、情、意(信)、行”的统一，即不但要授之以知，晓之以理，而且要动之以情，导之以行。只有知识传授系统，而无情感陶冶和行为训练系统，不是完整的德育。因此，德育途径方法体系的构建与实施必须重视实践环节。哈尔滨六中子课题组遵循德育过程的规律，结合本校的实践经验，提出了社会实践活动要坚持“三化”的观点。一是社会实践的基地化。有计划地建立互通往来的社会实践基地，例如劳动基地、公益服务基地、军民共建基地、中学与大学联谊活动基地等，有组织地带领学生走出校门，深入社会，在广泛的实践活动中接触社会，体验生活，养成良好行为习惯。二是社会实践创新化。继承传统的社会实践内容是必需的，但要突出时代性、超前性、开放性、创新性。可以在科技、人文、资源、环境等新的领域设立社会实践主题，培养和训练学生的创新精神和实践能力。三是社会实践层次化。根据不同年级学生的身心特点和知识水平，社会实践内容也要分层次进行。高一年级侧重观察社会、了解社会、掌握社会实践的方法；高二年级侧重进行比较规范的调查研究，在实验、制作、调研中体验社会实践的创造乐趣；高三年级侧重在调查研究中提高分析问题、解决问题的能力。

总之，哈尔滨六中的这项研究成果，认真研究和遵循了德育工作的规律，总结并升华了本校德育工作的经验，贯彻和落实了素质教育一个核心、两个重点的要求，对于加强和改进学校德育工作，全面推进素质教育具有一定的理论价值和实践意义。有感于此，写了上述的话，是为序。

2000 年 12 月 30 日于北京松竹斋

新疆农业学校《德育》活动课教材序

今年8月，我到新疆农业学校参观考察，听了他们一堂别开生面的德育活动课。这堂课在老师的精心策划和指导下，完全由学生自己组织，自己活动。在精彩纷呈的民族歌舞表演中，在紧张激烈的民俗知识竞赛中，在诙谐幽默反映民族团结的小品表演中，在声情并茂的歌颂民族英雄的诗歌朗诵中，使“团结平等、手足情深”的主题得到凸显和升华，使我深受感动。时隔四个月后，我又读了他们编写的这本《德育》活动课教材，再一次被感动了。新疆农业学校的领导具有“科研兴校、科研治教”的办学思想，对课题研究抓得紧，抓得实，抓出了成效。我认为这本教材具有以下几个特点。

首先，在总体设计上体现了德育活动课的“双主体论”。德育活动课不同于学科课或文化课，必须坚持教师和学生“双主体论”。教师的主体性表现在活动的策划、设计和导演上；学生的主体性则体现在活动的参与上，在活动中认知，在活动中体验，在活动中锻炼，在活动中自我评价。这本教材在总体设计上充分体现了这一教育理念，它不是以教师讲授为主的学科知识体系，而是以师生互动为主，引导学生积极参与的活动课程体系。

第二，在内容安排上体现了德育活动课的综合性。德育是一门综合性的应用学科。德育活动课与哲学、经济、政治等学科课不同，更应体现德育的综合性，把政治教育、思想教育、道德教育、法纪教育和心理教育融为一体。这本教材共 17 课，遵循学生思想品德形成发展规律和德育工作规律，把德育内容的“五大要素”包含其中，体现了德育活动课的综合性。

第三，在体例结构上体现了德育活动课的实践性。实践的观点是德育首要的、基本的观点。德育活动课不同于智育课或文化课，它不仅要解决学生知不知、会不会的问题，而且更重要的是解决信不信、行不行的问题。即不但要授之以知、晓之以理，而且更要动之以情、导之以行。这本教材设计了许多小栏目，如“参与其中”“感悟青春”“各抒己见”“实话实说”“动手动脑”等，突出了课程的实践环节，避免了单纯传授知识、空洞讲述理论、死记硬背概念等脱离实际的倾向。

第四，在教学过程中体现了德育活动课的“新三中心”。相对于传统学科课程以教师为中心、以教材为中心、以课堂为中心的“旧三中心”，我们提出德育活动课的“新三中心”，即以学生为中心、以活动为中心、以体验为中心。这本教材很好地贯彻了这一教育思想，从总体设计到内容安排，从结构体例到活动建议，都为教学过程贯彻“新三中心”奠定了良好的基础。

总之，这是一本优秀的德育活动课教材。有感于此，写了上述的话，是为序。

2000 年 12 月 30 日于北京松竹斋

山西省忻州市《教师修身十讲》序

“修身”一词出于《礼记·大学》：“古之欲明明德于天下者，先治其国。欲治其国者，先齐其家。欲齐其家者，先修其身。”汉代郑玄作《礼记注》，宋代朱熹作《四书章句集注》，修身思想得以广泛传播。《大学》《中庸》《论语》《孟子》并称“四书”，是宋代以来读书人的必修课。历代思想家、教育家、政治家对“修身”理论与实践的论述源远流长，博大精深，影响广远。中国历代志士仁人以“修身、齐家、治国、平天下”为己任，并把“修身”作为“齐家、治国、平天下”的根本。这些对于中华民族传统美德的形成和发展无疑发挥了重要的历史作用。以毛泽东为代表的中国共产党人，站在辩证唯物主义和历史唯物主义的高度，对中华民族传统文化其中包括传统道德采取了批判继承、去糟取精、古为今用、推陈出新的立场、态度和方法。刘少奇的《论共产党员的修养》，周恩来的《我的修养要则》就是其中的光辉典范。

所谓修身，就是修养自身的品德。教师修身，就是教师自身的职业道德修养，简称师德修养。《中共中央关于加强社会主义精神文明建设若干重要问题的决议》明确指出："思想道德建设的基本任务是：坚持爱国主义、集体主义、社会主义教育，加强社会公德、职业道德、家庭美德建设，引导人们树立建设有中国特色社会主义的共同理想和正确的世界观、人生观、价值观。"在中央文件中强调职业道德建设尚属首次，可见这个问题的重要性。而教师职业道德建设相对于其他行业的职业道德建设，教师道德修养相对于其他从业人员的道德修养，更有其特殊重要的意义。

西汉扬雄在《法言·学行》中给教师下了定义："师者，人之模范也。"唐代韩愈在《师说》中概括了教师的职责："师者，所以传道、授业、解惑也。"俄国教育家别林斯基说："教师的职位是多么重要、多么伟大与神圣：整个人生的命运都操在他手里。"另一位俄国教育家乌申斯基说："我们把子女的道德和心智，信托给教师，把子女们的灵魂，同时也把我们祖国的未来信托给他们。"因此，教师被称为"人类灵魂的工程师"。古今中外教育家对教师的评价，说明了教师职业的性质、任务、特点和重要性。教师工作的对象是儿童和青少年，他们具有很大的可塑性和向师性。这就决定了教师职业具有强烈的表率性、师范性。教师的学品、人品、理想信念、道德情操，乃至一言一行、一举一动都在时时处处、有意无意地影响着他的学生。因此，为人师表就成为教师职业道德中的重要内容。"学高为师，身正为范"，教师不仅应当是一个博学多才的人，而且更应当是一个德高身正的人。

当前，我国基础教育改革和发展的根本任务是从"应试教育"向全面素质教育转轨。素质教育的要义是面向全体学生，全面提高学生的素质。全面素质包括思想道德素质、科学文化素质、身体心理素质、审美艺术素质和劳动技能素质。其中的思想道德素质在全面素质结构中占首要地位。少年儿童时期是一个人成长的重要时期，基础教育阶段不仅要教会他们求知、健体，更要教会他们做人。教学生学会做人是素质教育的首要任务。做人，相对于求知、健体而言是德育的概念。因此，素质教育也可以用两句话来概括：一是以德育人，二是因材施教。以德育人是大根本，因材施教是总法则。正人先正己，教育者必须先受教育。要以德育人，教师首先要提高自身的职业道德修养。《后汉纪·灵帝纪上》中说：“经师易求，人师难得。”无产阶级教育家徐特立更明确地指出：“教师是有两种人格的，一种是‘经师’，一种是‘人师’。人师就是教行为，就是教学生怎样做人的问题。经师是教学问的，就是说除了学问以外，学生的品质，学生的作风，学生的生活，学生的习惯，他是不管的。人师则是这些东西他都管。我们的教学是人师和经师二者合一的，每个教学科知识的教师，他就是一个模范人物，同时也是一个有学问的人。”徐老这一番话，可谓语重心长。现在读起来仍然感到十分亲切。邓小平同志说：“一个学校，能不能为社会主义建设培养全面人才，培养德、智、体全面发展的有社会主义觉悟的劳动者，关键是教师。”加强师德修养，做到敬业爱岗、教书育人，建设一支素质优良的教师队伍，这是实施素质教育的关键。

教师不仅在热爱学生、为人师表方面，也不仅在敬业爱岗、教书育人方面担当重任，而且在全社会的精神文明建设中发挥着重要作用。教师是人类文明的传播者和建设者，学校是精神文明建设的重要阵地。教师不仅向下一代直接传播科学文化和思想道德，而且在人类文化的继承和发展中起着桥梁和纽带作用。随着学校教育现代化社会功能的扩展，教师与社会的接触越来越广泛，教师道德风范对社会的影响也会越来越扩大。教师是太阳底下最光辉的职业，也应当成为令人羡慕的职业。提高教师队伍的整体素质，是牵动几亿家庭的事，可以对学生家长、社区乃至全社会产生积极的影响。教师所创造的精神产品，以科学的理论武装人，以正确的舆论引导人，以高尚的精神塑造人，以优秀的作品鼓舞人，对培养有理想、有道德、有文化、有纪律的社会主义公民，对提高全民族的思想道德和科学文化素质，做出了重要贡献。教师承担着社会主义精神文明建设两方面的重任：一是思想道德建设，一是科学文化建设。思想道德建设是精神动力，科学文化建设是智力支持，这对社会主义现代化建设事业的发展，对科教兴国的伟大战略的实现，必将产生深远的影响。

正因为教师职业道德是如此重要，党和国家历来十分重视教师职业道德的建设，根据形势发展的需要，国家教委于 1984 年 10 月 13 日、1991 年 8 月 26 日、1997 年 8 月 17 日先后三次颁发了《中小学教师职业道德规范》。今年 3 月，我作为全国师德标兵评选委员会委员，有幸参加了“全国十大师德标兵”的评选工作。当我阅读各省推荐的师德标兵先进事迹送审材料的时候，不禁油然而生敬意。他们忠诚于人民的教育事业，敬业爱岗，兢兢业业，勤勤恳恳，呕心沥血；他们热爱学生，诲人不倦，以身作则，为人师表；他们严谨治学，精益求精，教书育人，无私奉献，为我们广大教育工作者树立了光辉榜样。我真想编一本师德修养的书，把他们的先进事迹载入史册，让他们的伟大人格光照人间。此后不久，山西省忻州地区行署教育委员会送来了《教师修身十讲》书稿。该书以邓小平教育思想为指导，以最近一次颁布的《中小学教师职业道德规范》为依据，从教师职业道德建设的实际出发，继承和借鉴中华民族传统文化中的修身理论，运用现代教育学、心理学、伦理学、社会学的最新成果，集中教育行政领导和一线教师的智慧编著而成。我以为，它是一本教师职业道德修养的好书。书中观点正确、思路清晰，结构严谨，事例生动，文字通畅，很适合广大教师阅读。于是应作者所请写下了上述文字，是为序。

1998 年 5 月 8 日于北京芳古园

第六编　中华民族传统美德研究

论毛泽东对传统道德的批判继承思想*

毛泽东德育思想是毛泽东教育思想的一个重要组成部分，而毛泽东关于对传统道德的批判继承思想则是毛泽东德育思想的一个重要内容。重温毛泽东关于对传统道德的批判继承思想，对于在建立社会主义市场经济体制的新形势下，弘扬中华民族优秀传统道德，加强和改进学校德育工作，建立有中国特色的社会主义道德体系具有十分重要的现实意义和深远的历史意义。

一、什么是对传统道德的批判继承

毛泽东站在辩证唯物主义哲学的高度，对于传统道德进行了辩证的，历史的分析，认为传统道德同世界其他任何事物一样，也是一分为二的，可以分为精华和糟粕两部分。他在《新民主主义论》中，在谈到清理文化遗产时说：

---

* 此文是为纪念毛泽东100周年诞辰而作。曾于1993年12月在中国教育学会、中央教科所、全国教育科学规划办联合主办的“学习毛泽东教育思想理论研讨会”宣读。后来发表在《中国青年政治学院学报》1995年第一期上，又被收入《中共领导科学文库》之中。

"剔除其封建性的糟粕，吸收其民主性的精华，是发展民族新文化提高民族自信心的必要条件；但是决不能不加批判的兼收并蓄。"在谈到吸收外国的进步文化时，他还以形象生动的比喻写道："如同我们对于食物一样，必须经过自己的口腔咀嚼和胃肠运动，送进唾液胃液肠液，把它分解为精华和糟粕两部分，然后排泄其糟粕，吸收其精华，才能对我们的身体有益，决不能生吞活剥地毫无批判地吸收。""取其精华，去其糟粕"，这就是毛泽东所阐明的无产阶级对待传统道德进行批判继承的科学含义。

毛泽东的如上论述与列宁评价马克思的学说时所讲的一段话是一致的。列宁说：凡是人类社会所创造的一切，他都用批判的态度加以审查，任何一点也没有忽略过去。凡是人类思想所建树的一切，他都重新探讨过，批判过，根据工人运动的实践一一检验过，于是就得出了那些被资产阶级狭隘性所限制或被资产阶级偏见束缚住的人所不能得出的结论。由此可见，毛泽东的"取其精华，去其糟粕"的观点，是对马克思列宁主义关于对人类文化遗产进行批判继承思想的继承和发展，是马克思主义基本原理与中国革命的实际相结合的又一光辉典范。

如同整个毛泽东思想一样，毛泽东的批判继承思想也是与形形色色的错误思想相比较存在、相斗争而发展的。在对待文化传统，包括道德传统的问题上历来存在着两种错误的倾向和态度：一是全盘否定，一概排斥；二是全盘继承，一概照搬。毛泽东坚决反对和批判这两种错误的倾向和态度。他指出，第一种错误倾向把整个道德发展史看得一团漆黑，一无是处，对道德遗产采取一概排斥，全部打倒的态度，这是"全盘否定"的民族虚无主义和历史虚无主义。其错误在于，形而上学地割断了历史，否定了道德遗产中存在着精华和糟粕这一客观历史事实；把道德的阶级性与时代性绝对化，忘记了道德内部的层次性和道德表现的复杂性，也忘记了历史本身的连续性和继承性。第二种错误倾向把所有的道德遗产都视为“国粹”，因而对道德遗产采取良莠不分、兼收并蓄的态度，反对对道德遗产进行批判、改造和革新，这是“全盘照搬”的国粹主义。其错误在于，形而上学地强调历史的继承性，否定历史发展的辩证法，抹杀了道德遗产的阶级性，反对和破坏了无产阶级道德观的党性原则。

在社会主义现代化建设的今天，我们研究中华民族传统道德和对青少年学生进行传统美德教育时，必须坚持和发展毛泽东的批判继承思想。中国传统道德是一定时代的产物，同任何事物一样，它也具有两重性，既有进步性，又有局限性；既有精华，又有糟粕。一方面，我们要看到建立在小农生产基础和封建宗法制度之上的传统道德，必然有其狭隘性和保守性的一面，诸如鄙视劳动、宗法观念、家长作风、忠君思想、因循守旧、封建迷信、男尊女卑、平均主义等。这些消极的东西曾经是导致我国社会长期停滞的思想根源之一，必须坚决剔除。

另一方面，我们也必须看到，中华民族传统道德源远流长、博大精深、影响广远。中国素以“文明古国”和“礼仪之邦”著称于世。在中国悠久的文明史中，传统道德经过千百年的积淀，有些光辉思想已构成了我们的民族之魂。例如：“天下兴亡，匹夫有责”的爱国主义精神；“天下为公”“济世利他”的整体主义精神；“刚健有为，自强不息”的积极进取精神；“先天下之忧而忧，后天下之乐而乐”的先人后己精神；“见利思义”“先义后利”的价值取向；“富贵不能淫、贫贱不能移、威武不能屈”的浩然正气；“杀身成仁”“舍生取义”的高风亮节；勤劳俭朴、诚实守信的求实精神；“仁者爱人”“成人之美”的团结友爱思想；“推己及人”“能近取譬”的修养方法，等等。这些民族之魂曾经哺育了中华民族亿万优秀儿女的健康成长，曾经激励过无数志士仁人和民族英雄为祖国的独立、统一、繁荣、富强而写下了人生的壮丽篇章。毫无疑问，这些传统道德的精华在社会主义现代化建设的今天也值得吸取、继承和发扬光大的。

二、为什么要对传统道德进行批判继承

毛泽东作出了明确的回答：批判继承的“目的仍然是为了人民大众”，使之“变成革命的为人民服务的东西”。① 对于“进步的外国文化”，他主张“应当以中国人民的实际需要为基础，批判地吸收”。②新中国成立后，为繁荣和发展我国社会主义文艺，毛泽东把这一思想精辟地概括为“古为今用”“洋为中用”。这是对批判继承的出发点和目的性所作的明确规定，表明了对批判继承的根本立场和态度。

按照“古为今用”“洋为中用”的原则，对中国传统道德的批判继承和对外国进步道德的借鉴利用必须着眼于“为我所用”。用毛泽东的话说，就是吸收我们“今天用得着的东西”，而不是摘古董鉴赏，更不是颂古非今和崇洋媚外。所谓今天用得着，就是人民用得着，社会主义用得着，能用来为人民、为社会主义服务。我们批判继承的目的，是为了解决当前的道德问题，培养和教育“有理想、有道德、有文化、有纪律”的一代新人，是为了推进社会主义和共产主义道德的发展，而不是让传统束缚我们前进的脚步。在这方面，毛泽东本人为我们作了成功的示范。民主革命时期，他用古代寓言中“愚公移山”的精神，鼓舞中国人民进行坚持不懈的革命斗争，以坚韧不拔的毅力去搬掉

① 《毛泽东选集》第三卷，北京：人民出版社，1991年版，第857页。
② 《毛泽东选集》第三卷，北京：人民出版社，1991年版，第1084页。

“三座大山”。社会主义时期，他曾用《西游记》的故事教育党员和干部。他说：唐僧、孙悟空、猪八戒、沙和尚师徒四人去西天取经，虽然中途闹了点不团结，但是经过互相帮助，团结起来，终于克服了艰难险阻，战胜了妖魔鬼怪，到达了西天，取了经，成了佛。他用这个故事教育党员和干部不要怕有不同意见，不要怕有争论，只要坚定信仰，目标一致，团结奋斗，最后总是会成功的。

今天，我们在对中华民族传统道德进行批判继承的时候，同样必须坚持“古为今用”的原则。对于中华民族传统道德，只有摈弃其封建主义的阶级内容，剥去其唯心主义的外衣，才能发现它的合理内核，看到它的进步性和现实意义。关于传统道德的合理内核和现实意义，我认为至少包括以下三点：

第一，中华民族传统道德的宗旨是：“兼善天下”和“济世利他”，它主张的人生理想是“仁者爱人”，社会理想是“天下为公”。这体现的是一种整体和谐思想。自秦汉以来，中国就形成了统一的多民族的国家，尽管历史上曾出现过暂时的分裂局面，但很快又获得了统一，这与整体和谐思想的影响是分不开的。整体和谐思想具有一种伟大的凝聚力和向心力，对于国家统一、社会和谐和民族团结是有进步意义的。在今天，它仍然可以成为对青少年学生进行爱国主义和集体主义教育的思想材料。

第二，中华民族传统道德追求“仁爱”，崇尚道德，但并不否定刑罚；主张“德政”，但不否定法治。然而，二者相比，儒家认为道德具有更根本、更重要的意义。孔子主张“为政以德”，认为“道之以德，齐之以礼，有耻且格”，（《论语·为政》）贾谊认为“礼者，禁于将然之前，而法者，禁于已然之后。”（《过秦论》）儒家还特别重视道德修养在人际关系中的调节作用，在修养方法上主张“推己及人”“能近取譬”

“设身处地”和“将心比心”。这些都蕴含着辩证法思想，对于维护社会和谐稳定、调节人际关系和形成良好的道德风尚仍具有重要的现实意义。

第三，中华民族传统道德的价值取向是重视精神境界，认为人的精神需要高于物质需要。这一思想在“义利观”上表现得尤为突出。儒家认为义重于利，强调要“见利思义”“义以为质”“义然后取”“先义后利”，认为“放于利而行，多怨”“见小利则大事不成。”这种思想对于陶冶民族性格和建设精神文明，在历史上曾经起过进步作用。今天，在建立社会主义市场经济体制的过程中，对于抵制拜金主义思潮的影响，建设社会主义精神文明仍然具有重要的现实意义。

三、如何对传统道德进行批判继承

毛泽东在《矛盾论》中指出：“新陈代谢是宇宙间普遍的永远不可抵抗的规律”“世界上总是这样以新的代替旧的，总是这样新陈代谢、除旧布新或推陈出新。”这里，毛泽东站在唯物辩证法的高度为提出“推陈出新”这一文化方针，奠定了哲学基础。1951 年 4 月，毛泽东应梅兰芳的要求，为即将成立的中国戏曲研究题词，“推陈出新”就是其中的一句话。后来这句话被确定为我国文化的工作方针。然而，这一番真的意义远远超出了整个文艺的范围，而是对包括道德在内的一切进步文化发展规律的科学概括和总结，是对包括传统道德在内的一切传统文化如何进行批判继承的科学回答，是毛泽东本人在民主革命时期提出的批判继承理论在新的历史条件下的发展。

“新陈代谢”“推陈出新”生动地体现了批判继承和发展创新的辩证关系。在毛泽东看来，批判继承完全是为了革新创造，为了发展创新，而不是抱残守缺和因循守旧。毛泽东的批判继承思想同样体现了他的革命性、创造性的思想基调的个性特征。在“推陈出新”的观点中甚至主张“标新立异”。

道德领域的推陈出新，就是对传统道德进行马克思主义的改造，赋予传统道德以新的时代内容的新含义。在这方面，毛泽东同样是我们的光辉楷模。他对儒家伦理中被称为“三达德”的“知仁勇”所作的唯物论的批判和改造，就是“推陈出新”的杰出范例。“知仁勇”是孔子提出的唯心主义道德范畴，中国历代封建统治者都把它作为重要的道德训条，以蒋介石为代表的国民党反动派也把它作为独裁、专制统治的精神支柱。毛泽东对“知仁勇”作了历史唯物论的批判和革命的改造，他说：“知是理论，是思想，是计划，方案，政策；仁勇是拿理论、政策等见之实践时候应取的一二种态度，仁像现在说的‘亲爱团结’，勇像现在说的‘克服困难’了（现在我们说的亲爱团结，克服困难，都是唯物论的，而孔子的知仁勇则一概是主观的），但还有别的更重要的态度如像‘忠实’，如果做事不忠实，那‘知’只是言而不信，仁只是假仁，勇只是白勇。”①经过这番改造，不仅剔除了“知仁勇”的封建糟粕，克服了其唯心主义性质，而且赋予它以全新的含义：首先，知和仁勇是认识和实践的关系，使其在哲学上获得了唯物主义认识论的性质；其次，仁勇是在革命理论指导下形成的无产阶级革命品质，仁是亲爱团结的阶级情意，勇是克服困难的英雄气概，使其在道德上获得了新的生命；再次，知仁勇都与“忠实”即实事求是和坚持真理的马克思主义根本原则和科学态度相联系、相统一，使其在政治上获得了革命的意义。毛泽东以无产阶级革命家、理论家的博大胸怀和科学态度，对本来属于封建统治者服务的唯心主义道德范畴——“知仁勇”，

① 《毛泽东文集》第二卷，北京：人民出版社，1993年版，第163页。

进行了彻底的批判和改造，使其变成了可为无产阶级利用的范畴。

毛泽东对传统道德批判改造、推陈出新的理论与实践，为对青少年学生进行传统道德教育树立了光辉的榜样。我们在对中小学生进行爱国主义教育和行为规范养成教育的时候，完全可吸收、借鉴和利用中华民族的传统道德范畴，并且经过批判和改造使之赋予新的含义。例如，“忠”“孝”两个道德范畴，封建时代的“忠”是忠君思想、是“君要臣死，臣不敢不死”；“孝”包含着“不孝有三，无后为大”“父母在，不远游”等封建内容。而现在讲“忠”“孝”，当然必须批判和摈弃封建主义的愚忠、愚孝，并赋予它们新的时代意义，“忠”是指忠于祖国，忠于人民，忠于社会主义事业；“孝”是指赡养父母，尊重父母，孝敬父母。

总之，毛泽东关于对传统道德的批判继承思想，包含着取其精华、去其糟粕、古为今用、推陈出新等基本观点。这些宝贵的思想和观点仍然是当前加强和改进学校德育工作的重要指导思想。中国传统道德，为我们留下了大量的可以借鉴和利用的宝贵财富，许多警句格言至今仍然闪烁着哲理的光辉，其中有些一旦赋予新意，便可成为社会主义精神文明的组成部分，便可成为建立社会主义新的道德体系的思想材料，便可成为社会主义学校德育的重要内容。对于中国传统道德的合理成分和积极因素，我们要以马列主义、毛泽东思想为指导，进行革命变革和改造利用，赋予新的内容和新的含义，在批判继承的基础上有所发展和创新。

中华民族传统道德教育的历史考察*

中华民族传统道德教育源远流长，历史悠久，从夏商周三代到清末，延续近五千年。随着中国社会的发展，中华民族传统道德教育的内容和形式也在不断地演化。这个历史过程，大体经历了夏商周、春秋战国、两汉隋唐、宋元明清、清末民初5个阶段。

一、中华民族传统道德教育的萌芽

从夏到西周，是中华民族传统道德教育的萌芽阶段。古代的道德规范是与宗教习俗与帝王治世相联系的。夏代神巫祭天神、地神、社稷的活动，已经形成了等级名分，规定了各级人的行为方式，这就是“礼”的初型。“殷因于夏礼”，到了殷代已有了国家设立的“典则”“法度”，用以“昭明德，惩无礼”。这里的“德”，主要指帝王和贵族之德，还

---

* 以下3篇文章是全国教育科学“八五”规划课题“中华民族传统美德教育”的成果——陈坚、栾传大、詹万生主编《中华民族传统美德教育概论》中的一章。吉林文史出版社1995年8月出版。

不是指一般的国民之德和社会道德。

公元前11世纪，西周初期著名政治家、思想家周公(姬旦)以维护宗法等级秩序出发，以天命论为思想前提，提出了道德教育思想。他提出的道德教育原则是："以德配天""敬德保民"和"明德慎罚"；道德教育的内容是："孝""友""恭""信""惠"。《尚书》中的"五教"，即"父义、母慈、兄友、弟恭、子孝"，就是西周时期的道德规范。由此可见，周公提出的道德教育原则明显地把道德与政治紧密结合起来，而道德规范和道德教育的内容则进一步体现出宗法伦理的特点。可以说，以周公为代表的西周时期的道德教育是中华民族传统道德教育的萌芽或开端。

二、中华民族传统道德教育的形成

春秋战国，是中国社会由奴隶制转变为封建制的时代，也是中华民族传统道德教育的形成阶段。随着社会性质的转变，思想道德领域异常活跃，出现了诸子蜂起、百家争鸣的局面。

儒家道德教育思想由孔子创立，孟子和荀子作了进一步发展和完善。孔子极为重视道德教育，他的教育理论和教育实践都把道德教育放在第一位。孔子思想体系的核心是"仁"，他的道德教育的核心也是"仁"。什么是"仁"？孔子说的"仁"，内容十分广泛，他对"仁"的解释也是多样的。但基本含义是四个方面：一是"仁者爱人"；二是"克己复礼为仁"；三是孝悌为仁之本；四是忠恕为仁之道。可见"仁"是众德之总。在"仁"的统摄下，孔子还提出一系列道德范畴，如恭、宽、信、敏、惠、刚、毅、木、讷、勇、敬、俭等。孔子把血缘关系、宗法关系结合起来。形成了从修身到齐家、从治国到天平下的伦理政治化、政治伦理化的道德教育特色。孟子以"人性善"论为理论基础，继承发展了孔子的思想，提出“四德”“五伦”的道德教育思想。“四德”，即仁、义、礼、智(亦即：恻隐之心、羞恶之心、辞让之心、是非之心)；“五伦”，即父子有亲、君臣有义、夫妇有别、长幼有序、朋友有信五类人伦。他教育人们“明人伦”“知仁义”，极大地丰富了孔子的思想。荀子则以“人性恶”论为理论基础，发挥了孔子“礼”的思想，提出“化性起伪”“礼义教化”“修身自强”的道德教育思想。

在春秋战国时期，影响较大的道德教育思想，除儒家外还有墨、道、法等学派。墨家的道德教育思想由墨子所创立，代表了小手工业者的利益，提倡“兼相爱，交相利”，既“贵义”，又“尚利”，并提出“合其志功而观焉”的道德评价思想。墨子的道德教育思想具有功利主义特色。道家以老、庄为代表。以“道”为核心，主张自然“无为”“绝仁弃义”，追求一种“无知无欲”的“素朴”的“至德”境界。道家的道德教育思想具有一种自然主义的超世俗的特点。法家以管仲、商鞅、韩非为代表，主张“不务德而务法”，提出“以法为教”“以吏为师”，把教育仅视为政治驯化，是一种非道德主义的、实用主义的思想。

先秦诸子道德教育思想的对立和争论，说明各自对西周以来的道德传统(周礼)的不同立场和态度。道、法两家虽有本质之别，但对“传统”都持批判和否定态度；墨家也讲仁义，形式上似在继承“传统”，但内容上却与“传统”相异；唯独儒家从形式到内容对“传统”持因革态度，继承了“周礼”的传统，创造了内容广泛、形式完备的道德教育体系。在奴隶社会向封建社会转变时期，儒家在一定程度上适应了各种势力的一定需要，从而缓和了当时复杂、尖锐、激烈的社会矛盾，为“大一统”的新秩序的建立和安定局面的形成奠定了思想道德基础。虽然当时秦国以法治国走向强大而统一了中国，然而“大一统”秩序的稳定、巩固和发展最终还必须依靠儒家思想的指导。这正是中华民族传统道德虽历经褒贬损益而长盛不衰、流传远广的最重要的原因。

三、中华民族传统道德教育的发展

汉唐时期，特别是西汉时期，是中华民族传统道德教育发展的关键阶段。秦王朝推行“以法为教，以吏为师”“颁挟书令”以至“焚书坑儒”，终于二世而亡。汉代统治者从中吸取了教训，重新认识德治与法治的关系，特别是汉武帝采纳了董仲舒的对策建议，提出“罢黜百家，独尊儒术”，确立以儒学为正统思想，对中华民族传统道德教育继承和延续产生了极为深远的影响。

西汉初年，统治者吸取秦亡的教训，适应现实政治所需要，暂时采取了黄老之学的新道家思想作为“治国安民”的方针，取得了“文景之治”的实际效果。黄老学派顺应历史发展的需要，摒弃了先秦道家“绝仁弃义”的观点，改变了抨击儒家伦理学说的立场，将儒家的德治思想和道德教育思想与道家的“无为而治”的思想结合；同时，尽管他们猛烈抨击法家，却并不抛弃法治。力图把儒家和法家都纳入道学的体系，提出了“德以法辅”“抱道推诚”的思想，倡导社会教化，主张“惠民”“宁民”“利民”。黄老学派还吸取了儒家的宗法观念，提出“主惠臣忠”“父慈子孝”的道德规范，在君臣、父子关系上确立双方都尽义务的伦理观。

汉初推行“黄老之学”，休养生息，经济发展，国力强盛，史称“文景之治”。然而，统治阶级和被统治阶级的矛盾，统治阶级内部中央政权与地方势力的矛盾在不断加剧。在这种情况下，“无为而治”的黄老之学就失去了它继续作为治国之策的根据，统治思想的演变已势在必行。于是公元前131年，汉武帝举贤良对策，采纳了董仲舒的建议，提出“罢黜百家，独尊儒术”的文教政策。从此，儒家被奉为封建统治思想的正统而定为一尊。

“独尊儒术”，这是一个历史的选择，它对中华民族传统道德教育的发展起到了划时代的作用，具有深远的历史意义。儒家的德治论核心是“为政以德”“道之以德，齐之以礼”。董仲舒发挥了孔子的思想，提出：“教，政之本也；狱，政之末也。”(《春秋繁露·精华》)主张道德教育是“为政之首”。进而，董仲舒把儒家的伦理规范概括为“三纲五常”，即：君为臣纲，父为子纲，夫为妻纲等“三纲”和仁、义、礼、智、信等“五常”。“三纲五常”是对封建宗法等级体制下人伦关系的高度概括，是处理人际关系的道德规范。“三纲五常”的提出，使封建社会的道德教育系统化、定型化，适应了巩固封建“大一统”的需要。从而确立了董仲舒“为儒者宗”“为群儒首”的历史地位。

魏晋南北朝时期，由于玄学、佛教和道教相继兴起，玄、佛、道、儒四家彼此争斗，儒学曾一度衰微。隋朝统一中国后，重新重视儒学，儒学又开始复兴。唐朝将儒学经典加以整理、分类，分为经、史、子、集 4 类，成为后来史籍分类的正统方法。到唐初，唐太宗诏孔颖达等撰《五经正义》，推动了儒学的传播。唐朝前期经济发展和文化繁荣的局面，使玄学的悲观主义和佛学的出世思想赖以存在的现实基础渐渐失去，中唐以后儒学在比较和鉴别之中地位回升。而担此重任者当首推韩愈。韩愈以激烈的态度批判了佛老，以简明的语言叙述了儒家的道统。他主张罢黜佛老之学，独尊孔孟之道。韩愈指出：“师者，所以传道、授业、解惑也。”传道，即传授儒家道统，传儒家的修身、齐家、治国、平天下之道；授业，即讲授《诗》《书》《易》《春秋》等儒家的经典；解惑，即解答学生在学习“道”与“业”两方面的疑难。他认为，立以传道为首，以授业为次；道统帅业，业体现道。在中华民族传统道德教育史上，韩愈是从两汉儒学过渡到宋明理学的不可缺少的中间环节，是承上启下的人物。

四、中华民族传统道德教育的深化

统一的中央集权的宋王朝的建立，结束了唐朝以后五代十国的割据分裂、连年混战的局面。社会的分裂和混战，造成了伦常的破坏和道德的败坏。宋初的思想家们都极力提倡重整伦理纲常、道德名教。他们继承唐代韩愈批佛、道，兴儒学的传统，均以复兴儒学为职志。于是，一种既不同于前期儒家思想，又要吸收佛、道思想资料的新儒家学说——理学，便应运而生了。宋明理学把本体论与伦理学相统一，实现了哲学的伦理化和伦理的哲学化。其体系"致广大，尽精微，综罗百代"，形成博大繁杂的逻辑结构，是前人所无可比拟的。因此，这一时期是中华民族传统道德教育的深化阶段。

北宋初期理学兴起，各个集团、阶层的思想家纷纷提出自己的救世方略，形成学派纷呈的局面。先后相继出现了以周敦颐为代表的"濂学"，以张载为代表的"关学"，以王安石为代表的"新学"，以二程为代表的"洛学"和以二苏为代表的"蜀学"，可谓学派聚奎，相得益彰。然而，由于政治斗争和党派之争，各派渐衰，唯二程的"洛学"独盛，成为理学的主流和正统。到了南宋时期，朱熹继承并发展了二程的学说，成为理学之集大成者。

朱熹为了论证封建伦理道德的合理性和永恒性，为了说明道德教育的必要性和可能性，在继承儒家传统思想的基础上，吸收、融合了佛道思想，构成了一套系统的、严密的、哲理化的道德教育思想，把中华民族传统道德教育推向一个新的阶段。在朱熹那里，"理"或"天理"是他的客观唯心主义哲学体系的最高范畴，也是道德教育的哲学基础。朱熹把“理”视为世界万事万物的本源，是在自然与社会产生之前就存在的精神本体。他认为君臣、父子等伦理关系，都是理的体现，“三纲五常”来源于永恒不变的先天地而存在的“天理”。因此，他把“明天理，灭人欲”作为道德教育的总目标。他说：“圣贤千言万语，只是教人明天理，灭人欲”“学者须是革尽人欲，复尽天理，方始是学。”(《朱子语类》卷十二、十三)朱熹的道德教育的理论与实践十分丰富。在《白鹿洞书院学规》中，他把“父子有亲，君臣有义，夫妇有别，长幼有序，朋友有信”作为“五教之目”；把“博学之，审问之，慎思之，明辨之，笃行之”作为“为学之序”；并以“言忠信，行笃敬，惩忿窒欲，迁善改过”为“修身之要”；以“己所不欲，勿施于人，行有不得，反求诸己”为“接物之要”。朱熹把学校教育分为小学(8—15 岁)、大学(16 岁以后)两个阶段，无论小学大学，都以“明人伦”为目的。他主张小学要学习“洒扫、应对、进退之节”，遵守“孝、悌、忠、信”等道德规范；大学要“明明德”，修身、齐家、治国、平天下。他还编辑“圣经贤传”中的“嘉言善行”为《小学》一书，作为小学教材；注《大学》《中庸》《论语》《孟子》，即《四书章句集注》作为大学教材。这些著作后来成为元、明、清历代科举考试和知识分子的必读书目。清康熙皇帝称赞朱熹“绪千百年绝学之传，立亿万世一定之规”。可见朱熹对中国封建社会后期的道德教育产生了重要影响。

五、中华民族传统道德教育的变革

1840 年，爆发了震撼中外的鸦片战争，帝国主义列强的坚船利炮轰开了古老中国闭关锁国的大门。从此中国逐渐沦为半殖民地半封建社会。随着以反帝反封建为主题的资产阶级旧民主主义革命运动的兴起，中国的知识分子开始向西方寻求救国救民的良方。向西方学习已成为当时的一种时髦，西学日盛，西风东渐，使中国传统的封建伦理道德受到猛烈地冲击，中华民族传统道德教育经历着重大变革。

以龚自珍、魏源等人为代表的开明地主阶级改革派，开始用从西方资产阶级那里学来的武器揭露封建末世的道德危机，主张向西方学习。既要“师夷之长技”，富国强兵，又要政肃人心，整顿道德，“知耻兴邦”。太平天国革命运动的领袖洪秀全、洪仁玕等，在对封建纲常名教进行某种程度抨击的同时，提出了以平等、平均为中心的道德教育思想，为中国资产阶级道德的形成做了重要的思想准备。

随着中国民族资本主义经济的产生、发展以及西方资产阶级思想的影响，19 世纪末兴起了资产阶级变法维新和资产阶级改良运动。在此过程中，资产阶级道德教育思想产生了。以康有为、梁启超、谭嗣同、严复为代表的资产阶级维新派，用资产阶级的“新学”、批判“旧学”，以“进化论”为武器，对封建伦理纲常进行尖锐的批判，提出了较完整的资产阶级道德教育思想。20 世纪初，以孙中山、章太炎为代表的资产阶级革命派，进一步提出“道德革命”“家庭革命”口号，更加广泛地批判封建道德。孙中山提出了“忠孝、仁爱、信义、和平”等道德规范，重新解释并赋予其民主主义的新内容。他赋予“忠”崭新的含义，即忠于国家，忠于人民，忠于事业；他对“仁爱”的解释是“博爱”，是救国救民；对“信义”的解释是对朋友、对邻国讲信义，并谴责帝国主义不守“信义”；对“和平”的解释是中国人民热爱和平，坚决反对帝国主义战争。孙中山道德教育思想是爱国主义为主线，继承中华民族优秀道德传统，同时学习“欧美之法”，提倡与三民主义相一致的自由、平等、博爱的精神。

伟大的五四运动，标志着中国旧民主主义革命的结束和新民主主义革命的开始，中国道德教育思想也发生了历史性的革命变革。五四新文化运动，提出“打倒孔家店”的口号，高举科学与民主的旗帜，用革命的新文化对封建的旧文化、旧礼教、旧道德进行了不妥协的彻底批判。一些先进的知识分子，开始在中国传播马克思主义。以李大钊为代表的共产主义先驱，力图用马克思主义的唯物史观考察道德问题，提出用青春人生观教育青年的主张。陈独秀提出，伦理觉悟为“最根本的觉悟”，力主用科学与民主精神改造中国的传统道德教育。

当代中华民族传统美德教育的兴起

中华民族传统美德教育是中华民族传统道德教育在当代发展的重要标志。“中华民族传统美德教育”的提出，是经过审时度势的分析和深思熟虑的思考的。它不是凭空想象和任意杜撰出来的，而是有着坚实的哲学依据，深刻的社会背景和广泛的文化背景的。

一、中华民族传统美德教育提出的哲学依据

自五四运动以来，特别是新中国成立以来，我们对中华民族传统道德实际上是采取了批判和否定的态度，尽管在毛泽东等领导同志的著作中曾不止一次地提到要批判继承和古为今用。但是在新中国成立以来的实践中并未贯彻实施，尤其是在十年“文革”期间，在极左思潮的影响下，反传统已经达到登峰造极的地步。造成这种情况的原因是多方面的，既有政治上的原因，也有意识形态上的原因，但最根本的原因是来自哲学上对唯物史观的机械认识。这种观点认为：当中国社会进入资产阶级革命时期，特别是进入社会主义革命和建设时期以后，作为在封建社会形成

和发展起来的传统道德，就失去了它赖以存在的社会基础。这种观点只看到传统道德的阶级性而忽视了它的民族性，只看到社会存在对社会意识的决定作用而没有看到社会意识的相对独立性。

辩证唯物主义告诉我们：社会意识不是对社会存在消极反映和表现，它还有相对独立性的一面。所谓社会意识的相对独立性，就是指它在反映社会存在的同时，还具有遵循其自身独特的发展规律而存在和发展的性质。这种相对独立性，表现在以下几个方面：

(一)社会意识发展变化与社会存在发展变化的不完全同步性

社会意识对社会存在的反映，并不总是像照镜子那样同它所依赖的社会物质基础的变化完全一致，有时落后于社会存在，有时又预见到社会存在未来的发展趋势，有些社会意识作为一种文化现象则可以超越历史和阶级的局限而成为人类永恒的意识现象。这些情况在历史上都是大量存在的。因此，不能机械地认为传统美德产生于封建社会，在社会主义社会它就完全丧失了存在的价值。相反，我们应该看到传统与现代的历史继承性。正如毛泽东所说的："中国现时的新政治新经济是从古代旧政治旧经济发展而来的，中国现时的新文化也是从古代的旧文化发展而来的，因此，我们必须尊重自己的历史，决不能割断历史。"①并且指出"清理古代文化的发展过程，剔除其封建性的糟粕，吸收其民主性的精华，是发展民族新文化，提高民族自信心的必要条件。"②根据这些科学分析，毛泽东明确主张对于中国历史上的文化其中包括传统道德，"从孔夫子到孙中山，我们应当给以总结，

① 《毛泽东选集》第2卷，北京：人民出版社，1991年版，第668页。

② 《毛泽东选集》第2卷，北京：人民出版社，1991年版，第499页。

承继这一份珍贵的遗产。”①

(二)社会意识的发展具有历史继承性

每一历史时期的社会意识形态及其各种形式，都同它以前的成果有着继承关系。每一个社会都有其特定的意识形态。这种意识形态无论从内容上或形式上来说，都有个“源”和“流”的问题。从内容上说，任何社会意识形态都是对现实的社会存在、社会经济形态的反映，即社会存在决定社会意识，社会存在是社会意识的“源”；同时，任何社会意识形态也都保留着历史上流传下来的对过去的社会存在的某些意识和材料，这就是社会意识的“流”。源和流有机地结合在一起，社会意识的内容才能发展。从形式上说，社会意识形态的形式主要是从过去流传下来的既有方式、方法和手段，这就是“流”；同时又根据新的内容和条件对它们加以改造、补充和发展，而这个改造、补充和发展则来自现实生活中的“源”。“源”与“流”的结合，才能使社会意识形态的形式得以继承和发展。没有“源”和“流”的结合，任何意识形态的发展都无从谈起。“源”固然对一种意识形态的性质起决定作用，但是如果没有“流”，人类社会意识形态及其诸形式都必将中断而无以为继，各民族的文化传统也就失去了可以追溯的历史线索，人类借以思维的概念、范畴将会出现逻辑混乱，人类的社会生活必将难以进行。

总之，社会意识的相对独立性是中华民族传统美德教育提出的重要哲学依据。

二、中华民族传统美德教育提出的社会背景

当前，中国已进入社会主义现代化建设新的历史时期。在这新的

---

① 《毛泽东选集》第 2 卷，北京：人民出版社，1991 年版，第 499 页。

历史时期，中国面临着三大主题——改革开放、社会稳定和经济发展。这三大主题从不同的侧面呼唤着中华民族传统美德教育的提出。

(一)中华民族传统美德教育的提出是改革开放的需要

随着改革开放的深入发展，国门大开，在引进西方的先进科学技术和管理经验的同时，西方的哲学思潮、价值观念、生活方式也大量涌入。自 80 年代中期以来，国内翻译出版和介绍了许多西方哲学和社会科学的著作，如萨特的《存在与虚无》、弗洛伊德的《梦的解析》、卡西尔的《人论》、科恩的《自我论》、瓦西列夫的《情爱论》、卡耐基的《人性的弱点》等等。此外，西方和港台的以流行歌曲为代表的通俗文化也都悄然渗透进来。与此同时，国内出现了“河殇”现象，一些人以挖祖坟、骂祖宗为荣，把中国的传统文化其中包括传统道德说得一无是处，说什么“亚细亚的太阳陨落了”，“中国只剩下四大发明这块遮羞布了”，并且预言“蓝色文明终将战胜黄色文明”等等。这种民族虚无主义、历史虚无主义和“全盘西化”论，对青少年学生产生了很大影响，大学校园里出现了“西方思潮热”“文化比较热”与“河殇热”，中学生中出现了“追星族”。

针对这种情况国内各地的有识之士和德育界的专家、学者提出了要对青少年学生进行“两史一情”教育、爱国主义教育和中华民族传统美德教育，增强民族自豪感和自信心，抵制西方消极思想的影响，保证改革开放的健康发展。

(二)中华民族传统美德教育的提出是社会稳定的需要

当代中国已进入相对稳定的和平发展时期。传统道德一般都是在社会稳定时发挥作用，而社会剧烈变动时则缺少用武之地。正所谓“治平尚德行，有事赏功能”。纵观中国历史，每当社会稳定、太平盛世之时就“尊孔”，每当社会动荡、剧烈变革之时则“反孔”，这确乎是一个历史规律。例如：春秋战国，诸侯割据，战火四起，孔子虽周游列国，“说其仁，美其义”，但终不能得志；而汉初“文景之治”之后，经济繁荣，社会稳定，汉武帝为了巩固封建“大一统”，才“罢黜百家，独尊儒术”，把儒学奉为正统，定为一尊。再如：三国时期，群雄逐鹿，鼓角争鸣，曹操求贤“勿拘品行”，只要有治军用兵之策，哪怕有“偷金盗嫂”之劣迹，也委以重任；而唐代“贞观之治”之后，经济发展，文化繁荣，社会太平，唐太宗则广招天下贤士，崇尚道德，儒道释并用。再如：五代十国时期割据分裂，连年混战，致使伦常破损，道德败坏；宋朝统一后，为了巩固中央集权的封建制度，则提倡重整伦理纲常。重视道德名教，于是才有了理学的兴起。

古人说：“以史为镜，可以知兴衰。”历史证明，儒家伦理往往在太平盛世发挥它稳定社会、缓和矛盾、调节人际关系的社会功效。当前，社会稳定、政治稳定是中国的大局，适应这种形势的需要，中华民族传统美德教育应运而生了。

(三)中华民族传统美德教育的提出是经济发展的需要

自党的十一届三中全会以来，党和政府的工作中心转移到社会主义现代化经济建设上来，发展经济是当今中国的一大主题。经过十几年的探索，确立了建立社会主义市场经济体制的目标。应该看到，市场经济对经济发展和社会进步的正效应，即积极作用；又有制约经济发展和社会进步的负效应，即消极作用。正效应表现为，市场经济摆脱了行政干预，企业有了自主权，产生了活力，有利于调动生产者的积极性；市场经济尊重价值规律，鼓励竞争，增加了动力，有利提高劳动生产率。这样对经济发展和社会进步无疑是有推动作用的。同时，我们还必须看到它的负效应，市场经济主要是受价值规律这只“看不见的手”的支配，必带有自发性和盲目性，产生周期性经济危机，造成经济的恶性循环，制约经济发展，因此必须注意宏观调控。这是从经济角度来讲的。如果从社会进步特别是精神文明建设来看，市场经济的负效应则更加明显；它容易诱发人们急功近利、唯利是图、见利忘义，甚至产生拜金主义；它容易把等价交换原则引入社会生活其他领域，产生个人主义价值观和人生观；它容易使人们采取不正当手段去“竞争”，致使社会道德滑坡，犯罪增多。

近年来，社会政治生活中的消极腐败现象，商品生产中的假冒伪劣现象，经济生活中的坑蒙拐骗现象，文化生活中的黄、毒、赌泛滥现象，严重地冲击着青少年学生的心灵。相当多的学生厌学逃学，甚至弃学经商；有的学生滋生了“向钱看”的思想，代同学抄笔记、为小同学搬桌椅也要钱；有的学生染上了偷窃的恶习，青少年犯罪率大幅度上升，这些触目惊心的事实令人深思。

要解决道德滑坡和犯罪增多的问题，必须在全社会范围内加强精神文明建设。一方面要加强法制建设，做到有法可依、有法必依、执法必严。但是，法制约束属于事后约束、被动约束、国家权力的强制性约束，有其局限性。另一方面必须加强道德建设，寻求事前约束、主动约束、内省约束。“礼者，禁于将然之前；而法者，禁于已然之后。”法制建设和道德建设二者如车之两轮、鸟之双翼，互为补充，辩证统一。而这两者都可以从中华民族传统文化中得到有价值的思想材料。因此，中华民族传统美德教育的提出就是十分自然的了。

三、中华民族传统美德教育提出的文化背景

文化是与自然相对的一个概念，它包括人类所创造的一切物质文明与精神文明的总和。这是广义的文化概念。狭义的文化概念，特指精神文明。如教育、科学、文学、艺术、理论等。我们这里讲的文化

背景，则专指“现代新儒学”的兴起与发展这样一种文化现象。因为中华民族传统美德教育的提出与现代新儒学的影响是分不开的。所以我们必须对现代新儒学的兴起发展及其对传统美德教育的影响做一个大概的分析。

(一)现代新儒学的兴起

现代新儒学，是指“五四”以来倡导儒学复兴运动，以弘扬儒学为己任，以融汇中西、实现儒学的现代转型为宗旨的学说和学派。现代新儒学把儒学的延续与发展分为先秦儒学(原始儒学)、宋明儒学和现代新儒学三个历史时期，故现代新儒学亦称“第三期儒学”。

要了解现代新儒学是如何兴起的，须把儒学在先秦、宋明和现代三个发展时期所面临的境遇和针对的问题作一个简要的说明。先秦儒学所面临的是由于社会大变革所带来的礼崩乐坏的局面，孔孟上承周文教化，并通过自己的损益创造，把道德规范转化为人的道德实践，从而奠定了儒学内圣之学的基调。宋明儒学所面临的是佛老泛滥，儒学衰微的局面，理学大师们通过对佛老的吸收和扬弃，重建孔孟道统，将传统儒学推进到一个新的阶段。现代新儒学所面临的是西风东渐，传统的道德体系不断解体的局面，新儒家学者试图上承宋明儒学，通过对西方文化的消化、吸收，实现儒学的现代发展。

现代新儒学的兴起是与20世纪20年代的“中西文化论战”紧密联系在一起的。在这场论战中，现代新儒学是作为“全盘西化”理论的对立面而出现的。

在中西文化论战中，胡适明确主张“全盘西化”，他认为我们应当“死心塌地去学习人家。……不要怕丧失我们自己的民族文化。”①这

① 胡适：《胡适论学近著》，北京：商务印书馆，1935年版，第640页。

样做的前提是承认我们自己“百事不如人”“不但物质机械上不如人，不但政治制度不如人，并且道德不如人，知识不如人，文学不如人，音乐不如人，艺术不如人，身体不如人。”①在胡适看来，传统文化在实际生活中表现出种种的弊端：“八股，小脚，太监，姨太太，五世同居的大家庭，贞节牌坊……”②他主张要改变这些民族痼疾，出路只有一条，这就是放弃本民族的文化传统，全面地拥抱西方的科学文化。

针对“全盘西化”论，新儒学站在维护民族文化的立场上予以坚决的反驳。他们认为近代以来中国文化所表现出来的是某种“病态”，是“病人”，而不是“死人”。要“肯定病人生命之存在”，并怀着“同情”和“敬意”去体悟历史传统内在的精神价值，发现我们民族绵延不绝的“文化慧命”。新儒家指出，全盘西化无异于使中国“陷于文化上的殖民地”，而民族首先是一个文化范畴，“民族复兴本质上应该是民族文化的复兴。”③他们认为牺牲民族文化非但不能换取民族的生存，反而会加速民族的灭亡。新儒家正是怀着这种“危机意识”，掀起了文化救亡运动和儒学复兴运动的。

(二)现代新儒学的发展

现代新儒学的发展大体经历了四个阶段：现代新儒学的第一阶段，代表人物是梁漱溟、张君劢、熊十力。现代新儒学发端于“五四”时期，产生的背景如前所述是“中西文化论战”。这一时期新儒学的特点是强调中西文化的差异和对立，与“全盘西化”论展开论战，维护儒

---

① 胡适：《胡适论学近著》，北京：商务印书馆，1935 年版，第 639—640 页。

② 胡适：《胡适论学近著》，北京：商务印书馆，1935 年版，第 483 页。

③ 贺麟：《儒家思想的新开展》，载《思想与时代》月刊，1941 年，第 1 期。

学的尊严，倡导儒学的复兴。梁漱溟的代表作《东西文化及其哲学》，经过中西文化的比较研究，得出的结论是：儒学文化不会走向灭亡，相反它较之西方文化更富有现代意义和价值，更适应现代生活的需要，更合乎世界文化发展潮流。所以他预言："世界未来文化就是中国文化的复兴"。

现代新儒学的第二阶段，代表人物是冯友兰、贺麟、钱穆。三四十年代，文化思潮的主流由强调中西文化的对立转变为强调中西文化的融合。冯、贺不仅对中西文化相互融合的历史趋势具有清醒的认识，而且着手探讨中西文化、哲学相互融合的途径和方法。冯吸收西方哲学的逻辑分析方法改造程朱理学，贺则力图把新黑格尔主义与陆王心学相结合。但是，在一个根本点上他们仍然坚持新儒学的基本立场，这就是：中西文化的融合必须以中国文化所体现的民族精神为主导来"把握、吸收、融汇、转化西洋文化"，来"儒化""华化""中国化"西洋文化。

现代新儒学的第三阶段，代表人物是牟宗三、唐君毅、徐复观。50年代以后，新儒学发展的重心移到港台地区。这一代对西方哲学、文化的了解超过了他们的前辈们，在他们的思想理论中体现了中西文化、哲学的更为全面的融合。1958年，牟、唐、徐和张君劢联名发表了《为中国文化敬告世界人士宣言》，明确提出了"返本开新"的思想纲领，把"开出新外王"(发展民主与科学)作为自己的重要理论任务，发掘传统儒学中所包含的民主思想的萌芽，以作为吸收西方民主的媒介。

现代新儒学的第四阶段，代表人物是杜维明、刘述先、蔡仁厚。进入80年代后，新一代新儒家学者开始活跃于国际学术舞台上。这一代比较他们前辈来说思想开放，视野开阔，更富有现实感。他们试图超越“五四”以来西化派与保守派的思想对立，在与西方现代学术思潮广泛对话的基础上，寻求中国文化的发展道路。

(三)现代新儒学对中华民族传统美德教育提出的影响

中国大陆学术界开展有关“五四”以后新儒学思潮研究是从20世纪80年代后半期开始的。这种研究的开展一方面固然与港台及海外学术界的影响不无关系，但主要是由20世纪80年代中期开始的“中西文化比较”问题和“传统文化与现代文化关系”问题的大讨论，激起了人们重新研究、认识和评价“五四”以来的文化、哲学和社会思潮，特别是新儒学思潮的浓厚兴趣。

在学术界把视野扩大到港台和海外新儒学领域的同时，教育界特别是德育界的专家和学者也把眼界开放到港台和国外(其中包括新加坡、日本、韩国等)的教育领域。人们惊奇地发现，这些国家和地区在现代新儒学的影响下在大中小学普遍地开设儒家伦理课。在新加坡，中学三四年级开设“儒家伦理”课(现在名称虽改为“好公民”，但其中的儒家伦理精神并未改变)。在台湾，龚宝善先生著的《德育原理》、黎建球先生著的《人生哲学》都是大学的必修课的教材，其中的主要内容都讲的是儒家伦理思想。

关于把儒家伦理思想引入学校课程的目的和意义，现代新儒学第四代代表人物之一的杜维明教授做了重要的论述和说明。他说：“把儒学思想引入学校课程，可以为学生提供一个机会，让他们理解他们和他们父母所遵循的适当的生活方式的内在逻辑”①“人，尤其是怀着无法满足的好奇心和浪漫主义的理想主义的年轻人，需要一个大体的

① [美]杜维明：《新加坡的挑战》，北京：生活·读书·新知三联书店，1989年版，第9页。

纲领，有一个理论基础，以便他们信奉一种伦理体系，把他们自己培养成有道德的人，并且在复杂的现代世界处理艰难的价值问题。”[①]他认为“儒家伦理只要讲授得法，可以对新加坡人民有重大的影响，使他们增强公民意识，使他们认识到与权利相辅相成的责任感……并且培养一种全民族的本色。”[②]他把儒家伦理的教育过程与个人成长过程结合起来，设计出一个“同心圆”式的教育过程和自我扩充过程图，并解释说：“自我扩展到家庭、邻里、社区、国家、世界和宇宙。这个扩充过程就是作为一个开放体系的自我充分开发其内在资源，把自己培养成一个关心他人、有责任感、目光远大的人的过程。”[③]杜先生所设计的儒家伦理教育体系，把“修身、齐家、治国、平天下”这一儒家伦理精髓通俗化、具体化、现代化了，是对传统儒家“内圣”“外王”理论的现代诠释和发展创新。同时，这一教育体系也符合现代社会学关于人的社会化过程的一般理论，因此它又是中西文化融合的典型之例，体现了现代新儒学的原则立场。

总之，现代新儒学的兴起和发展以及国内学术界、教育界对这一文化现象的关注；新加坡儒学伦理教育的实践和杜维明先生儒家伦理教育体系的理论及其给我们的启发，是中华民族传统美德教育提出的文化背景。

---

① [美]杜维明：《新加坡的挑战》，北京：生活·读书·新知三联书店，1989年版，第10页。

② [美]杜维明：《新加坡的挑战》，北京：生活·读书·新知三联书店，1989年版，第267页。

③ [美]杜维明：《新加坡的挑战》，北京：生活·读书·新知三联书店，1989年版，第267页。

21 世纪中华民族传统美德教育的展望

1990 年，辽源市教科所栾传大同志提出中华民族传统美德教育课题，吉林省教委包括辽源市教委以课题组编写的中华民族传统美德故事丛书为教材，在全省中小学有组织有计划地大面积开展了中华民族传统美德教育活动，并收到了显著的成果。1993 年，中央教科所德育研究中心与多省市协作研究课题组联合开展中华民族传统美德研究与教育活动，得到了国内教育界同行的理解和响应，得到了中央领导同志的关怀和支持，同时也得到海外学者的关注和评论。目前，中华民族传统美德教育已经在东北、华北、西北十几个省区进行大面积的实验，南方一些省市也在开始这方面的工作，可以说是出现了方兴未艾的局面。1995 年北京东方道德研究所成立，他们组织国内一批学者对中华传统美德进行了深入系统的研究。那么，中华民族传统美德教育的发展前景怎样呢？回答这个问题，必须从国际国内的大背景着眼，从跨入 21 世纪的未来着想，做一个宏观性、战略性的展望。

(一)21 世纪将是东方文明的时代

即将过去的 20 世纪，是西方文明征服东方、支配世界的时代。但是，它的征服与支配把人世推入了重重的危机。鉴于此，许多思想家、政治家预言：21 世纪，将是东方的世纪，也是中国的世纪。

这一关系到世纪命运的重大命题，最早提出的不是东方人，而是欧洲学人。1970 年罗素在临终之前预言："21 世纪为中国的时代。"1972 年，罗马协会的报告《成长的极限》一书，诊断西方文明的弊病，而开出的治方恰与东方宇宙观基本一致。因此，西方学人自认为挽救西方文明危机的方略在东方。从而他们更加努力探究中国传统的文化类型及其古典哲学的思想模式。美国哈佛大学教授洛吉等著名学者指出：今后的世界将以东亚为中心，中、日、韩将成为东亚的轴心，把全世界统一成为一个地球村。他们认为，西方文化是个人主义文化，东亚文化是集体主义文化。在今后世界经济发展与竞争中，集体主义文化将比个人主义文化占优势。"现在世界正在进入欧洲共同体、北美自由贸易区等联盟性的集体主义时代，这意味着世界正迈入以儒教为基础的东亚集体主义时代。"①

东方学者对这一世人注目的跨世纪命题的反映来得比较迟缓、稳健和慎重。直到 90 年代初，他们才公开地表明了观点。然而，一旦他们涉足这一问题，便表现出东方学者特有的文化"慧命"，同时由于他们本身就生长于东方文化的沃土中，自然对东方的体察和把握更为准确而具体。1992 年 10 月，日本学者池田大佐在中国社会科学院的演讲《21 世纪与东亚文明》中指出，在风云变幻的世界形势下，东亚

① [美]洛吉：《儒家文化与东亚经济的腾飞》，载《汉城经济新闻》，1993 年 11 月 25 日。

地区正逐步变为21世纪的极其重要的区域。人们不仅关注东亚的经济发展，而且越来越关注其文化因素。他认为东亚地区的文化特征是“共生性道德气质”，具体表现为“取调和而舍对立，取结合而舍分裂，取大我而舍小我，人与人之间，人与自然之间共同生存，互相支撑，一道繁荣。”他指出：“东亚这种气质的重要源头之一是儒教。”他预言：“当21世纪宣告黎明之时，东亚不仅在经济层面，甚至深入至精神领域，定会为世人瞩目，成为引导人类历史的动力。”①

新加坡前驻美大使，现任国家政策研究院院长徐通美教授，于1993年12月在该国《联合早报》上撰文，概括了东亚地区成就的十大价值观：(1)东亚人民的个人主义表现形式与西方不同。在西方，个人利益高于一切。但在亚洲，个人则努力使其利益与家庭及社会利益取得平衡。(2)东亚人相信要有牢固的家庭组织。(3)东亚人的每一阶层都重视教育，社会精英犹然。(4)东亚人相信生活应该节俭，重视储蓄，不论个人、家庭、政府都应该量入为出。(5)东亚人认为勤劳是美德。这是东亚同欧洲在竞争中取胜的主要原因。(6)亚洲人实行举国一致的协作关系。雇主与工会视对方为伙伴，而不是敌人。(7)人民与政府之间的契约。政府的责任是维持法律治安，为人民提供基本的需要，比如职业、住房、教育、医疗照顾。政府也有责任公平、仁慈地对待人民，而人民则必须奉公守法，努力工作与增加储蓄，鼓励孩子认真学习，自食其力。大多数亚洲国家的政府并没有设立失业津贴制度，也没有付给“未婚妈妈”任何福利津贴。(8)在一些亚洲国家，政府努力使公民与国家共享繁荣。新加坡人90%以上拥有自己的房屋，拥有股票比例也居世界之冠。(9)东亚人民希望政府为他们的

① [日]池田大佐：《21世纪与东亚文明》，载《中国社会科学》1993年第1期。

子女维持健康的精神环境。(10)有些东亚政府也维护新闻自由，与西方不同的是，它们不认为自由是绝对的权利。徐通美教授所列出的10个方面，集中反映了东亚人崇尚社会稳定、家庭牢固、人际和谐的价值观，这正是中国传统儒家伦理观念在现代的表现。他认为这是东方将战胜西方，领导21世纪国际潮流的主要原因。

在"孔子思想与21世纪"国际学术讨论会上，韩国高丽大学教授金忠烈先生指出："21世纪是东方的时代，其用意即在'由东方文化来拯救西方的物质文明危机，并能善导21世纪文化'，支配21世纪的内容是文化——东方的'中道文化'，而绝非西方的'物质文明'"。他认为东方传统文化与西方文化之不同，即在"包容一切，而不排斥他异；普遍开放，而不偏执独占。"他认为："尤其在中国，其历史命运之'长久之道'，不在民族国家之不替，而维系文化传统之继开。中国命脉所系，不在狭隘的民族国家主义，而在普遍开放的文化主义。所以历史上谁来统治中国，并非严重问题，而主要的是必以华夏文化，来教化天下。"由此他推论"东西何方来主导21世纪，是不关重要的。重要的是必以东方传统文化——中道文化来设计21世纪的文化蓝图，照以建设中道文化，并善导人类生存。"他倡议东方文化学人共编一部深入浅出的《东方文化精华》丛书，以供西方研究东方之参考。他认为"这不但帮助了西方，更是实现'21世纪为东方时代的有效方法。这是生在今日的东方学人迎接21世纪应负的使命。"①

中国当代东方学学者，北京大学教授季羡林先生1993年冬季预言："30年河东，30年河西，21世纪将是东方的世纪，东方文化在

① ［韩］金忠烈：《21世纪与东方文化》1994年"孔子思想与21世纪"国际学术讨论会发材料。

世界文化中将再领风骚。”①

以上是当代思想家们对 21 世纪文化发展大趋势的预见和展望。它使人们看到了新世纪的希望，东亚的希望，中国的希望。随着东亚与中国经济的腾飞，东方文化与文明将再度辉煌！在这个大背景、大趋势下，中华民族传统美德教育作为东方文化的普及与传承工作，毫无疑问应该得到进一步的推广与发展。

(二)中华民族传统美德教育任重道远

加强中华民族传统美德教育和普及工作，在小学、中学、大学中增设关于优秀传统的课程，帮助学生了解传统文化的精神、思想、典籍和各方面的知识，提高青少年学生的文化素质，以期在此基础上涌现出一批能够贯通古今、融汇中西，担当起文化创造重任的英才来。从这个意义上说，中华民族传统美德教育更是任重而道远。

令人喜悦和振奋的是，经过几年的研究与实践，讨论和宣传，学术界和教育界在中华民族传统美德教育方面已经初步形成共识。党和国家领导人在不同场合的讲话中也曾多次强调重视和加强中华民族传统美德教育。1994 年 6 月，在全国教育工作会议上，李岚清副总理在总结讲话中着重强调说：“要重视中华民族优良道德传统的教育。在中华民族源远流长、丰富多彩、博大精深的文化遗产中，很多优良的道德传统是极为丰富的思想宝库，其精华能够绵延数千年而不衰，成为中华民族的凝聚力所在，今天仍然显示出旺盛的生命力和积极的现实作用。我们现在提倡的热爱祖国、集体主义、勤奋节俭、尊师重教、团结友爱、尊老爱幼、谨严礼貌、诚实守信、见义勇为、严己宽

---

① 季羡林：《迎接 21 世纪东方文化的复兴》，载《中国教育报》1993 年 12 月 2 日。

人、先人后己、勤学不倦等等，都可以从我国浩如烟海的思想宝库中找到其渊源。社会主义的道德，只能建立在对民族道德传统的批判继承之上。应当取其精华，去其糟粕，把我国的优秀文化和传统美德集中起来，并与革命传统相结合，赋予新的时代内容，形成社会主义精神文明中具有中国特色的价值观、道德观和行为准则。这种价值观、道德观和行为准则不仅为群众所喜闻乐见和容易接受，并会成为反对和抵制个人主义、拜金主义、享乐主义等消极腐朽思想的强大力量。我已经请国家教委组织专家编写有关读物，从娃娃开始教，一直到小学、中学、大学，用我们民族的优良传统教育、熏陶青少年一代，使他们形成中华民族的道德人格，担当起振兴中华，建设有中国特色社会主义的历史重担。”①

李岚清同志的讲话代表了党中央和国务院的精神，对中华民族传统美德教育的目的和意义，任务和内容、原则和方法做了全面的、深刻的阐述。特别是在 1994 年中共中央、国务院颁发的《爱国主义教育实施纲要》《中共中央关于进一步加强和改进学校德育工作的若干意见》等文件都明确要求进行中华民族传统美德和优秀传统文化的教育。可以预见，在党中央、国务院的重视与关怀下，中华民族传统美德教育活动，必将在全国各级各类学校蓬勃开展起来，深入地发展下去，为 21 世纪成为东方文明的世纪，做出应有的贡献。

---

① 李岚清：《在全国教育工作会议上的总结讲话》(1994 年 6 月 17 日)光明日报 1994 年 6 月 22 日第 4 版。

中华民族传统美德的现实意义*

在进行社会主义现代化建设的今天，为什么要对青少年学生进行中华民族传统美德教育呢？这是我们必须首先回答的问题。回答这个问题必须从两方面来思考：一是必要性，二是可能性。关于必要性，概括地说，我们讲的现代化是中国特色的社会主义现代化，它不能割断中国的历史，不能脱离中国的国情。传统美德，是我们赖以建立中国特色的社会主义道德的基础，是构建新的道德体系的思想材料。正如马克思所指出的："一切划时代的体系的真正的内容都是由产生这些体系的那个时期的需要而形成起来的。所有这些体系都是以本国过去的整个发展为基础，是以阶级关系的历史形式以及政治的、道德的、哲学的以及其他的成果为基础的。"①关于可能性，亦即中华民族传统

* 以下三篇文章是作者于 1993 年 7 月在呼和浩特市举办的中华民族传统美德教育第三次研讨会上的报告，后来又在北京、海口、哈尔滨等地做过演讲，发表在《首都师范大学学报》1995 年第 2 期上。又被收入《中国当代教育科研成果大典》第二卷。

① 《马克思恩格斯全集》第 3 卷，北京：人民出版社，1972 年版，第 544 页。

美德有没有可能成为构建新道德体系的思想材料，或者说它在现实生活中还有没有合理性，对社会主义精神文明建设有没有现实意义。毫无疑问，回答应当是肯定的。对于中国传统道德，如果我们摒弃其封建主义的阶级内容，剥去其唯心主义的外衣，就可以发现它的合理内核，看到它的进步性和现实意义。那么，什么是它的合理内核和现实意义呢？学者们见仁见智各有各的说法，我认为至少包括以下三点。

(一)中华民族传统美德体现的是一种整体和谐思想

中国传统文化中的哲学家大都把建立和谐统一的社会作为自己的责任。儒家的宗旨是“兼善天下”“济世利他”。人生理想是“仁者爱人”，社会理想是“天下为公”。《礼记》以孔子的名义说：“大道之行也，天下为公，选贤与能，讲信修睦。故人不独亲其亲，不独子其子；使老有所终，壮有所用，幼有所长，鳏寡孤独废疾者皆有所养。男有分，女有归。货恶其弃于地也，不必藏于己。力恶其不出于身也，不必为己。是故谋闭而不兴，盗窃乱贼而不作，故外户而不闭。是谓大同。”“仁者爱人”的人生理想所要求的人与人之间互相爱护、互相关心、互相尊重与“天下为公”的社会理想所描绘的蓝图是一致的，二者互为条件，互为目的。儒家提出“修身、齐家、治国、平天下”，把社会看成是一个整体，认为个人总是生活在群体之中，或为家族或为国家或为天下的一员，群体受到损坏，个人的生活也就失去了保障。因此，儒家总是置国家、民族的利益于第一位，要求个人服从整体，强调国家统一、社会太平。自秦汉以来，中国就形成了统一的多民族的国家，尽管历史上也曾出现过暂时的分裂局面，但很快又获得了统一。这与儒家思想的影响是分不开的。总之，儒家学说所体现的整体和谐思想是一种伟大的凝聚力和向心力，对于国家统一、民族团结、社会和谐和爱国主义、集体主义教育是有积极意义的。

(二)中华民族传统美德蕴含着一定的辩证法思想

儒家追求“仁爱”，崇尚道德，但并不否定刑罚；主张“德政”，但不否定法治。然而，二者相比，儒家认为道德具有更根本、更重要的意义。这里边蕴含着辩证法的因素。孔子说：“道之以政，齐之以刑，民免而无耻；道之以德，齐之以礼，有耻且格。”意思是说，统治者如果只用政治手段，施加刑罚，最多只能使老百姓不敢犯罪，但不能使他们感到羞耻。如果能用道德来教育和感化他们，用礼仪规范来约束他们，老百姓不但不会犯罪，还会感到犯罪是可耻的事。汉代贾谊在《过秦论》中也指出，法令“可以诛恶，非所以劝善”“礼者，禁于将然之前，而法者，禁于已然之后。”从历史上看，什么时候仁爱思想比较昌明，什么时候社会风气就相对好转；什么时候实行“仁政”，什么时候社会就比较稳定。这说明仁爱思想与“仁政说”对于缓和阶级矛盾、促进社会和谐是有积极意义的。儒家还特别注重个人道德修养在人际关系中的调节作用。正己修身的人生修养也具有辩证法的合理因素，这主要体现在它的修养方法上。儒家提出的修养方法是“推己及人”“能近取譬”“设身处地”和“将心比心”。儒家思想之所以在中国有如此精微、广博的发展，与这一方法论原则有主要关系。所谓“能近取譬”，就是能以自己作比，推及别人的思想。“推己及人”的方法，就是从自己的亲身需要、愿望和追求出发，推想别人的需要、愿望和追求，从而体察和理解他人，自觉调节人我关系，促进人际和谐。这就是孔子说的“己欲立而立人，己欲达而达人”“己所不欲，勿施于人”。这种修养方法对调节人际关系，促进社会和谐具有十分重要的意义。

(三)中华民族传统美德强调的是一种高尚的精神境界

儒家的价值取向，是重视精神境界，认为人的精神需要高于物质需要。这一思想充分体现于人生理想、人生态度和人生修养之中。孔子说："民之于仁也，甚于水火，水火吾见蹈而死者矣，未见蹈仁而死者也。"(《论语·卫灵公》)人在社会中必然依赖水火等物质条件而生活，但是水火有时还会给人们带来危害，而作为精神境界的"仁"，却只能给人们带来利益，而不会有任何伤害。孔子还说："志士仁人，无求生以害仁，有杀身以成仁。"孟子也说过："生吾所欲也，义亦吾所欲也，二者不可得兼，舍生而取义者也。"物质需要和精神需要，是人类生活中不可缺少的。当二者不可兼得的时候，就只有牺牲自己的物质需要，去追求崇高的精神需要。儒家还十分推崇重视精神境界的理想人格，孟子说："居天下之正位，行天下之大道。得志，与民由之；不得志，独行其道。富贵不能淫，贫贱不能移，威武不能屈，此之谓大丈夫。"(《孟子·滕文公》)历代爱国志士和民族英雄层出不穷，这是与儒家思想的影响有着直接关系的。可见，这种重视精神境界的思想，对塑造"志士仁人""大丈夫"这样的理想人格，对于陶冶民族性格和建设精神文明，在历史上曾起过巨大的作用。今天，在建立社会主义市场经济体制的过程中，由于市场经济的负面影响，社会上出现了重利轻义、唯利是图和拜金主义思想。假冒伪劣充斥市场，坑蒙拐骗随处可见。长此以往，就会如孟子所言"上下交争利，则国危矣。"一个人有了精神支柱，生活才有意义；一个国家有了精神支柱，才具有凝聚力和向心力。传统美德重视精神境界，因此，仍具有重要现实意义。

中华民族传统美德教育的基本原则

进行中华民族传统美德研究和教育必然遇到三大矛盾，即精华与糟粕的矛盾、传统与现代的矛盾、中国传统与西方文化的矛盾。我们要正确地解决这三大矛盾，必须正确区分、认识和处理这三大矛盾关系，坚持三个基本原则。

(一)正确区分精华与糟粕，坚持批判继承、去糟取精的原则

在对待中华民族传统文化的问题上，“五四”以来有着两种不同的态度和主张：一种是毫无批判地兼收并蓄，食古不化；另一种是全盘否定的历史虚无主义，鼓吹“全盘西化”。中国的马克思主义者反对这两种错误的态度，主张批判继承，取其精华，去其糟粕。在社会主义现代化建设的今天，我们研究中国传统道德必须坚持这一正确的主张。中国传统道德是一定时代的产物，同任何事物一样，中国传统道德也具有两重性。既有进步性，又有局限性；既有精华，又有糟粕。建立在小农生产基础和封建宗法制度之上的传统道德，必然有狭隘性和保守性的一面，诸如鄙视劳动、宗法观念、家长作风、忠君思想、因循守旧、封建迷信、男尊女卑、平均主义等。这些消极的东西曾经是导致我国社会长期停滞的思想根源之一。因此，对待中国传统文化绝不应不分良莠，兼收并蓄，而应当批判地继承，吸收其精华，剔除其糟粕。

在中国悠久的文明史中，传统道德经过千百年的积淀，有些光辉的思想已构成了我们的民族之魂。例如“天下兴亡，匹夫有责”的爱国主义精神；“天下为公”“修齐治平”的整体主义精神；刚健有为、自强不息的积极进取精神；“先天下之忧而忧、后天下之乐而乐”的先人后己精神；“见利思义”“先义后利”的价值取向；“富贵不能淫、贫贱不能移、威武不能屈”的浩然正气；“杀身成仁”“舍生取义”的高风亮节；勤劳简朴、诚实守信的求实精神；“仁者爱人”“成人之美”的友爱思想；“推己及人”“能近取譬”的修养方法；等等。这些民族之魂曾经哺育了中华民族亿万优秀儿女的健康成长，曾经激励过无数志士仁人、英雄豪杰为民族的兴旺发达，为祖国的繁荣富强而写下了人生的壮丽篇章。毫无疑问，这些中华民族传统道德的精华，在社会主义现代化建设的今天也是值得吸取、继承和发扬光大的。

(二)正确认识传统与现代的关系，坚持古为今用，发展创新的原则

马克思指出：任何真正的哲学都是自己时代精神的精华。中华民族传统美德作为一定社会时代精神的精华，它的形成必然带有该时代的烙印。然而，中国五千年的文明史、近百年的革命斗争史和40年的社会主义建设已经为传统美德注入了各个历史时期的时代精神，赋予了新的内容。传统美德永恒的只是它所包容的道德范畴，而它的内容则由于不同时代的生产关系和生活方式的不同而历史地发生了变化。正因为如此，在传统和现代之间没有不可逾越的鸿沟。连接传统与现代的桥梁就是古为今用、发展创新，即在传统美德范畴中注入新的时代内容。比如:“忠”“孝”两个道德范畴,我们在讲政治伦理和家庭伦理中仍然可以沿用它们,但是它所包含的实际内容与封建时代的愚忠、愚孝就有了本质的不同。封建时代的“忠”是忠君思想,是“君要臣死,臣不敢不死”,并且还要“谢主隆恩”。而现在讲“忠”,是指忠于祖国、忠于人民、忠于社会主义事业。封建时代讲“孝”,包含着“不孝有三,无后为大”“父母在、不远游”等封建内容。而现在讲“孝”则摒弃了这些东西,只包含赡养父母、尊重父母、孝敬父母之意。在这方面,我国老一辈无产阶级革命家毛泽东、周恩来、刘少奇、朱德等早已为我们树立了榜样。在他们的著作中曾多次引用传统美德中的格言警句,并且用来指导党的工作和教育党的干部,这是众所周知的。中国传统道德已经深深地积淀在中国人民的生活意识里,至今仍在一定程度上影响着中国人的人生观和道德观。这是对传统与现代接轨的最好说明。

应该看到传统美德具有相对的稳定性,它的许多方面并不是为某一个阶级、某一个时代所独有的,也不只是为某一个阶级、某一个时代所利用的。我们既要看它的阶级性和时代性,又要重视它的继承性和借鉴性。中国传统道德,为我们留下了大量可资借鉴的宝贵经验。许多警句格言至今闪烁着哲理的光辉,其中有些东西一旦赋予新意,便可成为社会主义精神文明的组成部分,便可成为建立社会主义新的道德体系的思想材料。对于中国传统道德的合理成分和积极因素,我们要以马克思主义为指导,进行革命变革和改造利用,赋予其新的内容和新的含义,在继承的基础上有所发展和创新。

(三)正确处理中国传统与西方文化的关系,坚持贯通古今,融汇中西的原则

进行中华民族传统美德教育并不是妄自尊大、故步自封、排斥外来文化。相反，中华民族传统美德具有包容性和开放性的特点，它可以在马克思主义指导下贯通古今，融汇中西，使传统与现代接轨，中国与世界沟通。

中华民族传统美德不仅源远流长、博大精深，而且影响广远，它已经跨越国界成为世界文化宝库中一颗璀璨的明珠。作为一种文化现象，它已经成为全人类的共同财富。特别是现代以来，日本、韩国、新加坡、港澳台等一些国家和地区为代表的“亚洲伦理工业区”的发展，为儒家伦理与西方先进的科技和管理相结合提供了成功的经验。中国传统的人生观和社会伦理观，将会领导21世纪的世界文明。日本学者井上靖先生在他的专著《孔子》书中说：“孔子的确是永恒的人类导师。”在欧美，孔子的思想同样受到专家学者的尊崇。在纪念孔子诞辰2500周年的时候，法国专门出版了关于孔子的著作《圣人的四书》，以此来纪念世界伟大的思想家。几年前，美国出版了《人民年鉴手册》，列举了世界十大思想家，孔子被列为首位。由此可见，中国传统的儒家伦理越来越多地被世界人民所接受，并将与西方的现代文明相结合。

另一方面，我们在进行中华民族传统美德教育的时候，也需要学习、借鉴、利用、吸收包括西方文化在内的人类所创造的一切优秀文化成果。特别是那些适用于市场经济的道德观念，如改革开放观念、民主法制观念、公平竞争观念、效率效益观念、公关信息观念、商品市场观念等，更需要借鉴和吸收，使其与中国传统美德相融合，做到洋为中用。总之，我们要在马克思主义指导下，批判、继承、弘扬、光大我国传统美德，同时还要学习、借鉴、吸收西方优秀文化成果，并使二者有机结合起来，实现“山与海的拥抱”，创造出有中国特色的社会主义道德体系。

中华民族传统美德教育体系的构建

中华民族传统美德内容十分丰富。要从中概括、提炼出适合对中小学生进行教育的德目，并且能够得到理论界认可，经得起教育实践的检验，实属不易。在这方面，专家学者们提出了多种不同的概括方法，但无论如何也不能穷尽传统美德。因此，我想就中华民族传统美德体系的构建方面提三点建议。

(一)要适应改革开放和市场经济的需要，使之具有针对性

我们进行中华民族传统美德教育的主要目的，是为了解决学生面临的或存在的道德问题。而当前最突出的问题是市场经济负效应所造成的急功近利、唯利是图、见利忘义等拜金主义对学生的消极影响。社会政治生活中的消极腐败现象，商品生产中的假冒伪劣现象，经济生活中坑蒙拐骗现象，文化生活中黄毒泛滥现象，严重地冲击着学生的心灵。相当多的学生厌学逃学，甚至弃学经商；有的学生滋生了“向钱看”的思想，代同学抄笔记、为小同学搬桌椅也要钱；甚至有的学生染上了偷窃的恶习，青少年犯罪率大幅度上升。这些情况说明，对学生进行义利观教育已是值取向上主张“义以为上”“义以为质”“先义后利”“见利思义”“勿见小利”，着眼“天下大利”等观点，对今天的义利观教育仍具有十分重要的现实意义。当然，在义利之辨中有的思想家如董仲舒把孔孟的思想神圣化、极端化，提出“正其宜不谋其利，明其道不计其功”的观点，把道义与功利完全对立起来，这在现实生活中也是不可取的。不过，清代的颜元大胆地修正了董子的观点，提出“正其宜以谋其利，明其道而计其功”，表达了道义与功利相结合的思想。应该说这是很有价值的见解。总之，我们应该对“义利之辨”进行认真研究，从中概括、提炼出对学生进行义利观教育的有现实意义的观点，作为传统美德中不可缺少的一个重要德目。

在市场经济条件下，“等价交换”是经济生活中一个通行的原则。可是，有人把等价交换的原则引申到社会生活的其他领域，如政治生活中出现了“权钱交易”，职业生活中出现了行业不正之风，人际关系中也出现了“互利互惠”，甚至在价值观念中有的人主张把“既要奉献，又要索取；既不占便宜，也不吃亏”作为人生的座右铭。这种现象对青少年学生产生了强烈影响，奉献精神在滑坡在弱化。针对这种情况，我们应大力提倡奉献精神，使传统美德中的“先天下之忧而忧，后天下之乐而乐”的思想弘扬光大。为此建议在传统美德中增加诸如公而忘私、舍己为人、先人后己这样的德目。

坚持改革开放，是党的基本路线中的“两个基本点”之一。改革开放是强国之路。这是大家都明白的道理。然而在实际生活中因循守旧、墨守成规的陋习仍然是改革开放的一个思想障碍。我们培养的学生是跨世纪的一代，他们能否在21世纪的国际竞争中取胜，取决于他们这一代能否坚持实事求是、解放思想的路线，是否具有开拓、创造和积极进取精神。根据时代的要求，我们在传统美德教育中必须弘扬“天行健、君子以自强不息”的进取精神。江泽民同志提出的“64字创业精神”正是对这一传统美德的弘扬光大。为此，建议增加“刚健有为，自强不息”或“开拓创造，积极进取”作为传统美德的德目。

(二)要以伦理学的理论为依据，使之具有系统性

伦理学是关于道德的学说和理论体系。也称道德学、道德哲学或道德科学。道德是调整人们之间以及个人与社会之间的关系，处理个人利益与社会利益关系的行为准则和规范。伦理学分为理论伦理学和规范伦理学，规范伦理学研究善恶的标准和道德规范问题。中国传统的伦理学被称为道德哲学，是关于人伦关系的学问。它研究君臣、父子、夫妻、兄弟、朋友、师徒、长幼等各种人际关系的道德规范问题。现代伦理学的研究对象逐渐拓宽，不只讲人伦关系，而且也讲职业生活、政治生活中的道德问题，甚至发展到研究人对自然环境的道德问题，于是便出现了职业伦理学(如教师道德、商业道德、医生道德等)、政治伦理学、环境伦理学(也称生态伦理学)等。根据伦理学的理论和分类，中华民族传统美德的德目可按家庭伦理、学校伦理、社区伦理、环境伦理、职业伦理和政治伦理来归纳和分类。家庭伦理：孝敬父母；学校伦理：尊敬师长、团结友爱、立志勤学；社区伦理：谦虚礼貌、诚实守信、律己宽人、先人后己；环境伦理：整洁健身、保护环境；职业伦理：敬业尽责、开拓进取、勤劳节俭、见利思义等；政治伦理：爱国爱民、天下为公。

(三)要遵循教育规律，使之具有科学性

教育规律是指教育过程中诸种教育要素之间固有的、内在的、本质的、必然的联系。教育规律有若干条，这里主要指人的社会化规律和中小学生思想品德形成和发展的一般规律。

人生，从自然属性看，是人的生命的过程；从社会属性看，是人的社会化的过程；从人的主体意识上看，是人对自然和社会的认识、适应、利用和改造的过程，也是一个人在立身处世中自我认识和自我完善的过程。教育特别是基础教育在人的社会化过程中承担着重要的任务。用社会学的语言说，教育的过程是使一个自然人转变为能够掌握一定的社会文化，学会参与社会生活、履行某种社会角色行为的社会人的过程。因此，教育过程不仅要遵循教育规律，而且要遵循人的社会化的规律，或者说教育的规律本身就包含着社会化的规律。一个人从一诞生，就置身于一定的社会关系之中。婴儿和幼儿，开始牙牙学语，认识身边的人和物，最初接触的是社会关系中最简单的家庭关系。童年和少年，童蒙初开，读书求知，从家庭走向学校，接触的社会关系由原来的亲子关系，扩大到师生关系、同学关系，同时不同程度地接触其他社会关系(如社区关系、邻里关系)。青年时期，自我意识、参与意识和社会责任感普遍增加，接触到的地缘关系、业缘关系、生产关系、政治关系的次数和频率不断增多。由此可见，青少年学生在社会化的过程中所接触的社会关系的顺序依次是：家庭关系(主要是亲子关系)、学校关系(主要是师生关系和同学关系)、地缘关系(主要是邻里关系、社区关系)、环境关系(主要是校园环境、社区环境)、政治关系(主要是党团关系)、生产关系(主要是初中或高中毕业年级学生在选择职业时所能接触到的业缘关系问题)。

一般来说，教育过程应该是与学生身心发展过程和社会化过程同步的。中华民族传统美德教育就是要使学生在社会化的过程中逐步学会正确处理各种社会关系和人际关系，养成立身处世、待人接物的良好行为习惯。因此，传统美德教育的内容应该适应不同年龄段学生身心发展的特点和规律，并且与学生依次接触的社会关系相对应。用教育循序渐进的规律来说，就是由浅入深、由近及远、由低到高、由具体到抽象、由感性到理性。据此，我认为传统美德体系的基本框架应是：家庭伦理—学校伦理—社区伦理—环境伦理—职业伦理—政治伦理。德目的排列顺序应是：孝敬父母、尊敬师长、团结友爱、立志勤学、谦虚礼貌、诚实守信、律己宽人、先人后己、整洁健身、爱护环境、敬业尽责、开拓进取、见利思义、勤劳节俭、爱国爱民、天下为公。

在中华民族传统美德教育实践中，要遵循教育规律，根据不同年级学生的身心特点和社会化特点，对上述德目体系分阶段、分层次地进行。小学以家庭伦理和学校伦理为主，以社区伦理和环境伦理为辅。初中以学校伦理和社区伦理为主，以家庭伦理和环境伦理以及政治伦理为辅。高中(包括职高和中专)则以职业伦理和政治伦理为主，以社区伦理和学校伦理为辅。在教育的方式方法上小学以讲故事为主，并配合以图文并茂的教材和声像并茂音像资料。初中以讲名言警句为主，并配合以音像资料和演讲参观等实践活动。高中以讲哲理为主，并配合以演讲、讨论、参观、考察等实践活动。

中国文化战略的提出及其历史思考*

什么是中国思想文化战略？1992年春，邓小平同志在南方谈话中说："广东20年赶上亚洲'四小龙'，不仅经济要上去，社会秩序、社会风气也要搞好，两个文明都超过他们，这才是中国特色的社会主义。"①他还强调："社会主义要赢得与资本主义相比较的优势，就必须大胆吸收借鉴人类社会创造的一切文明成果，吸收和借鉴当今世界各国包括资本主义发达国家的一切反映现代化社会化生产规律的先进经营方式、管理方法。"②以江泽民为核心的党中央在不断深入推进改革开放和经济发展的同时，一再强调继承和发展中华民族优秀文化传统，对青少年学生进行近、现代史和国情教育，进行中华民族传统美德教育，以不断

* 以下两篇文章作于1994年，先后在全国各地德育教师培训班上多次做过演讲。后收入作者个人论文集《德育新论》中，首都师范大学出版社1996年出版。

① 邓小平：《在武昌、深圳、珠海、上海等地的谈话要点》，《邓小平文选》第三卷，北京：人民出版社，1993年版，第373页、第378页。

② 邓小平：《在武昌、深圳、珠海、上海等地的谈话要点》，《邓小平文选》第三卷，北京：人民出版社，1993年版，第373页、第378页。

培养和强化中国新一代的集体主义、爱国主义和社会主义意识。以中华民族优秀文化传统为根基，吸收和借鉴其他民族和国家的一切有价值的文明成果，整合出反映历史进程的有中国特色的社会主义的新文化，造就一代社会主义新人，这就是当今中国正在形成的一种思想文化战略。

1994年初，江泽民同志在全国宣传思想工作会议上，对这一思想文化战略，进行了完整而具体的阐述："要用科学的态度对待我们民族的传统文化和外来的文化。我们民族历经沧桑，创造了人类发展史上灿烂的中华文明，形成了具有强大生命力的传统文化。我们要取其精华，去其糟粕，很好地继承这一珍贵的文化遗产。要认真研究和借鉴世界各国的文明成果，善于从其他国家和民族的文化中汲取营养，发展自己。我们讲继承，讲借鉴，目的是通过继承和借鉴，使民族传统文化、外来文化的精华，同我们党领导人民在长期革命和建设中形成的优良传统和革命精神有机地结合起来，并在新的实践基础上不断创新，建设和发展有中国特色的社会主义文化。"①

这个思想战略，不仅是当代中国共产党人面向21世纪所进行战略思考的成果，也是中国近代民主革命志士仁人经历整整一个世纪前赴后继、艰苦求索的结晶。

100年前，也就是19世纪的最后10年，中国近代史上不少有民族气节的思想家、教育家和政治家们就力图设计中国的思想文化战略。康有为的《孔子改制考》和《新学伪经考》先后于1887年和1891年问世，这两部书成为变法维新的理论参照。1898年6月光绪皇帝下诏变法："……以圣贤义理之学，植其根本，又须博采西学之切实务者，

① 江泽民：《在全国宣传思想工作会议上的讲话》。

实力讲求，以救空疏迂谬之弊。”表明了中西结合的态度。康有为在《大同书》中明确提出：“合经子之奥言，操儒佛之微旨，参中西之新理。”可见他意欲通达古今，兼纳中西，再造中国文化之良苦用心。1889年7月，梁启超按光绪旨意，参照日本和西方学制，起草了《京师大学堂章程》，规定其办学方针是：“中学为体，西学为用，中西并用，观其会通。”同年，张之洞发表《劝学篇》，主张：“新旧兼学，旧学为体，新学为用。”虽然这一“中学为体，西学为用，新旧并存，中西杂糅”的思想文化战略，在百日维新失败之后未能付诸实现，但是，它毕竟引起了国人的思考，并引出了此后一系列有关中西文化比较的论战。

在中西文化比较论战中，有两种截然不同、根本对立的态度和主张：一种是主张尊孔读经，食古不化的国粹主义；另一种是主张打倒孔家店，全盘西化的历史虚无主义和民族虚无主义。以毛泽东为代表的中国共产党人反对这两种错误的态度，主张对传统文化批判继承，去糟取精，古为今用，推陈出新。遗憾的是，这一对待中国传统文化的正确方针并未得到认真和全面的贯彻。从五四运动到“批林批孔”的50年间，中国传统文化的主流与核心——儒学，在中国这块古老的大地上的命运每况愈下。历史虚无主义和民族虚无主义几度得逞。直到80年代中期，中国知识界曾一度掀起了“中西文化比较热”，当《河殇》鼓吹用“蓝色文明”取代“黄色文明”受到批判时，才给那阵“全盘西化”风暂时画上了句号。

历史，尤其是中国近代史已经证明：固守旧有传统，不吸收和借鉴外来的先进文化与文明成果，即使是最优秀文化也难以继续和发扬光大；同样，任何外来文化，如果不与中华民族传统文化相融合，即使最先进的文化思想，也难免不走向僵化与教条。

历史，尤其是中国近代史还证明：提出和制定一个正确文化发展战略固然很难，坚持和实现这一正确的文化发展战略更难。

历史，还将证明：中国共产党提出的面向21世纪的文化战略是唯一正确的思想，坚持这一文化战略的重任，历史地落在了当今跨世纪的一代青少年特别是大学生的肩上！

回顾20世纪的发展，正是跨世纪的一代人对20世纪的学术、思想以至政治、社会发展起了极大的影响。而现在我们现在跨世纪的一代人，与19世纪末跨世纪的一代有着不同的情况。19世纪末跨世纪的一代，是在传统文化的熏陶下，接受传统教育成长的。在传统文化的知识修养方面，他们都有深厚的基础。在此基础上，有感于社会进步之需要，进而学习西方近代思想，寻求救国之道，最终接受了马克思主义，并把马克思主义与中国革命的具体实践和中国优秀文化传统相结合，形成了毛泽东思想和邓小平建设有中国特色的社会主义理论。而今天的跨世纪一代则不同，他们成长于传统文化经历了十年浩劫之后，又处于市场经济发展的大潮中，既没有受到传统文化的良好教育，又深受到社会西化风的熏染。他们的长处是对现代科技知识和世界的了解更多，突出的弱点则是对传统文化知之甚少。这种状况与我们的期望之间，显然有很大的差距。因此，对今天的跨世纪的一代青少年，特别是大学生进行中华民族优秀文化传统教育，特别是其中的价值观教育，就十分必要的了。

中国与西方价值观的比较研究

一、中国传统价值观的继承与弘扬

在中国共产党提出的面向21世纪的思想文化战略的指导下，大学生价值观教育在坚持邓小平有中国特色社会主义价值观一元导向的基础上，应当继承、弘扬中华民族传统文化的精华，以利丰富大学生价值观教育的内容和突出价值观教育的哲理性。

中国传统文化源远流长，博大精深。它最基本的特征是关注人与社会的问题，儒、道、墨、法各派学说，虽然旨趣有异，但却殊途同归，都把治学的目标定在世界对人的意义这个共同点上。传统哲学的本体论并非以宇宙的本质为认识的根本目标，而是借“天道”以明“人道”；传统哲学的认识论并非以认识的源泉和规律为探讨的最终目的，而是借“知行”以说“道德”；传统哲学的辩证法并非以研究世界运动的规律为最后归宿，而是借“阴阳”以言“治平”。总之，自然与人伦合一，知识与道德融汇，宇宙法则与治世规范统一，是中国传统哲学的本质特征。就哲学形态而论，甚至可以说，它归根结底是价值哲学。因此，中国传统哲学包含着深刻而丰富的价值观。

首先，在价值本质观上，主要认为价值是客体与主体之间的和谐关系。传统哲学对价值本质的看法，有从主体经验方面理解的，也有从客体属性方面理解的，但更为成熟的看法是从主客体之间关系来理解，认为价值是客体与主体之间的和谐关系。儒家主张："和为贵"，"贵"是一种价值词，认为"和"是价值的特征。孔子说："礼之用，和为贵。先王之道斯为美。"(《论语·学而》)孟子说："天时不如地利，地利不如人和。"(《孟子·公孙丑下》)认为人际关系的和谐最有价值。《中庸》又说："和也者，天下之达道也。"这里已经把"和"的价值意义普遍化了。根据这些思想，古代典籍中以"和"解释价值的例证很多，如"善，犹和也"，"利，和也"，"利，义之和也"等。上述"贵""美""善""利"等在古代都是价值词，古代学人之所以把"和"与价值联系在一起，是因为"和"表明了主客体之间关系的一种状态或特征。中国传统文化强调物与物、物与人、人与人、人与社会关系的和谐，对于社会稳定和谐具有积极的意义。

其次，在价值分类说上，侧重以人为本位的价值分类方法。传统哲学认为天、地、人是宇宙万物的根本，故称其为"三才"。因此，价值分类基本上是按这三大系列进行的，其中有以"天"为本位的价值分类法，也有以"地"为本位的价值分类法，但以人为本位的价值分类法居于主要地位。传统儒家学说极重道德价值，关于道德价值的分类有"五常"说，即仁、义、礼、智、信；"四维"说，即礼、义、廉、耻；"三达德"说，即智、仁、勇；"四德"说，即孝、悌、忠、信。此外还有"三不朽"说和庄子的"三无"说。《左传·襄公二十四年》说："太上有立德，其次有立功，其次有立言。虽久不废，此之谓不朽。"(《左传·

襄公二十四年》）以立德、立功、立言为人生的三种价值，其中以立德为最高价值，同时也肯定了功业和言论的价值。《庄子·逍遥游》说："至人无己，神人无功，圣人无名。"（《庄子·逍遥游》）意思是说，忘掉自己是至人的人生目标；不求功业，是神人的人生取向；不立名望，是圣人的人生追求。自我、功业、名望是世俗人所关注的三种价值，庄子主张否定此三种价值，而代之以无己、无功、无名这三种超越性的人生价值。这正是道家不同于儒家的地方。儒家强调道德价值并肯定功业和言论价值的思想是有积极意义的。道家主张超越世俗观念的价值观点也是一种不可忽视的人生价值的境界。

第三，在价值评价标准上，多数主张绝对价值标准论。传统哲学的儒、墨、法等学派在价值评价的标准上都主张绝对性。在他们看来，评价事物的是与非、善与恶、美与丑是有绝对标准的。儒家以"仁义"为标准，墨家以"功利"为标准，法家以"法术"为标准，并视其为评价善恶、是非、美丑的至高无上的原则。儒家的"君子义以为上""义以为质""先义后利者荣，先利后义者辱""好仁者无以尚之"；墨家的"万事莫贵于义"；法家的"万物中身之至贵也""唯法为治"等命题，都是进行价值评价的例证。与儒、墨、法不同，道家提出了评价标准的相对性观点。老子认为："善之与恶，相去几何"，庄子进一步说："以道观之，物无贵贱"。由于儒、道、墨、法各派的价值取向不同，在价值标准上也就不同。自从董仲舒提出"罢黜百家，独尊儒术"的建议被汉武帝采纳之后，儒家便取得了独尊的地位，成为中国历史上的正统思想。在价值评价标准上经过各派观点的碰撞便逐渐形成了以儒家思想为主导的"儒道互补""儒释相融""外儒内法"的基本格局。

第四，在价值目标上，儒家主张"天下为公"。《礼记·礼运》以孔子的名义说："大道之行也，天下为公。选贤与能，讲信修睦。故人不独亲其亲，独子其子；使老有所终，壮有所用，幼有所长，鳏寡孤独废者皆有所养。男有分，女有归。货恶其弃于地也，不必藏于己。力恶其不出于身也，不必为己。是故谋闭不兴，盗窃乱贼而不作，故外户而不闭。是谓大同。”（《礼记·礼运》）这是中国历代学人的社会理想和价值目标。后世儒家将这一思想丰富完善，形成了一套“修身”“齐家”“治国”“平天下”的价值目标体系。“天下兴亡，匹夫有责”，“先天下之忧而忧，后天下之乐而乐”的思想，对中国历代志士仁人、民族英雄价值观的形成产生了深远的影响。

第五，在价值取向上，儒家强调精神价值。儒家的价值取向，是重视精神境界，认为人的精神需要高于物质需要。孔子说：“民之于仁也，甚于水火，水火吾见蹈而死者矣，未见蹈仁而死者也。”（《论语·卫灵公》）孟子也说过：“生吾所欲也，义亦吾所欲也，二者不可得兼，舍生而取义者也。”在“义利观”上主张义重于利，强调要“见利思义”“义以为质”“义然后取”“先义后利”。儒家还十分推崇重视精神境界的理想人格，孟子说：“居天下之广居，立天下之正位，行天下之大道。得志，与民由之；不得志，独行其道。富贵不能淫，贫贱不能移，威武不能屈，此之谓丈夫。”（《孟子·滕文公》）历代爱国志士和民族英雄层出不穷，这与儒家思想的影响是有直接的关系。

上述可见，中国传统哲学在价值观方面有着十分丰富的内容。许多警句格言至今仍然闪烁着哲理的光辉，其中有些东西一旦赋予新意，便可成为社会主义精神文明的组成部分，便可以成为对大学生进行价值观教育的思想材料。对于中国传统文化的合理成分和积极因素，我们要以马克思主义为指导，进行革命变革和改造利用，使之赋予新的内容和新的含义，在继承的基础上有所发展和创新。

二、西方价值论研究成果的借鉴和利用

在中国共产党提出的面向21世纪的思想文化战略的指导下，我们不仅要继承和弘扬中国传统价值观的精华，而且还要借鉴和利用西方价值论研究的理论成果，使之对大学生价值观教育有所补益。

在对待西方文化的问题上，我们有过正反两方面的经验，现在可以清醒地认识到，采取闭关自守、全盘否定或崇洋媚外、全盘西化这两种极端的观点都是错误的。正确的态度应该是分析、鉴别、学习、借鉴、吸收和利用。在价值论和价值观研究方面，西方哲学家要比我们现在早100多年。19世纪后半叶，德国哲学家洛采把世界划分为事实、规律和价值三大领域，认为只有价值是目的，经验事实和因果规律都是手段。在洛采发表自己的观点不久以后，尼采提出了价值重估理论，并在西方掀起了一场重新反省自己的文化，反省自己的价值观、价值标准和价值理想的运动，从而突出了价值问题的社会影响。1889年奥地利哲学家布伦坦诺在他的著作《我们的正确和错误知识的起源》中，探讨了价值判断的源泉和价值评价的公理等问题。随后，他的两个追随者迈农和艾伦菲尔分别在1894年和1896年写下了《价值体系》，此后价值论研究才在欧洲大陆兴起。1966年美国哲学家乌尔班写了一本名为《评价：其性质和规则》的著作，从而把价值论研究引入英语世界。一时间，培里、杜威、鲁一士等一批美国哲学家都有专著大谈价值问题。其中，培里在1926年出版的《一般价值论》(又译《价值通论》)，罗尔斯的《正义论》等著作再次推动了价值论的研究。

现代西方哲学家们的价值理论研究可以分为规范理论和元理论两个方面。规范理论旨在回答什么是有价值的、好的、美的、善的、正当的，并确定什么是价值判断、价值评价的标准和规则。虽然规范理

论家们在什么是价值的问题上存在着快乐论和多元论两种倾向，但规范理论的研究毕竟做出了各自的贡献。

首先，对价值种类作了比较细致的区分。比如，鲁一士把价值种类分为：在有用性的意义上来看的价值；在手段的意义上来看的价值；在目的意义上来看的价值；在作为整体的一部分来看的价值。赖特则进一步区分为：工具的价值、技术的价值、快乐的价值、功利的价值、道德的价值。培里把价值分为道德、宗教、艺术、科学、经济、政治、法律和习俗八个领域。

其次，对价值评判的标准或规则提出了一些有意义的看法。比如，布伦坦诺在价值评判问题上提出三条优选公理：我们宁肯选择被认为是好的东西，而不愿选择被认为是坏的东西；我们宁愿被认为是好的东西存在，而不愿它不存在；我们宁愿一个好的东西存在，而不愿另一个虽然好，但其每一个方面都只与前者的一部分相等的东西存在。再如，培里提出了兴趣价值说，他认为当一件事物是某种兴趣的对象时，它就是有价值的。由此，在价值评判上，培里认为如果满足一种兴趣是好的，满足两种兴趣就比较好一些，而满足一切的兴趣就是最好的。同样，如果导致善的行动是正当的，导致较多善的行动就更为正当一些，而导致最多善的行动便是最正当的了。

第三，当规范理论的价值判断遇到逻辑证明挑战并陷入困境之后，一些人在试图重建规范理论。美国哲学家罗尔斯是突出代表，他在1971年出版的《正义论》一书中确定了个人行为和社会制度的评价和选择标准，这就是他所谓的正义原则。他探讨了正义和善这两个价值范畴的关系，从而在西方引起了强烈而又广泛的反响。

第四，西方哲学中的价值论较早地引入到教育学、心理学中来。60年代在美国兴起的关于道德教育的价值澄清理论就是一个典型代表。1966年拉塞思、哈明、西蒙合著的《价值观与教学》书中列出了价值澄清问答法、书面评价法和班组讨论法等多种方式的价值观教育方法。他们强调无论采取何种方法，都不能忽略和脱离基本的价值澄清过程。而这一价值澄清过程被概括为三部分七阶段。即(1)选择：①完全自由地选择；②在尽可能广泛的范围内自由选择；③对每一个可选择途径的后果加以充分考虑之后进行选择；(2)赞赏：④喜欢做出的选择并感到满足；⑤乐于向公众宣布自己的选择；(3)行动：⑥按做出的选择行事；⑦作为一种生活方式加以重复。他们认为只有这七个阶段完全被经历之后才算真正澄清并获得了价值观。

第五，继价值澄清学派之后，在价值观教育领域情有独钟并且卓有建树的西方教育家当推加拿大多伦多大学安大略教育研究院的教育哲学教授克里夫·贝克先生。贝克所倡导的价值教育方法是一种“反省的方法”，它是以“反省伦理学”为理论基础的。贝克对价值的本质、来源以及人类的基本价值如生存、健康、快乐、友谊、同情、助人、自尊、自由、审美体验等进行了理论探讨。然而，他更注重对价值教育方法的研究，70年代提出“理论讨论法”，80年代提出“问题中心法”，90年代提出“对话法”。关于“对话法”，贝克提出7条要求：(1)师生彼此尊重对方的观点，教师不要把自己的观点强加给学生；(2)师生彼此尊重对方的习惯，不要以自己的习惯要求对方；(3)要有言论、思想和行动的自由；(4)师生双方共同控制对话的内容和形式；(5)对话不能脱离学生的生活经验和兴趣；(6)通过行动检查价值学习的结果；(7)对话要有一定的知识内容作基础。由此可见，价值教育的对话法，主张师生共同学习，双向选择，而不是权威主义或控制式的。贝克的价值教育方法不仅反映了当代西方价值教育理论从分化到整合的趋势，而且反映了当代价值教育理论从“玄思”到“务实”的基本倾向。

上述可见，西方哲学家、教育家关于价值论的规范理论对价值分类、价值判断标准和价值观教育方法的研究做出了不懈的努力，其中不乏有价值的见解，对我们研究价值论和进行价值观教育有一定的借鉴意义。当然，他所谓的“好”“善”“正义”，并不具有全人类的永恒的意义，他们的“完全自由地选择”在我国也不具有普遍的意义，我们主要的是从方法论的意义上吸收和借鉴。

总之，我们要在马克思主义指导下，大胆学习、借鉴、吸收和利用世界各国的优秀文明成果，继承、弘扬我国的优秀传统文化，并使二者有机地结合起来，实现“山与海的拥抱”，创造出有中国特色的社会主义文化，使之丰富和发展价值观教育的内容和方法。

第七编　德育与素质教育研究

素质教育是现代化建设对教育提出的要求*

中国共产党第十四届五中全会，审议并通过了《中共中央关于制定国民经济和社会发展“九五”计划和2010年远景目标的建议》（以下简称《建议》）。这是一个跨世纪的、实现现代化的宏伟纲领。在这一历史性文献中，指出了社会主义现代化的远景目标和大政方针，同时也对教育在现代化建设中的地位和作用作了明确的规定，第一次在中央文件中提出了“科教兴国”的战略。如何贯彻落实中央这一精神？教育如何面向现代化、面向世界、面向未来，致力于提高国民素质，在各个领域培养一批跨世纪的优秀人才，教育在为社会主义现代化建设服务的过程中如何实现从应试教育向素质教育的转变？在这个转变的过程中如何加强和改进学校的德育工作？这些都是教育工作者共同关心的问题。本文仅就现代化建设对教育提出的任务和要求、从应试教

* 此文和以下三篇文章是为了贯彻落实党的十四届五中全会精神而作，先后在全国各地德育教师培训班上做过多次演讲，后收入作者个人论文集《德育新论》中，首都师范大学出版社1996年出版。

育向素质教育的转变、加强和改进学校德育工作等方面谈几点思考。

一、什么是现代化

现代化概念是一个历史的范畴又是一个国际的范畴。在国际上，各国对现代化理解不同，标准不同，很难有一个国际公认的现代化定义。然而，国际上有一个区分贫富的社会指标体系，它是各国公认的国际标准。这个指标体系把世界各国或地区划分为五种类型：贫困型(最低收入)、温饱型(低收入)、小康型(下中等收入)、宽裕型(上中等收入)、富裕型(高收入)。区分这五种类型的标准分为四类21项指标。这四类是：经济发展水平、社会结构、人口素质、生活质量。这21项指标是：经济水平类1项，即人均国民生产总值；社会结构类5项，即农业在国民生产总值中的比重、第三产业在国民生产总值中的比重、城市人口占总人口的比重、非农业人口就业占总就业人口的比重、享受保健服务人口的比重；人口素质类6项，即成人识字率、中学生占12—17岁人口比重、大学生占20—24岁人口比重、人口净增率、平均预期寿命、婴儿死亡率；生活质量类9项，即平均多少人有一名医生、平均每日摄取热量、恩格尔系数(食品支出比例)、人均住宅面积、农村饮用清洁水人口比例、年劳动工时、人均能量消费量、通货膨胀率、贫富差距。在这21项指标中人均国民生产总值最为重要，这项指标的标准是：贫困型200美元，温饱型330美元，小康型1380美元，宽裕型3240美元，富裕型17080美元。我国1988年为330美元，1992年为470美元，属于温饱型，预计2000年达到1000美元，进入小康型。

根据世界银行1994年《世界发展报告》公布的数据，在世界132个人口超过100万人的国家和地区中，1992年人均国民生产总值在

675 美元以下的有 42 个国家，人口有 31.91 亿(这属于低收入国家，含贫困型和温饱型)，我国也列在其中，排倒数第 28 位；人均国民生产总值在 676—8356 美元的有 67 个国家，人口有 14.18 亿(这属于中等收入国家，含小康型和富裕型)；人均国民生产总值在 8356 美元以上的有 23 个国家，人口有 8.28 亿(这属于高收入国家，为富裕型)。国际上一般认为进入小康型社会就算初步实现现代化，进入宽裕型社会可以说基本实现现代化，进入富裕型社会就达到了完全现代化。按照这个标准，我国正在从温饱型向小康型迈进，处在现代化建设的进程之中。

在我国，对现代化的理解和确定的标准既考虑到国际通用的标准，又必须考虑中国的国情。中国国情的突出特点一是人口数量，二是社会制度。中国是一个拥有 12 亿人的人口大国，因此在国民生产总值人均占有量上肯定不会太高，但是到 2000 年人均国民生产总值达到 1000 美元的时候，我们的综合国力将是很强大的了。所以在现代化的标准上，一方面要看人均国民生产总值，另一方面还要看重综合国力。从社会制度来看，中国是一个社会主义国家，在现代化建设的进程中一方面重视物质文明建设和经济发展指标，同时还强调精神文明的建设和社会全面进步。这就是邓小平同志所指出的建设中国特色社会主义现代化。

最近，刚刚结束的中国共产党第十四届五中全会，审议并通过的《中共中央关于制定国民经济和社会发展“九五”计划和 2010 年远景目标的建议》，是一个跨入 21 世纪，实现现代化的宏伟纲领。在这一历史性文献中，指出了现代化的远景目标和大政方针。但现代化的具体标准和实施方案还须在日后全国人民代表大会上审议通过的政府工作报告中才能确定。从中共中央的《建议》中，我们对现代化可以作如下的理解：(一)经过80年代以来三个五年计划时期的努力，原定到2000年国民生产总值比1980年翻两番的任务将于1995年提前完成。也就是说从1980年到1995年的15年内完成现代化建设的第一步战略部署。(二)“九五”国民经济和社会发展的主要奋斗目标是：全面完成现代化建设的第二步战略部署，即到2000年，在我国人口将比1980年增长3亿左右的情况下，实现人均国民生产总值比1980年翻两番；基本消除贫困现象，人民生活达到小康水平，初步建立社会主义市场经济体制。(三)21世纪初开始实施现代化建设的第三步战略部署，到2010年国民经济和社会发展的主要目标是：实现国民生产总值比2000年翻一番，使人民的小康生活更加宽裕，形成比较完善的社会主义市场经济体制。(四)经过15年的努力，我国社会生产力、综合国力、人民生活水平将再上一个大台阶，社会主义精神文明建设和民主法制建设将取得明显进展，为21世纪中叶实现第三步战略目标，基本实现现代化，开创新的局面。总之，现代化是一个历史的范畴，现代化建设是一个历史的过程，现代化的实现将在中国共产党的领导下，经过全国人民的共同奋斗，在21世纪中叶实现。

二、现代化建设对教育提出的要求

现代化与教育的关系是什么呢？或者说，在现代化建设的进程中，教育处于什么地位，发挥什么作用呢？现代化建设对教育提出什么要求，赋予了什么任务呢？

首先，我们看党和政府的要求。在中共中央的《建议》中对这些问题已经做出了明确的、原则性的回答。关于教育在现代化建设中的地位和作用，《建议》中明确规定：“科学技术是第一生产力，教育是基础”(10条)，“振兴科技和繁荣经济，必须坚持教育为本”“加速科技进步，优先发展教育”(20 条)，“实施科教兴国的战略，促进科技、教育与经济的紧密结合”(10 条)。关于对教育的要求，《建议》中明确提出：“教育必须面向现代化，面向世界，面向未来，致力于提高国民素质，在各个领域培养一批跨世纪的优秀人才”(10 条)。“要认真贯彻党的教育方针，培养德、智、体等全面发展的社会主义事业建设者和接班人。”(37 条)关于教育在现代化建设中的任务，《建议》中强调，精神文明建设(其中包括教育)的根本任务是：“培养有理想、有道德、有文化、有纪律的社会主义公民；提高全民族的思想道德素质和科学文化素质，特别要把提高青少年素质作为工作重点。”

上述可见，中共中央对教育的地位和作用是十分重视的，同时也对教育提出了明确的任务和要求。这些要求和任务概括为一点，就是现代化建设必须依靠教育，教育必须为现代化建设服务，全面提高学生的素质。中央的最新精神与《中国教育改革和发展纲要》，与去年全国教育工作会议的精神，以及今年 9 月 1 日开始实行的《教育法》的精神是完全一致的。即教育改革的方向是从“应试教育”转向“素质教育”。

第二，我们看看亚洲“四小龙”的成功经验。根据《世界发展报告》提供的数据，人均国民生产总值达到 1000 美元的年份，新加坡是 1970 年，中国香港是 1971 年，中国台湾是 1976 年，韩国是 1978 年。如果我们把 350 美元作温饱线的话，那么从温饱到小康，“四小龙”大致都只用了 10 年的时间。当人均国民生产总值达到 1000 美元，进入小康水平之后，又都只用了 13—15 年时间，就由 1000 美元增长到宽裕型的上限水平 7600 美元。到 1992 年，人均国民生产总值新加坡达到 15730 美元，中国香港达到 15360 美元，中国台湾达到 10566 美元(1993 年)，韩国达到 6790 美元。“四小龙”从 70 年代进入小康到 90

年代初，仅仅20年间人均国民生产总值增长了10倍还多。人们不禁要问，如此惊人的经济奇迹，是如何创造出来的呢？原因是多方面的，也是很复杂的，但有一点是人们公认的，这就是优先发展教育，重视提高劳动者素质。

韩国近40年来一直实行优先发展教育的政策，借此来推动经济的高速增长。1960年，韩国政府将教育经费由原来占国民生产总值的2.6%猛增到15.6%，70年代以来一直保持在8.8%的高水平上。50年代普及六年义务教育，60年代发展高等教育，由1960年的12所猛增到1976年的106所。70年代改革中等教育结构，中等职业技术学校在校学生数与普通高中在校生比例为5∶5，最高时为6∶4。80年代再次增加教育投入，1985年政府教育支出占财政支出的比例高达28.2%，以后一直保持在21%—22%的水平上。

新加坡也十分重视教育和人力资源的开发，早在50年代，新加坡政府就拨巨款实行小学免费教育。70年代末，新加坡开始进行经济结构调整，大力发展技术和资本密集型产业，由劳动密集型向高科技工业化方面发展。新加坡政府认识到，就业人员的素质是工业转型成败的关键，于是将发展教育和提高劳动者素质放到十分重要的地位。1984年教育经费比1959年增加了31.7倍，借此大力普及小学教育和成人教育。新加坡的治国方略是：以西方现代化科技发展经济，以中国儒家伦理治理国家。因此，十分重视培养公民的科学技术素质和伦理文化素质。凡是去过新加坡的人都为人家的环境优美、秩序井然而感慨。上海建平中学的冯恩洪校长告诉我，到新加坡一下飞机，导游小姐迎上来潇洒地说了三句话：第一，入境以后您如果在地上发现一张废纸，请举手告诉我；第二，新加坡最高尚的准则是诚实，入境后请不必担心上当受骗；第三，新加坡全国不收小费。这三句话反映了一个国家的道德素质。

总之，亚洲“四小龙”经济飞速发展的经验给我们深刻的启示：实现现代化必须优先发展教育，重视提高公民的素质。

第三，我们再听听人民群众的呼声。在现实生活当中，不论是从高层的领导同志，还是到我们广大的群众，从来没有像现在这样对于人的素质问题如此关注。

在经济战线上，人们把许多指标的提高归功于人的素质提高，而把许多任务不能完成，都归功于人的素质不行。工程质量是如此，产品质量是如此，服务质量也是如此。我们到商场购买家用电器时都希望买进口原装的，光进口不行，还要加上一个原装；其实是原装还是国内组装，元件上没有任何差别，但是大家就要原装，不要国内组装。这是为什么？因为大家觉得国内组装，同样的元件而质量却不可靠。那么这个差异在哪？大家自然想到，是我们劳动者的工艺水平可能不如人家，责任心可能不如人家，等等。归结起来说我们的人素质不行。

在社会生活领域，人们把许多不良现象也归结于人的素质问题。比如，社会治安状况明显存在许多问题，社会的文明程度存在的问题比较多，没有一个良好的秩序，没有一个友爱礼让的习惯。

学生的现状，大家也不很满意。去年由中国教育报开始引发的讨论“夏令营的较量”。引起了人们很多思考，北京去年组织一次长城夏令营，这次活动主要有两个部分，一个是在长城脚下组织野营活动，包括参观农村、野炊。另一部分在城里举行参观、旅游活动。来了许多国家的学生，一个外国学生有一个北京学生陪着。结果在长城脚下野炊后，日本、韩国的学生把吃剩下的东西装到塑料袋里，提过来问老师放在哪儿，我们北京的学生没有一个人关心这件事情，吃完站起来就走。去北海划船，水面上漂浮着一些废物，韩国的学生只要一遇见就捞起来，然后，上岸后扔到果皮箱里，而我们的学生(重点中学)没有一个人有这种习惯。这一比较后，我们的学生某些表现很不如人意。总之，在我们的学生和其他国家学生交往的时候，尽管我们在有些方面表现出一些优点，但相当一些方面我们表现出很大不足，大家也归结到学生素质问题。

当我们看到整个社会这些情况之后，大家越来越认识到我们这个社会想要进步不提高人的素质不行。特别当中央提出了实现现代化必须实行两个转变之后，更感到提高人的素质的重要性。这两个转变，一个是实现由计划经济体制向社会主义市场经济体制的转变；一个是经济增长方式由粗放型向集约型转变，而这一转变必须依靠科技进步和提高劳动者素质。科技进步要依靠科技工作者的素质，整个生产水平提高要依靠劳动者的素质。国际竞争，说到底是人才的竞争，是人的素质的竞争。实现现代化，关键是提高人的素质。因此，提高人的素质问题是摆在我们国家民族面前的一个十分重要的问题。

由于人口素质的重要性和迫切性，人们自然就提出了第二个问题：教育是否很好地完成提高民族素质的任务。大家看到这些素质问题的时候，觉得一些问题更多的是表现在我们年青一代人的身上。因此，大家开始想到这些年轻人多半是从学校这些年培养出来的，也有一些是刚刚走出校门，他们身上所表现出来的一些素质缺陷，大家很容易联想到是不是同时反映了我们教育的缺陷，特别是学校教育的缺陷。当然，构成当代社会青年所存在问题的原因是多方面的，但是我们学校教育的责任是无论如何推卸不掉的。

总之，由应试教育向素质教育的转变，是党和国家的精神，是人民群众的呼声，是社会主义现代化建设的客观要求。

从应试教育向素质教育转变的几个问题

基础教育从应试教育向素质教育转变，是社会主义现代化建设提出的客观要求，是党和国家对教育提出的任务和要求，也是教育改革和发展的必然趋势。然而在教育实践中却难以贯彻落实。这其中有政策导向的原因、有办学条件的原因，但更重要的原因是教育思想问题，是认识问题。这表现在对从应试教育向素质教育转变的提法上还有一些争议，主要有以下几个问题。

一、关于素质概念的理解问题

素质本来是心理学的一个概念，是指人的先天的生理解剖特点，主要是指人的感觉器官和神经系统方面的特点。因此，有的同志认为素质既然是先天形成的，那么没法教育，提“素质教育”就是不科学的。但另外一些同志认为概念是可以发展的，人们对概念的理解不是一成不变的。现在我们讲的素质概念，已经不是简单的生理学上的概念了。素质不仅包括先天的生理解剖特点，而且还包括思想、道德、科学、文化、身体、心理、专业技术等比较稳定的品质。因此，素质是可以发展的，可以培养的，也是可以教育的。这是对素质概念内涵的丰富与深化。顾明远教授主编的《教育大辞典》对素质的定义就包含两个方面。第一，素质是先天的，第二，素质也可以是后天形成的。总之，经过大家的争论和专家的论证，“素质教育”的提法是科学的。

二、关于素质教育和应试教育的提法问题

有的同志提出：应试教育是对我们现行教育的概括，因此要通过一场改革，把中国现行教育改为素质教育。很多同志认为不能这么理解，因为我们现行的教育为提高民族素质，提高学生素质做了许多贡献，也是有成效的，不能说我们现在的教育不是素质教育，而是应试教育，因此要做彻底改变，转变为另外一种素质教育。还有的同志提出：应试教育是不是就不好，应试教育是不是就不能提高素质。也有的同志讲我们要不要考试，要考试的话就是不是要应试，应试的过程本身是否能提高素质。总之，这些同志担心从应试教育向素质教育转变的提法，会不会全盘否定改革开放以来的教育成果，会不会打破原来的教育模式而重新另搞一套，其实这种担心是不必要的。因为从应试教育向素质教育的转变是现行教育的改进或改革，而不是像“文革”初期对“十七年”教育的彻底批判和全盘否定。我们曾经有过“停课闹革命”“零分光荣”的惨痛教训，也有过以课堂为中心片面追求升学率的失误，正反两方面的教训使我们清醒地认识到“停课闹革命”的悲剧不能重演，而片面追求升学率，忽视素质教育和全面发展的现象也不能再继续下去了。因此，我认为从应试教育向素质教育的转变，首先是教育思想的转变，是以邓小平的教育思想分析我们国家面临的形势和基础教育现状得出的必然的结论。它不是对基础教育现状的全盘否

定，而是对基础教育迎接21世纪挑战的一个响亮的回答，是推动基础教育发展的一个建设性目标。

三、关于什么是素质教育及其与应试教育的区别问题

到底什么是素质教育？我认为素质教育至少有以下几个特点：

第一个特点：教育对象的整体性。基础教育是为提高民族素质多出人才奠定基础，所以教育的对象是全体适龄公民。至于在未来的社会里这些人都是干什么，可能是政治家、科学家、企业家、文艺家还有其他类型的专门人才，也有的人是普通的劳动者；有的人有固定的职业，有的人也可能不断流动；有的人从事脑力劳动为主，有的也可能从事体力劳动为主。但是这些人的素质形成了我们整个民族的素质，决定整个民族素质的水平，也就是我们国家人力资源的水平。我们常讲，我们有12亿人口，这12亿人口是人口负担还是智力资源？这两个差别不在于数量，而在于素质。素质高了就是优势，素质低了就是负担。各行各业人们的素质构成了我们整个民族的素质。所以，基础教育必须面向全体受教育者而不是单纯面向被高一级学校选拔而接受教育的少数学生。我觉得教师应该是伯乐，但是不能够只是伯乐。因为伯乐相马主要是把好马挑出来，他的任务主要是挑好马，而我们教师的任务，不仅是选拔，把其余的淘汰，而是要使每一个学生都要得到发展，对每一个学生负责。素质教育不是选拔适合教育的儿童，而是创造适合每个儿童的教育。这是素质教育的一个重要特点。

第二个特点：培养目标的全面性。毛泽东和邓小平同志多次强调全面发展，这些论述实际上充分体现马克思主义关于人的全面发展的理论。马克思曾经说："我们把劳动力或劳动能力理解为人的身体及活的人中存在的，每当人生产某种使用价值时就运用的体力和智力的

总和。”我觉得这个“总和”的概念非常重要。总和实际就指人的素质结构，我们把人的思想道德素质、科学文化素质、身体心理素质、劳动技术素质等方面，作为现代人的一些基础素质，也就是我们所说的德、智、体。我们培养的人有一个好的素质结构，最后由“总和”发挥出来。搞素质教育就不能只重视智育而忽视或轻视德育、体育和劳动技术教育，就不能单纯应付考试，片面追求升学率。因此，素质教育的第二个特征是强调培养目标的全面性与综合性。

第三个特点：教育内容和方法的因材性。世界上没有完全相同的两片树叶，也不存在完全相同的两个人。受教育者是存在个体差异的。这个个体差异的形成，有先天条件的不同，有环境影响的不同，也有原来教育史的不同。这些差异决定了我们教育工作不能只是要求有差异的个体都要达到统一的教育目标。而应该使每个受教育者能够在自己原有的基础上得到发展。我们要面向全体学生从每一个学生的实际出发，使他在自身的基础上有发展。这是素质教育又一个很重要的特点。我们认为社会对人的素质要求是应该有共性的。但是，还应该有多种类型、多种层次的不同要求。因为实际上社会各种不同的岗位也对人的素质提出了千差万别的要求，所以，基础教育应面向全体受教育者，从每一个人出发，使每个人得到发展而达到适应社会需要的目的。

《光明日报》10 月 13 日报道了枣庄市第 29 中学“不求个个升学，但求人人成材”的经验。他们认为“得高分者未必个个成材，得低分者也未必是平庸无能之辈”，这是一个很重要的教育思想。在这个思想指导下，强化教师的特长教育意识，从学生一入学就尽快发现他们的特长和个性，建立了特长生档案。如何发现学生的特长？他们做了大量的细致的工作，总结出 5 条经验：从分析学生的智能、观察学生细微的情感变化、开展丰富多彩的第二课堂活动、洞悉学生日常行为特点、总结学生阶段性学习成果等多渠道入手发现学生的特长。进而因材施教，使学生感到：你有你的发展优势，我有我的成材之路。人人都看到了自身的价值，找到了利于成材的最佳方位。1994年这所学校80%的学生升学深造，其余的都因为体育、音乐、美术、书法、武术、手工制作等特长而被用人单位录用。因此，该校一举成为不是重点中学的名校。邓小平同志讲过一段话说："我们在帮助每个人勤奋努力的同时，仍然不能不承认每个人的成长过程中所表现的才能和品德差异，并且按照这些差异给予区别对待，尽可能使每个人向社会主义和共产主义总目标前进"。小平同志在这一段已经把承认人的差异，根据不同的差异区别对待作为我们教育的指导思想提出来。这就是素质教育的第三个特点：教育方法的因材性。

第四个特点：教育结果的实效性。教育能不能为社会主义现代化服务，是要由我们教育对象在步入社会以后他们发挥的社会功能的性质和水平决定的。我们现在对50年代和60年代初的教育评价，不是在当时得出的结论，而是在现在得出的结论。因为50年代和60年代所培养的人步入社会后表现出的共性的素质已经被大家所公认。大家认为这些品质是五六十年代教育的结果。因此真正教育的评价应当是评价教育的后效，因为效益是事后表现出来的。我们要立足培养学生稳定的在他将来步入社会以后发挥的一些素质，这才是重视教育的实效。任何追求暂时的、表面的、片面的效果的教育都不可能经受社会和历史的考验。所以，实效性就决定素质教育必须高度重视教育过程。没有过程就没有教育，许多素质提高的实效并不反映在对学生现状的某一些测定指标上，包括分数。而潜藏在教育过程中的对学生的实际影响，那才是教育实效真正的所在之处。学校教育在一个人的一生中真正起作用的主要不是在考卷上曾经回答的东西，而是在整个受教育的活动当中积累起来并且最后形成的稳定素质。因此，重视教育过程，重视教育的实效是素质教育的又一个特征。总之，什么是素质教育？素质教育是全面提高全体受教育者的综合素质水平和个性发展水平为目的的教育。

那么，什么是“应试教育”？素质教育与应试教育有什么区别呢？“应试教育”不是对我们现行教育的概括，而是对我们现行教育中单纯为应付考试而产生的种种弊端的概括。“应试教育”与“素质教育”的区别在于：第一，在教育对象上不是着眼于全体学生，而是注重选拔尖子学生，把培养优秀人才与提高全体学生的素质对立起来。第二，在培养目标上不坚持德、智、体全面发展的方针，而是重视智育、重视分数，片面追求升学率。第三，在教育内容和方法上不坚持因材施教、扬长避短，而是用整齐划一的分数尺度衡量学生，淹没了学生的个性发展。第四，在教育结果上不强调教育过程和教育实效，而只重视表面的考试成绩。从上述对素质教育四个特征的分析以及对素质教育与应试教育的比较研究来看，应试教育必须改革，素质教育势在必行。由应试教育向素质教育转变关键是教育思想的转变，我们要在认识上实现三个统一：把培养优秀人才与培养劳动者素质统一起来；把群体培养目标与个体发展目标统一起来；把重视教育结果与重视教育过程统一起来。

德育是素质教育的核心

实现由应试教育向素质教育的转变，关键在于加强和改进学校德育工作。德育是素质教育的核心，要把加强和改进德育工作作为素质教育的突破口。这不仅因为德育工作重要，而且因为德育工作很难做。

思想品德素质在人的素质结构中占有重要地位，它在人的全面发展中发挥着导向、动力和保证作用。教育界的人士常说："我们培养出来的学生知识和能力素质不合格是次品，身体素质不合格是残品，思想品德素质不合格则是危险品。"我曾经不止一次地问过大学毕业生："你走上工作岗位之后感到最困难的是什么？是待人处世，还是专业技术？"他们几乎异口同声地回答："是待人处世，是如何做人。"著名教育家陶行知说："千教万教，教人学真；千学万学，学做真人。"一个人在社会上做事难，做人更难，要做一个追求真、善、美的人就难上加难。美国学者戴尔·卡耐基有一句名言："学会了待人处世的艺术比拿到名牌大学的文凭还要重要。"这些事实和名言从一定意义上说明了思想品德素质的重要，也说明了德育工作的重要。

在现代化建设的过程中，在建立社会主义市场经济体制的过程中，不仅为整个教育提出了新的任务和新的要求，而且对学校德育工作提出了许多新情况和新问题。《中共中央关于制定国民经济和社会发展“九五”计划和2010年远景目标的建议》中指出：“实现‘九五’和2010年的奋斗目标，关键是实行两个具有全局意义的根本性转变，一是经济体制从传统的计划经济体制向社会主义市场经济体制转变；二是经济增长方式从粗放型向集约型转变。”这两个根本性的转变必须带来人们的价值观念和生活方式的深刻变化。要知道，市场经济对经济发展和社会进步具有双重效应，一方面具有正效应，即有积极的推动作用；另一方面具有负效应，即消极的制约作用。特别是对精神文明建设其中包括学校德育工作，这种双重效应就更加明显。在市场经济条件下，德育工作面临着新的挑战与机遇，可以说是挑战与机遇并存，困难与希望同在。因此，新形势下德育工作的任务是加重了，而不是减轻了；德育工作的难度是增大了，而不是减小了。那么我们如何加强和改进学校德育工作呢？我谈几点不成熟的思考。

一、在经济体制转轨、经济形式多元存在的情况下，如何坚持社会主义意识形态的一元导向

我们知道，在建立社会主义市场经济体制的过程中，经济形式(主要指所有制形式)是多元存在，其中有国营的大中型企业，有集体经营的乡镇企业，有中外合资企业和外国资本独资企业，还有私营工商企业，等等。社会存在决定人们的社会意识，有多少经济形式就会有多少种意识形态。而这些形形色色的意识形态必然通过家庭和社会的各种渠道渗透到学校来，影响学生的思想品德。然而，我们的社会

制度决定了学校德育工作必须坚持爱国主义、集体主义、社会主义主旋律的教育。那么在经济形式多元存在的情况下，如何坚持社会主义意识形态的一元导向呢？这是摆在学校德育工作面前的一个重点和难点问题。

我认为解决这个问题，必须转变我们的教育思想和教育方法，不要“一刀切”，要分层次；不要讲“高大全”，要讲实然、应然、必然。比如，在处理个人与他人、个人与集体、个人与社会的关系上，我们主张集体主义，这是一元导向。但在实际生活中人们处理这种关系的时候却表现为各种态度和做法，概括起来至少有四个层次，第一层次是大公无私、公而忘私、舍己为人、全心全意为人民服务；第二层次是公私兼顾，先公后私、先人后己；第三层次是主观为自己，客观为别人，也称为利己不损人；第四层次是损公肥私、损人利己。第一层次是共产主义的集体主义精神，是高尚的值得提倡的，是一元导向；第二层次是社会主义的集体主义，是现行的原则和规范；第三层次是合理利己主义，在现实生活中普遍存在，我们不能简单地批判它，但需要引导向高层次发展；第四层次是极端利己主义，必须坚决反对。

在教育学生正确处理个人与集体与社会的关系时，不能“一刀切”，不能“高大全”，不能只讲“应然”，否则不符合社会生活实际，也不符合学生思想实际，容易出现“假大空”，使学生产生逆反心理，达不到预期的教育效果。我们不但要讲“应然”，要求学生应当怎样，而且还要讲“实然”，告诉学生社会生活的实际情况怎样，让学生自己选择正确的答案。这里我们可以借鉴美国教育家科尔伯格关于道德教育的“价值澄清论”，当面对一个问题时，学生可以有多种选择，老师可以指出多种解决问题的办法，让学生进行道德价值判断，从而选择自己认为是正确的切实可行的方案。当然，我们并不主张完全放任地让学生自由选择，老师的引导是很重要的。因此不仅讲“实然”，而且还要讲“必然”，告诉学生事物发展必然规律是什么，讲解“凡是现实的都是合理的，凡是合理的都是现实的”这个辩证法，引导学生按照社会生活的规律做事。

二、在扩大对外开放，吸收外国先进经验的情况下，如何振奋民族精神，树立民族自信心和自豪感

随着改革开放的深入发展，在引进西方的先进科学技术和管理经验的同时，西方的哲学思潮、价值观念和生活方式也大量涌入。在这种情况下如何振奋民族精神，树立民族自信心和自豪感，成为学校德育的又一重点和难点问题。

针对这个问题，中央强调进行中华民族传统美德教育和爱国主义教育。关于中华民族传统美德教育，去年在海口会议上我已做过专题发言，今天我想重点讲讲爱国主义教育问题。《爱国主义教育实施纲要》指出，爱国主义教育的重点是青少年，学校是爱国主义教育的主要场所，从幼儿园到研究生院都要进行爱国主义教育。那么，各级学校如何对不同年龄阶段的学生进行爱国主义教育呢？

我认为：爱国主义教育是一个系统工程，青少年爱国主义情感的形成，爱国主义信念的确立，爱国主义行为的养成，是一个通过教育逐步形成的过程；爱国主义教育的指导思想和基本原则要在各级各类学校一以贯之，而爱国主义教育的内容和方法则应针对学生不同年龄阶段的身心特点和理解接受能力的不同，由浅入深，由低到高，由近及远，由感性到理性，逐步提高，螺旋式上升，体现出大、中、小学爱国主义教育的层次性。

爱国主义教育内容十分丰富，从历史到现实，从自然风光到物质资源，从物质文明到精神文明，社会生活的各个领域都蕴藏着爱国主义教育资源。《爱国主义教育实施纲要》中就指出了八方面的教育内容，这八方面的教育内容从指向实体来划分大体可以分为三大实体：(1)祖国的自然实体；(2)祖国的人文实体；(3)国家的经济与政治实体。这三大实体中每一个实体又可分为三个层次，而这三个层次，恰好可以分别作为小学、中学、大学的教育内容。

首先，从祖国的自然实体来看。第一层次是个体的出生地、居住地。人的童年时代直接接触到和感受到的是生我养我的这块土地，是家乡的山水和物产，自然对乡土有一种依赖和眷恋之情。因此，对小学生的爱国主义教育要从热爱家乡的教育做起。第二层次是祖国广阔的自然环境和国土资源。中学已经开设了中国地理课，结合地理课进行热爱祖国大好河山的教育应是中学爱国主义教育的主要内容之一。第三层次是个人与祖国自然实体的关系。这一层次的特点是对祖国自然实体的理性认识，其中包括对自然资源优劣的分析、物质资源与人民生存发展的关系，以及保护、开发、利用资源的责任等。大学生已经有自己学习的特定专业，特别是学自然科学的大学生应该具有保护、开发、利用祖国自然资源造福人民的责任意识。因此，大学应该进行这一层次的爱国主义教育。

其次，从祖国的人文实体来看。第一层次是人际关系。小学生直接接触的人际关系主要是亲子关系和师生关系，小学应进行爱父母、爱老师、爱同学的教育，以此作为爱祖国、爱人民教育的基础和出发点。第二层次是祖国的传统文化。中学生已学过了历史课，对祖国的历史传统、文化艺术、科学技术、语言文字、道德风尚有了一定的了解，中学的爱国主义教育要通过中国历史，特别是近代史现代史教育来进行。第三层次是祖国发展中的现代文明，要教育学生正确认识传统文化与现代文明、现代文明与西方文明的关系；既反对食古不化的国粹主义，又反对历史虚无主义和“全盘西化”；对中国传统文化要坚持批判继承、发展创新的原则，对西方文化采取借鉴、改造、利用的态度。对祖国现代文明做历史的和国际的辩证思考，这显然应成为对大学生进行爱国主义教育的内容。

最后，从国家经济和政治来看。第一层次是国家标志物，主要是国旗、国歌、国徽等，要教育学生热爱国旗、国徽，学会唱国歌，认真参加升国旗仪式。这一层次的教育应在小学里进行。第二层次是国家的经济制度和人民的经济生活，要运用改革开放以来经济建设的伟大成就和人民生活水平普遍提高的事实，对学生进行爱国主义教育。这一层次的教育应在中学里进行。第三层次是国家的政治制度和政治生活。要教育学生正确认识社会主义民主、自由、人权；正确认识社会主义民主、自由、人权与资本主义民主、自由、人权的本质区别；正确认识“和平统一，一国两制”的方针；正确履行公民的权利和义务，自觉维护政治稳定、社会安定、民族团结和祖国统一。这一层次的教育内容显然应在大学里进行。

三、在社会生活中存在着“一切向钱看”的思想影响下，如何教育学生树立正确的金钱观

在建立社会主义市场经济体制的过程中，企业盯着的是效益和利润，人们盯着的是工资和奖金，“金钱”从来没有像现在这样引起国人的关注和追逐。在市场经济大潮的冲击下，人们卷入了金钱的漩涡。请看看社会上流行的顺口溜：“十亿人民九亿倒，还有一亿在思考”，

“十亿人民九亿商，还有一亿待开张”，“摆个小摊，赛过县官，全家做生意，超过总书记”，“前途，前途，有钱就图；理想、理想，有利就想”。这些思想观念悄然渗透到青少年的心灵之中，大有“随风潜入夜，润物细无声”之功效。大学生在成才与发财的辩论中使成才之路发生了扭曲。一般来说，成才之路有三条，一是黑路成才，即做学问，考研究生、戴博士帽(黑色)；二是红路成才，即到国家大机关去入党、做官；三是黄路成才，即“下海”、经商、赚大钞。20 世纪 80 年代调查的结果是主张黑路成才的占 75%，红路成才的占 8.5%，黄路成才的占 16.5%。1992 年年底我们又做了一次同样的调查，黑路成才的占 26%，降低了 49 个百分点，红路成才的占 8%，黄路成才的占 66%，增加了 49.5 个百分点。这种情况说明在大学生的心目中学问的吸引力已经让位于金钱的诱惑力。在中学生中辍学经商的有之，在有些地区还相当严重；讲吃讲穿、比消费的有之，特别是有些学校的“集资生”穿衣讲名牌，花钱出手大方，已在同学中产生了不良影响。

1995 年 3 月 6 日，《北京晚报》载文披露北京一所小学 970 名学生共得压岁钱约 45 万元，其中一位学生得了 8000 元。自改革开放以来，人民生活水平有了较大提高，许多中小学生把压岁钱、零花钱、奖励钱攒起来，也有了自己的“小金库”，独立花钱已是司空见惯。在这种情况下，如何教育学生树立正确的金钱观，养成勤俭节约、艰苦朴素的好习惯，是学校德育工作面临的新问题。

问题不仅新，而且还难。大街上歌舞厅、娱乐宫、美容院等高消费广告随处可见，大款吃饭一掷千金，富婆买服装远渡重洋的小报新闻屡见不鲜，社会上超前消费、攀比消费、人情消费、负债消费的现象，使中小学生耳濡目染，就连有些家长也总想把自己“上山下乡”所受之苦在孩子们身上得到补偿，因此格外宠着“小皇帝”，不惜在他们身上花钱。这时候，学校德育只靠传统的忆苦思甜式的勤俭节约和艰苦朴素教育已收效甚微。这就逼着我们换一个角度来思考这个既新又难的问题。

在一次国际研讨会上，我结识了台、港、澳的同行们。交谈中发现，我们面临的新问题恰是他们多年的老问题。既是老问题，人家就已经摸索到一套较为行之有效的教育内容和方法。内容是：对中小学生进行金钱观教育，概括起来有四句话：(1)金钱不是白来的；(2)金钱不是万能的；(3)花钱是要有节制的；(4)不义之财是不可取的。方法是：(1)要求学生访问家长，家里的钱是怎样来的；(2)提问学生：父母养育了你，你付钱了吗？(3)要求家长带孩子去商店买一样东西；(4)情境表演：不义之财不可取。四种方法对应四项内容，既具体实在又生动活泼。

他山之石，可以攻玉。我们何尝不实验一下这种金钱观教育灵不灵呢？当然，我们不仅要借鉴，而且要发展。我建议再加一句话：富余的钱可以支援别人。这样就与我们“高层次”的“手拉手献爱心”活动结合起来了。值得提醒的是“高层次”教育要建立在“低层次”的基础上。

四、在社会生活中出现了“黄、毒、赌”泛滥的情况下，如何教育学生洁身自爱，预防犯罪

改革开放以来，由于出现了物质文明建设与精神文明建设“一手硬、一手软”的问题，在新中国成立以后曾经绝迹的某些丑恶现象，再次沉渣泛起。黄色书刊、黄色音像制品、卖淫嫖娼、贩毒吸毒、赌

博迷信等丑恶现象屡禁不止。这种现象极大地毒害和腐蚀着青少年的心灵。据公安部五局办公室的调查资料表明，80 年代以来青少年犯罪具有五个特点。(1)青少年犯罪增多，并呈发展趋势。青少年犯罪占全部刑事犯罪的比重也是逐年上升，从 1980 年的 61.7%发展到 1989 年的 74.1%。(2)青少年侵财和图财犯罪增多。(3)青少年团伙犯罪增多。(4)青少年女性犯罪增多，卖淫嫖娼呈蔓延趋势。(5)青少年吸毒增多，且日趋严重。有些犯罪事实和犯罪情节是令人吃惊、触目惊心的。

这种情况给学校德育工作提出了新的问题。如何教育学生洁身自爱，预防犯罪？毫无疑问，我们不能等待学生犯罪之后，再绳之以法，进少管所。而必须在学校就加强法制教育和道德教育，使之防患于未然。古人说："法者，禁于已然之后；礼者，禁于将然之前。"法制教育和道德教育如车之两轮，鸟之双翼，辩证统一，缺一不可，是学校德育的两项重要内容。这一点教育工作者都能取得共识，我不在此赘言。在这个问题中，我想谈一谈青春期性教育问题。因为这也是我们德育中的空白点。

前不久，国家教委组织一个代表团赴美国考察青春期性教育。他们回来谈体会时，概括为"不虚此行，大开眼界，大有收获"。他们的收获是什么呢？我把他们的考察报告摘录如下：

(一)进一步加深了对美国开放情况的了解

这对认识美国的性教育是十分必要的。我们了解到，美国的确是一个性开放、性自由的国家。据介绍，在美国一个 16 岁的女中学生可以和任何一个男人发生性关系而不受限制，包括自己的老师，只是不鼓励而已。8—9 年级的学生有 51%的学生有性交的体验，到了 11—12 年级，80%的学生有性交的体验。15 岁的女孩子如果处女膜还没破，同学会问“怎么还没有性交”？从而形成同龄人的舆论压力。由此可见，美国性开放的程度。至于社会上各种各样有关性的信息、宣传、刊物、书籍、音像制品及红灯区的存在，都表明了美国性的开放和自由。

(二)加深了对进行性教育必要性的认识

在美国，性开放和性自由带来严重的社会问题，其一，非婚生孩子、单亲家庭数量增加，并出现了中学生带孩子上学的现象，进而出现了“孩子妈妈学校”。其二，性病蔓延。据介绍，美国有性病患者1300万，艾滋病病毒携带者250万，艾滋病患者17万。可见，在美国进行性教育是十分必要的。事实上，美国的性教育始于60年代，当时电影、电视、书刊、广告里充满了性的展示，性的刺激泛滥成灾，严重地影响了青少年。美国的性自由、性解放导致未婚少女怀孕人数猛增，离婚率日益增长，性病发生率居高不下，强奸犯罪不断发生，性开放所付出的代价是巨大的。于是引起人们的广泛的重视，学校性教育逐步开展起来。美国学者说，美国20年前同中国现在的情况差不多，再过20年中国会不会像现在的美国一样？尽管我们不能接受这样的论断，(因为我国的国情与美国有很大的不同。在美国机场候机厅、大街上到处有赤裸裸地展示性器官、性交的画报杂志，这在我国是不许可的。我国不仅不许未成年人同其他异性发生性关系，还要对学生早恋行为进行限制、教育。)但这不等于说中国没有性方面的社会问题，更不等于说中国不需要性教育。事实上，性是与生俱来的，并伴随人的一生，是人们生活、成长中的重要组成部分，对处于青春发育期的青少年，帮助他们了解性生理、性心理、性道德和性法律等知识，可以解除他们心中许多困惑，树立正确的道德与法制观念，顺利度过青春期。

(三)对美国性教育有了初步了解，并与我国青春期教育进行了比较

显然，存在较大差别。首先目的不同。如果说美国对青少年性教育的目的是避免怀孕和传染性病。那么，我国对青少年的性教育则是使中学生正确认识自身，正确处理男女生之间的关系，正确把握自己健康发展，避免早恋和越轨行为。其次，重点不同。美国性教育的重点是教会学生使用避孕工具。我们教育的重点是，了解性生理知识，树立正确的性道德观念和健康的性心理。再有，我国的青春期教育还包括理想、信念、心理健康等广泛的内容，而美国则主要是性教育。另外，美国的性教育方法多样，注意让学生参与教学，使学生在愉快的气氛中学到知识，对我们有启示。

总之，无论从借鉴美国的经验来看，还是从当前我国教育实践来看，对中学生进行青春期性教育势在必行，它应该成为德育的一个重要内容之一，把性知识、性道德、性法律教育结合起来，把生理健康、心理健康和伦理健康教育统一起来。

全面实施素质教育　加强改进德育工作*

素质教育已经不是理论探讨的问题，它已经成为国家的意志和政府的行为了。对于中小学教育改革和发展来说，如果讲大事，这是头等大事；如果讲重要，这是重中之重；如果讲紧迫性，这是当务之急。然而，在教育实践中如何实施素质教育确实还有许多问题需要解决，这里既有政策和制度上的问题，也有认识和操作上的问题；既有总体构建素质教育模式的问题，又有具体教育要素之间关系的问题。那么，德育在实施素质教育中的地位和作用是什么呢？在全面实施素质教育的过程中如何加强和改进德育工作呢？本文仅就这些问题，谈一些粗浅的看法。

一、德育在素质教育中的地位和作用

首先，德育是素质教育的首要任务。教育界的人士常说：我们培养的学生如果科学文化素质不合格就是次品，如果身体心理素质不合格就是残品，如果思想道德素质不

---

* 本文曾发表在《湖南教育》1998年第15期。

合格则是危险品。这个比喻说明了思想道德素质在人的整体素质中的重要性。原国家教委副主任柳斌同志曾多次谈到，少年儿童时期是一个人成长的重要时期，基础教育阶段不仅要教会他们求知、办事、健体，更要教会他们做人。教学生学会做人是素质教育的首要任务。他说："素质教育的要求从大的方面可以用两句话来概括，一是以德育人，二是因材施教。以德育人是大根本，因材施教是总法则。"

其次，德育在素质教育中发挥着导向、动力和保证作用。在人的全面发展中，各方面的素质应是协同发展的，而思想道德素质则是其他各种素质的灵魂与统帅。只有树立了正确的人生观、价值观、世界观，科学文化素质和身体心理素质才能沿着正确的方向发展；只有具备良好的道德品质，正确处理好各种人际关系，才能在学习、生活、工作中顺利前进；只有具备较强的法纪观念，才能在生活的道路上不失足；只有热爱祖国、热爱人民、热爱社会主义，才能更好地发挥聪明才智，在社会主义现代化建设中作出更大贡献。就一所学校而言，只有搞好了德育工作，端正办学思想，形成良好的校风和学风，教学工作和其他各方面工作才能顺利开展。

第三，德育到位是实施素质教育的重要标志。江泽民同志在新中国成立 40 周年庆祝大会上的讲话指出：各级各类学校要把德育放在首位。几年来各级教育行政部门和各级各类学校为此做了大量的工作，但在有些学校里德育并没有真正到位，尤其是大、中、小学德育的结合部，德育工作甚至还很薄弱。究其原因除了社会环境发生变化等外部原因之外，根本的原因就是"应试教育"、片面追求升学率严重冲击着德育工作。中考和高考录取以分数为唯一标准，升学率的高低事实上成为驱动学校、校长、教师和学生的指挥棒。结果智育是硬任务、硬指标，德育成了软任务、软指标。要使德育由软变硬，由虚变实，必须变“应试教育”为素质教育；德育工作能否到位、能否落实，是衡量“应试教育”向素质教育转轨的一个重要标志。

二、德育工作面临的情况和存在的问题

在改革开放和建立社会主义市场经济体制的过程中，学校德育面临着许多新情况和新问题。例如：在经济体制转轨、经济形式多元存在的情况下如何坚持社会主义意识形态的一元导向？在扩大对外开放，吸收外国先进经验的情况下，如何振奋民族精神，树立民族自信心和自豪感？在社会生活中存在着“一切向钱看”的思想影响下，如何树立正确的人生观、价值观？在社会生活中出现“黄毒赌”“假冒伪劣”“坑蒙拐骗”等消极影响的情况下，如何教育学生增强遵纪守法观念？在升学考试、职业选择竞争日益激烈的情况下，如何教育学生具有承受挫折，适应环境、积极进取的健康的心理素质？面对这些问题，德育工作者做了大量工作和坚持不懈的努力，并且取得了一些成功的经验，涌现出一批德育先进地区和先进学校。但是从总体上来看，学校德育还有许多不适应的地方，还存在不少亟待解决的问题。

首先，德育还没有像智育那样形成一套科学化、系统化、规范化、相对稳定的传授体系。“文革”及其以前相当长的一段时期，学校德育工作是以政治运动为核心，实行的是“运动战”；在社会主义现代化建设新的历史时期，由于形势发展的需要，我们不断提出或强调一些新的德育内容和要求，如“两史一情教育”“中华民族传统美德教育”“爱国主义教育”“国防教育”“民族教育”“环境教育”“法制教育”“人口教育”“禁毒教育”等，实行的是“游击战”。基层学校负责德育工作的同志们说：“上边千条线，下边一根针，学校的德育工作难以落实。”

其次，长期以来德育内容没有完全纳入大中小学的课程体系。虽

然，小学有思想品德课、中学有思想政治课、大学有马列理论和思想政治教育课，但是这些课程都不能涵盖德育的全部内容。虽然这些课程也是德育，但不是完整的德育课。尽管我们可以把其他德育内容放在学校的党团队工作、班主任工作、“三育人”、课外活动、社会实践来实施，但是这些德育实践途径毕竟不像课程那样有科学的教学大纲和教材，有固定的教室和课时，有专门的教师，有一套检查评价手段，因此在时间、空间、人力、物力上得不到保证，因而成为“软任务”，容易落空或流于形式。

第三，大中小学的德育内容不同程度地存在着脱离学生身心特点和知识水平的实际，脱离社会生活实际的现象。具体表现在三个方面，一是大中小学“倒挂”，有人说“小学讲共产主义，中学讲爱国主义，大学讲文明礼貌”，这种说法虽然是极而言之的，但不能不承认实际工作中存在着类似的问题；二是“高、大、空”，有的学生反映“老师讲的都正确、很崇高、很伟大，但在实际生活中我用不上”，虽然这种意见不无片面性，但不能不说在德育实践中一定程度上存在着类似的问题；三是“死记硬背”，这在中学思想政治课中尤其突出，看过中学思想政治课复习题和试卷的人恐怕都有同感，本来是一门思想教育课，却变成了单纯传授知识、片面追求升学率、推行“应试教育”的砝码。总之，学校德育，特别是思想政治课存在着脱离学生实际、脱离社会生活的问题，不能很好地遵循学生思想品德形成和发展规律，不能贴近生活、贴近实际，不能很好地回答学生所关心的实际问题，不能对学生思想品德的发展有直接的帮助，因此实效性较差。

总的来看，大、中、小学德育存在着“倒挂”“脱节”“不必要的重复”“过频变动”和“脱离实际”的问题。针对这些问题，我们提出要整体构建学校德育体系，加强和改进德育工作必须整体构建德育体系，其理论依据是人的社会化理论和唯物辩证法的系统理论。

三、整体构建德育体系的基本原则

第一，德育目标，一以贯之；德育内容，循序渐进。

我国各级各类学校德育的总目标是：把全体学生培养成热爱祖国，具有社会公德、文明行为习惯和遵纪守法的好公民，在这个基础上，引导他们逐步树立科学的世界观、人生观、价值观，不断提高社会主义思想觉悟，成为有理想、有道德、有文化、有纪律的社会主义事业的建设者和接班人，并使他们中的优秀者成长为具有共产主义觉悟的先进分子。

所谓"德育目标一以贯之"，就是指各级各类学校都要始终如一地坚持德育的总目标。各个阶段的具体目标应包括政治素质、思想素质、道德素质、法纪素质和心理素质等方面的要求，以保证德育要素在各个教育阶段的完整性和连续性。

德育内容是为实现德育目标而确定和安排的特定教育内容。德育内容的性质和构成有德育目标决定；德育内容的深度和广度为受教育者思想品德发展水平所制约；德育内容针对性从学生思想品德存在的问题和现实社会的迫切要求出发。

各级各类学习都要对学生进行政治教育、思想教育、道德教育、法纪教育和心理教育。同时，政治教育、思想教育、道德教育、法纪教育、心理教育都有一个由浅入深、由低到高、由感性到理性、有具体到抽象的过程。这个过程是由各个教育阶段被彼此衔接共同完成的。每个教育阶段都必须保证德育内容结构的序列性和完整性，同时又应该做到德育内容的渐进性和层次性，这就是"德育内容，循序渐进"的要求。

小学德育课的内容以良好品德行为习惯的养成教育和“五爱”教育为重点。初中德育课的内容以良好的心理品质教育、道德品质教育、遵纪守法教育为主。高中(职高和中专)德育课的内容以人生观教育、理想教育和职业道德教育为主。

第二，贯通古今，融汇中西；继承借鉴，发展创新。

当代中国教育改革和发展的指导思想是：面向现代化、面向世界、面向未来。德育作为整个教育的重要组成部分，同样要以“三个面向”为指针，贯通古今，融会中西，继承借鉴，发展创新。这是21世纪中国道德教育的大趋势。

中国是一个具有悠久历史和优秀文化传统的国家，素以“礼仪之邦”著称于世。在中国一传统文化中，传统道德占有十分重要的地位。中国历代哲学家、思想家、教育家对道德教育的思考和论述源远流长，博大精深。虽然，中华民族的传统道德是在小农生产和封建宗法制度的基础上建立起来的，不可避免地带有保守性和局限性的一面，但是，只要我们正确地坚持批判继承，取其精华，去其糟粕，古为今用，发展创新的原则，就能够剥去它的封建性的外衣，发现它的合理内核，使其成为构建新的道德体系的思想材料。

对待西方文化，正确的态度应当是分析、鉴别、吸收、利用。特别是那些适用于市场经济的价值观念，如改革开放观念、民主法制观念、权利义务观念、公平竞争观念、效率效益观念、互利互惠观念、公关信息观念、商品市场观念、文明消费观念、照章纳税观念、服务质量观念等，需要借鉴和吸收，使其与中国传统美德相融合。做到以我为主，博采众长，为我所用。

第三，贴近生活，联系实际；启发引导，主体参与。

在建立社会主义市场经济体制的过程中，经济形式(主要指所有制形式)是多元存在。社会存在决定人们的社会意识，有多少经济形式就会有多少种意识形态。而这些形形色色的意识形态必然通过家庭和社会的各种渠道渗透到学校来，影响学生的思想品德。然而，我们的社会制度决定了学校德育工作必须坚持爱国主义、集体主义、社会主义主旋律的教育。那么在经济形式多元存在的情况下，如何坚持社会主义意识形态的一元导向呢？这是摆在学校德育工作面前的一个重点和难点问题。

我认为解决这个问题，必须转变我们的教育思想和教育方法，不要“一刀切”，要分层次；不要讲“高、大、空”，要讲“近、小、实”；不要只讲“应然”，要讲实然、应然、必然的统一。

第四，授之以知，动之以情，晓之以理，导之以行。

德育过程与智育过程是完全不同的教育过程，智育过程主要是传授知识，兼培养能力。而德育过程是由知到行的转化过程。因此，德育教材必须体现知、情、意、行诸环节，而不能单纯传授知识，要授之以知。德育教材必须有明确的知识点，要求学生对政治、思想、道德、法纪、心理的概念要认识、理解、掌握。同时要培养对社会是非善恶的评价和判断的能力。

要动之以情。情感是人们对客观事物是非善恶、美丑荣辱作出判断时引起的内心体验，是人们对事物的好恶，爱憎、亲疏的态度。学生只有对政治、思想、道德、法纪、心理方面的知识有了充分的认识，同时又怀有炽热的情感，如热爱、崇敬、赞美、亲近、向往等情感时，才会产生信念和意志，随之转化为相应的行为习惯。

要晓之以理。意志是人们使自己的动机、目的付诸行动而自觉努力的心理状态。坚强的道德意志来源于对道德目标的理性认识，理念和信念对意志的形成和发展具有重要的作用。因此，在德育过程中要晓之以理，以理服人，使学生对政治原则、思想观念、道德规范、法律规范形成理念和信念，自觉实践，这是正义的行动，是一种责任和义务。

要导之以行。道德行为是德育过程的最后环节，也是德育的最终目的。这里所说的行为是指人们在一定的政治、道德的认识、情感、意志的支配下有目的、自觉的行为。习惯则是在道德行为的反复实践中形成的自然而然的行为。道德行为习惯不仅需要认识、情感、意志的支配，更需要训练和引导。因此，导之以行是德育过程不可缺少的重要环节。

总之，在由知到行的转化过程中，认识、情感、意志和行为习惯各个环节都具有一定的地位和作用。它们既有一定的发展顺序，又在操作过程中具有“多端性”。在德育实践中必须根据不同的德育内容，寻找不同的切入点，有的可以从动之以情入手，有的可以从导之以行开始。

应建立德育活动课*

如何改变中小学德育工作存在的“薄弱”和“不适应”的状况呢？我认为必须加强德育工作的实践环节，建立一门德育活动课。

建立德育活动课是由德育的本质、特点和规律决定的。德育的本质是实践的。实践的观点是德育首要的、基本的观点。德育不同于智育，智育的任务是传授知识兼培养能力，它主要解决知不知、会不会的问题；而德育只到此并没有完结，它不仅要解决知不知、会不会的问题，而且更要解决信不信、行不行的问题，即不但要授之以知、晓之以理，而且还要动之以情、导之以行。德育过程是知、情、意(信)、行诸环节构成的，只有知识传授，而无情感陶冶、意志磨炼是不完整的德育。这就如同体育与智育不同的道理一样，体育如果只在课堂上讲授体育知识和理论，不让学生到体育场上去实际锻炼，怎能培养学生强健的体魄？同理，德育如果只重视知识传授，而忽视或轻视德育实践

* 本文曾发表在《光明日报》2001年2月22日。

活动，怎能培养学生良好的思想品德？德育活动有多种形式，既有课堂德育活动，又有课外德育活动；既有校内德育活动，又有校外德育活动。其中主题班会、主题团队会是最直接的、最经常、最普遍的德育活动。它主题明确，针对性强，内容丰富多彩，形式生动活泼，是对学生进行思想品德教育的有效途径。主题班会、主题团队会应当形成制度，列入课程表，作为德育活动课的基本形式。

德育活动课要改变以教师为中心、以教材为中心、以课堂为中心的"旧三中心论"，树立以学生为中心、以活动为中心、以体验为中心的"新三中心论"。要充分尊重学生在德育活动中的主体地位，发挥学生的自主性和能动性，激励学生自尊、自爱、自信、自立、自强，使他们成为德育活动课的主角和全面发展的主人。教师则是幕后的策划者和导演。比如小学一年级教学生学会礼貌用语"您好、谢谢、再见、对不起"时，不是老师在课堂上讲解这些内容，而是由老师创设情境，让学生在情境中演练，达到掌握运用。再比如在新疆等少数民族地区，讲到民族大团结时，也不是由老师在课堂上讲，而是由各族学生穿上各自的民族服装，在班会、团队活动中表演各民族的歌舞，讲各民族风情习俗。德育活动课的教材在编写体例上确立了设题、激发动机、创设情境、设计活动和导入评价等五层结构，并设置若干小栏目，小学有"说一说""议一议""做一做""想一想"等，中学有"自我测试""名言警句""各抒己见""说干就干"等，让学生设身处地，主动参与。从而避免了单纯传授知识、空洞讲授理论、死记硬背概念等脱离实际的倾向，增强了德育的科学性、针对性和实效性。

心理健康教育的三个观点*

心理健康教育在中小学越来越受到重视。它的理论价值和实践意义也越来越得到证实。为此，我对心理健康教育的地位和作用提出三个观点，就教于理论工作者和实际工作者。

首先，心理健康教育是素质教育的基本点。在第三次全国教育工作会议上，中共中央国务院作出了《关于深化教育改革全面推进素质教育的决定》。素质教育的根本宗旨是全面提高国民素质，核心是加强和改进德育工作，重点是培养创新精神和实践能力，基础是健康教育，其中包括身体健康和心理健康。毛泽东早年曾写过一篇文章，强调身体健康的重要性，他把身体比喻为“载智之舟”和“寓德之舍”，进而得出结论：“无体即无德智也。”由此引申开来，我们有理由认为“无心即无德智也”。如果有一个人心理不健康，再好的德性，再高的智慧，也难以实现其应有的价值。国内外专家学者的研究都证明了这个结论。例如联合

* 本文曾发表在《中小学心理健康教育》杂志，《中国德育》2003年第6期转载。

国世界卫生组织(WHO)关于健康的定义是:“健康不仅是没有疾病的表现,而是一种个体在身体上、精神上、社会上完全安好的状态。”哈佛大学教授丹尼尔·戈尔曼博士关于EQ(情商)的研究证明:“一个人的成功,IQ(智商)只占20%,而EQ(情商)占80%。”而情商(情感智慧)高低的关键是心理健康。

其次,心理健康教育是德育的生长点。随着改革开放和市场经济的发展,人们的心理压力越来越重,心理问题凸显出来。经济发展的不平衡造成人们收入差距的扩大,离婚率的上升造成单亲家庭子女的增多,升学择业的竞争造成了心理负担过重,使得青少年特别是高中生出现一系列心理问题,诸如自卑、孤独、紧张、恐惧、猜疑、忧郁、嫉妒、报复等不良心理状态,造成神经衰弱,精神分裂,甚至出现离家出走、杀人自杀等恶性事件。实践证明,解决这些问题,不是政治教育、思想教育、法纪教育、道德教育可以完全奏效的,因此需要在德育工作中增加和充实心理教育内容,这是新时期面临新问题德育内容的新拓展。心理教育不是要系统开设一门心理学课程,而是针对不同年龄阶段学生的心理特点和心理问题进行有针对性和实效性的心理健康和心理发展教育。重点是增强学生的心理适应能力、心理承受能力和心理调节能力,以一种健康的心理、良好的心境、积极的心态面对学习和生活。

第三,心理健康教育是德育与智育的结合点。过去,德育与智育往往存在“两张皮”现象,德育工作者曾经试图解决这个问题,把德育只局限在思想政治教育和道德品质教育范畴内,不能说没有进展,但总是收效甚微。现在把心理教育纳入德育范畴,就找到了解决这一问题的突破口。这是因为,心理教育既有德育心理又有智育心理,这二者相互依存,相互转化,互为条件,互相补充,辩证统一,相得益彰。我们知道智力活动的过程无非是观察、注意、记忆、想象、思维的过程。而这一过程必然伴以兴趣、爱好、情感、意志，乃至理想、信念、价值观。前者是智力因素，后者是非智力因素，二者的结合才是心理活动的全过程。健康的心理有助于智力因素和非智力因素的共同发展。可以认为，德育中的思想教育、政治教育、道德教育和法纪教育对智力的发展虽然有关系，但不具有完全正相关的关系，而德育中的心理健康教育则对智力的发展具有完全的正相关关系。因此心理教育是德育与智育最好的结合点。

应当重视对青少年的环境道德教育*

自从人类进入工业时代以来，人类向自然掠取的强度和速度与日俱增。环境污染问题已经成为一大公害，威胁着人类的生存与发展。环境保护的使命已经历史地落到了当今这一代人的身上。笔者认为，在治理环境、保护环境的同时应重视环境道德建设，在对成年人进行环境意识教育的同时，应当重视对青少年的环境道德教育。

首先，青少年是跨世纪的一代。虽然现在业已存在的大气污染带来的“温室效应”，自然资源过度开发造成的生态失衡，工业废弃物酿成的水污染“苦酒”，都与今天的青少年无关，但是他们是未来21世纪现代化建设的中坚和骨干，他们的环境意识和环境道德素质如何，关系到新世纪中国环境保护工作的得失、利弊与成败。因此，环境保护必须具有战略眼光，着眼未来。环境道德教育必须从青少年抓起。

---

* 此文是1994年8月在中国环境伦理学研究会成立大会上发言的一部分，发表在1994年10月27日《光明日报》。

其次，青少年的环境意识还很肤浅。人们常常可以看到：在新建成的环境优美的现代化居住小区的绿茵场上，一群青少年在踢足球，他们置“勿踏草坪”的标语牌而不顾；在清洁的街道上、车站里、广场上甚至校园里，有些青少年随地吐痰或乱扔果皮、纸屑。这些不良习惯反映了环保意识的薄弱。如不从小教育，防微杜渐，公民的环境道德素质难以提高，国家的环保工作难度则会增大。

再次，环境保护法律建设和环境道德教育要同时并举。常见到公共场所和旅游胜地一些“便衣”环卫工作者抓住了随地吐痰者或乱扔废物者，不容分说就罚款，少则几元多则几十元。这是保护环境卫生的一种手段，但不能视为唯一的手段。古人说法令“可以诛恶，非所以劝善”，“礼者，禁于将然之前；而法者，禁于已然之后”，“道之以德，齐之以礼，有耻且格”。我们应当在法制管理的同时，加强环境保护的宣传和环境道德的教育，以期把污染环境的行为禁于将然之前，这才是上策。

那么，如何对青少年进行环境道德教育呢？第一，要把环境道德教育列入学校德育大纲，写入思想品德教材。同时，要组织环境伦理学家和德育教师编写普及环境知识的通俗读物和拍摄环境道德教育影视片。第二，利用假期学校会同环保工作者组织中小学生环保夏令营，让他们到社会上和大自然中观察环境污染和生态失衡现象，参观环保先进单位，使他们在实际生活中受到教育。第三，学校共青团、少先队组织要经常开展“爱鸟周”“植树节”“环保月”活动，并列入主题队会、主题团会的计划中来。可以预见，重视和加强对青少年的环境道德教育，将会对全面的环境道德建设产生积极影响，对21世纪的环境保护工作其有深远意义。

第八编　教师职业道德教育研究

教师是教育方针的执行者*

忠诚和热爱人民的教育事业，全面贯彻和执行党和国家的教育方针，是教师正确处理个人利益与教育事业关系的一个重要准则，是集体主义道德原则在教师职业道德中的具体体现，是教师职业道德规范的基本要求。我们每一个教师，要真正成为一名教育方针的执行者，必须正确回答什么是教育方针、为什么必须执行教育方针和如何正确执行教育方针三个问题。

一、正确理解和领会教育方针

中共中央、国务院于1993年2月13日正式印发的《中国教育改革和发展纲要》指出：各级各类学校要认真贯彻教育必须为社会主义现代化建设服务，必须与生产劳动相结合，培养德、智、体全面发展的建设者和接班人的方针。这是党和国家关于教育方针的最新表述。

---

* 此文是全国教育工会、国家教委基础教育司、中国教育报社组织编写的《中小学师德讲座》中的一章。中国人民大学出版社1993年11月版。

教育方针包含着相互关联的三层含义，即为谁培养人、培养什么样的人和怎样培养人。在为谁培养人的问题上，教育方针指出：教育必须为社会主义现代化建设服务。这就明确规定了我国教育的社会主义性质和为现代化建设服务的时代特征。在培养什么样的人的问题上，教育方针指出：培养德、智、体全面发展的建设者和接班人，这就明确规定了我国教育的培养目标。在怎样培养人的问题上，教育方针指出：必须与生产劳动相结合。这就明确规定了学校教育不能脱离社会实践、不能脱离生产劳动这样的教育途径。

早在50年代，毛泽东同志就提出：我们的教育方针，应该使受教育者在德育、智育、体育几个方面都得到发展，成为有社会主义觉悟的、有文化的劳动者。教育要为无产阶级政治服务，教育要和生产劳动相结合。这些提法是正确的，符合当时历史情况的。党的十一届三中全会以后，邓小平同志根据新时期党的任务，明确提出教育要面向现代化、面向世界、面向未来，要培养有理想、有道德、有文化、有纪律的四有新人。今天，我们汲取了以往教育方针表述中的基本精神，以邓小平同志建设有中国特色社会主义的理论为指导，确立了新的教育方针。新的教育方针是新时期党的基本路线在教育领域的贯彻和体现，新的教育方针既具有科学性，又具有时代性。

有的同志借口新中国成立以来在教育方针表述上的诸多变化，认为我国的教育方针还不成熟，从而影响理解和执行，这种认识是不对的。因为，教育方针如同其他事物一样，总是要发生变化的，在政治、经济、社会发生较大变革的时期更是如此。一个成熟的指导方针，不是天上掉下来的，不是凭空想象出来的，它要经过广大群众的实践，学者专家的理论概括，并通过国家机关颁布法规才能确定下来。事实上，新的教育方针的确定，正是经过了一个从实践到理论再经受实践检验的过程。新的教育方针一经党中央和国务院颁布，它对整个教育战线就具有普遍的指导意义，广大教师就必须在自己的教育教学工作中自觉地、全面地贯彻执行。

二、执行教育方针是教师的神圣职责

全面贯彻和执行党和国家的教育方针，这不是由谁主观任意规定的，而是由教师职业的特点、教育劳动的特点和教师在学校中的地位决定的，是人民教师的神圣职责和光荣使命。

首先，全面贯彻和执行教育方针，是教师职业的特点决定的。在我国，人民教师不是自由职业者，而是受党和国家的委托来教备和培养一代新人的。教育方针明确规定了我国教育的性质和培养目标，是党和国家意志的体现。因此，教师在教育教学工作中，决不能凭“自由意志”和个人好恶施教，而必须严格遵循教育方针的要求培养学生。当然，在具体的教育教学活动中，教师确有一个教育行为选择的问题。因为每一个教师同时面对的是几十个具有不同个性特征的学生，必须因材施教，选择不同的教育方式、方法和手段，才能取得良好的教育效果。但是，教育行为选择不是随心所欲的，而是有客观限度和道德要求的。比如，不能违背教育规律，不得损害学生的身心健康；而最根本的则是不能背离教育方针所规定的教育目的、性质和培养目标。

其次，全面贯彻和执行教育方针，是教师在学校中的地位所决定的。教师是学校教育工作的主要实施者。列宁早就说过，决定教学工作方向的是教师，因为学校的全部教育教学工作都要通过每一个教师上好每一堂课、组织好每一个教育活动来进行。教师在学校教育教学工作中的关键地位，客观上要求教师必须自觉贯彻执行教育方针。有的同志认为，贯彻执行教育方针是上级行政部门的事，是校长的事，与普通教师关系不大。这种想法是不对的。作为一个人民教师，不能只做一个“教书匠”，而应成为“人类灵魂的工程师”，应该肩负起培养下一代的神圣使命，把党和国家的教育方针、上级教育行政部门的各种政策法规和校长的正确决策，以及校训、校风、校纪，贯彻落实在自己全部教育教学工作的具体实践中。

最后，全面贯彻执行教育方针，也是由教育劳动的特点决定的。教育劳动既是教师个体的劳动，又是教师集体的劳动。现代的学校教育，从教学内容上看，分科越来越细；从教学组织形式上看，是以班级授课为教学的基本组织形式。这就使教师在学科上有了分工，每个教师的劳动具有相对独立性。另一方面，由于教育的目的性、方向性和影响一致性的要求，教师集体又必须统一教育思想，严格执行教学计划和教学大纲，这就使教育劳动具有集体性或统一性。苏联教育家马卡连柯曾经说：如果有五个能力较弱的教师团结在一个集体里，受着一种思想、一种原则、一种作风的鼓舞，能够齐心协力地工作，那他就比十个各随己愿的单独行动的优良教师要好得多。我国学校教育的实践也证明，只有认真贯彻教育方针，具有统一的教育思想和良好校风的学校，才能担负起教育任务。教育劳动的这一特点，决定了教师既要充分发挥个人的聪明才智，进行创造性劳动；又决定了教师集体必须有统一的教育思想、统一的工作原则，而最终必须统一到党和国家的教育方针上来。

三、全面贯彻执行教育方针的具体要求

在深刻领会教育方针的精神实质，认清了教师的神圣职责之后，我们就应当在教育教学实践中自觉做到全面贯彻执行教育方针。所谓

全面贯彻执行教育方针，主要包括两层意思：一是要面向全体学生，二是要使学生在德、智、体诸方面得到全面发展。前一层意思另有专文阐述，本文侧重谈谈如何促进学生的全面发展。

(一)要在各项教育教学工作中把德育放在首位，确立正确的政治方向

江泽民同志在新中国成立 40 周年庆祝大会上讲话时指出：各级各类学校不仅要建立完备的文化知识传授体系，而且要把德育放在首位，确立正确的政治方向。这是一个十分重要的论断。德育是体现学校教育社会主义性质的根本标志，是促进学生健康成长和全面发展的基本保证，在学校教育诸因素中发挥着主导作用。把德育放在首位，不仅是我们党和国家办好社会主义教育的一贯指导思想，实际上也是古今中外教育家出自不同阶级利益的共同认识；不仅是对我国教育实践的深刻总结，实际上也是中外教育史上的普遍现象和一般规律。因此，把德育放在首位不是权宜之计，而是长远的方针，不光是学校领导和德育教师的责任，而且是全体教师的共同任务。

《中国教育改革和发展纲要》的发布和实施，对学校德育提出了新的更高的要求。当前，我们每个教师都有责任结合自己的本职工作把德育落到实处，努力在改革开放和建立社会主义市场经济体制的条件下创造出德育工作的新经验。

今年，是邓小平同志关于教育要面向现代化，面向世界，面向未来的题词发表十周年。“三个面向”题词的核心问题，就是要更好地培养适应改革开放、适应社会主义现代化建设需要的一代新人。因此，在新形势下改进德育工作，关键就在于坚持以“三个面向”的方针为指导，努力提高德育实效。首先，要把爱国主义、集体主义和社会主义的思想教育同发扬中华民族的优秀文化与道德传统有机地结合起来。

中华民族的优秀文化与道德传统是一座极其丰富的思想宝库，其精华绵延数千年而不衰，至今仍然显示出旺盛的生命力，具有积极的现实作用。在中国走向世界、走向现代化的进程中，我们广大教师的一项任务，就是要把优良民族传统渗透到思想品德教育的各个环节中去，实现德育的时代性和民族性的统一，引导学生在坚持正确政治方向的前提下不断增强民族自尊、自信和自强精神。其次，要认真研究商品经济对青少年的思想品德所产生的双重效应，有针对性地积极探索德育工作的新思路和新对策。一方面，我们要放开眼界，扩展视野，加强对学生进行创造精神、竞争精神和现代文明意识的教育；另一方面，也要提高警惕，采取措施，防止拜金主义、享乐主义、极端个人主义和各种腐败丑恶现象对学生心灵的侵蚀。再一方面，还要不断改进德育工作的方式和方法，增强德育的吸引力，提高德育实效。要努力将德育寓于智育、美育、体育、劳动教育和各项活动之中，使之内容丰富，生动活泼，既富有思想性，又富有艺术性，在潜移默化之中达到对学生进行引导和教育的目的。

(二)要进一步转变教育思想，改革教学内容和方法，不断提高教学质量

深化教育教学领域的改革，提高人才的知识能力水平，使之更好地适应现代化建设事业的需要，也是全面贯彻执行教育方针的重要一环。在新的历史时期里，我们能否培养出掌握现代科学文化知识和具有较强实践能力的高水平人才，对于促进生产力的迅速发展、赶超世界发达国家具有决定性的意义，因而必须对智育给予高度的重视。

改革教学的首要问题，在于转变教育思想，更新教育观念。在广大的中小学，当前最现实、最紧迫的一个课题，就是要努力克服“片面追求升学率”的思想，改革单纯为了升学的“应试教育”模式，切实落实全面提高国民素质的教育宗旨。在教学工作中，广大教师要自觉地从社会主义现代化建设的实际需要出发，坚持面向全体学生，全面加强对学生的基本知识和基本技能的培养和训练；要贯彻理论联系实际的原则，坚持课堂教学与社会实践、与生产劳动相结合，重视发展学生解决实际问题的能力；还要坚持因材施教，保护学生的个性特长，发展学生的特殊才能，使他们能够生动活泼地主动成长，尽快地脱颖而出。总之，要注重克服学校教育不同程度存在的脱离经济建设和社会发展需要的现象，纠正单纯用升学率、用分数来衡量教学质量的倾向，牢固地树立起全面提高学生素质的思想。

改革教学的另一个重要问题，是要不断更新教学内容，改进教学方法。在教学内容方面，一是要注意补充现代科学技术文化发展的新成果，二是要继承和发扬祖国传统文化的精华，三是要大胆吸收人类文明发展的优秀成果。只有从不同层次教育对象的实际出发，把这三个方面的东西统一起来，有机地揉进教学内容，才能使教学内容既丰富充实，又富有新意。在教学方法方面，则要特别注意逐步克服当前较普遍存在的填鸭式、满堂灌和要求学生死记硬背等现象，下决心改变中小学生课业负担过重的状况。每个教师都要深入钻研教学，大胆改革，勇于创新，力求提高课堂教学效果，减轻学生的课外负担。同时，教师之间不要各自片面强调自己所任课程的重要性，不要争自习、争辅导、争留作业，而要服从学校的统一安排，搞好相互配合，提高教学的综合效益，促进学生的全面发展。

（三）要关心学生的身心健康，重视和改善体育卫生工作

中小学时期是学生身心发展的关键时期，要兼顾学生的学习、工作和休息、娱乐、锻炼两方面，为学生创造良好的环境和条件，促进他们正常发育，健康成长。毛泽东同志早就讲过：“体育一道，配德育与智育，而德智皆寄于体。无体是无德智也。……体者，为知识之载而为道德之寓者也，其载知识也，如车；其寓道德也，如舍。”这段话极富哲理，深刻地揭示了体育与德育、智育的关系。因此，全面贯彻执行教育方针，就要求每个教师都要关心学生的身心健康，积极支持和配合学校领导及体育教师抓好教育生工作。

当前，由于课业负担过重，生活、饮食习惯不够科学，中小学生中近视眼、肥胖症等有增加的趋势，引起了家长的忧虑和社会的关注。广大教师，特别是担任班主任的教师，都应当注意学卫生知识，时时把学生的身体健康放在心上，指导学生上好早操、课间操和体育课，带领学生积极开展各项课外活动，参加各种体育比赛，支持有体育才能的学生充分发挥他们的特长。同时还要有针对性地对学生进行健康教育和青春期教育，使他们不断增强自我锻炼、自我维护的科学性和自觉性。

教师在关心学生的身体素质的同时，还应当注意关心学生的心理素质。应当承认，在我国，对儿童和青少年心理发展过程的研究至今还不是很深入、很普遍的，无论是教师也好，家长也好，对于学生的心理健康问题都还没有引起足够的重视。我们应当尽快改变这种状况，应当把维护学生的心理健康当作教师的一项重要任务、自觉地承担起来。要尊重学生，平等地对待学生，指导学生建设好班级集体，使学生能够经常保持一种轻松愉快、积极向上、自尊自强的心境。要教育好那些在比较优裕的家庭环境成长起来的独生子女，帮助他们正确处理人际关系，正确对待艰难挫折，自觉培养良好的意志品格。还要特别注意加强对处于青春期的男女学生性心理的正确引导，既要帮助他们消除神秘感，又要指导他们把自我尊重和尊重异性统一起来，防止他们受到黄色书刊及影视的不良影响和毒害。

总之，贯彻执行教育方针，为社会主义现代化事业培养德、智、体全面发展的建设者和接班人，是一项复杂的、综合性的目标。每个教师无论从事什么具体工作，心中都必须有这个总体目标，都必须紧密配合，团结协作，以便形成强大的教育合力，共同为实现这个总体目标做出积极的贡献。

关心集体　维护集体利益*

教师劳动既是个体劳动，同时又是集体劳动。对学生发生教育影响的，不仅只是单个教师，而且还有整个教师集体。教师集体中的道德面貌如何，乃是决定教育是否成功的重要因素之一。因此，关心集体，就成为教师职业道德的重要内容之一。人民教师要按照集体主义道德原则，正确对待个人和集体的关系，正确处理同事之间的人际关系，努力做到关心集体，维护集体利益，为振兴我国的教育事业，培养全面发展的人才贡献力量。

一、关心集体维护集体利益的道德意义

教师集体的概念，有广义和狭义之分。广义的教师集体，一般指一所学校中全体教职员工所聚成的教育工作者的集体，它包括学校党政领导、教师、职员、教辅人员、工人等。狭义的教师集体，指一所学校中专门从事德、智、

* 此文是国家教委人事司组织编写的《教师职业道德》中的一章。新华出版社、广西人民出版社 1995 年 6 月出版。

体教育和教学工作的任课教师所组成的集体。在教师集体中，个人与集体之间的矛盾和集体中的人际矛盾是普遍存在的。然而，这类矛盾是在根本利益一致基础上的矛盾，是非对抗性的矛盾。因此，解决这类矛盾的方法不单靠法律或行政手段调节，主要还是靠道德调节。

教师集体中人际矛盾的道德调节，最基本的原则是集体主义。集体主义原则体现在教师职业道德规范上，最基本的一条就是“关心集体，维护集体利益”。关心集体，维护集体利益的调节功能和道德意义主要表现在以下三个方面。

(一)正确认识和处理个人利益与集体利益的辩证关系

教师集体利益和个人利益的关系是辩证统一的。在教师集体中，每个成员的个人利益和集体利益之间存在着既相一致又相矛盾的情况。其一致性表现在：一方面，个人利益的实现和个性的全面发展，必须依靠集体事业的发展，以集体利益和集体的力量为前提，离开了集体利益和集体的力量，就不会有个人利益和个性的发展。另一方面，集体又是由个人组成的，没有个人也就没有集体，教师的集体利益归根结底是要保障集体中每个成员的个人利益。在调整集体利益和个人利益的关系时，集体主义道德原则坚持集体利益高于个人利益，在保证集体利益的前提下保证个人利益，把集体利益和个人利益有机地结合起来；当个人利益与集体利益发生矛盾时，个人利益要服从集体利益。马克思和恩格斯指出：“只有集体中，个人才能获得全面发展其才能的手段，也就是说，只有在集体中才能有个人的自由。”①教师劳动在形式上虽然较多地表现为个体劳动，但其实质是一种集体劳动。一所学校一般有几十名、上百名教师，各门课程往往由不同的教

① 《马克思恩格斯选集》第1卷，北京：人民出版社，1972年版，第82页。

师担任，有时一门课程也需要几个教师来完成。因此，办好一所学校，教好一门课程，培育出一个学生，必须通过教师集体的共同努力。我国著名教育家叶圣陶在庆祝我国第一个教师节时指出：教育工作不是一个人所能搞好的，需要全体教师们共同努力，教育工作一定要能够与志向、兴趣相同的人合作。即使是一个伟大的天才，离开集体也是微不足道、无所作为的。理论和实践都证明，教师只有以集体主义原则为指导，关心集体，维护集体的利益，正确认识和处理个人利益与集体利益的辩证关系，自己的聪明才智才能得到发挥，个人利益才能在集体中得到实现。

(二)正确认识和处理教师集体利益和国家长远利益的辩证关系

以集体主义原则为指导，认识个人、集体和国家三者之间的利益关系，除了正确认识个人与集体之间的关系之外，还有一个正确认识教师集体与其他行业的利益关系以及教师集体与国家整体的利益关系问题。党的十一届三中全会以来，改革、开放是我国的基本国策。而改革首先是从农村开始的，农民已经得到了实惠，相当一部分农民已经富裕起来了。城市经济体制改革也正在逐步深化，随着经济效益的提高，工人也将逐渐地富裕起来。这就带来了一个问题，不是直接从事经济工作和物质生产部门的职工，其中包括教师的利益，在眼前就要受到一定的影响。尽管党和国家做了很大的努力，但教师的工作条件和生活待遇在短时间内还不可能有较大的改善和提高。目前，教师的平均工资在全国 12 个行业中居第 9 位。面对这个问题，广大教师必须正确认识眼前利益与国家长远利益的关系。应该看到，国家的政策使一部分人先富起来，是为了从长远达到全体人民的共同富裕。《中国教育改革和发展纲要》指出：教育经费在 21 世纪末要逐步达到占国民生产总值的 15%，占国家财政收入的 3%。这说明教育经费的提高依赖于国民生产总值的增长和国家财政收入的增长。只有通过改革开放，工农业生产上去了，国家财政收入增加了，教师的待遇才可以提高。在我国，建设有中国特色的社会主义现代化强国，是我国人民的长远利益，它不仅关系到我们这一代人的切身利益，而且关系到子孙后代的幸福；它既代表了工人、农民的根本利益，同时也代表了包括教师在内的广大知识分子的根本利益。因此，关心集体，维护集体利益，本身就包含着关心和维护国家和全体人民的根本利益和长远利益。

(三)正确认识和处理局部利益和全局利益的辩证关系

局部是全局的一部分，全局是由局部组成的。局部的发展要从全局出发，全局的发展依赖于局部的发展。全局与局部的关系又是相对的：就全局来说，“四化”大业是全局，教育事业是局部；就教育事业来说，全国教育事业的总体规划是全局，某一个地区的教育事业和某一所学校是局部；就一所学校来说，师生员工的集体是全局，学校中的各个系教研室和各个班级是局部。用集体主义原则处理全局和局部的关系，就要求局部服从全局，局部利益服从全局利益。作为一个教师，要识大体，顾全局。在校内，自己的教学工作和教研室的建设，要服从全校的教学计划和整体工作的需要。自己所从事的班主任工作，要围绕着全校的中心来开展班级活动。同时，要在顾全大局的前提下，从自己局部工作的实际情况出发，充分发挥自己的主观能动性，使局部工作充满活力和创造力，这样既发展了局部，又促进了全局。值得指出的是，我们在维护学校教师集体利益的时候，要注意克服狭隘的本位主义。教师集体对于整个教育事业来说，对于整个社会主义现代化建设来说，仅仅是一个局部。如果我们被教师集体这个局部利益遮住眼界，只顾自己局部利益，不肯为全局利益牺牲局部利益，甚至危害全局利益，那就是狭隘的本位主义，与集体主义道德原则是格格不入的。

上述可见，在集体主义道德原则指导下的关心集体、维护集体利益这一教师道德规范，对于调节个人与教师集体、教师集体与国家、局部与全局的利益关系，对于教师热爱教育事业，忠职守、敬业乐业，具有十分重要的道德意义。

二、关心集体维护集体利益的基本要求

关心集体维护集体利益是教师道德的基本要求，它要求教师做到：

(一)热爱教师集体，关心集体建设

良好的教师集体，会产生强大的凝聚力和向心力，这是保证学校完成教育教学任务的必要条件，也是每个教师充分发挥聪明才智的保证。每个教师都应当热爱自己的集体，关心集体的建设，为建立良好的教师集体做出自己的贡献。要积极参加集体的教研活动，在教师之间互相帮助，团结协作，为增强每个教师的业务能力和提高集体的教育教学水平做贡献；要积极参加集体生活会，教师之间以诚相见，互相谈心，互相关心，互相砥砺，共同前进，为增强集体的凝聚力和每个教师的思想水平尽自己的责任；要积极参加集体组织的各项文体活动，热心为大家服务，为创造一个心情舒畅、乐观向上，团结、紧张、严肃、活泼，有益于身心健康的集体尽自己的义务。一个良好的教师集体，是每个教师智慧和力量的源泉。当一个教学疑难问题弄不通时，需要从集体中得到启迪和解决；当自己的教育力量单薄时，需要从集体中得到支持和协助；当一个教师在生活上遇到困难时，需要集体的关怀与照顾。每个教师只有满腔热忱地爱护自己的集体，自觉

地关心集体的建设，才能在集体中得到更多的智慧和力量。

（二）遵守集体纪律，爱护集体荣誉

教师集体的战斗力，取决于教师的组织纪律性和集体荣誉感。凡是教师没有结合在一个集体里的地方，凡是集体没有统一计划、没有一致的步调、没有一致的对待学生的方法的地方，就不会有良好的教育效果。而统一的工作计划和一致的步调，需要一定的规章制度和组织纪律来保证。不可想象，一个一盘散沙、纪律松懈的教师集体，岂能够培养出高质量的学生。因此，教师应该严格遵守学校各项规章制度，维护校风校纪，做遵纪守法的榜样。比如：执行教师岗位责任制，按时完成工作任务；按照教学大纲的要求讲授教学内容；按照教学计划掌握教学进度等等。除了加强组织性、纪律性之外，还有一个增强集体荣誉感的问题。集体荣誉感是推动教师履行道德义务和工作职责的巨大的精神力量，也是培养学生的重要手段。马卡连柯说过：有很高的威信和值得敬爱的学校集体的舆论监督，能够锻炼学生的性格，培养学生的意志，能就学生的个人行为培养起有利于整体的习惯，能培养学生为自己是这个光荣集体的成员而自豪的精神。荣誉感既然对学生有如此大的教育作用，那么每个教师应该维护集体的荣誉，并以自己的努力为集体创造荣誉。比如：在评选先进班集体、模范班主任、优秀教师、劳动模范、先进工作者和社会主义精神文明建设先进单位等各项活动中，为集体争取荣誉、创造荣誉。

（三）维护集体团结，增强集体凝聚力

团结就是力量。教师集体的团结，是完成教学任务的重要保证。每个教师都应为维护集体的团结贡献力量。不要把自己的知识和工作经验看成是个人的私有财产，而应该奉献给集体，使之变为集体的财富。对集体的事情，不管分内分外，都应积极主动地去做，想集体之所想，急集体之所急。在集体生活中，教师之间难免产生各种矛盾，比如：每个教师都有专门的教学任务，政治教师教政治，语文教师教语文，数学教师教数学。如果各自强调自己这门课重要，就会产生争自习课、争辅导、争留作业的现象，造成矛盾。再比如：德育教师、智育教师、体育教师之间，班主任教师与任课教师之间，高年级教师与低年级教师之间，不同班级的同头课教师之间等等，如果只顾自己的教学任务而不顾及其他教师或忽视教师间有配合与协调，也会产生某些矛盾。还有，教师集体一般都是由不同年龄、性别、学历、经历的教师组成的，每个人的知识结构、所学专业、实践经验不尽相同，在工作过程中往往会产生教育思想、教学方法上的分歧，特别是在教育体制改革的形势下，教师对新旧观念的认识不同，这就难免产生思想上的分歧和行动上的不一致，从而在教师集体中产生矛盾。集体内部一旦产生了矛盾，首先要从团结的愿望出发，互相谅解，消除误会和隔阂。同时，教师之间要经常沟通信息，包括知识信息、教育信息、学生信息等等，以形成统一的认识，达到团结的目的。

谦虚谨慎　尊重每个同事

一、谦虚谨慎尊重每个同事的道德意义

(一)增进同志友谊，克服文人相轻

教师与教师之间的同事关系，是社会关系的组成部分。从根本上说，同事之间关系的性质，取决于经济关系的性质。在旧社会，由于私有制的经济关系，教师受雇于人，处于被剥削、被压迫的地位，长期以来形成了“同行是冤家”的观念。同时，由于剥削阶级和小资产阶级思想的影响，读书人往往自视清高，形成门户之见，互相排斥、互相轻视，轻易否定或贬低别人。这种文人相轻的旧习，是私有制社会的产物。

在社会主义社会中，教师被称为人民教师，是国家的主人。教师之间没有根本的利害冲突，大家都在为共同的事业和共同的目标而努力工作。文人相轻的习气从根本上说已经失去了其赖以生存的社会基础。但是，在社会主义初级阶段，人们的职业劳动除了为人民服务和为社会做贡献的一面以外，还有作为个人谋生的手段的一面。同时，

文人相轻作为观念形态的东西还不能断然消失。因此，在教师之间提倡互相尊重，克服文人相轻，仍然是教师职业道德不可忽视的内容之一。教师之间倡导谦虚谨慎互相尊重，克服文人相轻，对于增进教师之间的友谊，搞好教师队伍建设，具有重要的道德意义。

(二)身教重于言教，提高教育效果

教书育人是教师的天职，教师不但要有较高的业务水平，向学生传授科学文化知识，而且还应以高尚的道德品质去影响学生的思想品德。以身作则，身教重于言教是教育过程的一条重要原则。我国教育家孔子是最早主张身教重于言教的，他说："其身正，不令而行；其身不正，虽令不从；不正身，如正人何?"我国近代教育家陶行知把教师以身作则解释为：要学生做的事，教师们要躬身共做；要学生学的知识，教师们要躬身共学；要学生遵守的守则，教师们要躬身共守。他认为这种共做、共学、共守，是真正的教育。社会主义教育是培养社会主义事业建设者、接班人的伟大事业，它的目的、任务和人民教师的宗旨和职责，更要求教师言教与身教相结合。而教师的谦虚谨慎、互相尊重的品格，正是对学生无言的教育。教师之间经常在一起互相切磋学问、交流经验、取长补短的作风；教师之间那种以诚相见、谦恭和气、与人为善的态度；教师之间那种虚怀若谷，平等待人，见贤思齐的精神都会给学生树立榜样。教师这种以身作则，为人师表的精神，对提高教育效果无疑具有重要意义。

(三)改善社会风气，有利于精神文明建设

谦虚是做人的美德，更是教师为人师表的必备品质。古往今来，许多教育家都十分重视这方面的修养。孔子说："知之为知之，不知为不知"，"三人行，必有我师焉。择其善者而从之，其不善者而改之。"他还主张"不耻下问"。唐代韩愈在《师说》中谈道："弟子不必不如师，师不必贤于弟子。闻道有先后，术业有专攻。”所以应“见贤思齐”。教师是人类灵魂的工程师。教师的道德品质和待人接物的态度，不仅可以直接影响学生，而且会以直接或间接的方式影响社会风气。教师桃李满天下，教出的学生分布在社会的各个工作岗位，教师的道德风貌将会通过学生间接地传给社会。另一方面，教师在社会生活中也应为人师表，在社会交往中也应谦虚谨慎，尊重每一个相识或陌生的同志。这样，教师的职业道德将会在全社会产生一定的影响，对于整个社会主义精神文明建设也具有重要的意义。

二、谦虚谨慎尊重每个同事的具体要求

狭义的教师集体，同事之间的关系一般包括：同一学科教师之间、不同学科教师之间、班主任与任课教师之间、新老教师之间、优秀教师和一般教师之间的关系等等。在处理这些同事关系的时候，应做到谦虚谨慎、互相尊重、平等相处、礼貌相待、以诚相见、与人为善。具体要求是：

(一)处理好同一学科教师之间的关系

同一学科的教师所组成的教研室或教研组，是学校中的基层教学组织，也是教师集体中的一个基层单位。同一学科的教师可能毕业于不同的学校，教龄有长有短，教学方法也会各有不同，但每个教师都会有自己的特点和长处。俗话说：“尺有所短，寸有所长”，“金无足赤，人无完人”，彼此间都要互相尊重，互相学习，共同研究，互相探讨，取长补短。决不应以自己的一技之长比别人之短，也不应互相封锁，以邻为壑，更不能互相嫉妒，互相拆台，抬高自己，贬低别人。

(二)处理好不同学科教师之间的关系

不同学科的教师，尤其是教同一班级的不同学科的教师，更要互相尊重，互相配合。教学计划所规定的各门学科，都是培养学生德、智、体全面发展所必需的，各学科之间是互相联系、相互促进的。每个教师都不应该为了使学生重视自己的学科，而有意无意地贬低其他学科的重要性。否则会引起其他学科教师的反感和不满，造成同事间的隔阂和矛盾。各门学科都有各自的科学体系和内容，也都有各自的教学方法和教学规律。不同学科的教师切不可当着学生的面对别的学科随意评头论足，甚至蔑视、贬低。在教学中如遇到相关的其他学科的知识，或学生问及其他学科的知识而自己又不甚了解时，应虚心向其他学科老师学习，或告诉学生直接请教其他学科的某某教师。另外，在布置作业、指导答疑，以及课外活动时间安排上，要按照教务部门的规矩，统筹考虑，切不可随意占用学生的时间，挤掉其他学科应有的时间。

(三)处理好新老教师之间的关系

一般来说，老年教师教龄较长，教学经验比较丰富，知识比较渊博，教学方法比较纯熟。而青年教师思想敏锐，富有朝气，较少保守思想。因此，青年教师要虚心向老教师学习，拜他们为师，甘当小学生，遇到教学中的疑难问题要主动向老教师请教，吸收他们的教学经验。青年教师切不可不懂装懂，与老教师进行无原则的争论，那样会伤害老教师的自尊心。老教师要热情关怀青年教师的成长，对青年教师进行传、帮、带，以诲人不倦的精神把自己的经验介绍给他们。同时，老教师要虚怀若谷，平易近人，注意学习青年教师的长处。新老教师之间，都要互相尊重，在教师内部或在闲暇时间，互相可称“老王”“小李”，以表示亲切。但在正式工作场合，特别是在学生面前要互称“王老师”“李老师”，以表示互相尊重，提高青年教师在学生中的威信。

(四)处理好班主任与任课教师之间的关系

班主任既是普通教师，又是一个班集体教育教学工作的组织者和领导者。班主任对培养学生干部、建设班集体，全班学生在德、智、体全面发展上担负着重要的责任。然而，在教育教学过程中，对学生发生影响的并不只是班主任一个人，而是教师集体。因此，班主任要善于团结其他任课教师一道工作，注意发挥其他教师的作用，比如：经常向任课教师了解学生思想、学习的情况，听取他们对班级管理的意见，请他们参加主题班会或其他课外活动等，并且注意维护其他任课教师在学生中的威信。切不可认为这个班的学生是“自己的”，而排斥其他任课教师，或无视他们的意见而对本班学生“护短”。任课教师的主要任务是教好课。必须做到教书育人，既当“经师”，又当“人师”，不但要教好文化课，关心学生的学习，而且要育好人，关心学生的全面发展。任课教师在完成自己教学任务的同时，还应当主动和班主任配合工作及时向班主任反映学生的思想和学习变化的情况，热情地参加班里组织的各项活动，积极地为班主任出谋划策，互相尊重，互相配合，为培养学生尽心尽力。

(五)处理好先进教师与一般教师的关系

每个教师集体都有一些在各方面都走在前面的先进教师。这些教师的思想和行为又激励着其他教师去努力拼搏，从而使整个教师集体团结向上，共同进步。一般教师应虚心向先进教师学习，不仅要学习他们的教学经验、工作方法，而且要学习他们的教育思想和优秀品质。教师应该“见贤思齐”，不应嫉贤妒能。作为先进教师，更要谦虚谨慎，防止骄傲自满，要看到自己的不足之处，学习其他教师的优点和长处，特别要注意尊重那些在某些方面不如自己的教师，团结他们一道工作。如果自视高人一等，认为唯有自己先进，看不到别人的优点，听不得不同意见，其结果只能是退步。

团结协作　形成教育合力

一、团结协作形成教育合力的道德意义

（一）有利于实现教育的目的性和计划性

教育的本质是教育者按照一定社会或阶级的要求，有目的、有计划地对受教育者施加影响的一种社会活动。没有目的，没有计划的教育，不是真正的教育。我国社会主义教育的目的是按照党的教育方针的要求，把学生培养成德、智、体全面发展的，有理想、有道德、有文化、有纪律的社会主义事业接班人和建设者。为了达到这个目的，国家教委制定了各门学科各门课程的教学大纲，各级各类学校则按照教学大纲的要求制订教学计划。那么每个教师应严格按照教学大纲和教学计划进行教学活动。现代的学校教育，从教学内容上看，分科越来越细；从教学组织形式上看，是以班级授课为教学的基本组织形式。这就使得教师人数增多，并在学科上有了分工，从而也就产生了如何团结协作，形成教育合力，共同完成教学计划，实现教育目的的问题。从每个教师的劳动方式来看，却是个体式

的脑力劳动。比如教师独立向学生讲课，独立进行演示实验，独自批改学生作业，独自与学生谈话等等。教师劳动的这种独立性特点，同样产生了如何共同完成教学计划和达到教育目的的问题。解决上述问题的关键，除了加强教育管理之外，主要靠教师职业道德来保证，教师必须统一教育思想，严格执行教育计划，形成教育合力。苏联教育家马卡连柯曾经说过：“如果有五个能力较弱的教师团结在一个集体里，受着一种思想、一种原则、一种作风的鼓舞，能够齐心协力地工作，那他就比十个各随己愿的单独行动的优良教师要好得多。”我国学校教育的实践也证明，只有团结协作的集体，才能更好地担负起教育的任务。可见，团结协作，形成教育合力，这种教师道德规范对于落实教育计划，达到教育目的，具有十分重要的意义。

(二)有利于培养学生德、智、体全面发展

党的教育方针要求学生在德育、智育、体育几方面都得到全面发展。然而，在教育过程中，由于教育劳动的分工和教育劳动具有个体性、独立性，致使教师可能重视自己的本职工作而忽视其他方面的工作。比如：负责党的工作、共青团工作、少先队工作和教政治课的教师可能侧重学生的思想品德教育，而对学生的学习和身体情况则考虑的不多；教业务课的教师，可能注意教学工作，强调学生的学习而较少关心学生的德育和体育；教体育的教师可能比较重视学生的身体素质，重视抓体育课、课外活动和运动队的训练，而不大关心学生的德育和智育。这种情况不利于全面贯彻党的教育方针，促进学生全面发展。必须教育全体教师树立培养学生德、智、体全面发展的教育思想，分工合作，团结协作，形成教育合力，对学生的德、智、体全面负责，齐抓共管。可见，团结协作的教师职业道德，对于贯彻党的教育方针，培养学生全面发展，具有重要意义。

(三)有利于形成和发扬优良的校风

一所学校的教育质量和教学效果，既取决于学校领导的管理水平和教师个体的素质和威信，又取决于教师集体的力量和校风。而教师的整体力量和校风，又取决于教师能否团结协作和形成教育合力。校风是指学校全体成员在共同目标下，在认识一致的基础上，经过长期实践而逐渐形成的一种特有的、相对稳定的道德风尚、治学态度和学习风气。它是学校办学的指导思想、培养工作作风、组织纪律、精神状态的反映，是学校集体力量的一种表现形态。校风具有一种强烈的感染、熏陶作用，优良的校风能净化人们的灵魂，使人精神振作、奋发向上。校风对培养德、智、体全面发展的人才具有至关重要的作用。古今中外，凡是有作为、有见识的教育家在办学活动中都致力于推崇校风建设。校风建设是一项系统工程，不光是领导者的责任，而且是学校全体成员的共同责任，需要动员全校师生共同努力，进行综合治理。教师在学校教育中居于主导地位，在校风建设上负有重要责任。教师与学生接触的机会最多，又有一种师承关系，一举一动、一言一行都对学生起着榜样和示范的作用。教师的人格、学识、兴趣、能力、性格、气质、风度都会在学生身上打下深深的烙印。如果教师能够做到为人师表，并且团结协作，把自己的个体素质和优秀品质融入学校教育的合力中，必将对建设和发扬优良的校风具有重要意义。

二、团结协作形成教育合力的具体要求

(一)德智体美　齐抓共育

团结协作，形成教育合力的道德要求，首先体现在全面贯彻党的教育方针上。党的教育方针是使学生在德、智、体、美诸方面都得到全面发展，成为有理想、有道德、有文化、有纪律的社会主义事业接

班人和建设者。这是学校一切工作的出发点和落脚点。德育是灵魂，学习是主要任务，健康是物质基础，美育是精神文明的一个重要方面。四者相互联系、彼此促进。作为人民教师要深刻领会教育方针的实质，并在自己的工作中贯彻执行。培养学生全面发展是一项综合目标，需要全体教师的共同努力。每一个教师不管从事哪项工作，教哪一门课，心中都必须有这个总体目标，在实际工作中也各方面密切配合，团结协作，在合力育人中做出贡献。首先，要树立把德育放在首位的思想。每个教师无论教哪一门课，都应树立德育意识，并结合自己的学科对学生渗透思想道德教育，寓德育于智育和体育之中。要通过教学教育学生学习马列主义、毛泽东思想，树立远大的共产主义理想，要教育学生热爱党、热爱社会主义祖国，树立爱国主义思想和民族自尊心；要教育学生热爱人民，树立为人民服务的观点；要教育学生遵纪守法，维护公共秩序，爱护公共财物；要教育学生爱科学、爱劳动、讲礼貌讲卫生，具有良好的道德情操。其次，要努力搞好教学工作，向学生传授科学文化知识。学生的主要任务是学习，要千方百计地改进教学方法，提高教学质量。德育教师和体育教师同样应关心学生文化课的学习，要主动与各科教师相配合，为教学工作顺利进行创造条件。最后，要关心学生的健康成长，重视体育、卫生工作，青少年时期是长身体的关键时期，要兼顾学生的学习、工作和休息、娱乐、锻炼，使学生正常发育，健康成长。健康的身体是从事学习和工作的物质基础。如果不重视体育，学生体质下降，体弱多病，觉悟再高，学习再好，也是枉然。德育教师和智育教师要关心学生的身体健康，支持和配合体育教师抓好体育工作。总之，教师们要对学生的德、智、体、美全面负责，互相配合，团结协作，齐抓共育。

(二)立足本职　照顾全局

教师必须树立全局观点，从学校的整体出发，相互配合，同心协力，共同完成教学任务。为了保证教学计划的完成，除了正确处理德、智、体、美教育的关系之外，还必须正确处理各门课程之间的关系。有了全局观点，才能立足本职，照顾全局，才能把自己所教的课程摆在恰当的位置上。要克服各门课程齐头并进、争抢时间、争抢地盘的现象，应把学生的学习负担控制在合理的限度之内。有些教主要学科的教师，往往认为本门学科理所当然地应该“重一些”；而教非主要学科的教师，则往往以增加作业量或测验的办法来使学生重视自己的课程。尽管教师的出发点都是为了搞好教学，但这样做的结果，不但打乱了教学计划，而且造成了学生过重的负担。因此，每一位教师都应从全局出发，通盘考虑学生的负担，注意各门课程之间的配合，想方设法在不增加学生负担的条件下，努力完成教学计划，提高教学质量。总之，有了全局观点，在教学中各门课程之间、各手段之间、教师与团队工作之间等等，就能密切配合，团结协作，形成教育合力。

(三)学校教育与家庭教育、社会教育相结合

除了学校内部教师们要团结协作，形成教育合力之外，教师还必须把学校教育与家庭教育、社会教育结合起来。

家庭是社会的细胞，是青少年出生后的第一个教育环境，家长是学生的第一任老师。儿童入学以后，他们的全部生活始终与家长保持着密切联系。因此，家庭教育有学校教育不可替代的作用。作为教师应该经常、主动地与学生家长取得联系，互相配合，共同做好学生的教育工作。教师与家长的联系主要有三种方法，一是家访，二是通信，三是召开家长会。家访是教师、特别是班主任的一项经常性的工

作。班主任每接新班，都应及时地通过家访全面了解学生的情况。家访工作量很大，应有计划地安排，要做好准备，根据学生的特点和家长的情况，选择好家访的内容，确定家访的目的。要通过家访建立和加强教师与家长、学生之间的感情，只有当双方乐意相会并且相互之间能够真诚地交换在教育学生上的想法和“秘密”时，才能说得上教师和学生家长建立了良好的关系。家访时要注意既不能“报喜不报忧”，也不能“报忧不报喜”，而要用辩证的方法指出学生的长处和短处、优点和缺点。既要使家长对子女教育有信心，又要使家长懂得教育子女的艰巨性。从而取得家长的支持与配合，达到教育好学生的目的。与家长通信联系，一般是在每学期末向家长报告学生的学习成绩和思想表现，并且嘱咐假期中的注意事项。这项工作虽然很平常，但很重要，一定要坚持与家长定期通信联系。召开家长会，是把家长请到学校来，这样不仅使家长了解自己子女的情况，而且了解子女所在集体的情况，以及其子女在班集体中所处的地位和所起的作用。这是一种激励家长的因素，由此可提高家长教育子女的责任心，也是高效率地密切联系家长的有效渠道。

社会教育也称校外教育，是指通过学校和家长以外的社会组织和文化教育机构，对青少年进行有目的有系统的教育。社会教育有其特点和优点，青少年可以根据自己的兴趣爱好和特长，自由选择参加，以自觉愿为原则。内容上丰富多彩，不受教学计划和大纲的约束，可以巩固学生在校学习的知识，又扩大学生的知识领域，开阔视野；组织形式灵活多样，有利于学生发展多方面的才能和调动学生的主动性和创造性。这是促进学生德、智、体、美全面发展的不可缺少的重要途径，是学校教育的必要补充。校外教育的机构主要有：少年宫、科技活动站、业余体校、儿童影剧院、儿童图书馆、阅览室、电子游艺室、校外活动站、少年之家等。作为教师，应积极鼓励和支持学生参加校外社会教育机构组织的活动，关心了解学生在校外活动的表现，沟通学校教育与社会教育的联系。同时，还要充分利用社会教育的积极影响，丰富和充实学校教育。如：组织学生看一些好的电影、电视、收听时事广播和少儿节目广播等；还可以发挥校外教育中学生骨干的作用，使他们在校内学习、科技活动、文艺演出、体育比赛中发挥他们的特长。此外，教师还应加强对学生校外活动的指导，不能影响学生的学习和睡眠，在活动内容和时间上要注意选择和控制。总之，加强学校教育与家庭教育、社会教育的配合，是团结协作，形成教育合力的一个重要方面。

中华民族传统美德教育对教师素质的要求*

办好一所学校，在基本的办学条件具备之后，关键在教师。开好一门课程，在有了比较好的教材之后，关键也在教师。同样，搞好中华民族传统美德教育，关键在于建设一支有较高素质的教师队伍。

中华民族传统美德教育是90年代以来新兴的一项教育内容，在师资队伍的准备上严重不足。因此提高中华民族传统美德师资队伍的素质，对于提高中华民族传统美德教育的水平具有十分重要的意义。

中华民族传统美德教师队伍的素质与一般教师队伍的素质有共同性，也有特殊性。概括起来说主要包括思想政治素质、职业道德素质、科学文化素质等。

一、传统美德教师的思想政治素质

中华民族传统美德教师往思想政治素质方面，应当具

---

* 此文是全国教育科学“八五”规划研究课题成果——《中华民族传统美德教育概论》中的一章。吉林文史出版社1995年8月出版。

有科学的世界观和方法论、崇高的理想和信念、强烈的爱国之情。

(一)具有科学的世界观和方法论

辩证唯物主义和历史唯物主义是唯一科学的世界观和方法论。传统美德教师确立了这样的科学世界观和方法论，就能在教学科研中分清什么是唯物主义，什么是唯心主义，什么是辩证法，什么是形而上学；学会全面地、历史地、辩证地分析问题，从而用人类最先进的思想和中华民族传统美德武装自己，坚定人生的正确方向，坚持走社会主义道路，建立起自己科学的理论体系和知识结构。

传统美德教师确立了科学的世界观和方法论，就能在教学中自觉地运用马克思主义的立场、观点、方法，正确认识和区分中华民族传统美德的精华与糟粕，坚持批判继承、取其精华、去其糟粕的原则；正确认识传统与现代的关系，坚持古为今用、洋为中用、发展创新的原则；正确处理中国传统与西方文化的关系，坚持贯通古今、融汇中西的原则。

(二)树立崇高的理想和信念

理想是人生的精神支柱，是人生前进的路标，是人们政治立场和世界观在奋斗目标上的反映。传统美德教师是我国社会主义建设大军中一部分有觉悟、有文化的优秀成员，他们运用自己的思想、品德、才智，直接从事着培养社会主义事业建设者和接班人的工作。因此，他们不仅要牢固树立“建设有中国特色的社会主义，把我国建设成为高度文明、高度民主的社会主义现代化国家”的全国人民的共同理想，而且应该树立崇高的共产主义理想。

传统美德教师树立崇高的理想和信念，就能够正确把握传统美德教育的目的，使传统美德为社会主义现代化事业服务。对于传统美德中的许多名言警句，要赋予其新的时代内容，使其成为建立社会主义道德体系的思想材料，成为社会主义精神文明的组成部分。

(三)具有强烈的爱国之情

爱国主义是人们多年来巩固起来的对自己祖国的一种深厚的感情，它是一个国家、民族得以生存发展的巨大的凝聚力和向心力。热爱自己的祖国，这是我国每一个公民的共同政治要求，也是人民教师思想政治素质的重要内容之一。教师强烈的爱国之情首先表现为对祖国、对党、对社会主义的炽热的爱，对祖国灿烂文化、悠久历史的珍爱和尊重，不仅对此感到骄傲自豪，而且把这些作为传统美德教育的主要内容和基本素材。

传统美德教师有了对祖国的深厚感情，就能认真学习祖国灿烂的历史文化；积极吸收世界各民族的优秀文化成果，丰富发展祖国的文化宝库；就能满腔热忱地去教育学生爱我们的民族，爱伟大的党，爱社会主义制度，从而坚定建设中华、振兴中华的必胜信念。

二、传统美德教师的职业道德素质

传统美德教师在道德素质方而应当做到献身教育，教书育人；热爱学生，诲人不倦；以身作则，为人师表；谦虚谨慎，团结协作。

(一)献身教育，教书育人

献身教育，教书育人，是每一位教师的神圣职责，体现了社会主义教师全心全意为人民服务的崇高品德。作为人民教师献身教育事业，为“四化”培养人才，就是为国尽力、为民造福的崇高思想境界的具体体现。

韩愈的《师说》中说：“古之学者必有师。师者，所以传道、授业、解惑也。”可见教书育人是教师职业的传统美德。历史上的教育家把教师分为“经师”和“人师”两种类型，“经师”是教学问的，“人师”是教做人的。“经师易得，人师难求”，教师真正做到教书育人是很可贵的。我们讲教书育人，就是指教师在教学活动中，不仅要传授科学文化知识，而且要对学生进行政治思想品德教育。

教育、教学过程是一个有机的整体，要求教师教书足力、育人尽心，把科学文化知识的传授和对学生的政治思想品德教育融为一体，寓德育于各育之中。与一般任课教师不同，传统美德教师的主要任务是育人，即用中华民族传统美德培育学生的思想品德。他不仅是通过教书来育人，而且还要通过各种教育活动育人，甚至通过自己以身作则、为人师表来影响学生。这就向传统美德教师提出了更高的职业道德要求。

(二)热爱学生，诲人不倦

热爱学生，诲人不倦，是教师道德素质的基本原则，是衡量教师道德水准的标尺。如果教师对学生漠不关心，培养出的学生不合格或质量很差，就是没有尽到教师的职责。

热爱学生，诲人不倦，就是要求教师把自己全部心血灌注到学生身上，像慈母一样精心培育一代新人，一个教师能用“爱生如命”，“爱才如命”的思想感情去教育学生、感染学生，才是教师高尚无私的表现。

热爱学生，要对学生严格要求。严格要求，是在知识上要以高标准要求学生，对学生思想上的毛病及时指出，设法帮其改正，防微杜渐。事实上，教师严格要求与热爱学生是一致的，其目的都是按照一定要求，把学生培养成一定要求的人才。

热爱学生，还要根据不同情况，因材施教。特别是对待后进学生，不要厌恶、排斥，而要多加关照，以极大的热情和耐心教育他们，感化他们，不让一名学生掉队。

(三)以身作则，为人师表

当一名合格的教师，必须以身作则，为人师表，因为教师的职责是育人，塑造人的灵魂。只有严格要求自己，在德智体美各个方面都得到相应的发展，才是一名名副其实的好教师，才不愧于人民教师的光荣称号，才能赢得社会、学生、家长的信任和尊重。

所谓以身作则、为人师表，就是教师必须言行一致，表里如一，做出表率。不仅在学校中要做学生的表率；而且在家庭中要做尊老爱幼、团结同辈人的表率，做社会上维护公兴秩序、遵纪守法、遵守社会公德的表率。这是社会主义教师忠诚积极、实事求是、光明磊落崇高品德的表现。

以身作则，为人师表，是教师完成教育工作必须具有的高尚品德。要教育好学生，教师必须严格要求自己，处处为学生做出样子。教师的工作作风，学习态度，劳动习惯，待人接物等等，都会给学生以影响，甚至教师的板书、服饰、发型、言谈举止，学生都爱模仿。所以，教师的以身作则、为人师表就是十分重要了。

(四)互相配合，团结协作

搞好中华民族传统美德教育如同学校其他教育教学工作一样，需要学校领导、老师齐心协力、互相配合、团结协作，这是传统美德教师应具备的道德素质，也是开展传统美德教育的需要。

传统美德教育，不仅涉及传统美德教师，也涉及各学科教师，更需要社会，特别是家长的紧密配合，齐抓共管。所以，互相配合，团结协作，是非常重要的。

团结协作，互勉共进，不仅要有广阔的胸怀，宏大的气量，还要有一定的涵养。大处讲原则，小处讲风格。在工作中发生一些意见分歧，应通过同志式的讨论，通过批评和自我批评求得解决，从提高整体效益这个大目标出发，紧密地团结起来。

三、传统美德教师的文化知识素质

传统美德教师在科学文化素质方面应当具备比较系统的专业知识、教育科学知识和相关学科的知识。

(一)系统精深的专业知识

对于任何职业来说，都有一个扎实的专业基础知识的要求，因为没有这一起码的条件，就不可能胜任本职工作。但教师的主要职责是教学，是通过系统的知识技能的传授达到培养一代人的目的，因此教师在专业知识方面的要求应更系统、更深厚、更扎实。

传统美德的专业知识是中国伦理思想史和中国德育思想史。作为传统美德教师，应当系统地学习一两本《中国德育思想史》的教材，全面了解中华民族传统道德形成、发展的历史过程；深入思考作为中华民族传统文化核心的儒家伦理思想，统治中国二千年而不衰的道理；扎扎实实地掌握儒家伦理思想的概念、范畴及其演变的规律；并能结合当前的实际对其精华与糟粕作出恰当的评价和灵活运用。

古人云："业精于勤荒于嬉，行成于思毁于随。"传统美德教师只有勤奋学习、刻苦钻研、严谨治学，才能掌握系统精深的专业知识。

(二)必备的教育科学知识

教师的教学是一种艺术的创造。任何一位教师可以因承担不同科目的教学而彼此有专业分工，但教育学科的知识却是大家都应具备的。当前，教育学已形成了一个分支繁多的庞大家族，诸如：教育哲学、教育社会学、教育经济学、教育统计学、教育人才学、比较教育学、教育心理学等等。作为一名传统美德教师虽然不可能全部涉猎上述有关学科知识，但最起码要比较熟练地掌握普通教学和学科教育学两门知识。

普通教育学是总结和揭示教育科学规律的一门科学。作为一名教师，不仅要知道自己"教什么"，而且要懂得"怎么教"。通过教育学的学习，我们可以比较系统地了解教育的本质、教育的原则、教学规律、教学方法等一系列重要理论问题，使我们能够自觉地运用教育规律，根据教学内容、学生实际，选择切实而有效的教学途径和手段，以达到教学的最佳效果。

学科教育学是从特定的专业教学要求出发，针对不同内容、特点的教材，进行最佳教学方案的设计与研究，总结出一系列规律，指导教师教学工作的科学化。目前，传统美德教育学尚未形成，这就需要学习普通学科教育学，把一般学科教育的理论应用到传统美德的教学实践中去。

(三)广博的相关学科知识

一名合格传统美德教师不仅对待传统美德基础知识精深扎实，而且还应具备宽阔的与传统美德密切相关的各门学科知识，有广泛的文化修养和兴趣爱好。

与中华民族传统美德教育相关的学科有三类：第一类为史学类。如：中国通史、中国哲学史、中国思想史、中国文化史等；第二类为伦理学和德育学类。如：马克思主义伦理学、西方伦理学、德育原理等；第三类，是东南亚一些国家和地区的传统美德教育的学科。如《现代新儒学》、新加坡的《儒家伦理》、我国台湾的《德育原理》等。这些都是传统美德教师应当涉猎的相关学科。广大教师都应读一读，翻一翻，有的甚至应该记一记、摘一摘，使自己的学科文化素质不断提高。